KB139748

DEEP LEARNING *for* Search
검색을 위한 딥러닝

DEEP LEARNING FOR SEARCH

검색을 위한 딥러닝

1쇄 발행 2020년 3월 12일

지은이 토마소 테오필리
옮긴이 박진수
펴낸이 장성두
펴낸곳 주식회사 제이펍

출판신고 2009년 11월 10일 제406-2009-000087호
주소 경기도 파주시 회동길 159 3층 3-B호
전화 070-8201-9010 / **팩스** 02-6280-0405
홈페이지 www.jpub.kr / **원고투고** jeipub@gmail.com
독자문의 readers.jpub@gmail.com / **교재문의** jeipubmarketer@gmail.com

편집팀 이종무, 이민숙, 최병찬, 이주원 / **소통·기획팀** 민지환, 송찬수 / **회계팀** 김유미
진행 이종무 / **교정·교열** 배규호 / **내지디자인** 북아이
용지 신승지류유통 / **인쇄** 해외정판사 / **제본** 광우제책사

ISBN 979-11-88621-97-2 (93000)
값 29,000원

제이펍은 독자 여러분의 아이디어와 원고 투고를 기다리고 있습니다. 책으로 펴내고자 하는 아이디어나 원고가 있는 분께서는
책의 간단한 개요와 차례, 구성과 저(역)자 약력 등을 메일로 보내주세요. jeipub@gmail.com

DEEP LEARNING *for* Search
검색을 위한 딥러닝

토마소 테오필리 지음
박진수 옮김

마티아와 지아코모와 미켈라에게

"행복은 나누어야만 비로소 현실이 된단다."

— 크리스토퍼 맥캔들리스

차례

옮긴이 머리말

이 책의 번역을 맡게 되면서 마음 한편으로는 반가웠지만, 한편으로는 걱정도 되었습니다. 과연 이 책을 내가 끝까지 번역할 수 있을까 하는 생각이 들었습니다. 다행히 무리 없이 번역을 완료하게 되었는데(물론, 번역을 마친 후에 교정하는 데에 더 많은 시간을 쓰게 되었습니다), 이러한 과정에서 몇 가지 생각나는 게 있었습니다.

미래 세계를 그리는 여러 자료를 보면 기존의 자료 검색이나 정보 검색 수준이 앞으로는 맥락 검색이나 상황 검색으로 넘어갈 것이라는 전망이 많습니다. 간단히 말해서 검색 기술이 단순한 검색을 넘어서 사용자의 의도나 사용자가 처한 상황이나 사용자가 진정으로 의미하는 맥락까지 고려해서 가장 적절한 검색 결과 목록을 보여 주는 검색 수준으로 발전할 것이라는 점입니다. 이미 이러한 검색 기술이 검색 기능을 제공하는 여러 포털 사이트에 적용되기 시작한 것으로 압니다만, 이 책은 그러한 기술을 소개하면서 동시에 더 나은 기술도 제시합니다.

마음 같아서는 제가 이 책에 실린 기술을 바탕으로 검색 사이트를 하나쯤 만들어 보고 싶을 만큼 꽤 많은 기술과 기법을 이 책에서 소개하고 있습니다. 물론, 이 모든 기술과 기법은 머신러닝과 딥러닝을 바탕으로 한 것입니다. 그래서 저는 이 책이 미래 검색 기술의 견고한 토대 중 하나가 될 수도 있지 않을까라는 생각도 해봅니다. 물론, 수많은 토대 중의 하나이겠지만 말입니다. 가끔은 답답해 보이는 검색 결과에 실망했던 사람들에게 '아, 이런 것도 찾아 주네?'라는 식으로 감탄사를 발하게 하는 효과, 이른바 '감탄 효과(wow effects)'를 가져오게 하는 데 필요한 기술을 소개한 책 중 하나가 되리라 생각합니다.

그러나 제가 천학비재하다 보니 이 책의 진의를 제대로 옮기지 못한 면도 있는 것 같습니다. 이에 대해서는 독자의 용서를 바라겠습니다.

이해를 바랄 일도 있습니다. 이 책에서는 embedding이란 용어를 '매장'으로 번역했습니다. 아무래도 수학 개념이 필요해 보여서 나중에라도 '매장'이라는 용어를 통해서 수학적 공간에 대한 사상(mapping)의 개념을 찾아볼 수 있도록 수학 용어로 번역한 것입니다. 사실, 매장하기(embedding, 묻기)와 매장지(embeddings)를 구분하면 더욱 좋았겠지만, 아직까지 '매장'이라는 용어를 낯설어하는 면이 있어서 일단 이 책에서는 매장과 매장지를 구분하지 않고 둘 다 매장으로 표현했습니다. 언젠가는 '매장'과 '매장지'를 구분해 번역해도 될 날이 오리라 생각합니다. 그런 의미에서 class도 '계급'으로 번역했습니다. class란 범주나 레이블 또는 이름으로 구분해 볼 수 있는 일종의 '부류'라는 의미여서 통계학의 '계급'이라는 개념과는 약간 다르지만, 그렇다고 해도 '부류'라는 말을 거의 쓰지 않는 상황이고, 또한 객체지향 프로그래밍의 '클래스'라는 용어와 구별되게 해야 해서 그나마 가장 비슷한 개념을 나타내는 통계학 용어를 차용했습니다. 독자 여러분의 이해를 바라겠습니다.

참고로, 이 책의 본문에 표시된 예제 코드는 생략된 부분이 있는 코드이므로 완성된 코드를 보고 싶다면 https://www.manning.com/books/deep-learning-for-search 또는 https://github.com/dl4s를 참고해야 합니다. 이 점을 궁금해하신 분이 있어서 특별히 여기에서 한 번 더 언급해 둡니다.

끝으로, 이 책이 나오기까지 애써 주신 출판사 내 관계자 여러분과 특히 베타리딩을 맡아 준 분들께 감사의 말씀을 전합니다. 이분들의 수고가 아니었다면 눈에 눈동자를 그려 넣지 못할 뻔하였습니다.

— 옮긴이 **박진수**

추천사

신경망이나 딥러닝과 같은 용어가 어떻게 보편화되었는지, 이러한 기술이 우리 삶에 어떤 영향을 더 직접적으로 미치고 있는지를 수량으로 나타내기는 어렵다. 일상적인 작업을 자동화하는 일부터 시작해서 어려운 결정을 따라 하는 일과, 자동차가 스스로 운전해 목적지까지 도착할(그리고 사람을 태우고 갈) 수 있도록 돕는 일에 이르기까지, 혁신적인 컴퓨팅 기술인 신경망과 딥러닝의 힘은 오직 그 기원으로부터 비롯된다. 그래서 이 책이 필수적이며 중요하다. 신경망, 인공지능, 딥러닝은 일상 업무와 결정을 자동화하여 다루기 쉽게 할 뿐만 아니라 검색도 쉽게 하도록 한다. 이전에는 정보 검색 기술이나 탐색 기술에 문서와 사용자 쿼리의 일치를 나타내는 행렬 곱셈과 꽤 복잡한 선형대수가 필요했다. 하지만 오늘날의 첨단 검색 기술에서는 대수 모델이나 선형 모델을 사용하는 대신에 별도의 신경망을 사용해 문서를 단어로 요약하는 방법을 배우게 한 후에 문서들 사이의 단어 유사도를 식별한다. 이런 기술은 인공지능과 딥러닝이 이용되는 검색 처리 과정 중 한 가지 사례에 불과하다.

저자는 이 책에서 신경망, 인공지능, 딥러닝을 사용해 검색 엔진을 개발하는 첨단 기술을 실용적으로 접근해 보여 준다. 이 책에는 예제가 많이 수록되어 있으며, 오늘날 검색 엔진의 구조를 독자들에게 안내하면서 딥러닝이 잘 되게 하는 방법과 검색이 더 잘 되게 하는 방법을 이해하는 데 필요한 배경지식을 충분히 제공한다. 쿼리 확장에서 유사한 단어를 찾기 위한 첫 번째 망(network, 즉 네트워크)을 구축하는 일부터 시작해서 검색 순위를 결정하는 데 도움이 되는 단어 매장(word embeddings, 즉 '워드 임베딩')[1] 학습을 거쳐, 언어와 이미지 전반에 걸친 검

1　<u>옮긴이</u> 이 문맥에 나온 embedding은 원래 수학 용어로 '매장'이란 뜻이다. '묻기'라고도 한다. 어떤 값을 수학적 공간에 사상(mapping)하는 행위를 말한다. 그리고 이렇게 사상된 수학적 공간을 '매장지'라고 부를 수 있을 테지만, 보통 이것도 그냥 '매장'이라고 부른다. 역자의 다른 번역서 중에는 embedding을 그대로 음차해 임베딩으로 번역한 경우도 있는데, 매장이라는 말을 낯설어 하는 사람이 많아서였다. 그러나 더 깊이 있는 학습을 하고자 한다면 '매장'이라는 용어를 기억했다가 이와 관련된 수학을 익히는 것이 좋겠다.

색에 이르기까지, 저자는 여러분의 코딩 능력과 검색 능력을 인공지능과 딥러닝으로 가득 채울 수 있다는 점을 보여 준다.

이 책을 쓴 저자는 오픈 소스의 진정한 선구자라고 할 만하다. 저자는 아파치 루씬(Apache Lucene) 프로젝트에서 전임 의장으로 일했으며, 엘라스틱서치(Elasticsearch)와 아파치 솔라(Apache Solr)에 동력을 제공하는 사실상의 검색용 색인 작업의 중추적인 역할도 맡았고, 아파치 OpenNLP와 관련해서는 언어를 이해하고 번역하는 데 크게 기여했다. 최근에는 통계적 기계 번역을 위해 (현재 만드는 중인) 아파치 조슈아(Apache Joshua) 프로젝트의 책임자가 되었다.

나는 여러분이 이 책에서 많은 것을 배울 것이라고 믿으며, 좌우로 치우치지 않은 상식과 복잡한 이론을 설명하는 내용뿐만 아니라 최신 딥러닝 기술과 검색 기술을 사용해 놀아 볼 수 있는 실제 코드까지 탐닉해 보기를 권한다.

즐겨 보자. 나도 그랬으니까!

— 크리스 매트만(CHRIS MATTMANN)
나사 제트 추진 연구소의 기술 및 혁신 담당 총괄

머리말

필자는 약 10년 전쯤 석사 학위를 받으려고 공부하던 중에 알게 된 자연어 처리(NLP, Natural Language Processing) 분야에 매혹되었다. 현존하는 방대한 양의 텍스트 문서를 이해하는 데 컴퓨터가 유용할 것이라는 약속이 마치 마술이라도 되는 것처럼 여겨졌다. 필자가 처음으로 만들어 본 자연어 처리 프로그램을 사용해 텍스트로 된 문서 몇 가지에서 유용한 정보를 비교적 정확히 추출하면서 상당한 흥미를 느꼈던 기억이 지금도 생생하다.

한편으로 그때 필자는 새로운 오픈 소스 검색 아키텍처와 관련해 자문해 달라는 요청을 받았다. 그 분야의 전문가였던 필자의 동료가 다른 일을 처리하느라 바빠서 동료 대신에 필자가 2주밖에 공부해 본 적이 없던 《루씬 인 액션(Lucene in Action)》[2]이라는 책을 한 권 건네받고는 자문역을 담당하게 되었다. 그렇게 루씬/솔라 기반 프로젝트를 진행한 지 2년이 지나서야 새로 만든 검색 엔진이 가동되었다(그리고 필자가 아는 한 해당 검색 엔진은 지금도 사용되고 있다). 이런저런 쿼리 때문에, 또는 이런저런 방식으로 색인화되면서 파편처럼 나뉘어 버린 텍스트 때문에 검색 엔진 알고리즘을 꽤 많이 조정할 수밖에 없었지만, 어쨌든 우리는 검색 엔진을 구축해 냈다. 필자는 검색 엔진을 사용하는 사람들이 검색 엔진에 넣은 쿼리도 볼 수 있었고, 검색해야 할 데이터도 볼 수 있었는데, 철자법이나 특정 단어가 조금만 틀리거나 조금만 생략되어도 연관도(관련성)가 별로 없는 정보가 검색 결과로 나오기도 했다. 맡고 있던 일에 큰 자부심을 느끼고 있었지만, 그런 이유로 인해 한편으로는 어떻게 하면 제품 관리자가 가능한 한 가장 좋은 사용자 경험을 할 수 있도록 하면서도 어떻게 하면 수작업 처리 분량을 줄일 수 있을까를 고민했다.

---

2 (Michael McCandless, Erik Hatcher, and Otis Gospodnetic, Manning, 2010), https://www.manning.com/books/lucene-in-action-second-edition

그 직후에 필자는 앤드류 응(Andrew Ng)의 첫 번째 머신러닝 온라인 수업(이 강의를 필두로 Coursera MOOC 시리즈가 시작되었다) 덕분에 머신러닝에 관여하게 되었다. 필자는 이 강의를 통해 알게 된 신경망의 배경 개념에 너무 매료되어 재미 삼아 신경망용으로 쓸 작은 자바 라이브러리를 직접 구현해 보기로 했다(https://svn.apache.org/repos/asf/labs/yay/). 안드레아 카르파티(Andrej Karpathy)가 시각적 인식과 관련해서 진행한 합성곱 신경망 강의 과정과 리차드 소셔(Richard Socher)의 심층 신경망을 사용한 자연어 처리에 관해 강의한 내용 등의 온라인 강좌를 더 찾아보기로 했다. 그 이후로도 필자는 검색 엔진, 자연어 처리, 딥러닝을 계속 연구했으며, 이때 주로 오픈 소스를 활용했다.

그러다가 2~3년 전(!)에 매닝이 NLP에 관한 책을 감수해 달라고 했는데, 순진하게도 필자는 검토 후기의 마지막 줄에 검색 엔진과 신경망에 관한 책을 쓰는 데 관심이 있다고 적고 말았다. 그러자 매닝은 책을 써볼 생각이 있냐고 되물어 왔고, 필자는 조금 놀라면서도 한편으로는 정말로 그런 책을 쓰고 싶은 의향이 내 마음속에 자리 잡고 있는지 궁금해졌다. 그랬다. 정말로 나는 그런 책을 쓰고 싶었던 것이다.

딥러닝으로 인해 컴퓨터 시각 처리와 자연어 처리(NLP)에 혁명이 일어났지만, 우리가 채워 나가야 할 응용 분야는 아직도 많이 남아 있다. 우리를 대신해서 딥러닝이 검색 엔진을 자동으로 설정하고 조율하게 할 만한 수준에 (아직까지는?) 이르지는 않았지만, 검색 엔진을 사용하는 사람들이 더 매끄러운 사용자 경험을 체감할 수 있도록 하는 데는 딥러닝이 도움이 될 수 있다고 생각한다. 기존 검색 엔진 기술로는 지금까지 할 수 없었던 일일지라도 딥러닝을 사용하면 할 수 있고, 이미 검색 엔진에서 사용하고 있는 기법이라면 딥러닝으로 더 정교하게 다듬을 수 있다. 심층 신경망을 통해 검색 엔진을 더욱 효과적으로 만드는 여정이 이제 막 시작되었다. 이 여정을 즐기기 바란다.

— 지은이 **토마소 테오필리**

감사의 글

무엇보다도 이 긴 여정을 지나는 동안 격려하고 지지해 준 사랑스러운 아내 Michela에게 감사한다. 평일은 물론이고 밤낮으로 오랫동안 글을 쓰던 필자에게 사랑과 헌신으로 도와준 점에 감사한다.

필자가 가능한 한 가장 멋진 표지 그림을 고를 수 있도록 도와준 Giacomo와 Mattia에게도 고마움을 전하며, 또한 필자가 쓰려고 하는 동안에 맡아 준 모든 역할과 웃음에도 감사한다.

필자를 자랑스러워 하시며, 믿어 주신 아버지에게도 감사하고 싶다.

모든 도서 자료(책, 코드, 이미지 등)를 검토하면서 즐거운 토론을 하고 아이디어를 공유하며 끊임없는 노력을 기울여 준 필자의 친구 Federico에게 큰 감사를 표한다. 필자의 친구들과 동료 Antonio, Francesco, Simone의 지지와 웃음 그리고 조언에 더 큰 감사를 표한다. 책 모양을 만들 때 의견, 조언, 아이디어를 내어 도움을 준 아파치 오픈NLP(https://opennlp.apache.org)와 친구인 Suneel, Joern, Koji에게도 감사한다.

이렇게 고무적인 추천사를 써준 Chris Mattmann에게도 감사한다.

이 책을 집필하는 내내 벌어진 논의에서 기획 편집자인 Frances Lefkowitz와 Steph, KD, Warriors가 보여준 인내와 지도에 감사한다. 그리고 출판업자인 Marjan Bace와 뒤에서 작업한 편집팀과 제작팀의 모든 사람을 포함해 이 책의 존재를 가능하게 한 매닝의 모든 사람에게 감사한다. 추가로, 원고를 서로 돌려 가며 기술을 검토해 준 Ivan Martinovic와 그가 이끈 Abhinav Upadhyay, Al Krinker, Alberto Simões, Álvaro Falquina, Andrew Wyllie, Antonio Magnaghi, Chris Morgan, Giuliano Bertoti, Greg Zanotti, Jeroen Benckhuijsen, Krief David, Lucian Enache, Martin Beer, Michael Wall, Michal Paszkiewicz, Mirko

Kämpf, Pauli Sutelainen, Simona Ruso, Srdan Dukic, Ursin Stauss와 포럼 기여자들에게도 감사를 전한다. 기술 측면에서는 이 책의 기술 편집자 역할을 했던 Michiel Trimpe와 이 책의 기술 교정자 역할을 했던 Karsten Strøbaek에게 감사한다.

마지막으로, 아파치 루씬 및 Deeplearning4j(딥러닝포제이) 공동체에서 이렇게 훌륭한 도구를 제공하고 사용자에게 우호적으로 지원해 준 점에 감사한다.

이 책에 대하여

이 책은 효과적인 검색 엔진을 만드는 데 도움이 되도록 심층 신경망의 사용 방법을 실용적으로 다룬 책이다. 이 책에서는 검색 엔진을 구성하는 몇 가지 요소를 조사함으로써 그것들이 어떻게 작동하는지를 통찰한 다음에 여러 상황에 맞춰 신경망 사용 방법을 안내한다. 실용적인 예를 들어 검색 기법과 딥러닝 기법을 설명하는 데 주안점을 두었으며, 그렇기 때문에 설명에는 대체로 코드가 뒤따른다. 동시에 특정 주제를 더 많이 읽고 지식을 더 깊이 쌓을 수 있도록 관련 연구 논문을 필요할 때 찾아볼 수 있게 했다. 신경망 및 검색에 특정된 주제를 여러분이 읽어 볼 수 있도록 이 책의 전반에 걸쳐서 설명한다.

이 책을 읽고 나면 검색 엔진과 관련된 주요 과제들이 일반적으로 어떻게 다뤄지는지, 그리고 어떤 딥러닝이 도움이 될 수 있는지를 확실히 이해할 수 있을 것이다. 또한, 몇 가지 서로 다른 딥러닝 기법들과 그것들이 어떤 검색 상황에서 쓰기에 적절한지를 확실히 이해할 수 있을 것이다. 그리고 루씬과 Deeplearning4j 라이브러리를 잘 알게 될 것이다. 또한, 여러분은 신경망을 마법처럼 여기는 태도를 버리고 신경망의 효과를 시험하고 그 비용과 편익을 측정하는 실용적인 자세를 갖추게 될 것이다.

이 책의 대상 독자

이 책은 프로그래밍 경험이 중급 수준인 독자에게 적절하다. 검색 엔진 개발에 관심이 있거나 자바 프로그래밍에 능숙하다면 더 바랄 것이 없다. 여러분의 검색 엔진이 검색 결과를 더 효과적으로 제공함으로써 최종 사용자에게 더 유용하게 하고 싶다면 이 책을 읽어야 한다.

이 책에 나오는 여러 과정 중 특정 측면에 맞춰 검색 엔진에 대한 기본 개념을 소개하므로 여러분이 검색 분야 개발을 해본 경험이 없을지라도 걱정하지 않아도 된다. 마찬가지로 우리는 머신러닝이나 딥러닝을 여러분이 미리 알고 있으리라는 기대를 하지 않았다. 그러므로 우리는 이 책에서 딥러닝을 실용 검색 엔진 수준에 맞춰 적용하는 일에 관해 실용적인 조언을 제공할 뿐만 아니라 필요하다면 때때로 머신러닝과 딥러닝에 관한 기초 내용을 모두 소개할 것이다.

여러분은 코드를 손에 집어 들고 이미 만들어져 있는 오픈 소스 라이브러리를 덧붙임으로써 딥러닝 알고리즘을 구현해 검색 문제를 해결하는 것이 좋다.

이 책의 구성

이 책은 세 부분으로 나뉜다.

- 1부에서는 검색, 머신러닝, 딥러닝과 관련된 기초 개념을 소개한다. 1장에서는 정보 검색과 관련해서 가장 일반적인 접근 방식에 관한 문제를 다룸으로써 문제를 탐색하는 일에 딥러닝 기법을 적용하기 위한 이론적 바탕을 소개한다. 2장에서는 신경망 모델과 데이터를 사용해 동의어를 생성함으로써 검색 엔진의 효율성을 높이는 방법의 첫 번째 예제를 제공한다.

- 2부에서는 일반적인 검색 엔진 과제에 심층 신경망을 적용함으로써 더 잘 다룰 수 있게 한다. 3장에서는 재귀 신경망을 사용해 사용자가 입력한 쿼리에 맞춰 대안으로 쓸 만한 쿼리를 생성하는 방법을 소개한다. 4장에서는 사용자가 쿼리를 입력하는 동안에 심층 신경망을 사용해 더 나은 쿼리를 제안하는 과제를 다룬다. 5장에서는 모델의 순위를 매기는 데 초점을 맞출 텐데, 특별히 단어 임베딩을 사용해 연관도가 더 높은 검색 결과를 제공하는 방법을 탐구한다. 6장에서는 순위지정 함수와 내용 기반 추천이라는 맥락에서 문서 매장 사용 방법을 다룬다.

- 3부에서는 딥러닝 기반의 기계 번역이라든가 이미지 검색처럼 더 복잡한 시나리오를 살펴본다. 7장에서는 신경망 기반 접근법을 통해 검색 엔진에 다국어 기능을 제공하는 과정을 안내한다. 8장에서는 딥러닝 모델이 부여한 권한을 바탕으로 이미지 모음을 검색하는 방법을 다룬다. 9장에서는 딥러닝 모델을 세밀하게 조율하는 일이라든가 지속적으로 들어오는 데이터 스트림을 처리하는 일 같은 생산성 관련 주제를 논의한다.

책이 진행될수록 다루는 주제가 더 어려워지고 개념은 더 복잡해진다. 딥러닝이 처음이거나 검색이 처음이거나 아니면 둘 다 처음인 독자라면 먼저 1장과 2장을 꼭 읽어 보기 바란다. 그렇지 않다면 읽어야 할 장 또는 읽고 싶은 장을 자유롭게 골라 읽으면 된다.

코드에 관하여

이 책에서는 아주 상세한 코드 목록을 제공하기보다는 코드의 단편(code snippets)을 제공한다. 이렇게 하는 편이 코드가 무엇을 하고 있는지 그리고 어떻게 하는지를 더 빠르고 쉽게 알 수 있기 때문이다. 전체 예제 코드는 매닝 웹사이트(www.manning.com)의 이 책 소개 페이지(https://www.manning.com/books/deep-learning-for-search)에서 알 수 있다. 이 소프트웨어는 또한 책의 자바 예제 코드(아파치 루씬 및 Deeplearning4j 사용. https://github.com/dl4s/dl4s)와 알고리즘이 똑같은 파이썬 버전(https://github.com/dl4s/pydl4s)[3]을 포함하고 있는 책의 공식 깃허브 웹사이트(https://github.com/dl4s)에서도 최신 내용을 찾아볼 수 있다.

예제 코드에서는 자바 프로그래밍 언어와 아파치 루씬(https://lucene.apache.org) 및 Deeplearning4j(https://deeplearning4j.org)라는 두 가지 오픈 소스 라이브러리(아파치 라이선스)를 사용한다. 루씬은 검색 엔진 구축에 가장 널리 사용되는 라이브러리 중 하나이며, Deeplearning4j는 집필 당시 딥러닝 네이티브 자바 라이브러리를 위한 최선의 선택이었다. 이 라이브러리들은 모두 우리가 쉽고 빠르고 부드럽게 검색과 딥러닝을 테스트하고 실험해 볼 수 있도록 했다.

또한, 오늘날 딥러닝 관련 프로젝트 연구자는 텐서플로, 케라스, 파이토치 등과 같은 파이썬 기반 프레임워크를 사용한다. 따라서 이 책에 자세히 설명된 알고리즘의 텐서플로(https://tensorflow.org) 버전을 호스팅하는 파이썬 저장소도 제공한다.

이 책에서는 예제 코드를 일반 텍스트와 구분하기 위해 **고정폭 글꼴**로 인쇄했다. 많은 경우에 원래의 예제 코드에 서식을 다시 지정해 인쇄했는데, 예를 들면 책에서 사용 가능한 페이지 공간에 맞추기 위해 줄바꿈을 한다거나 들여쓰기를 다시 하는 식이다. 드문 경우이지만, 이런 서식 지정만으로도 충분하지 않을 때면 코드 목록에 줄이 연속된다는 표시(➦)를 추가했다. 또한, 코드가 본문에 나와야 할 때는 예제 코드에서 주석을 제거하기도 했다. 코드 주석이 상당히 많이 나오는데, 이는 중요한 개념을 강조하기 위해서다.

---

3 이 페이지에는 2020년 3월에는 코드가 추가되어 있지 않지만, 저자가 코드를 추가할 예정이다.

liveBook 토의 모임

이 책을 구입하면 매닝 출판사에서 운영하는 웹상의 사설 토론회에 무료로 참여해 책에 대한 의견을 말하고 기술적인 질문을 하거나 필자 및 다른 사용자의 도움을 받을 수 있다. 포럼에 참여하고 싶다면 https://livebook.manning.com/#!/book/deep-learning-for-search/discussion에 접속해 보기 바란다. 매닝의 포럼과 행동 규칙에 대한 자세한 내용은 https://livebook.manning.com/#!/discussion에서 확인할 수 있다.

매닝은 독자와 독자 사이 또는 독자와 필자 사이에 의미 있는 대화가 이뤄지는 곳을 제공하기로 독자에게 약속하고 있다. 그렇지만 우리가 이런 모임을 약속했다고 해서 자발적(그리고 무보수)으로 활동하는 필자가 참여하게 될 것이라는 점까지 약속한 것은 아니다. 필자가 관심을 잃지 않도록 몇 가지 질문을 하도록 권한다! 책이 발행되는 동안에는 출판사의 웹사이트에서 모임과 이전 토론 내용을 찾아볼 수 있다.

표지에 대하여

이 책의 표지에 나오는 그림에는 '중국 여인의 습관(Habit of a Lady of China)'이라는 제목이 붙어 있다. 삽화는 토마스 제프리스의 《A Collection of the Dresses of Different Nations, Ancient and Modern》(총 4권, 1757~1772년 사이에 출판)에서 발췌한 것이다. 해당 도서의 제목 페이지에는 이 삽화들이 손으로 색깔을 입힌 동판 조각을 아라비아고무로 강화했다고 언급되어 있다.

토마스 제프리스(Thomas Jefferys, 1719~1771)는 '조지 3세를 섬긴 지리학자'라고 불렸다. 영국인이었던 그는 당대의 선도적인 지도 제작자였다. 그는 정부 및 기타 공식 기관을 위한 지도를 새기고 인쇄했으며, 광범위한 상용 지도와 지리서를 제작했는데, 특히 북미에 관한 것을 제작했다. 지도 제작자로서 지도로 그린 토지가 있는 현지의 의생활에 대해 설문 조사를 하며 관심을 가졌는데, 그것이 이 모음집에 훌륭하게 드러나 있다. 미지의 세계를 즐겁게 탐구하는 여행이 18세기 후반에는 상대적으로 새로운 현상이었다. 이 같은 모음집으로 인해 관광객뿐 아니라 여행객도 다른 나라의 주민에게 소개되어 인기를 끌었다.

제프리스의 다양한 그림은 약 200년 전의 세계를 이룬 국가들의 독창성과 개성을 생생하게 표현했다. 그후 의복 양식이 변경되며, 지역별, 나라별로 저마다 달라서 그 당시에는 풍부했던 다양성이 사라졌다. 이제는 한 대륙의 주민과 다른 대륙의 주민을 구별하기조차 어려울 때가 있다. 아마도 낙관적인 관점에서 보면 우리는 문화적, 시각적 다양성을 좀 더 다양한 개인 생활이나 더 다양하고 흥미로운 지적, 기술적 생활양식으로 대체한 것으로 보인다.

컴퓨터 책 한 종을 다른 책과 구별하기 어려울 때면 매닝은 컴퓨터 사업의 독창성과 주도권을 기리기 위해 2세기 전의 풍부한 지역 생활 다양성을 바탕으로 한 제프리스의 사진을 다시 살려내서 표지로 삼고 있다.

🦋 김병일(도연정보기술)

첫 베타리딩이 재미있었습니다. 내용이 다소 어려웠고 논문 같은 느낌이었지만, 끝까지 완독하게 되어 개인적으로 뿌듯하게 생각합니다. 검색 엔진과 딥러닝 모두에 관심 있는 독자라면 반드시 읽어야 할 책이라고 생각합니다.

🦋 송근(네이버)

이 책을 추천하는 이유는 저자의 경험과 노하우 등을 쉽게 정리하여 단계적으로 따라 갈 수 있는 길을 제시해 주었기 때문입니다. 친절한 설명과 활용도 높은 예제로 검색과 딥러닝에 대해 잘 모르는 분이나 기본 지식을 가진 분 모두 쉽게 따라 할 수 있습니다. 책을 읽으면서 검색과 딥러닝에 관해 알고 있던 단편적인 지식을 체계적으로 정리할 수 있을 것입니다.

🦋 육용수(코리아서버호스팅)

몇 년 전부터 검색 엔진에 딥러닝을 도입했다는 기사를 접했습니다. 그 결과로 우리는 찾고자 하는 대상의 단어를 정확하게 몰라도 유사하게 입력한다면 원하는 자료를 찾을 수 있게 되었습니다. 이 책은 검색 엔진이 수집한 데이터를 딥러닝에 접목하여 지금의 검색 엔진이 완성되기까지의 여정을 간접적으로 보여 줍니다. 검색 엔진이 포함된 웹 서비스 또는 앱 서비스를 기획하거나 개발 중이며, 더 나은 결과를 위해 딥러닝을 고려하고 있다면 많은 도움이 될 수 있는 책입니다.

🦅 이태환(KB국민은행)

이 책에서는 검색을 위한 딥러닝 기법을 기초부터 심화 내용까지 차근차근 설명해서 초보자도 쉽게 접근할 수 있습니다. 다만, 최근 딥러닝 프레임워크의 트렌드인 파이썬으로 예제 코드가 작성되었다면 더 좋았을 것이라는 생각이 듭니다.

🦅 이현수(무스마 기술연구소)

웹이 이토록 유용하게 발전할 수 있었던 이유는 바로 정보를 검색할 수 있기 때문입니다. 오래 전에는 검색어와 논리 연산자를 조합한 질의문을 입력하여 문서를 검색할 때도 있었고, 곧이 어 키워드 기반의 검색을 하다가, 이제는 사람에게 말하듯 자연어 문장을 입력하여 정보를 검색하고, 아울러 인공지능 기술이 들어가는 시대가 되었습니다. 앞으로 정보의 생산량은 지금보다 더 폭발적으로 늘어나게 될 것입니다. 따라서 효율적인 정보 검색과 필터링 기술의 중요함은 더 말할 것도 없습니다. 적절한 때에 정보 검색을 위한 딥러닝 기술을 다룬 책의 번역본이 출간됨을 기쁘게 생각합니다.

🦅 정욱재(스캐터랩)

상당히 깔끔한 책입니다. 검색과 관련된 ML 내용을 자바 기반으로 많이 설명하지만, 어느 개발자가 보아도 좋은 내용을 가득 담고 있습니다. 특히 루씬과 관련된 내용은 정말 좋았습니다. 더 많은 개발자가 이 책을 읽고 도움이 되었으면 좋겠습니다.

검색이 딥러닝을 만나다

사용자의 필요에 효과적으로 대응할 수 있게 검색 엔진을 설정하기는 쉽지 않다. 전통적으로, 검색 엔진이 쓸모 있는 데이터를 수집하게 하고, 그 후에도 제대로 작동하게 하려면 검색 엔진의 구성이나 설정 내역을 사람이 직접 수정하거나 조절해야 했다. 반면, 심층 신경망은 방대한 데이터를 바탕으로 유용한 정보를 매우 잘 학습해 낸다. 이 책의 첫 번째 부분에서는 검색 엔진과 신경망을 함께 사용함으로써 일반적인 한계 중 몇 가지를 극복하고, 사용자에게 더 나은 검색 경험을 제공하는 방법을 살펴볼 예정이다.

PART I

Search meets deep learning

신경망을 이용한 검색

이번 장에서 다루는 내용

- 검색에 관한 기초 내용
- 검색 시에 당면할 수 있는 중요 문제
- 신경망이 검색 엔진에 더 효과적일 수 있는 이유

여러분이 인공지능의 돌파구에 관한 최신 연구 성과를 배우고 싶다고 해보자. 관련 정보를 찾으려면 어떻게 해야 할까? 얼마나 많은 시간과 노력을 기울여야 그런 사실을 알아낼 수 있을까? 여러분이 (거대한) 도서관에 있다면 여러분은 사서에게 그 주제를 다룬 책이 어떤 것인지를 물어볼 수 있을 테고, 그들은 아마 알고 있는 몇 가지 책을 여러분에게 제시할 것이다. 이상적으로 보면 사서는 각 책에서 찾아볼 수 있는 특정한 장까지도 알려 줘야 한다.

이런 식으로 내가 바라던 정보를 사서가 알아서 잘 찾아 준다면 얼마나 좋겠는가! 그렇지만 사서는 일반적으로 여러분의 의도와는 다른 맥락에서 접근할 수밖에 없다. 따라서 여러분과 사서는 무엇이 중요한지에 관한 의견이 서로 다를 수도 있다. 도서관에 있는 책이 여러 언어로 쓰였을 수도 있고, 사서가 여러분과 다른 언어를 구사하는 경우도 있다. **최신**이라는 말이 상당히 상대적이어서 사서가 최신판 인공지능 도서를 언제 읽었는지, 사서가 그 분야의 출판물을 정기적으로 언제 받는지를 모른다는 점을 감안한다면 해당 주제에 대해 사서가 알고 있는 정보가 오히려 시대에 뒤떨어진 것일 수 있다.

또한, 사서는 여러분이 묻는 내용을 제대로 이해하지 못했을 수도 있다. 사서들은 여러분이 심리학에서 말하는 '지성'에 관해 말하고 있다고 생각할지도 모른다.[1] 여러분이 서로를 이해하고 여러분이 필요로 하는 정보를 얻기까지는 아마도 몇 번에 걸쳐 대화를 나눠야 할지도 모른다.

이 모든 일이 있고 난 뒤에야 필요한 책이 도서관에 없다는 것을 알게 될 수도 있고, 때로는 여러분이 알고 싶어 하는 정보가 여러 권의 책에 나뉘어 수록되어서 그 모든 책을 읽어야 할 수도 있다. 얼마나 지치는 일인가!

이건 여러분이 사서가 아니라면 여러분이 인터넷에서 무언가를 찾을 때 때때로 경험하게 되는 일이기도 하다. 우리가 인터넷을 하나의 거대한 도서관이라고 생각한다면 여러분이 필요한 정보를 찾는 일을 돕는 다양한 사서가 있다. 바로 검색 엔진이다. 어떤 검색 엔진은 특정 주제에 대해 전문가처럼 작동한다. 또 다른 검색 엔진은 도서관의 일부만 알거나 단 한 권의 책만 알고 있는 경우도 있다.

자, 이제 어떤 사람이 있다고 가정하고 그 사람을 '로비'로 부르기로 했고, 그가 이미 도서관과 도서관에 방문하는 사람들을 알고 있어서 여러분이 찾고자 하는 정보를 더 잘 찾을 수 있게 사서들과 잘 소통하도록 돕는다고 해보자. 그렇다면 여러분이 더 빨리 답을 얻는 데는 로비가 큰 도움을 줄 수 있다. 로비는 예를 들어, 추가적인 맥락을 사서에게 제공해 방문자가 무엇을 묻고 있는지를 사서가 쉽게 이해하게 할 수 있다. 도서관에 방문한 특정인이 평상시에 어떤 책을 읽는지를 로비가 알고 있다면 로비는 심리학을 다룬 책을 모두 제외할 것이다. 또한, 도서관에 있는 책들을 로비는 많이 읽었을 것이므로 인공지능 분야에서 무엇이 중요한지를 더 잘 파악하고 있을 수 있다. 로비와 같은 조언자들이 있어서 검색 엔진이 더 빠르면서도 더 잘 작동하게 도울 뿐만 아니라, 사용자들이 더 유용한 정보를 얻을 수 있게 한다면 아주 좋을 것이다.

이 책은 **딥러닝**(deep learning, DL)이라는 머신러닝의 하위 분야 기법을 이용해 검색 엔진의 동작에 영향을 줄 수 있는 모델과 알고리즘을 더 효과적으로 구축하는 데 필요한 내용을 담고 있다. 딥러닝 알고리즘이 로비가 하는 일을 담당하게 하면 검색 엔진은 더 나은 검색 경험을 제공할 수 있을 테고, 따라서 최종 사용자에게 더 정확한 답을 제공할 수 있을 것이다.

여기서 한 가지 중요한 점을 짚고 넘어가야 하는데, 딥러닝은 **인공지능**(artificial intelligence, AI)과 다르다는 점이다. 그림 1.1에서 볼 수 있듯이, 인공지능을 연구하는 분야는 아주 넓다. 머신

---

[1] 현실에서도 나에게 이런 일이 일어났다.

러닝은 그런 연구 영역 중 일부분에 불과한 데다가 딥러닝은 그와 같은 머신러닝 분야 중 부속 분야에 불과하다. 기본적으로 딥러닝 분야에서 사람들은 심층 신경망이라는 전산 모델을 사용해 기계를 '학습'하게 하는 방법을 연구한다.

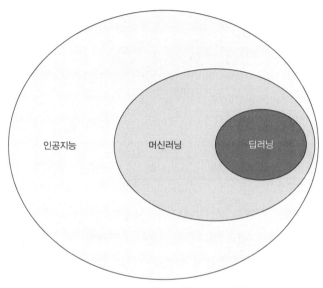

그림 1.1 **인공지능, 머신러닝, 딥러닝**

1.1 신경망과 딥러닝

검색 엔진이라는 맥락에 맞춰 딥러닝을 사용할 수 있게 함으로써 검색 경험과 검색 결과를 개선하는 것이 이 책의 목표다. 여러분은 차세대 구글 검색이라고 불릴 만큼 큰 검색 엔진을 구축하는 데까지 이르지는 못할지라도, 중소 규모 검색 엔진에 딥러닝 기법을 적용할 수 있을 정도에 이를 만큼 충분히 이 책을 학습할 수 있어야 하고, 그럼으로써 사용자가 더 좋은 경험을 할 수 있게 해야 한다. 이와 같은 신경 검색은 수동으로 수행해야 하는 작업을 자동화하는 데 도움이 될 것이다. 예를 들어, 여러분은 검색 엔진 데이터에서 자동으로 동의어를 추출할 수 있게 함으로써 동의어 파일을 수동으로 편집해 두는 일(2장)을 피하는 방법을 배우게 될 것이다. 따라서 특정 사용 사례나 특정 분야에 관계없이 검색 효과를 개선하는 동시에 시간을 절약할 수 있다. 관련성이 깊은 내용을 잘 제안하는 일(6장)도 마찬가지다. 많은 경우에 사용자는 연관 내용을 탐색하는 기능과 일반 검색 기능을 조합해서 사용한다. 우리는 또한 다중 언어 내용 검색(7장) 및 이미지 검색(8장)과 같은 좀 더 구체적인 사용 사례도 다룰 것이다.

우리가 논의하고자 하는 기술과 관련해서 단 한 가지 조건을 말하자면 신경망에 공급할 데이터가 충분히 있어야 한다는 점이다. 그러나 '충분한 데이터'라는 말에서 어디까지가 충분한 것인지를 일반적인 방식으로 정의하기는 어렵다. 그러므로 이 책에서 다룬 각 문제와 관련해서 일반적으로 필요한 최소 문서 개수(텍스트, 이미지 등)를 요약해 보자(표 1.1 참고).

표 1.1 신경 검색 기술 작업당 요구량

작업	최소 문서 개수(범위)	관련 장
단어 표현 학습	1,000~10,000	2, 5
텍스트 생성	10,000~100,000	3, 4
문서 표현 학습	1,000~10,000	6
기계 번역	10,000~100,000	7
이미지 표현 학습	10,000~100,000	8

표 1.1을 엄격히 준수해야 한다는 것은 아니고, 사실을 말하자면 이 표에 나오는 수치는 경험칙에 따른 것이다. 예를 들어, 검색 엔진에서 사용하는 문서가 1만 개 이하일지라도 7장에 나오는 신경 기계 번역 기법을 실행해 볼 수는 있을 것이다. 대신, 이로 인해 나온 결과의 품질을 높이기는(예를 들어, 완벽한 번역이 되게 하기는) 더 어려울 수도 있다는 점을 감안해야 한다.

이 책을 읽는 동안에 여러분은 이러한 딥러닝 원리를 검색 엔진에서 구현하는 데 필요한 검색 기초를 모두 배울 수 있을 뿐만 아니라 딥러닝도 많이 배우게 될 것이다. 여러분이 검색 분야 기술자이거나 신경 검색을 배우고자 하는 프로그래머라면 이 책이야말로 여러분에게 필요한 책이다.

여러분은 딥러닝이 무엇인지와 어떻게 작동하는지를 아직까지는 알 수 없을 것이다. 그렇지만 특정 유형의 검색 문제를 해결하는 데 유용한 알고리즘을 하나씩 살펴보다 보면 점점 더 많이 알게 될 것이다. 먼저, 몇 가지 기본적인 정의를 내리는 일부터 해보자. 딥러닝이란 머신러닝의 한 분야이며, 심층 신경망을 이용해 컴퓨터가 사물을 점진적으로 표현하고 인식할 수 있도록 머신이 학습할 수 있는 분야다. (심층) **인공 신경망**(artificial neural network)은 원래 뇌의 신경세포가 그래프 꼴로 조직되는 방식에서 영감을 얻어 만든 연산 패러다임이다(물론, 두뇌가 인공 신경망보다는 훨씬 복잡하다). 일반적으로 정보는 **입력 계층**(input layer, 또는 입력층)을 통해 뉴런으로 흘러 들어간 다음에, 한 개 이상의 **은닉 계층**(hidden layer, 또는 은닉층)을 형성하고 있는 신경망을 거쳐, **출력 계층**(output layer, 또는 출력층)의 뉴런을 통해 밖으로 나온다. 신경망을 또한 블랙박스라고 생각해도 되는데, 이는 망(network, 또는 신경망)이 어떤 목적에 맞춰 훈련받았는가에 따라 입력을 출력으로 변환할 수 있는 지능형 함수이기 때문이다.[2] 신경망은 입력 계층, 은닉 계층, 출력 계층을 보통 한 개 이상씩은 지니고 있다. 망에 은닉 계층이 두 개 이상일 때, 우리는 망이 **깊다**(deep, 또는 **심층이다**)고 한다.[3] 그림 1.2에서는 은닉 계층이 두 개인 심층 신경망을 볼 수 있다.

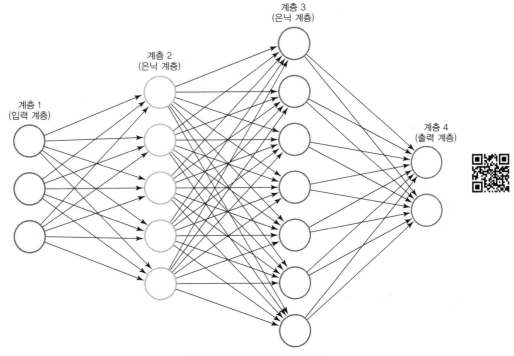

그림 1.2 **은닉 계층이 두 개인 심층 신경망**

신경망을 좀 더 자세히 설명하기 전에 한 걸음 뒤로 물러나 이전에 배운 내용을 다시 살펴보자. 앞에서 필자는 딥러닝이 머신러닝의 하위 분야라고 말했는데, 머신러닝 또한 광범위한 인공지능 분야 중 하나에 불과하다. 그렇다면 머신러닝이란 무엇일까?

---

2 옮긴이 지능형 함수이기는 한데, 이 함수의 내부 작동 원리를 알 수가 없다는 점에서 일반적인 함수라기보다는 함수의 방정식을 알 수 없는 함수, 즉 이해 불능 함수라고 볼 수 있고 이런 함수는 그 작동 원리가 블랙박스와 비슷하다.

3 옮긴이 실무에서는 보통 은닉 계층이 50개 이상일 때부터 심층 신경망이라고 보는 경향이 있다.

1.2 머신러닝이란?

머신러닝에 관한 기초적인 개념을 대략이라도 파악해 두면 딥러닝과 검색을 자세히 다룰 때 유용하다. **지도학습**(supervised learning, 또는 **감독학습**)이나 **비지도학습**(unsupervised learning, 또는 **자율학습**), **훈련**(training), **예측**(predicting)처럼 인공 신경망을 이용한 학습에 적용되는 개념들 중 많은 것이 머신러닝에서 비롯되었다. 이 책의 과정을 밟아 나가는 동안에 딥러닝(검색에 적용됨)에서 사용할 몇 가지 기본적인 머신러닝 개념을 간략히 살펴보자.

머신러닝은 이전까지 쌓아 온 경험을 바탕으로 최적해를 학습해 낼 수 있는 알고리즘을 기반으로 문제를 해결하는 자동화된 접근법이다. 대체로 여기서 말하는 경험이란 이전에 관측한 내용과, 이러한 관측치로부터 알고리즘이 추정해야 할 내용이 서로 쌍을 이룬 형태로 이뤄진다. 예를 들어, 머신러닝 알고리즘은 텍스트 쌍을 공급받는데, 이 텍스트 쌍에서 일부 텍스트가 입력을 이루고 비슷한 텍스트를 분류하는 데 사용될 수 있는 범주가 출력을 이룬다. 다시 도서관에 비유해 본다면, 사서가 된 여러분이 수천 권의 책을 산 다음에 사람들이 쉽게 찾을 수 있도록 책꽂이에 그것들을 정리하기를 원한다고 해보자. 이를 위해 여러분은 범주가 같은 책들이 같은 책꽂이에 서로 가깝게 놓이도록 분류하고자 한다(아마도 범주를 나타내는 작은 표지가 책에 붙어 있을 것이다). 여러분이 몇 시간에 걸쳐 책을 수작업으로 범주화해 보았다면, 머신러닝 알고리즘에 필요한 경험을 쌓은 셈이 된다. 그런 후에 여러분의 현명한 판단에 따라 머신러닝 알고리즘을 훈련시킬 수 있을 것이고, 그러면 머신러닝이 여러분을 대신해 나머지 책을 범주화할 것이다.

각 입력에 따른 적합한 출력을 지정하는 이러한 유형의 훈련을 지도학습이라고 한다. 입력과 그에 상응하게 표적(target, 또는 목표)이 되는 출력으로 만들어진 각 쌍을 **훈련 표본**(training sample)이라고 한다. 표 1.2는 지도학습 알고리즘을 작성하는 데 도움이 되도록 사서들이 수작업으로 처리해 볼 수 있는 몇 가지 범주를 보여준다.

표 1.2 **도서 범주화 예시 데이터**

도서 제목	본문(또는 텍스트)	범주
Taming Text	If you're reading this book, chances are you're a programmer …	자연어 처리, 검색
Relevant Search	Getting a search engine to behave can be maddening …	검색, 연관성
OAuth2 in Action	If you're a software developer on the web today …	보안, 인증
The Lord of the Rings	…	판타지, 소설
Lucene in Action	Lucene is a powerful Java search library that lets you …	루씬, 검색

지도학습 알고리즘에서는 **훈련 단계(training phase)**를 거치는 동안 표에 표시된 것과 같은 데이터를 제공받게 된다. 훈련 단계 동안에 머신러닝 알고리즘은 훈련 집합(예: 훈련 표본 집합)을 쪽쪽 씹으며 입력 텍스트를 출력 범주에 대응(map)시키는 일과 같은 방식을 배우게 된다. 머신러닝 알고리즘이 **무엇을(what)** 학습할 것인지는 알고리즘을 어디에 사용할 것이냐에 따라 달라지는데, 예제에서 머신러닝 알고리즘은 **문서 범주화(document categorization)** 작업에 사용된다. 머신러닝 알고리즘이 **어떻게(how)** 학습할지는 알고리즘 자체가 구축되는 방법에 따라 달라진다. 머신러닝을 수행하는 알고리즘이 하나뿐일 리 없다. 사실 머신러닝에는 다양한 하위 영역이 있으며, 이들 각 하위 영역별로 다양한 알고리즘이 있다.

> **N O T E** 딥러닝은 머신러닝을 수행하는 방법 중 한 가지에 불과하며, 심층 신경망을 사용한다는 점이 여타 머신러닝 알고리즘과 다를 뿐이다. 그러나 어떤 신경망 유형이 특정 업무에 가장 적합한지를 결정해야 할 때, 머신러닝 분야에는 이용할 만한 대안 알고리즘이 아주 많다. 이 책에 나오는 여러 과정에서 우리는 주로 딥러닝을 통해 머신러닝 주제들을 다룰 것이다. 그러나 때때로 우리는 다른 유형의 머신러닝 알고리즘을 간략하게 다루기도 할 텐데, 이는 대체로 현업 시나리오와 비교해 추론해 볼 수 있게 하기 위해서다.

일단 훈련 단계를 마치고 나면, 여러분은 일반적으로 **머신러닝 모델(machine learning model,** 또는 **'기계학습 모델')**을 사용해 일을 마무리하게 될 것이다. 여러분은 이런 모델을 훈련 중에 알고리즘이 무엇을 배우는지 포착해 내는 공예품이라고 생각해도 된다. 그러고 나서 이 공예품을 **예측**할 때 사용한다. 예측이란, 모델에 원하는 출력이 없는 새 입력이 주어질 때 수행되며, 훈련 단계에서 학습한 내용을 바탕으로 정확한 출력을 알려달라고 모델에게 요청하는 일을 말한다. 출력을 예측할 때 좋은 결과를 얻으려면 훈련 데이터를 많이 제공해야 한다는 점에 유의하자(수백 개 정도로는 부족하고 적어도 수만 개 이상의 훈련용 표본이 필요하다).

도서 범주화 예제에서 다음과 같은 텍스트가 주어졌을 때 모델은 'search'와 'Lucene'과 같은 범주를 추출할 것이다.

```
Lucene is a powerful Java search library that lets you easily add search to
    any application ...
```

여기 나온 부분은 《**루씬 인 액션(개정판)**》(강철구 역, 에이콘출판사, 2013)의 서문 중 도입부다.

앞서 말했듯이 추출된 범주들은 도서관에서 동일한 범주에 속하는 책들을 같은 책꽂이에 배치하는 데 사용될 수 있다. 범주별로 표지를 붙인 도서를 사용해 먼저 훈련하지 않은 채로 이 작업을 수행할 방법이 또 있을까? 각 도서 범주의 정확한 명칭에 지나치게 신경을 쓰지 않으면서, 비슷한 책끼리 가까이 둘 수 있도록 도서 간의 유사도(similarity, 또는 유사성)를 측정하는 방법을 찾을 수 있다면 도움이 될 것이다. 범주가 없는 경우일지라도 **비지도학습** 기법을 사용하면 유사한 문서끼리 군집을 이루게 할 수 있다. 지도학습과는 반대로, 비지도학습을 하는 머신러닝 알고리즘은 예상되는 출력에 대한 정보가 없는 데이터를 가지고도 **학습 단계(learning phase)**에서 패턴과 데이터 표현을 추출해 낼 수 있다. **군집화(clustering)**를 하는 동안, 입력 데이터를 이루고 있는 각 부분(이번 경우에는 책의 본문)은 그래프에 배치되는 점(point)으로 변환된다. 훈련을 하는 동안에 군집화 알고리즘은 서로 가까이 있는 점끼리는 의미적으로 유사하다고 가정하며, 각 점을 군집별로 배치한다. 그러므로 훈련이 끝나면 같은 군집에 속하는 책끼리 같은 서가 위에 올려놓을 수 있을 것이다.

이런 경우에 비지도학습 후에 나오는 출력이란, 점들이 할당된 군집들로 이뤄진 집합(set)이 된다. 지도학습에서 그랬듯이 '이 새로운 책(또는 점)이 어떤 군집에 속해 있는가?'와 같은 예측에 이와 같은 비지도학습 모델을 사용할 수 있는 것이다.

머신러닝은 책을 분류하고 유사한 텍스트(또는 본문)끼리 한 가지 그룹으로 엮는 일을 포함해 다양한 문제를 해결하는 데 도움이 된다. 2000년대 초에 이르기까지는 이러한 업무 유형을 처리할 때 몇 가지 서로 다른 기술을 사용해야 적절한 결과를 얻을 수 있었다. 그 이후로 딥러닝이 대학의 연구실뿐만 아니라 산업계에서도 주류 기법이 되었다. 많은 머신러닝 문제를 딥러닝으로 더 잘 해결할 수 있었기 때문에 딥러닝은 더 잘 알려지게 되었고 그럴수록 더 자주 사용되었다. 딥러닝이 각광을 받고 널리 사용되면서 도서를 더 정확하게 범주화할 뿐만 아니라 더 정확하게 군집화할 수 있게 되었고, 그 밖에도 여러 가지 면이 크게 좋아졌다.

1.3 검색 시에 딥러닝으로 할 수 있는 일은?

심층 인공 신경망이 검색 문제를 해결하는 데 쓰일 때는 이 검색 분야를 신경 검색이라고 한다. 이 책에서 여러분은 검색 엔진의 맥락에서 신경망이 어떻게 구성되어 있고 어떻게 작동하는지, 그리고 실제로 어떻게 사용할 수 있는지 등을 알게 될 것이다.

> **신경 검색**
>
> 신경 검색(neural search)이라는 용어는 정보 검색 분야에 심층 신경망을 적용하는 데 초점을 맞춘 SIGIR 2016 컨퍼런스(www.microsoft.com/en-us/research/event/neuir2016)의 연구 워크숍에서 처음 등장한 신경 정보 검색(neural information retrieval)이라는 용어보다는 덜 학문적이다.

이미 좋은 웹 검색 엔진들이 있어서 우리가 필요한 것을 때때로 찾을 수 있는데 왜 굳이 신경 검색까지 필요한지 궁금해할 수도 있겠다. 그렇다면 신경 검색만이 제공하는 독특한 가치는 무얼까?

심층 신경망은 다음과 같은 일을 잘할 수 있다.

- 단어와 문서의 의미를 파악할 수 있게 텍스트 데이터의 표현을 제공하고, 어떤 단어와 문서가 의미적으로 유사한지를 머신이 말할 수 있게 한다.
- 특정 맥락에서 의미 있는 텍스트를 생성할 수 있다. 예를 들어, 챗봇 생성에 유용하다.
- 합성한 물체에 관련된 이미지를 픽셀 형태가 아닌 표현 형태로 제공한다. 이로 인해 우리는 효율적인 얼굴 인식 시스템이나 물체 인식 시스템을 구축할 수 있다.
- 기계 번역을 효율적으로 수행한다.
- 어떤 전제를 깐 상태라면 어떤 함수든지 간에 근사해 볼 수 있다.[4] 이론적으로만 보면 심층 신경망으로 할 수 없는 일이 거의 없다.

이게 다소 추상적으로 들린다면 검색 기술자나 사용자에게는 심층 신경망의 이와 같은 능력이 어떻게 유용할 수 있는지를 살펴보자. 검색 엔진을 사용할 때 가장 불편했던 점을 생각해 보자. 아마도 다음과 같은 문제가 가장 불편했을 것이다.

- 검색 결과가 좋지 않았다. 어느 정도 관련된 문서를 찾을 수는 있지만, 내가 찾던 바로 그 서류를 찾지 못했다.
- 찾으려던 정보를 찾아 내는 데 너무 많은 시간이 걸렸다(그러고는 포기했다).
- 배우고 싶어 하던 주제를 잘 이해하려면 먼저 검색해서 나온 결과들을 읽어야만 했다.
- 모국어로 된 내용을 찾고 있었는데도 영어로 검색한 결과가 더 좋았다.
- 한 번 웹사이트에서 본 어떤 이미지를 찾고 있었는데 다시 찾을 수가 없었다.

이러한 문제는 흔하게 발생하며, 이에 대한 해결책은 다양하다. 다행히 심층 신경망을 적절히 조정할 수만 있다면 이 모든 문제를 푸는 데 도움이 될 수 있는데, 이런 점에서 우리는 심층 신경망에 흥미를 느낄 수 있다.

---

4 〈Multilayer Feedforward Networks Are Universal Approximators, Neural Networks 2, no. 5〉(Kurt Hornik, Maxwell Stinchcombe, Halbert White, 1989, 359~366) https://mng.bz/Mxg8

딥러닝 알고리즘을 적용한 검색 엔진은 다음과 같은 이점이 있다.

- 최종 사용자에게 연관도가 더 높은 결과를 제공할 수 있으므로 사용자는 더 만족하게 된다.

- 텍스트를 검색할 때와 같은 방법으로 이진 형식으로 된 내용을 검색할 수 있다고 해보자. 이는 '표범이 임팔라를 사냥하는 사진'이라는 문구를 사용해서 이에 해당하는 이미지를 검색할 수 있다는 뜻이다(그리고 여러분은 구글이 아니다).[5]

- 검색 내용에 쓰인 언어와 다른 언어를 사용하는 사용자에게도 내용을 제공할 수 있을 것이므로 더 많은 사용자가 검색 시스템이 제공하는 데이터에 접근할 수 있을 것이다.

- 일반적으로 검색 시스템이 데이터를 더 정교하게 처리하게 될 것이므로 사용자가 찾고자 하는 내용을 못 찾는 경우가 줄어들 것이다.

검색 엔진을 설계하고 구현하고 구성하는 일을 해 본 적이 있다면 데이터에 적합한 솔루션을 확보하는 문제에 직면해 보았을 것이다. 정확한 데이터를 기반으로 하는 이러한 문제를 고정된 규칙이나 알고리즘으로는 풀기 어렵지만, 딥러닝으로는 상당히 많이 풀어낼 수 있다.

최종 사용자에게는 검색 결과의 품질이 무척 중요하다. 검색 엔진은 어떤 검색 결과가 특정 사용자가 필요한 정보에 가장 부합한지를 알아내는 일을 무엇보다 잘 해야 한다. 검색 결과로 나온 내용에 순위(rank)가 잘 지정되어 있으면 사용자들은 중요한 결과를 더 쉽고 빠르게 찾을 수 있다. 그래서 우리는 **관련 결과**(relevant result)의 토픽에 많은 중점을 두었다. 현실적으로 이로 인해 엄청난 격차가 벌어진다. 《포브스(Forbes)》에 게재된 기사에 따르면 넷플릭스는 검색 결과를 개선해 가입 취소 현상을 피함으로써 연간 수익을 10억 달러(약 1조 2,000억 원)나 개선했다고 추정한다.[6] 심층 신경망은 과거에 있었던 사용자 쿼리나 검색 내용을 바탕으로 사용자도 모르는 사이에 최종 사용자 쿼리를 자동으로 수정하는 데 도움을 줄 수 있다.

오늘날에는 사람들이 웹 검색 엔진을 사용해서 이미지를 검색하는 편이다. 예를 들어, 구글에서 '화난 사자를 찍은 사진'이라는 문구로 검색하면 연관도가 높은 이미지들을 찾아낼 수 있다. 딥러닝이 등장하기 전까지는 그러한 이미지를 검색 엔진이 사용할 수 있게 취합해 두기 전

---

5 옮긴이 아마도 https://blog.bradfieldcs.com/you-are-not-google-84912cf44afb에서 볼 수 있는 논고의 주장을 전하고자 하는 것으로 보인다. 이 주장을 '경쟁하듯이 첨단 기술의 최첨단에 서려 하기보다는 풀어야 할 문제를 잘 이해해 목적에 맞게 기술을 발휘하자'는 정도로 요약할 수 있을 것이다.

6 〈McKinsey's State of Machine Learning and AI, 2017〉(Louis Columbus, July 9, 2017) https://mng.bz/a7KX

에 이미지의 내용이 무엇인지를 알려 주는 **메타데이터**(metadata, 데이터에 관한 데이터)로 꾸며야만 했다. 그리고 일반적으로 그러한 메타데이터를 사람이 직접 입력해야만 했다. 심층 신경망을 사용하면 이미지를 설명하는 내용을 사람이 일일이 검색 엔진에 넣지 않아도 되도록 이미지를 추상화하여 이미지가 담고 있는 내용을 파악한다.

웹 검색(인터넷상의 모든 웹사이트를 검색) 서비스를 제공한다면 세계 각지에 사는 사람들이 누구나 사용할 것이므로 사용자의 모국어로 검색할 수 있게 하는 것이 가장 바람직하다. 여기에 더 보탠다면 (기술 분야 콘텐츠 중 상당수가 영어로 작성되는 것이 현실이어서 어쩔 수 없이) 사용자가 영어로 검색하더라도 검색 엔진이 사용자 프로필을 보고 검색 결과를 사용자의 모국어로 바꿔 반환할 수도 있을 것이다. **신경 기계 번역**(neural machine translation)은 심층 신경망을 흥미롭게 이용한 사례 중 하나로, 심층 신경망을 사용해 텍스트 단편을 원어(source language)에서 표적어(target language, 또는 목표어)[7]로 번역하는 기술들을 모두 아우르는 말이다.

또한, 흥미롭게도 검색 엔진이 최종 사용자에게 관련 정보를 반환하는 방식을 바꾸는 일에 심층 신경망을 사용할 가능성도 있다. 검색 쿼리에 대해서 검색 엔진은 검색 결과를 목록 형태로 제공하는 것이 가장 흔한 편이다. 딥러닝 기법을 사용하면 사용자가 필요로 하는 모든 정보를 검색 엔진이 단일한 텍스트로 묶어 반환하게 할 수 있다.[8] 이렇게 하면 사용자는 굳이 모든 결과를 살펴보지 않고도 자신에게 필요한 모든 지식을 얻을 수 있다. 이 모든 아이디어를 종합하면 전 세계의 사용자에게 텍스트와 이미지를 원활하게 제공하는 검색 엔진까지도 만들 수 있다. 이런 검색 엔진은 검색 결과를 목록 형태로 보여 주는 대신에 사용자가 꼭 필요로 하는 정보를 단일한 텍스트나 이미지 형태로 보여줄 것이다.

지금까지 말한 응용 사례들은 모두 **신경 검색**(neural search)을 바탕으로 한 것이다. 여러분이 상상할 수 있듯이 오늘날 우리가 일하는 방식이나 검색 엔진을 사용하는 방식에 혁명을 일으킬 수 있는 잠재력이 신경 검색에 있다.

신경 검색으로 인해 사람들이 필요한 정보를 얻는 일에 컴퓨터가 다양한 방식으로 보탬이 될 것이다. 신경망은 지난 몇 년 동안 꾸준히 거론되었지만, 최근에 이르러서야 크게 명성을 떨치고 있다. 이는 과학자들이 어떻게 하면 신경망을 예전보다 훨씬 더 효과적으로 만들 수 있는

---

7 옮긴이 target language를 언어학에서는 '목표어'라고 부르며, 어떤 이는 '대상어'라고 부르기도 하지만, 이 책에서는 '표적어'로 일관되게 번역했다. 목표(goal)와 표적(target)의 미묘한 어감 차이를 살리기 위해서다.

8 〈Deep Learning Relevance: Creating Relevant Information(As Opposed to Retrieving It)〉(Christina Lioma et al., June 27, 2016) https://arxiv.org/pdf/1606.07660.pdf

지를 알아냈기 때문이다. 예를 들어, 2000년대 초에 더 강력한 컴퓨터를 신경망에 활용할 수 있게 된 것은 중요한 진전이었다. 심층 신경망을 최대한 이용하려면 컴퓨터 과학에 관심 있는 사람들, 그중에서도 특히 자연어 처리, 컴퓨터 비전, 정보 검색 분야에 관심이 있는 사람은 그러한 인공 신경망이 실제로는 어떤 식으로 작동하는지를 잘 알아 둬야 한다.

이 책은 딥러닝을 응용해 똑똑한 검색 엔진을 만드는 데 관심이 있는 사람들을 위한 책이다. 그렇다고 해서 여러분이 꼭 차세대 구글 검색 엔진을 만들어야 한다는 말은 아니다. 여러분이 이 책에서 배운 내용을 바탕으로 회사에서 쓸 만큼 효율적이고 효과적인 검색 엔진을 설계하고 나서 구현해 보거나, 여러분의 지식 기반을 확장함으로써 웹 검색 엔진이 들어가야만 하는 더 큰 프로젝트에 딥러닝 기술을 적용할 수 있을 것이라는 뜻이다.

검색 엔진과 딥러닝을 중심으로 여러분의 기량을 높이는 것이 이 책의 목표인데, 이는 이러한 기술들이 다양한 상황에서 유용하기 때문이다. 예를 들면 이렇다.

- 심층 신경망을 훈련해 신경망이 이미지를 보고 해당 이미지에서 물체를 식별해 내는 법을 학습하게 해두면, 그 후에 신경망이 학습한 내용을 바탕으로 이미지를 검색할 수 있다.
- 신경망을 사용해 검색 엔진의 검색 결과 목록에 '연관 내용' 표시줄을 보탤 수 있다.
- 사용자 쿼리를 좀 더 구체적으로나(더 나은 검색 결과가 나오게) 또는 더 넓은 범위로(일부 연관도가 낮더라도 더 많은 검색 결과가 나오게) 하는 방법을 신경망이 학습하게 할 수 있다.

1.4 딥러닝 학습을 위한 계획도

우리는 정보 검색 라이브러리인 아파치 루씬(https://lucene.apache.org)과 딥러닝 라이브러리인 Deeplearning4j(https://deeplearning4j.org)의 도움을 받아 자바로 작성된 오픈 소스 소프트웨어 위에 신경 검색 예제를 실행하고자 한다.[9] 그러나 우리는 이 책에서 설명한 기법이 그 밖의 기술이나 시나리오에도 적용될 수 있도록 구현 기술보다는 원리에 최대한 집중하고자 한다. 이 책을 쓰는 현 시점에서 Deeplearning4j는 기업들이 딥러닝에 널리 사용하는 프레임워크로서, 이클립스 재단에서 내놓은 것들 중 하나다. 또한, Deeplearning4j는 인기 있는 빅데이터 프레임워크(예를 들면, 아파치 스파크)와 통합할 수 있기 때문에 자주 채택된다. 이 책의 전체 예제 코

---

9 [옮긴이] 예제 실행 환경으로는 IntelliJ가 쓰인 것으로 보인다. 예제를 실행해 보고 싶다면 이 통합개발환경을 쓰는 것이 좋겠다.

드를 https://www.manning.com/books/deep-learning-for-search와 https://github.com/dl4s/dl4s
에 나오는 깃허브에서 확인할 수 있다. 하지만 그 밖에도 다양한 딥러닝 프레임워크가 있다.
예를 들어, 구글이 만든 텐서플로는 파이썬 연구 모임에서 인기를 끌고 있다. 새로운 도구가
거의 매일 발명되고 있으므로 필자는 JVM을 위해 가장 널리 채택된 검색 라이브러리 중 하나
인 루씬과 쉽게 통합할 수 있고 비교적 사용하기 쉬운 딥러닝 프레임워크에 초점을 맞추기로
했다. 파이썬을 사용해서 일한다면 https://github.com/dl4s/pydl4s에서 깃허브에 대한 몇 가지
지침과 함께 이 책에 사용된 대부분의 딥러닝 코드 구현을 찾을 수 있다.[10]

이 책을 기획하는 동안에 필자는 장이 바뀔 때마다 난이도를 점점 높여 가기로 했는데, 그렇
기 때문에 각 장은 잘 알려진 알고리즘에 의해 뒷받침되는 특정 검색 문제에 특정 신경망을
적용하는 일만 다룬다. 우리가 최첨단 딥러닝 알고리즘을 꾸준히 주목하여 보겠지만, 우리가
모든 것을 다 다룰 수는 없다는 점 역시 꾸준히 의식하고자 했다. 이 책에서 우리는, 여러분
이 이 책을 떼자마자 곧바로 더 새롭고 나은 신경망 기반 알고리즘이 나오더라도, 여러분이 쉽
게 자신의 기술을 보강할 수 있을 만큼 좋은 기준선을 제공하려고 한다. 심층 신경망의 도움
을 받아 우리가 개선해야 할 주요 과제로는 연관도, 쿼리 이해, 이미지 검색, 기계 번역, 그리
고 문서 추천이 있다. 이러한 과제들 중에 모르는 게 있더라도 걱정할 필요는 없다. 필자는 딥
러닝 기술이 아직 들어가지 않은 그런 과제들을 소개하고 나서 딥러닝이 언제 어떻게 도움이
되는지를 보여줄 것이기 때문이다.

이 책의 1부에서는 검색 엔진을 전반적으로 개선하는 데 신경망이 어떤 식으로 보탬이 되는지
를 간단히 소개한다. 그러기 위해 필자는 먼저, 신경망으로 동의어를 생성함으로써, 쿼리 하나
를 가지고 검색 엔진이 여러 가지 쿼리로 바꿔 만들 수 있게 하는 애플리케이션부터 소개해 보
겠다. 2부에서는 주로 딥러닝 기반 기술로 검색 쿼리를 더욱 표현하는 방법을 검토한다. 이렇
게 표현성을 개선하면 검색 엔진이 사용자 의도에 더 잘 맞게 쿼리를 바꿀 수 있고, 이에 따라
더 나은(사용자의 의도에 더 적합한) 결과를 검색할 수 있을 것이다. 마지막으로, 3부에서는 여러
언어로 검색한다거나 이미지를 검색하는 일처럼 검색 엔진의 더 복잡한 측면을 탐구해 본 다
음에, 끝으로 신경 검색 시스템의 성능 측면을 다룰 것이다.

이 과정에서 우리는 잠시 진도를 멈추고, 신경 검색을 적용할 때 정확도를 측정하는 방법이라
든가 최종 결과를 측정하는 방법을 살펴볼 것이다. 우리가 좋다고 생각하는 것을 끊임없이 숫

---

10 ▨옮긴이 번역을 하는 시점에서는 이 주소에 파이썬 코드가 실려 있지 않다. 나중에라도 저자가 코드를 추가해 둘 수 있으니 필요하
다면 수시로 방문해 보자.

자로 측정해 내지 못한다면 크게 발전할 수 없다. 그러므로 우리 시스템이 멋지든 그렇지 않든 간에 시스템이 어느 정도 멋진지를 측정해야만 한다.

이번 1장에서 우리는 우선 검색 엔진이 해결하려고 하는 문제와 이를 해결하기 위해 사용하는 가장 일반적인 기술들을 살펴본다. 이렇게 살펴봄으로써 검색 엔진이 텍스트를 분석해 수집해 두었다가 검색하는 방법에 관한 기초를 알 수 있게 될 것이므로, 쿼리가 검색 결과에 어떤 영향을 미치는지를 더 잘 알 수 있을 뿐만 아니라, 연관도가 높은 결과를 먼저 보여 주려면 어떻게 해야 하는지에 관한 기본 사항도 몇 가지 알게 될 것이다. 또한, 우리는 검색 기술에 내재된 몇 가지 일반적인 단점을 드러내어 살펴봄으로써, 검색 상황에 딥러닝을 적용할 수 있는지 토론하고자 한다. 그런 후에 딥러닝이 해결할 수 있는 과업과 검색 분야 애플리케이션의 실제적 의미가 무엇인지도 살펴본다. 이렇게 하면 실무 상황에서 신경 검색에 어느 정도 기대할 수 있는지를 현실적으로 파악할 수 있다.

1.5 유용한 정보 꺼내기

먼저 사용자가 바라는 검색 결과를 꺼내는 방법을 배워 보자. 이렇게 하면 혁신적인 검색 플랫폼을 구축하는 데 심층 신경망이 얼마나 도움이 되는지를 이해하기 위한 기초 검색 지식을 쌓을 수 있을 것이다.

첫 번째 질문은 검색 엔진이란? 검색 엔진이란 사람들이 정보를 끄집어 내는 데 사용할 수 있는 시스템, 즉 컴퓨터에서 실행되는 프로그램을 말한다. 검색 엔진이라면 '데이터'를 빨아들여 '정보'로 만들어 제공하는 역할을 맡아야 한다. 이런 목표를 생각해 볼 때 검색 엔진은 사용자가 쉽게 소비할 수 있는 무언가를 제공할 수 있게 데이터를 흡수하고 이 데이터를 이해하는 데 최선을 다해야 한다. 사용자인 우리로서는 특정 주제를 다루는 데이터가 많이 필요하다기보다는 특정한 정보가 필요한 것이므로 엄청나게 많은 결과보다는 **한 가지** 확실한 답변 때문에 더 만족하게 된다.

사람들은 검색 엔진이라고 하면 대체로 구글이나 빙(Bing) 또는 바이두(Baidu)처럼, 많고 다양한 출처에서 나오는 엄청난 양의 정보에 접근할 수 있을 만큼 크고 인기 있는 검색 엔진을 생각하는 경향이 있다. 그러나 특정 분야나 주제에 걸맞은 내용에만 초점을 맞추는 작은 검색 엔진도 많다. 이런 검색 엔진들이 오늘날 온라인에 있는 전체 내용이 아니라 특정한 문서 형식이나 특정 주제로 한정해 검색하기 때문에 때때로 **수직 검색 엔진**(vertical search engine)이라고 부른다. 수직 검색 엔진은 특정한 내용에 알맞게 조율되므로 특정 내용만을 다룬 '데이터'에 한해서는 일반적인 검색 엔진보다 더 정확한 결과를 제공하므로 나름대로 소중한 도구라고 할 수 있다. 수직 검색 엔진을 사용하면 때때로 더 자세한 결과를 더 정확하게 검색할 수 있다(학술 논문을 구글에서 검색하기보다는 구글 스칼라(Google Scholar)에서 검색하는 경우를 생각해 보자).

(일단 여기서 우리는 **정확도**가 무엇을 의미하는지에 관해 자세히 다루지는 않을 것이다. 참고로, 여기서 필자는 질문에 대한 답의 정확도에 관한 일반적인 개념을 말하고 있는 것이다. 그러나 정확도는 정보 검색 시스템의 결과가 얼마나 우수하고 정확한지를 평가하는 데 사용되는 잘 정의된 측정기준을 나타내는 이름이기도 하다.) 앞으로 나올 모든 개념들이 검색 엔진의 크기와 상관없이 기존 검색 엔진들 대부분에 적용되기 때문에 우리는 이 시점에서 데이터 크기와 사용자 기반 크기를 구분하지 않을 것이다.

검색 엔진은 대개 다음과 같은 역할을 맡는다.

- **색인화(indexing)**: 데이터를 효율적으로 수집하고 저장해 둠으로써 빠르게 검색해 볼 수 있도록 한다.
- **쿼리 처리(querying, 즉 '질의 처리')**: 최종 사용자가 정보를 찾아볼 수 있게 검색 기능을 제공한다.
- **순위지정(ranking)**: 사용자의 정보 요구를 가장 잘 충족하기 위해 특정 지표에 맞춰 순위를 지정해 결과를 표시한다.

실무에서는 역시 **효율성(efficiency)**이 핵심이다. 찾고 있는 정보를 얻는 데 시간이 너무 많이 걸리면 사용자는 다음 번에 다른 검색 엔진으로 갈아탈 가능성이 크다.

그나저나 검색 엔진은 어떤 식으로 페이지나 책 또는 텍스트 등을 찾아내는 것일까? 이어서 나오는 여러 절에 걸쳐 여러분은 다음과 같은 부분을 알 수 있을 것이다.

- 검색 엔진이 지정된 쿼리를 수행하고 문서를 빨리 검색해 낼 수 있도록 텍스트 청크(text chunk, 즉 '큰 텍스트 덩어리')를 더 작은 조각으로 분할하는 방법
- 특정 쿼리에 대해 검색 결과의 중요성과 연관도를 파악하는 방법의 기초

그러면 정보 검색의 기초(색인화, 쿼리 처리, 순위지정)부터 살펴보자. 그러기 전에 여러분은 텍스트의 거대한 흐름이 검색 엔진에 얼마나 큰 영향을 미치는지부터 이해해야 한다. 이것이 검색 엔진의 검색 속도와 적절한 결과를 제공하는 능력에 영향을 주기 때문이다.

1.5.1 텍스트, 토큰, 용어, 검색에 관한 기초 지식

여러분이 사서에게 특정 주제와 관련이 있는 도서를 찾아 달라 했다고 하자. 해당 주제를 담고 있는 도서의 어떠한 점을 어떻게 해야 말로 잘 표현할 수 있을까? 여러분은 특정 단어가 들어 있는 책이라는 점을 어떻게 하면 알 수 있을까? 특정 책이 속한 범주('인공지능'이나 '딥러닝'과 같은 고급 주제)를 추출하는 일은 책에 포함된 모든 단어를 추출하는 일과는 다르다. 예를 들어, 범주화 작업에는 인공지능 관련 기술이나 저자에 관한 사전 지식이 필요하지 않기 때문에 초보자일지라도 인공지능에 관한 책을 쉽게 검색해 낼 수 있다. 사용자는 검색 엔진 웹사이트로 가서 기존 범주들을 찾아본 다음에 인공지능이라는 주제에 상당히 가까운 범주를 찾을 것이다. 반면에 인공지능 전문가라면 책에 **경사 하강**(gradient descent, 또는 '**언덕 내려가기**' 또는 '**경사도 줄이기**')이라든가 **역전파**(backpropagation)라는 단어가 포함되어 있는지만 파악하면 AI 분야의 특정 기술이나 문제에 대한 세부 정보가 포함된 결과를 찾아낼 수 있다.

일반적으로 사람이라면 몇 단락만 읽어 보거나 심지어 서문이나 추천사를 보기만 해도 책의 주제를 쉽게 파악해 내지만, 책에 포함된 모든 단어를 기억하기는 어렵다. 컴퓨터의 행태는 인간과 반대다. 컴퓨터는 많은 텍스트를 쉽게 저장할 수 있고 수백만 페이지에 포함된 모든 단어들을 '기억'하고서는 검색하는 동안에 해당 단어들을 사용할 수 있는 반면, 책이 어떤 범주에 속하는지와 같이 암묵적이거나 흩어져 있거나 또는 특정 텍스트 조각에 직접 공식화되어 있지 않은 정보를 추출하는 데는 그리 능숙하지 않다. 예를 들어, 신경망을 다룬 책에 한 번도 '인공지능'이라는 단어가 나오지 않을 수도 있다('머신러닝'이라는 단어는 들어 있을지 모르겠지만). 그럴지라도 해당 도서는 여전히 '인공지능에 관한 책'이라는 넓은 범주에 속해야 한다.

컴퓨터는 텍스트 스트림에서 **용어**(term)라고 부르는 텍스트 조각을 추출하고 저장하는 일 정도는 원래부터 잘 해낸다. 이 과정을 **텍스트 분석**(text analysis)이라고 부르는데, 여러분은 이 과정을 '텍스트를 모두 그 구성 요소인 단어별로 분해하는 일'로 생각해도 된다. 책의 내용이 스트림 형식으로 기록된 테이프가 있고, 또한 이 테이프를 입력해 넣는 기계(텍스트 분석 알고리즘)가 있다고 해보자. 여러분은 많은 테이프 조각을 출력물로 받을 수 있을 테고, 그 출력 조각에는 단어나 문장 또는 명사구(예: 'artificial intelligence')가 들어 있다고 하자. 그러다 보면 입력 테이프에는 쓰여 있었지만 출력되지 않은 단어가 있다는 점을 알 수도 있을 텐데, 이를 통해 여러분은 입력 테이프 내용 중 해당 단어 부분을 기계가 삼켜 버렸을 거라고 어림짐작해 볼 수도 있을 것이다.

텍스트 분석 알고리즘에 의해 생성될 최종 단위가 단어일 수 있지만, 단어 외에도 문장 그룹이나 단어의 일부일 수도 있기 때문에 우리는 이러한 단편들을 통틀어서 용어(terms)[11]라고 부른다. 여러분은 용어를, 검색 엔진이 데이터를 저장해 결과적으로 데이터를 검색하기 위해 사용하는 기본 단위라고 생각하면 된다.

이것이 가장 기본적인 검색 행태 중 하나인 **키워드 검색(keyword search)**의 기본이다. 키워드 검색이란, 사용자가 단어 세트[12]를 입력하면 검색 엔진이 단어의 일부 또는 모든 용어를 포함하는 문서를 모두 반환해 줄 것을 기대하는 검색 방식이다. 이것이 수십 년 전에 웹 검색이 시작한 방법이다. 오늘날 많은 검색 엔진들이 수십 년 전의 것보다 훨씬 더 똑똑하지만, 여전히 많은 사용자들은 검색 결과가 포함되기를 기대하는 키워드를 중심으로 쿼리를 작성한다. 사용자가 검색 상자에 입력한 텍스트에 맞춰 검색 엔진이 결과를 반환하게 하는 방법, 바로 이것이 여러분이 이번에 배우게 될 내용이다. **쿼리(query**, 즉 '**질의**' 또는 '**질의어**')란, 사용자가 무언가를 검색하기 위해 입력하는 텍스트다. 쿼리란 텍스트에 불과하지만, 그림 1.3에서 보듯이 사용자가 필요로 하는 것과 사용자의 일반적 필요성 또는 추상적인 필요성(예: '인공지능 분야에서 최신의 가장 위대한 연구를 배우고 싶다')을 간결하면서도 서술적인 방식으로 표현하고 인코딩한 것이다(예를 들면, 그림 1.3에 나오는 'latest research in artificial intelligence').

여러분이 사용자로서 '검색'이라는 단어가 포함된 문서를 찾으려 할 때, 검색 엔진은 이러한 문서를 어떤 식으로 반환할까? 처음부터 각 문서의 내용을 검토하고 검색 엔진이 일치하는 내용을 찾을 때까지 스캔하는 방법도 있지만, 이런 방법은 그다지 좋지만은 않다. 그러나 각 쿼리에 대해 특히 분량이 많은 문서를 사용해 이러한 텍스트 검색을 수행하기에는 너무나 많은 비용이 든다.

- 많은 문서가 '검색'이라는 단어를 포함하지 않을 수 있으므로 해당 문서를 뒤져 보았자 계산 자원을 낭비하는 것일 뿐이다.
- 문서에 '검색'이라는 단어가 포함되어 있더라도 이 단어가 문서의 끝부분에 발생할 수도 있는데, 이런 경우에 검색 엔진은 '검색'이라는 단어와 일치하는 지점에 이르기까지 그 앞에 나오는 모든 단어들을 '읽어'야만 한다.

---

11 옮긴이 term이라는 말은 '용어'라는 뜻도 있지만 방정식의 '항'이라는 뜻도 있다. 전산언어학에서 언어 처리의 기본 단위가 term이므로 마치 수학의 항인 것처럼 용어를 다룬다는 뜻도 내포하고 있다고 봐도 될 것이다.

12 옮긴이 set of words. 여기서 단어 세트란 개념 또한 중의적인 의미를 지니고 있는데, 단순히 단어 한 묶음이란 뜻도 있지만, 단어 집합이라는 뜻도 있다. 그러므로 전산처리 시에 이 단어 세트를 일종의 집합으로 보고, 각 단어를 원소로 보아 처리할 수도 있는 것이다. 우리말로만 옮기면 이런 중의적 개념을 전달하기 어렵다.

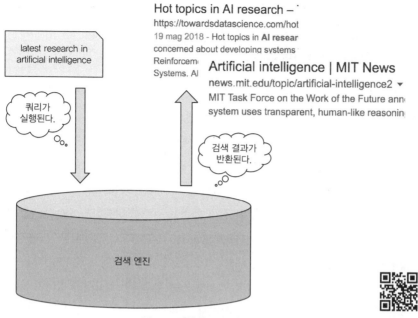

그림 1.3 **검색하고 그 결과 얻기**

검색 결과에 쿼리 내용 중 일부에 해당하는 **용어**(term)가 한 개 이상 발견되었다면 이는 단어에 **일치**(match, 또는 **정합**)된 것이거나 단어를 **적중**(hit)한 것이 된다.

여러분은 이 검색 단계를 빨리 계산할 수 있는 방법을 찾아야 한다. 이를 달성하기 위한 한 가지 기본적인 방법은 'I like search engines(검색 엔진을 좋아한다)'와 같은 문장을 작은 단위로 나누는 것이다. 이런 경우에 ['I', 'like', 'search', 'engines']로 나눠 볼 수 있다. 이는 다음 절에서 다루게 될 **역색인**(inverted indexes, 또는 '역인덱스')이라는 효율적인 저장 메커니즘의 필수 조건이다. 텍스트 분석 프로그램은 때때로 파이프라인으로 구성되는데, 이는 분석 프로그램을 구성하는 컴포넌트들이 사슬처럼 엮여 있기 때문으로, 각 컴포넌트는 이전 컴포넌트의 출력을 입력으로 받게 된다. 이러한 파이프라인은 일반적으로 두 가지 유형의 빌딩 블록으로 구성된다.

- **토크나이저**(tokenizer, 즉 '토큰화기' 또는 '토큰 생성 함수'): 텍스트의 스트림을 단어나 구 또는 기호나 **토큰**(token)이라고 부르는 그 밖의 단위에 맞춰 분할하는 컴포넌트다.
- **토큰 필터**(token filter): 토큰 스트림을 (토크나이저나 그 밖의 필터에서) 받아들여 새 토큰으로 수정, 삭제하거나 추가할 수 있는 컴포넌트다.

이러한 텍스트 분석 파이프라인의 출력은 그림 1.4와 같이 연속적으로 놓인 용어들로 이뤄진 시퀀스다.

이제 여러분은 검색 속도를 높일 수 있도록 검색 엔진을 구축함으로써 검색 엔진의 성능을 높이는 일에 텍스트 분석이 유용하다는 점을 알게 되었다. 또 다른 중요한 측면은 색인에 넣을 쿼리와 텍스트가 어떻게 일치하는지를 제어한다는 점이다. 때때로 검색 엔진에 유용하지 않거나 필요하지 않은 것으로 간주되는 일부 토큰을 걸러내기 위해 텍스트 분석 파이프라인을 사용하기도 한다.

그림 1.4 간단한 텍스트 분석 파이프라인을 사용해 'I like search engines'라는 단어 가져오기

예를 들어, 관사나 전치사와 같은 일반적인 용어를 검색 엔진에 저장하지 않는 것이 일반적인 관행인데, 그러한 단어들이 영어와 같은 언어로 된 대부분의 텍스트 문서에 존재하기 때문이다. 게다가 검색 엔진에서 모든 것을 표시하게 하는 쿼리가 사용자에게는 그다지 가치가 크지 않기 때문이다. 이러한 경우에 토큰을 생성할 때 'the', 'a', 'an', 'of', 'in' 등과 같은 토큰은 제거하고, 그 밖의 토큰은 모두 흘러나오게 하는 토큰 필터를 만들 수 있다. 이 간단한 예에서 토크나이저는 다음과 같은 일을 한다.

- 토크나이저는 화이트스페이스(whitespace) 문자를 만날 때마다 토큰을 분할한다.
- 토큰 필터는 **불용어 목록**(stopword list, 또는 '정지어 목록', 즉 '사용하지 않을 단어 목록')이라고도 부르는 일종의 블랙리스트에 일치하는 토큰을 제거한다.

실무에서는, 특히 처음 검색 엔진을 설치할 때, 여러 가지 다른 텍스트 분석 알고리즘을 만든 후에 검색 엔진에 여러 가지 데이터를 넣고 싶은 대로 넣어 가며 테스트를 해보는 편이다. 이를 통해 어떤 토큰이 생성되고 어떤 토큰이 최종적으로 걸러지는지 등과 같은, 알고리즘이 내용을 어떤 식으로 처리하는지를 시각화할 수 있다. 여러분이 분석기라고도 부르는 이 텍스트 분석 사슬을 구축했고, 예상대로 작동하는지 확인하고 관사와 전치사 등을 걸러낼 수 있는지를 확인하고 싶었다고 하자. 첫 번째 텍스트를 아주 간단한 **분석기**(analyzer)에 전달하고 'the brown fox jumped over the lazy dog(갈색 여우가 게으른 개를 뛰어넘었다)'이라는 문장을 파이프라인에 제시함으로써 관사가 제거되기를 기대한다. 생성된 출력 스트림은 그림 1.5처럼 보일 것이다.

그림 1.5 순회 처리한 토큰 그래프

이 결과로 나온 토큰 스트림을 보면 예상한 대로 'the'라는 토큰이 제거되었는데, 이것을 그래프의 시작 부분에 있는 점선 모양 화살표와 'over'와 'lazzy' 노드 사이에서 볼 수 있다. 토큰 옆에 있는 숫자는 각 토큰의 시작 자리와 종료 자리(문자 수)를 나타낸다. 이번 예에서 중요한 부분은 분석기가 그러한 토큰을 모두 제거했기 때문에 'the'에 대한 쿼리가 일치하지 않으며, 그것들은 결국 검색 엔진 내용의 일부가 되지 않는다는 것이다. 실무에서는 텍스트 분석 파이프라인이 더 복잡한 경우가 흔한데, 여러분은 다음 장에서 그런 경우 중 몇 가지를 볼 수 있을 것이다. 이제 텍스트 분석을 배웠으니 검색 엔진이 최종 사용자가 쿼리할 텍스트(및 용어)를 어떻게 저장하는지 살펴보자.

색인화

빠르게 검색할 수 있도록 검색 엔진이 텍스트를 용어 단위로 나눌 필요가 있지만, 최종 사용자들은 검색 결과가 단일한 문서 단위 꼴로 나오기를 기대한다. 구글의 검색 결과를 생각해 보자. 여러분이 '책'을 검색하면 각각 제목, 링크, 결과와 같은 텍스트 단편 등으로 구성된 결과 목록을 받게 된다. 각 결과에 '책'이라는 용어가 들어 있겠지만, 여러분은 해당 용어와 일치하는 텍스트 단편보다 훨씬 더 많은 정보와 맥락을 가진 문서를 보게 된다. 실무적인 측면에서 보면 텍스트를 분석한 결과로 만들어진 토큰들은 토큰이 원래 속해 있던 텍스트 부분에 대한 참조 주소와 동시에 저장된다.

용어와 문서를 연결해 주는 이 참조 주소를 사용하면 다음과 같은 일을 할 수 있다.

- 쿼리에 들어 있는 키워드나 검색 용어와 일치하는지 여부를 따져 볼 수 있다.
- 참조 주소가 가리키는 원본 텍스트를 검색 결과로 반환할 수 있다.

텍스트의 스트림을 분석한 결과로 나온 용어들을 (참조된 문서들과 함께) 검색 엔진에 저장하는 이 전체 과정을 보통 **색인화**(indexing, 또는 **인덱싱**)라고 한다.

이렇게 부르는 이유는 용어가 **역색인**(inverted index)에 저장되기 때문이다. 여기서 역색인이란 용어가 원래 들어 있던 텍스트에 용어를 매핑하는(즉, 대응시키는) 데이터 구조를 말한다. 아마도 역색인을 보는 가장 쉬운 방법은 진짜 책의 뒤편에 나오는 색인 부분일 텐데, 이 부분에 나오는 각 단어 항목별로 해당 단어가 언급된 페이지 번호가 기재되어 있다. 이런 책의 색인 부분 단어 자리에 검색 엔진에서는 용어가 들어가고, 책의 페이지 번호 자리에 검색 엔진에서는 텍스트의 원래 조각이 들어간다.

이제부터 우리는 색인화할 텍스트 조각(페이지, 책)을 **문서(document)**라고 부를 것이다. 문서를 색인화하면 어떤 식으로 마무리되는지를 쉽게 알아볼 수 있게 다음과 같은 두 가지 매우 유사한 문서를 가지고 있다고 가정해 보자.

- 'the brown fox jumped over the lazy dog' (문서 1)
- 'a quick brown fox jumps over the lazy dog' (문서 2)

앞에서 정의한 텍스트 분석 알고리즘(정지 단어 'a', 'an' 및 'the'를 사용한 공간 토큰화)을 사용한다고 가정하면, 표 1.3은 그러한 문서를 포함하는 역색인의 좋은 근사치를 보여준다.

보다시피 불용어 기반의 토큰 필터가 그러한 토큰을 제거했기 때문에 'the'라는 용어 항목이 없다. 표에서는 첫 번째 열의 용어 사전과 각 행의 각 용어와 관련된 **게시 목록(posting list)**, 즉 문서 식별자 집합을 찾을 수 있다. 역색인을 사용하면 특정 용어가 포함된 문서를 아주 빠르게 검색할 수 있는데, 검색 엔진은 역색인

표 1.3 **역색인 표**

용어	문서 식별부호
brown	1, 2
fox	1, 2
jumped	1
over	1, 2
lazy	1, 2
dog	1, 2
quick	2
jumps	1

을 선택해 검색어에 대한 항목을 찾은 다음, 최종적으로 게시된 목록에 포함된 문서를 검색하게 된다. 예로 보이는 색인을 사용하는 경우에 'quick'이라는 용어를 검색하면 역색인은 'quick'이라는 용어에 해당하는 게시 목록을 살펴서 문서 2를 반환한다. 우리는 지금까지 텍스트 색인을 검색 엔진에 넣는 간단한 예를 살펴보았다.

책을 색인화하는 단계를 생각해 보자. 책은 핵심 내용을 담고 있는 페이지로 구성되지만, 한편으로는 제목이나 저자 또는 편집자나 출판 연도와 같은 내용도 책에 있다. 여러분은 이 모든 것에 동일한 텍스트 분석 파이프라인을 사용할 수 없다. 책 제목에서 'the'나 'an'을 빼고 싶지 않을 것이기 때문이다. 책의 제목을 아는 사용자는 책의 제목을 정확히 일치시켜 찾을 수 있어야 한다! 텍스트 분석기가 사슬 중에 한 부분을 차지하고 있는 'in'을 책 제목인 'Tika in Action'에서 삭제하면 검색기 사용자는 'Tika in action'이라는 쿼리로는 책을 찾을 수 없게 될

것이다. 반면에 여러분은 원하지 않는 용어를 더 적극적으로 걸러내는 텍스트 분석 파이프라인을 가지기 위해 책 내용에 대해 이와 같은 토큰을 유지하지 않을 수도 있다. 텍스트 분석 사슬이 'in'과 'the'를 'Living in the Information Age'라는 책 제목에서 삭제한다면, 사용자가 'Living in the Information Age'로는 책을 찾아내기가 곤란해지지만, 'information age'라는 쿼리로는 오히려 책을 찾아낼 수 있게 된다. 이런 경우에 정보는 거의 손실되지 않지만, 텍스트를 더 작게 저장하고 연관도를 높이는 이점을 얻을 수 있다(다음 절에서 이에 관해 이야기하겠다). 실무에서는 문서의 서로 다른 부분들에 대한 색인들을 동일한 검색 엔진에서 모두 처리할 수 있게 역색인을 중복해서(즉, 다중 역색인으로) 갖춰 두는 방식을 흔히 사용한다.

검색

이제 검색 엔진 속에 색인화된 어떤 내용을 지니게 되었으니 우리는 검색을 해보려고 한다. 역사적으로 보면 최초의 검색 엔진에서는 **키워드**라고 부르는 특정 용어로 검색할 수 있었는데, 사용자는 검색 결과가 어떤 용어와 **일치해야** 한다거나 **일치하지 말아야** 한다는 점을 검색 엔진이 판별할 수 있게 부울 연산자를 사용했다. 가장 일반적으로, 쿼리에 있는 용어와 검색 결과가 **일치해야** 하지만, 반드시 그래야만 하는 것도 아니다. 이러한 용어를 포함해야만 하는 검색 결과를 얻으려면 관련 연산자를 추가해야 한다(예: 용어 앞에 + 사용). 'deep + learning for search'와 같은 쿼리를 사용한다면 검색 결과에 'deep'과 'learning'이 모두 들어 있어야 하지만, 'for'와 'search'는 들어 있는지 들어 있지 않는지 상관하지 않는다는 뜻이다. 또한, 사용자가 단일 용어 대신에 쿼리에 쓰인 문구 전체에 일치하도록 검색해야 한다고 지정하는 경우도 흔하다. 이렇게 지정함으로써 사용자는 개별 용어로 검색하는 대신에 정확한 단어 순서에 맞는 결과를 검색할 수 있다. 이전 쿼리를 "'deep learning' for search'라는 문구로 다시 작성하면 검색 결과에 반드시 'deep learning'이라는 단어 순서에 맞는 것이 포함되어야 하지만, 'for'와 'search'라는 용어는 선택적이란 뜻이다.

놀랍게 들릴지 모르지만, 텍스트 분석은 찾기(search) 즉, **검색(retrieval)** 단계에서도 중요하다. 방금 색인화한 데이터를 바탕으로 이 책의 원래 제목인 'Deep Learning for Search'를 검색하고 싶다고 가정해 보자. 여러분이 웹 인터페이스를 사용한다면 'deep learning for search'와 같은 형태로 쿼리를 입력하게 될 것이다. 이 검색 단계에서는 적합한 책을 검색해 낼 수 있게 하는 것이 당면 과제다. 사용자와 고전적인 검색 엔진 UI 사이의 첫 번째 접점 역할을 **쿼리 파서** (query parser, 또는 '쿼리 구문분석기')가 담당한다.

쿼리 파서는 사용자가 입력한 검색 쿼리 텍스트를 검색 엔진이 찾아야 할 용어와 역색인에서 일치 항목을 찾을 때 사용하는 방법을 나타내는 일련의 절(clause)로 변환하는 역할을 한다. 이전 쿼리 예제에서 쿼리 파서는 기호 +와 '를 이해하는 역할을 담당한다. 그 밖의 널리 쓰이는 구문 규칙에서는 'deep AND learning'과 같은 꼴로 쿼리 용어 사이에 부울 연산자를 넣을 수도 있다. 이런 경우에 쿼리 파서는 'AND' 연산자에 특별한 의미를 부여하므로 'AND' 연산자의 왼쪽 용어(left term, 또는 좌변항)와 오른쪽 용어(right term, 또는 우변항)가 반드시 있어야 한다. 쿼리 분석기는 결과를 찾기 위해 일부 텍스트를 사용하고, 기본 역색인에 적용할 일련의 제약 조건을 출력하는 함수라고 생각할 수 있다. 'latest research in artificial intelligence' 같은 예문을 다시 한번 살펴보자. 지능형 쿼리 파서는 단어의 의미를 반영하는 절들을 만들 수 있다. 예를 들어, 'artificial'과 'intelligence'를 각기 다른 절(clause)로 여겨 두 개 절이 있게 하는 대신에 'artificial intelligence'라는 한 개의 절만 만들어야 한다. 또한, 여러분이 'latest'를 입력한다고 해도 그게 '가장 늦은'을 의미하는 게 아니고 '최근에 작성된(created)' 것을 의미한다고 봐야 할 것이다. 그래서 훌륭한 쿼리 파서는 'latest'라는 용어를 자연어로 'created between today and 2 months ago(2개월 전부터 오늘에 이르기까지 작성된 것)'라는 식으로 표현할 수 있는 용어로 바꿀 것이다. 우수한 쿼리 엔진이라면 latest의 진정한 의미를 컴퓨터에서 보다 쉽게 다룰 수 있게 created < today() AND created > (today() - 60days)와 같은 방식으로 그러한 용어를 인코딩할 수 있다. 그림 1.6을 참고하라.

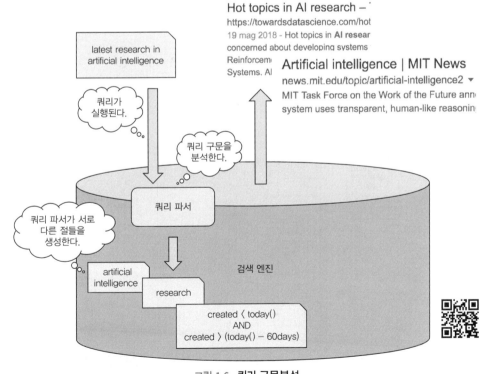

그림 1.6 **쿼리 구문분석**

색인화를 하는 동안에 텍스트 분석 파이프라인은 입력 텍스트를 색인에 저장할 용어로 분할하는 데 쓰인다. 이를 **색인 시간 텍스트 분석(index-time text analysis)**이라고도 한다. 마찬가지로 쿼리 문자열을 용어별로 분리하기 위해 쿼리가 의도하는 검색을 하는 동안에 텍스트 분석을 적용할 수 있는데, 이를 **찾기 시간 텍스트 분석(search-time text analysis)**이라고 한다. 찾기 시간 용어가 해당 문서에서 참조하는 역색인의 용어와 일치할 때 검색 엔진이 문서를 검색한다.

그림 1.7은 문서 텍스트를 용어로 분할하는 데 사용되는 왼쪽의 색인 시간 분석을 나타낸다. 이것들은 결국 색인으로 집약되고, 모두 **doc 1**을 참조한다. 색인 시간 분석은 화이트스페이스 토크나이저와 두 개의 토큰 필터로 구성된다. 즉, 전자는 원하지 않는 불용어를 제거하는 데 사용되고, 후자는 모든 용어를 소문자로 변환(예: 'Fox'는 'fox'로 변환됨)하는 데 사용된다. 오른쪽 상단에 있는 'lazy foxes'라는 쿼리는 찾기 시간 분석으로 전달되며, 이는 화이트스페이스 토크나이저를 사용해 토큰을 분할하지만, 소문자 필터와 **어간추출(stemming)** 필터를 사용해 필터링한다. 어간추출 필터는 굴절어나 파생어를 어근 형식으로 줄임으로써 용어를 변환한다. 이는 복수형 접미사를 제거하고 동사에서 **ing**형(즉, 동명사형)을 제거하는 등의 작업을 한다는 말이다. 이렇게 어근 형식으로 줄인다면 'foxes'는 'fox'로 변형된다.

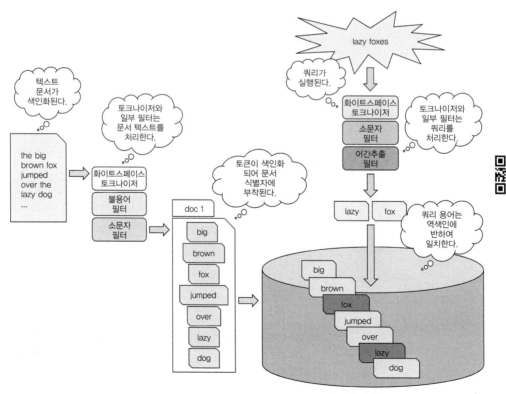

그림 1.7 색인 시간 분석, 찾기 시간 분석, 용어 일치

색인화 및 검색 텍스트 분석 파이프라인이 예상대로 작동하는지 확인하는 일반적인 방법은 다음과 같다.

1. 표본으로 쓸 만한 내용을 준비한다.

2. 이 내용을 색인 시간 텍스트 분석 사슬에 전달한다.

3. 표본으로 쓸 만한 쿼리를 작성한다.

4. 쿼리를 찾기 시간 텍스트 분석 사슬에 전달한다.

5. 산출된 용어가 일치하는지 확인한다.

예를 들어, 필터링(filtering, 즉 선별)을 수행하면 검색 단계의 성능에 영향을 끼치지 않기 때문에 색인 시간에 불용어 필터를 사용하는 것이 일반적이다. 그렇지만 색인화 단계 또는 검색 단계에서 다른 필터들을 지닐 수도 있을 것이다. 색인 시간 텍스트 분석 사슬 및 찾기 시간 텍스트 분석 사슬과 쿼리 구문분석을 통해 검색 결과를 인출하는 과정이 어떻게 작동하는지를 살펴볼 수 있다.

여러분은 모든 검색 엔진의 기본 핵심 기술 중 하나를 배웠는데, 이 기술이란 시스템이 텍스트 분석(토크화 및 필터링)을 통해 사용자가 쿼리 시간에 입력할 것으로 예상되는 용어에 맞춰 텍스트를 분류함으로써 역색인이라고 부르는 데이터 구조에 배치하는 기술을 말한다. 이 역색인을 사용하면 (저장 공간이라는 측면에서 더) 효율적으로 색인 작업을 할 수 있고, (검색 소요 시간이라는 측면에서 더) 효율적으로 검색할 수 있다. 그러나 사용자인 우리 입장에서는 모든 검색 결과를 살펴볼 생각을 하지 않으므로 어떤 것이 가장 적합한 것이어야 하는지를 알려 주는 검색 엔진이 필요하다. 이제 여러분은 어떤 의미가 **가장 좋은지**가 궁금해졌을 것이다. 우리의 쿼리를 감안해 볼 때 정보가 얼마나 좋은지에 대한 측도(measure, 또는 측정기준)가 있는가? 정답은 '그렇다'다. 우리는 그러한 측정기준을 **연관도**(relevance)[13]라고 부른다. 검색 결과의 순위를 정확한 방식으로 지정하는 일은 검색 엔진이 가장 중요하게 여겨 달성해야 할 일 중 하나다. 다음 절에서는 연관도 문제를 어떻게 해결해야 할지 간략하게 살펴본다.

---

13 옮긴이 적합도, 관련도, 연관도, 연관성 등으로 다양하게 번역해 부르고 있다. 다만 적합도라는 말은 fitness로 오해할 수도 있으므로 지양하는 것이 좋겠다.

1.5.2 연관도 우선

이제 여러분은 검색 엔진이 쿼리를 통해 문서를 검색하는 방법을 알게 되었다. 이번 절에서는 검색 엔진이 검색 결과에 어떻게 순위를 매겨 가장 중요한 결과가 먼저 반환되도록 하는지를 배우게 될 것이다. 이렇게 하면 일반적인 검색 엔진이 어떻게 작동하는지를 확실히 이해할 수 있을 것이다.

연관도는 검색 분야에서 중요한 개념이다. 문서가 특정 검색 쿼리와 관련해 얼마나 중요한지를 측정하는 기준이기 때문이다. 사람이라면 왜 특정한 문서들이 다른 문서들보다 쿼리에 관해서 더 연관도가 높은지를 말하기는 쉬운 편이다. 그래서 이론적으로 우리는 문서의 중요성에 대한 우리의 지식을 나타내는 일련의 규칙을 추출해 볼 수 있다. 그러나 실제로 그러한 시도는 아마도 다음과 같은 이유들로 인해 실패하게 될 것이다.

- 우리가 지닌 정보량이 부족해서 대부분의 문서에 적용되는 일련의 규칙들을 추출해 낼 수 없다.
- 검색 엔진에 들어 있는 문서는 시간이 지남에 따라 많이 변하기 때문에 그에 따라 검색 규칙을 계속 조정해야 하는데, 이로 인해 엄청난 노력을 기울여야 한다.
- 검색 엔진의 문서는 다양한 영역(예: 웹 검색)에 속할 수 있으며, 모든 유형의 정보에 적용되는 좋은 규칙 집합을 찾을 수 없다.

정보 검색 분야의 주요 테마 중 하나는 검색 엔지니어가 그러한 규칙을 추출할 필요가 없는 모델을 정의하는 것이다. 그러한 **검색 모델**(retrieval model)은 연관도의 개념을 가능한 한 정확하게 포착해야 한다. 일련의 검색 결과가 주어지면 검색 모델은 그 결과에 각기 **순위지정**(rank)을 한다. 연관도가 높은 결과일수록 점수를 더 높게 매기는 식이다.

대체로 검색 엔지니어일지라도 검색 모델을 선택하는 것만으로 완벽한 결과를 얻을 수는 없을 것이다. 연관도는 변덕스러운 짐승이기 때문이다! 실무 시나리오에서는 검색 모델뿐만 아니라 텍스트 분석 파이프라인을 지속적으로 조정해야 할 수 있으며, 검색 엔진의 내부까지 세밀하게 미세 조정해야 할 수도 있다. 그럴지라도 검색 모델은 높은 연관도를 달성하기 위한 확실한 기준을 제공하기 때문에 우리에게는 여러모로 도움이 된다.

1.5.3 고전적인 검색 모델

아마도 가장 많이 사용되는 정보 검색 모델 중 하나가 **벡터 공간 모델**(vector space model, VSM)일 것이다.[14] 이 모델에서 각 문서와 쿼리는 벡터로 표현된다. 벡터를 좌표상의 화살표로 생각할 수 있다. VSM의 각 화살표는 쿼리 또는 문서를 나타낼 수 있다. 두 개의 화살표가 가까울수록 더 유사하다(그림 1.8 참고). 각 화살표의 방향은 쿼리/문서를 구성하는 용어로 정의된다.

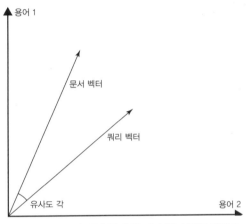

그림 1.8 **VSM에 따른 문서 및 쿼리 벡터 간의 유사도**

이러한 벡터 표현에서 각 용어는 **가중치**(weights)와 연관된다. 가중치란, 검색 엔진의 나머지 문서와 관련해 해당 용어가 문서/쿼리에서 얼마나 중요한지를 나타내는 실제 수다. 그러한 가중치는 다양한 방법으로 계산할 수 있다. 이 시점에서 우리는 이 가중치가 어떻게 계산되는지에 대한 세부 사항까지 깊이 파고들지는 않을 생각이다. 다만 가장 일반적인 알고리즘이 **용어빈도-역문서빈도**(term frequency-inverse document frequency, TF-IDF, 또는 '용어빈도/역문헌빈도')라는 점만 말하고자 한다. TF-IDF의 기본 개념은 단일 문서에 용어가 자주 나타날수록(용어빈도, 또는 TF가 클수록) 더 중요하다는 것이다. 동시에 모든 문서에 걸쳐 어떤 용어가 흔하게 나타날수록, 다시 말하면 **역문서빈도**(inverse document frequency, IDF)가 클수록 중요성이 떨어진다고 기술하고 있다. 따라서 VSM에서 검색 결과는 쿼리 벡터에 순위를 매기므로 문서가 해당 쿼리 벡터에 더 가까우면 결과 목록에서 더 높게 나타난다(더 높은 순위/점수).

---

14 〈A vector space model for automatic indexing, Communications of the ACM 18, no. 11〉(G. Salton, A. Wong, and C. S. Yang, 1975, 613~620) https://mng.bz/gNxG

VSM은 선형 대수에 기초한 정보 검색 모델인 반면, 수년간 확률론적 연관도 모델에 기초한 대체 접근법이 등장했다. 확률론적 모델은 문서와 쿼리 벡터가 얼마나 가까운지를 계산하는 대신에 문서가 특정 쿼리와 연관될 확률을 추정해 검색 결과를 순위로 매긴다. 이러한 모델의 가장 일반적인 순위지정 함수 중 하나는 **Okapi BM25**다. 상세한 내용까지 자세히 설명하지 않겠지만, 이것은 특히 그리 길지 않은 텍스트에서 좋은 결과를 보여주었다.

1.5.4 정밀도와 재현율

우리는 신경 검색이 앞으로 나올 여러 장에서 연관도를 다루는 데 어떻게 도움이 될 수 있는지를 살펴볼 생각이지만, 그러기 전에 먼저 우리는 연관도를 측정할 수 있어야 한다! 정보검색 시스템이 얼마나 잘 되고 있는지를 측정하는 표준적인 방법은 그 정밀도와 재현율을 계산하는 것이다. **정밀도**(precision)는 검색된 문서들 중에서 연관성이 있는 문서들의 비율을 분수로 나타낸 것이다. 시스템의 정밀도가 높은 경우에 사용자는 검색 결과 목록의 맨 위에서 원하는 결과를 대부분 찾을 수 있다. **재현율**(recall)은 연관성이 있는 문서들 중에서 검색된 문서들의 비율을 분수로 나타낸 것이다. 시스템이 좋은 재현율을 보일 경우에 사용자는 검색 결과에서 모든 관련 결과를 찾을 수 있지만, 관련 결과라고 해서 다 상위를 차지하지는 못할 수도 있다.

여러분이 알아차렸을지 모르지만, 정밀도와 재현율을 측정하려면 검색 결과가 얼마나 관련이 있는지를 누군가가 판단해야 한다. 소규모 시나리오라면 이렇게 하기는 쉽다. 하지만 문서들이 엄청나게 많다면 아무리 노력을 기울여도 이렇게 하기는 힘들다. 검색 엔진의 효과를 측정하는 옵션은 정보 검색을 위해 공개적으로 사용할 수 있는 데이터셋을 사용하는 것이다. 예를 들어, 미국 국립표준기술연구소(NIST) 텍스트 검색 추론(Text Retrieval Conference, TREC[15]) 데이터셋은 정밀도 및 재현율에 사용할 많은 순위 쿼리가 포함되어 있다.

이번 절에서는 VSM 및 확률론적 모델과 같은 고전적인 정보 검색 모델의 몇 가지 기본 사항을 알아보자. 이제 우리는 검색 엔진에 영향을 미치는 흔한 이슈들을 살펴보려고 한다. 이 책의 나머지 부분에서는 딥러닝의 도움을 받아 그것들을 어떻게 고쳐야 하는지를 논의할 것이다.

---

15 https://trec.nist.gov/data.html

1.6 미해결 문제들

우리는 검색 엔진이 어떻게 작동하는지, 특히 최종 사용자의 요구에 관련된 정보를 검색하기 위해 어떻게 노력하는지를 자세히 살펴보았다. 그러나 한 걸음 물러서서 사용자는 검색 엔진을 날마다 어떻게 사용하는가라는 관점에서 문제를 보자. 딥러닝의 도움을 받아 어떤 문제를 해결하고자 하는지를 더 잘 이해할 수 있게 우리는 많은 검색 시나리오에서 해결되지 않은 몇 가지 문제를 조사할 것이다.

정보 검색이라는 주제와는 달리 지식 격차 해소라는 주제는 조금 더 복잡하다. 최근 인공지능 분야의 흥미로운 연구를 더 알고 싶어서 다시 사서에게 가는 예를 들어 보겠다. 사서를 만나자마자 여러분에게 필요한 것을 사서가 정확히 이해하게 하려면 어떻게 해야 하는가에 관한 문제와, 여러분에게 유용하게 쓰일 만한 책이 무엇인가라는 문제가 생긴다.

이런 말이 단순하게 들릴지 몰라도 정보의 유용성을 객관적으로 파악하기 힘들 뿐만 아니라 오히려 주관적일 수밖에 없고, 맥락과 의견에 기초한다는 점에서 단순한 문제가 아니다. 여러분은 좋은 정보를 여러분이 받게 해줄 만큼 사서에게 충분한 지식과 경험이 있다고 가정할 수 있다. 현실에서 여러분은 사서에게 자신을 소개하며, 관련 배경과 여러분이 찾는 정보가 왜 필요한지를 말할 텐데, 이로 인해 사서는 그러한 맥락을 사용해 다음과 같이 할 수 있다.

- 검색을 하기도 전에 일부 책은 찾을 대상에서 제외한다.
- 몇 권의 책을 찾은 후에라도 대상에 올려 두지 않는다.
- 사용자 맥락과 밀접한 관련이 있는 영역을 명시적으로 한 가지 이상 검색한다(예를 들면, 학계나 경제계).

때로는 과거의 경험을 바탕으로 특정 도서를 꺼린다는 점을 사서에게 알릴 수도 있지만(예를 들어, 특정 작가가 쓴 책을 좋아하지 않는다면 사서에게 그 책을 고려 대상에서 제외하라고 대놓고 말하는 경우), 사서가 찾아 준 책에 대한 의견을 나중에 피력할 수도 있다. 이와 같은 맥락과 의견이 모두 상당히 다를 수 있으며, 결과적으로 시간이나 사람들에 따라서 정보가 목적에 적합한지의 여부가 달라진다. 사서는 이러한 불일치에 어떻게 대처할까?

사용자로서 여러분은 사서에 대해 잘 모를 수도 있고, 적어도 사서가 지닌 맥락을 이해할 만큼 사서를 충분히 잘 알지 못할 수도 있다. 사서의 배경과 의견은 여러분이 얻는 결과에 영향을 주기 때문에 중요하다. 그러므로 사서를 더 잘 이해할수록 정보를 더 빨리 얻을 수 있을 것이다. 그러므로 좋은 결과를 얻으려며 사서를 잘 알아야 한다!

사서가 '인공지능'에 대한 여러분의 첫 쿼리에 응해 '딥러닝 기법'에 관한 책을 준다면 어떨까? 여러분이 찾고자 하는 주제를 모른다면 '딥러닝 입문'에 관해 문의하면서 이를 잘 다루는 책이 도서관에 있는지를 다시 한번 따져 보아야 한다. 이런 과정이 여러 번 반복될 수 있는데, 이런 반복 과정을 통해 정보가 점진적으로 흐르고 있다는 점이 중요하다. 여러분은 〈매트릭스〉라는 영화에 나오는 등장인물들이 하는 것처럼 뇌에 무언가를 한 번에 업로드하지 못하기 때문에 이처럼 점진적인 과정이 필요하다. 대신에 인공지능를 알고 싶다면 딥러닝을 먼저 알아야 한다는 것을 깨닫게 될 것이고, 이를 위해서는 미적분학과 선형대수학 등을 읽어야 한다는 것을 알게 될 것이다. 즉, 처음 사서에게 질문을 할 때부터 여러분에게 필요한 것을 여러분이 모두 알지 못한다.

요약하자면 여러분이 찾고 있는 정보를 사서로부터 얻는 과정에는 다음과 같은 상황에 의해 발생되는 몇 가지 결점이 있다.

- 사서는 여러분을 모른다.
- 여러분은 사서를 모른다.
- 필요한 모든 정보를 다 얻으려면 몇 번에 걸쳐 묻고 응답하는 과정이 반복되어야 할 수도 있다.

우리가 심층 신경망을 사용해 더 쉽게 사용할 수 있고 더 발전한 검색 엔진을 만들고자 하므로 이러한 문제들을 인식해야 하며, 딥러닝이 그러한 문제들을 해결하는 데 쓰일 수 있기를 바란다. 문제를 해결하려면 무엇보다 먼저 문제를 이해해야 한다.

1.7 검색 엔진 블랙박스 열기

이제 검색 엔진이 사용자들에게 얼마나 많은 것을 보여줄 수 있는지 알아보자. 효과적인 검색 쿼리를 만들 때 중요한 문제는 어떤 쿼리 언어를 사용하는가다. 몇 년 전만 해도 사람들은 검색 상자에 하나 이상의 키워드를 입력하여 쿼리를 수행했다. 오늘날에는 쿼리를 자연어로 입력할 수 있을 정도로 기술이 발전했다. 일부 검색 엔진은 여러 언어로 된 문서를 색인하고(예: 웹 검색), 후속 쿼리를 허용한다. 같은 것을 검색하더라도 구글 같은 검색 엔진에서 약간 다른 쿼리로 표현한다면 놀랄 만큼 다른 결과를 보게 될 것이다.

동일한 요청이 다른 쿼리를 사용해 표현될 때 검색 결과가 어떻게 달라지는지 알아보기 위해 간단한 실험을 해보자. 사람과 이야기를 하면서 동일한 질문을 다른 방식으로 한다고 해도 항상 같은 대답을 얻을 것이라고 기대할 수 있다. 예를 들어, 누군가에게 "너는 'latest breakthroughs in artificial intelligence(인공지능의 최신 돌파구)'가 무어라고 생각해?"라고 묻고 나서 그들의 의견을 바탕으로 답을 얻을 수 있을 것이다. 같은 사람에게 "너는 'latest advancements in artificial intelligence(인공지능의 최신 개선점)'가 무어라고 생각해?"라고 묻는다면 정확히 똑같은 대답, 즉 의미가 같은 대답을 얻을 수 있을 것이다.

오늘날 검색 엔진에서는 이것이 가능하지 않다. 표 1.4는 구글에서 'latest breakthroughs in artificial intelligence(인공지능의 최신 돌파구)'와 이를 약간 변형했을 때의 검색 결과를 보여준다.

표 1.4 비슷한 쿼리들 비교하기

쿼리	첫 번째 결과 제목
Latest breakthroughs in artificial intelligence	'latest breakthroughs in artificial intelligence'에 관한 학술 논문(구글 스칼라)
Latest advancements in artificial intelligence	Google advancements artificial intelligence push with 2 top hires(구글이 최고 인재 두 명을 영입해 인공지능을 개선)
Latest advancements on artificial intelligence	'latest advancements on artificial intelligence'와 관련된 이미지(구글 이미지)
Latest breakthroughs in AI	Artificial Intelligence News—ScienceDaily (사이언스 데일리가 낸 인공지능 관련 뉴스)
Più recenti sviluppi di ricerca sull'intelligenza artificiale	Intelligenza Artificiale(위키백과)

첫 번째 쿼리의 첫 번째 결과가 놀라운 것은 아니지만, 'breakthroughs(돌파구)'라는 용어를 동의어 중 하나인 'advancements(개선점)'로 바꾸면 검색 결과가 달라지는데, 이는 사용자에게 필요한 정보(여러분은 구글이 인공지능을 개선하는지에 관심이 없었기 때문)를 검색 엔진이 다르게 이해했다는 점을 시사하는 것으로 보인다. 세 번째 쿼리는 이미지라고 하는 놀라운 결과를 제공한다. 우리는 이것을 설명할 길이 없다. 'artificial intelligence'를 약어인 'AI'로 바꾸면 다르기는 해도 여전히 관련 있는 검색 결과가 나온다. 그리고 원래의 쿼리에 대한 이탈리아어 번역을 사용할 때, 영어로 쿼리(질의)를 했을 때와는 전혀 다른 결과(인공지능에 관한 위키백과 페이지가 나옴)를 얻게 된다. 예를 들어, 구글 스칼라가 다른 언어로 된 연구 논문들을 색인화한다는 사실로 볼 때 이런 현상이 일반적인 것 같다.

검색 엔진 순위는 사용자 의견과 마찬가지로 상당히 다양할 수 있다. 검색 엔지니어가 특정 쿼리 집합에 응답하기 위해 순위를 최적화할 수 있지만, 수십 개 또는 수백 개의 유사한 쿼리에 맞게 순위를 조정하기는 어렵다. 그래서 실무에서 우리는 검색 결과의 순위를 수동으로 조정하지 않는다. 순위를 수작업으로 조정한다는 것은 거의 불가능하며, 일반적으로 좋은 순위를 얻을 수 없을 것이기 때문이다.

때때로 검색을 수행하는 일은 시행착오 과정과 같아서 초기 쿼리를 실행했을 때 지나치게 많은 결과를 얻게 될 수 있고, 두 번째 쿼리를 실행해도 여전히 너무 많은 결과를 얻게 될 수 있으며, 세 번째 쿼리에서까지 관심 사항이 아닌 사소한 결과가 반환될 수도 있다. 검색 쿼리를 사용해 필요한 정보를 표현하기가 쉽지 않기 때문이다. 여러분은 검색 엔진으로 할 수 있는 일을 상당히 잘 이해하려면 꽤나 많은 질문을 해야 될 때가 있다. 그것은 마치 블랙박스를 들여다보려고 하는 것과 같다. 여러분은 블랙박스 내부에서 일어나는 일을 추측만 할 수 있을 뿐 실제로는 그러한 일을 거의 볼 수 없다.

검색 엔진이 무엇을 하고 있는지를 사용자가 이해할 기회가 거의 없다. 게다가 사용자가 자신의 요청 내용을 표현하는 방식에 따라 상황이 많이 변한다는 점이 문제를 더 어렵게 만든다.

이제 여러분은 검색 엔진이 일반적으로 어떻게 작동하는지를 이해하게 되었을 뿐만 아니라 검색 분야에서 아직 완전히 해결되지 않은 몇 가지 중요한 문제를 알게 되었으니, 이번에는 딥러닝을 만나 그것이 그러한 문제를 해결하거나 최소한 완화시키는 데 어떻게 도움이 될 수 있는지 알아봐야 할 때다. 우리는 심층 신경망의 기능에 대한 개요를 개괄적으로 살펴보는 일부터 할 생각이다.

1.8 구조의 손길을 펼치는 딥러닝

지금까지 신경 검색이라는 여행을 준비하며, 이에 필요한 정보 검색과 관련한 주제를 살펴봤다. 이제부터는 딥러닝를 배우기 시작할 텐데, 딥러닝은 검색 엔진을 더 똑똑하게 만드는 데 도움이 된다. 이번 절에서는 기본적인 딥러닝 개념을 소개한다.

과거에는 사진이나 비디오와 같은 시각 데이터를 처리하고 이해하는 것을 다루는 컴퓨터 과학 분야인 **컴퓨터 비전(computer vision)** 분야에서 이미지를 다룰 때는 무언가로 둘러싸인 물체나 시각 구조에 대한 정보를 포함하는 이미지 표현을 얻기가 거의 불가능했다. 이미지가 달리는 사자, 냉장고, 원숭이 무리 등을 나타내는지를 컴퓨터가 어떻게 구별하게 할 수 있는가? 딥러닝은 그림 1.9에서 예시된 것처럼 이미지 표현을 한 번에 하나씩 점진적으로 학습할 수 있는 특별한 유형의 심층 신경망을 만들면서 이 문제를 해결하는 데 도움을 주었다.

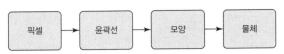

図 1.9 점진적으로 이미지를 추상화하는 방법을 학습한다

이번 장의 앞부분에서 말했듯이 딥러닝은 연속적으로 추상화함으로써, 이미지에서 점점 더 의미 있는 표현을 찾아내는 방법을 학습함으로써 일반적으로 텍스트나 이미지 또는 데이터의 깊은 표현을 배우는 데 초점을 맞춘, 머신러닝의 하위 영역이다. 딥러닝은 심층 신경망을 사용함으로써(그림 1.10은 세 개의 은닉 계층을 가진 심층 신경망을 보여준다) 그렇게 한다. 신경망은 적어도 두 개의 은닉 계층을 가지고 있을 때 **심층(deep)** 신경망으로 간주된다는 점을 기억하라.[16]

각 단계(또는 망의 계층)에서 그러한 심층 신경망은 데이터에서 점점 더 복잡한 구조를 포착할 수 있다. 컴퓨터 비전이 이미지를 위한 표현 학습 알고리즘의 개발과 연구를 촉진한 분야 중 하나라는 것은 우연이 아니다.

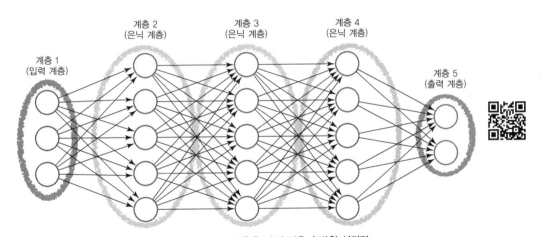

그림 1.10 세 개의 은닉 계층을 가진 깊은 순방향 신경망

연구원들은 특히 고도로 합성된 데이터에 그러한 심층망을 사용하는 것이 타당하다는 것을 발견했다.[17] 이것은 어떤 물체가 작지만 비슷한 성분들이 모여서 큰 물체를 형성한다고 여겨질 때는 심층 신경망이 엄청난 도움을 줄 수 있다는 것을 의미한다. 이미지와 텍스트는 점차적으

---

16 옮긴이 실무에서는 보통 은닉 계층이 50개 이상일 때 심층 신경망으로 본다.

17 〈When and Why Are Deep Networks Better Than Shal- low Ones?" Proceedings of the AAAI-17: Thirty-First AAAI Conference on Artificial Intelligence(Center for Brain, Minds & Machines)〉(H. Mhaskar, Q. Liao, and T. Poggio), https://mng.bz/0Wrv

로 작은 단위(예: 텍스트 → 단락 → 문장 → 단어)로 나눌 수 있기 때문에 합성 방식으로 된 데이터의 좋은 예다. 그러나 (심층) 신경망은 표현을 배우는 데에만 유용한 것은 아니어서 다양한 머신러닝 작업을 수행하는 데도 사용될 수 있다. 문서 분류 작업은 머신러닝 방법을 통해 해결할 수 있다고 말했다.

신경망을 설계할 수 있는 방법은 다양하지만, 신경망은 일반적으로 다음과 같이 구성되어 있다.

- 뉴런의 집합
- 모든 뉴런 또는 일부 뉴런 사이의 연결 집합
- 두 뉴런 사이의 각 방향 연결에 대한 가중치(실수)
- 각 뉴런이 어떻게 신호를 수신하고 **전파**(propagate)하는지를 매핑하는 하나 이상의 함수
- 선택적으로, 신경망에서 유사한 연결을 가진 뉴런 집합을 그룹화하는 계층 집합

그림 1.10에서 우리는 5개 계층으로 구성된 20개 뉴런을 식별할 수 있다. 각 계층 내의 각 뉴런은 첫 번째 계층과 마지막 계층을 제외한 인접 계층(이전 계층과 다음 계층 모두)의 모든 뉴런과 연결되어 있다. 일반적으로 정보는 망 내에서 왼쪽에서 오른쪽으로 흐르기 시작한다. 입력 내용을 받아들이는 첫 번째 계층을 **입력 계층**이라고 부른다. 그리고 **출력 계층**이라고 부르는 마지막 계층은 신경망의 결과를 출력한다. 그 사이에 있는 계층들은 **은닉 계층**이라고 부른다.

문서의 표현을 학습하기 위해 문서 내에서 점점 더 높은 추상성을 포착하는 접근법을 텍스트에도 동일하게 적용할 수 있다고 해보자. 딥러닝 기반 기법은 그러한 작업을 위해 존재하며, 시간이 지남에 따라 이러한 알고리즘은 점점 더 똑똑해지고 있다. 이 기법을 사용하면 단어 표현, 문장 표현, 단락 표현, 문서 표현을 추출해 놀라울 정도로 흥미로운 의미를 포착할 수 있다.

텍스트 문서 집합 내에서 단어 표현을 학습하기 위해 신경망 알고리즘을 사용할 때, 밀접하게 관련된 단어들은 벡터 공간에서 서로 인접해 있게 된다. 텍스트 조각에 포함된 각 단어에 대한 2차원 그림에 점을 작성하고, 그림 1.11과 같이 유사하거나 밀접하게 관련된 단어가 서로 얼마나 가까운 곳에 있는지 생각해 보자. word2vec이라고 불리는 신경망 알고리즘을 사용해 단어에 대한 벡터 표현, 즉 **단어 벡터**(word vectors)를 학습하게 하면 이렇게 할 수 있다. 'Information(정보)'과 'Retrieval(검색)'이라는 말이 서로 가까이 놓여 있다는 점에 주목하자. 마찬가지로 단어 벡터를 추출하는 데 사용되는 (얕은) 신경망 알고리즘과 관련된 용어인 'word2vec'과 'Skip-gram'도 서로 가까이 놓여 있다.

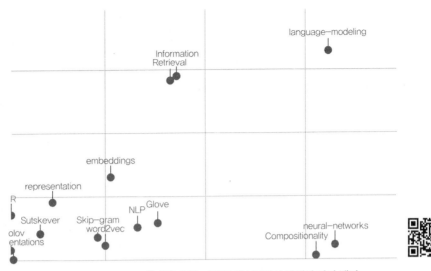

그림 1.11 **word2vec에 대한 연구 기사의 텍스트에서 파생된 단어 벡터**

신경 검색의 핵심 아이디어 중 하나는 검색 엔진의 효과를 높이기 위해 그러한 표현을 사용하는 것이다. 이러한 기능을 사용해 **단어 매장**(word embedding, 또는 '단어 임베딩')이라고도 부르는 단어 벡터나, **문서 매장**(document embedding, 또는 '문서 임베딩')이라고도 부르는 문서 벡터에 의존하는 검색 모델이 있으면 좋을 것이므로 이를 위해 우리는 **최근접 이웃**(nearest neighbor)을 보면서 문서 유사도나 단어 유사도를 효율적으로 계산하고 사용할 수 있을 것이다. 그림 1.12는 색인화된 문서에 포함된 단어의 표현을 만드는 데 사용되는 심층 신경망을 보여준다. 이와 같은 단어 표현을 만든 다음에는 이 표현을 검색 엔진에 다시 넣어 검색 결과의 순서를 조정하는 데 사용할 수 있다.

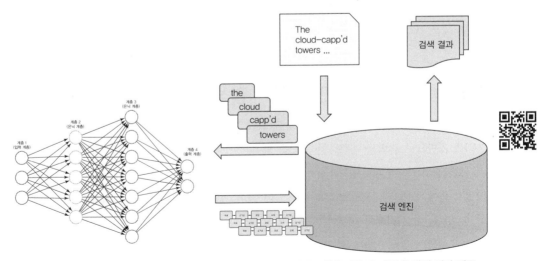

그림 1.12 **신경 검색 애플리케이션: 심층 신경망이 생성해 낸 단어 표현을 사용해 더 많은 관련 결과 제공**

앞 절에서는 필요한 정보를 텍스트 형식으로 된 쿼리로 표현한다면, 이 표현을 이해하는 일이 복잡하기 때문에 맥락이 아주 중요하다는 점을 살펴보았다. 단어나 문장이나 문서가 나타나는 맥락을 사용해 가장 적절한 표현을 추론함으로써 텍스트에 숨어 있는 의미를 잘 표현할 수 있다. 앞의 예제를 되짚어 보면서 더 나은 검색 결과를 만들어 내는 데 도움이 될 수 있게, 연관도를 따지는 딥러닝을 어떻게 사용하면 되는지를 간략히 살펴보자. 우리가 VSM을 사용하고 있다고 가정했을 때, 표 1.4의 'latest breakthroughs in artificial intelligence(인공지능의 최신 돌파구)'와 'latest breakthroughs in AI(AI의 최신 돌파구)'라는 두 가지 질문으로 생각해 보자. 그러한 모델에서 쿼리와 문서의 유사도(similarity, 또는 유사성)는 텍스트 분석 사슬에 따라 많이 달라질 수 있다. 그러나 이 문제는 신경망에 기초한 최근의 알고리즘으로 생성된 텍스트의 벡터 표현에는 영향을 미치지 않는다. VSM에서는 'artificial intelligence'와 'AI'가 크게 다를 수 있지만, 신경망에 의해 생성된 단어 표현을 사용하여 그릴 때는 그것들이 서로 가까운 곳에 놓일 것이다. 이런 식으로 간단히 변형함으로써 우리는 단어가 내포하는 의미의 근거가 되는 표현을 사용할 수 있게 되고, 이로 인해 검색 엔진의 연관도를 높일 수 있다.

> **딥러닝 대 심층 신경망**
>
> 우리는 중요한 구별을 해야 한다. 딥러닝(즉, '심층학습' 또는 '깊은 학습')은 주로 심층 신경망을 이용해 단어, 텍스트, 문서, 이미지의 표현을 배우는 일을 말한다. 반면, 심층 신경망은 더 넓게 응용되는데, 예를 들면 언어 모델링, 기계 번역, 그리고 많은 다른 작업에서 사용된다. 이 책에서는 심층 신경망을 이용해 표현을 학습할 때, 그리고 그것을 다른 목적으로 사용할 때 그 점을 분명히 하겠다. 표현을 배우는 일 외에도 심층 신경망은 많은 정보 검색 과제를 해결하는 데 도움을 줄 수 있다.

신경 검색 애플리케이션을 더 깊이 탐구하기 전에, 검색 엔진과 신경망이 어떤 식으로 함께 작동하는지를 살펴보자.

1.9 색인아, 뉴런을 만나 주지 않을래?

인공 신경망은 레이블 데이터가 있는 훈련 집합(감독된 학습, 각 입력에 예상 출력 정보가 제공되는 경우)을 기반으로 출력을 예측하는 방법을 배우거나 패턴을 추출하거나 표현을 학습하기 위해 비지도학습(각 입력에 대한 정확한 출력 정보가 제공되지 않음)을 할 수 있다. 검색 엔진의 전형적인 작업 흐름에는 내용을 색인화하여 찾는 일이 들어 있다. 특히, 이 두 가지 작업이 동시에 발생할 수 있다. 이 시점에서 이것이 기술적인 문제로 보일지 모르지만, 여러분이 검색 엔진을 신경망과 통합하는 방법은 원칙적으로 신경 검색 설계의 효과와 성능에 영향을 미치기 때문에 중요하다. 아무리 아주 정밀한 시스템을 지니고 있을지라도 느려 터지기만 한다면 어떤 사람도 시스템을 사용하고 싶어하지 않을 것이다! 이 책에서 여러분은 신경망과 검색 엔진을 통합하는 몇 가지 방법을 볼 수 있다.

- **훈련 후 색인(train-then-index)**: 먼저 문서 모음(텍스트, 이미지)을 가지고 망을 훈련한 다음, 훈련에 쓴 데이터와 동일한 데이터를 가지고 검색 엔진에서 색인하고, 검색 시에는 검색 엔진과 신경망을 사용한다.

- **색인 후 훈련(index-then-train)**: 먼저 검색 엔진에서 문서 모음을 색인화한 후, 색인화된 데이터로 신경망을 훈련하고(때때로 데이터가 변경될 때 다시 훈련함), 검색 시에는 검색 엔진과 신경망을 함께 사용한다.

- **훈련으로 색인 추출(train-extract-index)**: 먼저 문서 모음을 가지고 망을 훈련하고, 훈련된 망을 사용해 데이터와 색인화될 유용한 자원을 함께 생성한다. 검색 엔진만 있으면 언제나처럼 검색이 이루어진다.

여러분은 이 책에서 각 선택지가 맥락에 맞춰 적절하게 적용되는 장면을 보게 된다. 예를 들어, '훈련 후 색인' 선택지는 텍스트 생성을 위해 3장에서 사용되며, '색인 후 훈련'이라는 선택지는 색인 데이터에서 동의어 생성을 위해 2장에서 사용될 것이다. '훈련으로 색인 추출'이라는 선택지는 여러분이 신경망을 사용해 색인화할 데이터의 의미 표현과 같은 것을 배울 때 이치에 맞는다. 여러분은 신경망과 상호 작용하는 일 없이 찾기 시간에 그러한 표현을 사용할 것이다. 이미지 검색을 위해 8장에서 설명한 시나리오가 이에 해당된다. 또한, 이 책의 마지막 장에서는 처음부터 모든 데이터를 이용할 수 없는 상태이고, 오히려 데이터가 스트리밍 방식으로 조금씩 도달하는 상황을 어떻게 다루어야 하는지를 간략히 살펴본다.

1.10 신경망 훈련

신경망의 강력한 학습 능력을 사용하려면 신경망을 훈련해야 한다. 앞 절과 같은 망을 지도학습 방식으로 훈련한다는 말은, 망 입력 계층에 입력을 제공하고, 망(예측) 출력을 알려진 (목표) 출력과 비교하며, 망이 예측 출력과 목표 출력의 불일치로부터 배울 수 있도록 하는 것을 의미한다. 신경망은 흥미로운 수학적 함수들 중에 상당히 많은 함수들을 쉽게 나타낼 수 있다. 이것이 신경망이 매우 높은 정확도를 보이는 이유 중 하나다. 그러한 수학적 함수는 연결부의 **가중치(weights)**와 뉴런의 **활성 함수(activation functions)**에 의해 좌우된다. 신경망 학습 알고리즘은 기대 출력과 실제 출력 간의 차이를 취해 이를 바탕으로 각 계층의 가중치를 조정함으로써 다음 차례에 나올 출력 오차를 줄인다. 망에 데이터를 충분히 공급하면 오차율을 크게 줄일 수 있으므로 신경망의 성능을 높일 수 있다. 활성 함수는 예측을 수행하는 신경망의 능력과 학습 속도에 영향을 미친다. 활성 함수는 뉴런으로 들어오는 신호가 출력 연결부 전체에 전파되는 시기와 양을 제어한다.

신경망에 가장 일반적으로 사용되는 학습 알고리즘은 **역전파** 알고리즘이다. 기대 출력과 실제 출력이 주어지면 알고리즘은 각 뉴런의 **오차(error)**를 **역전파하고** 결과적으로 출력에서 입력(뒤로)까지 한 번에 한 계층씩 각 뉴런의 연결부에 대한 내부 상태를 조정한다. 그림 1.13을 참고하자. 각 훈련 사례를 역전파하여 각 뉴런의 상태와 연결을 '조정'함으로써 해당 특정 입력과 기대 출력으로 이뤄진 쌍에 대해 망에서 발생하는 오차량을 줄인다. 이렇게 역전파 알고리즘 작용 방식을 추상적으로 설명했지만, 여러분이 앞으로 나올 장에서 신경망에 더 익숙해지면 더 자세히 살펴보겠다.

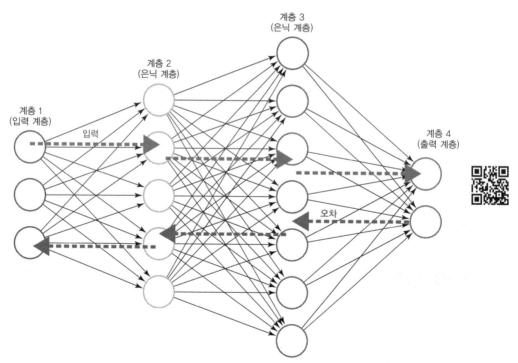

그림 1.13 **전진 단계(입력 내용 공급) 및 후진 단계(오차 역전파)**

이제 신경망이 어떤 식으로 학습을 하는지를 이해했으니 신경망을 검색 엔진에 끼워 넣는 방법을 결정해야 한다. 검색 엔진은 색인화할 데이터를 지속적으로 수신할 수 있다. 이는 새로 추가되는 내용으로 인해 기존 내용이 갱신되거나 삭제될 수도 있기 때문이다. 검색 엔진에서 이런 처리 과정을 비교적 쉽고 빠르게 지원할 수 있을지는 몰라도, 아직까지 대다수 머신러닝 알고리즘에서는 데이터가 변화해도 빠르게 적응하지 못하는 **정적모델**(static model, 또는 '**정태모형**')을 만든다. 머신러닝 과제에 대한 일반적인 개발 작업 흐름을 구성하는 각 단계는 다음과 같다.

1. 훈련 집합으로 사용할 데이터를 선별적으로 수집하기

2. 평가하고 조율하는 데 쓸 수 있게 훈련 데이터 중 일부분(즉, 테스트용 집합과 검증용 집합)을 따로 떼어 두기

3. 알고리즘(순방향 신경망, 서포트 벡터 머신 등)과 하이퍼파라미터(예를 들어, 신경망에 대한 각 계층의 계층 수 및 뉴런 수)에 맞춰 몇 가지 머신러닝 모델 훈련하기

4. 테스트 집합 및 교차 검증 집합을 사용해 모델을 평가하고 조정하기

5. 최적의 성능을 갖춘 모델을 선택해 원하는 작업을 해결하는 데 사용하기

보다시피 이 처리 과정의 목표는 정적인 훈련 데이터를 사용해 특정 작업이나 문제를 해결하는 데 사용할 계산 모델을 생성하는 것이다. 이러한 모델에서 훈련 집합(추가 또는 수정된 입력과 출력)을 갱신하려면 전체 과정을 순서대로 반복해야 한다. 이런 처리 방식은 끊임없이 흘러 들어오는 신규 데이터를 처리해야 하는 검색 엔진과 같은 시스템에 적절하지 않다. 예를 들어, 온라인 신문용 검색 엔진은 매일 많은 다른 뉴스 항목들로 갱신될 것이므로 신경 검색 시스템을 만들 때 이런 면을 고려해야 한다. 신경망은 머신러닝 모델이다. 모델을 재훈련하는 방안이나 여러분의 신경망은 재훈련이 필요하지 않은 **온라인 학습**(online learning)을 수행할 수 있는 방안을 마련해야 할지 모른다.[18] 특정 영어 단어의 의미가 시간이 흐름에 따라 변화하는 경우를 생각해 보자. 예를 들어, 오늘날 'cell'이라는 단어는 일반적으로 생물학적 관점에서 휴대전화나 세포를 가리킨다. 휴대전화가 발명되기 전에 'cell'이라는 단어는 주로 생물학적 세포를 가리키는 말이었지만… 심지어 감옥을 가리키는 말이었다! 어떤 개념들은 특정 시간(specific time window, 또는 '특정 시기 창문')에 특정 단어와 밀접하게 연결되는 경우가 있다. 정치적 수장

---

18 〈Evolutive deep models for online learning on data streams with no storage〉(Andrey Besedin et al., Workshop on Large-scale Learning from Data Streams in Evolving Environments, 2017) https://mng.bz/K14O; 〈Online Deep Learning: Learning Deep Neural Networks on the Fly〉(Doyen Sahoo et al.) https://arxiv.org/pdf/1711.03705.pdf

이 몇 년마다 바뀌는 경우를 예로 들면, 2009년에서 2017년 사이에는 버락 오바마가 미국의 대통령이었던 반면, 'President of the United States'라는 단어가 1961년에서 1963년 사이에는 존 피츠제럴드 케네디를 지칭했다. 도서관 장서 목록에 들어 있는 책들을 생각해 본다면 그중 몇 권이 'President of the United States'라는 문구를 담고 있다고 할 수 있는가? 해당 책들이 쓰여진 시기가 서로 다르므로 동일 인물과 관련되어 있는 경우가 드물다.

필자는 단어 의미를 포착하는 **단어 벡터**를 생성해 유사한 의미를 가진 단어들이 단어 벡터에서 서로 근접해 있게 하는 식으로 신경망을 활용할 수 있다고 말했다. 'President of the USA(미합중국 대통령)'라는 단어 벡터는 어떻게 될 것으로 예상하는가?

여러분이 1960년대의 뉴스 기사를 통해 모델을 훈련하고, 2009년부터 뉴스 기사를 통해 훈련된 모델에 의해 생성된 단어 벡터와 비교한다면 어떻게 될까? 후자의 모델에서 'Barack Obama'라는 단어가 이전 모델에서 나온 벡터 'President of the USA'라는 단어에 근접하게 배치될 것인가? 여러분이 시간의 경과에 따라 단어 의미 변화를 다루는 방법을 신경망에게 가르쳐 주지 않는 한은 아마도 그렇지 않을 것이다.[19] 반면에 일반적인 검색 엔진은 'President of the USA'와 같은 검색어를 쉽게 처리할 수 있으며, 언제 수집되든지에 관계없이 그러한 구문을 포함하는 검색 결과를 역색인에 반환한다.

1.11 신경 검색의 약속들

신경 검색이란 주제는 딥러닝과 심층 신경망을 서로 다른 단계에서 검색에 통합하는 일에 관한 것이다. 의미를 깊이 파악하는 딥러닝의 능력을 통해 기초 데이터에 잘 적응하는 관련 모델과 순위지정 함수를 얻을 수 있다. 심층 신경망은 이미지 검색에서 놀라울 정도로 좋은 결과를 주는 이미지 표현을 배울 수 있다. 코사인 거리(cosine distance)와 같은 단순한 유사성 측도(similarity measure, 또는 유사도)는 의미적으로 유사한 단어나 문장 또는 단락 등을 파악하기 위해 딥러닝이 생성한 데이터 표현에 적용해 볼 수 있다. 이러한 측도를 텍스트 분석 단계나 유사한 문서를 추천하는 일 등을 포함한 많은 일에 응용해 볼 수 있다. 동시에 심층 신경망은 '그저' 학습하기만 하는 일 이상의 것을 할 수 있다. 텍스트를 생성하거나 번역하는 일뿐만 아니라 검색 엔진의 성능을 최적화하는 방법도 학습할 수 있다.

---

19 〈Dynamic Word Embeddings for Evolving Semantic Discovery〉(International Conference on Web Search and Data Mining, 2018, Zijun Yao et al.) https://arxiv.org/abs/1703.00607

이 책에서 볼 수 있듯이 검색 시스템은 서로 다른 요소들로 구성되어 있다. 이 중에서도 가장 확실한 부분은 데이터를 검색 엔진에 집어넣고 검색하는 요소다. 색인화를 하는 동안 역색인에 진입하기 직전에 데이터를 보강하기 위해 신경망을 사용할 수 있으며, 검색 쿼리 범위를 확대하거나 지정해 더 많은 수의 결과를 제공하거나 더 정확한 결과를 제공하는 일에도 신경망을 사용할 수 있다. 이뿐만 아니라 신경망은 또한 사용자들에게 똑똑한 제안을 함으로써 사용자가 검색 쿼리를 입력할 수 있도록 돕거나, 이면에서 검색 쿼리를 번역하는 일을 맡음으로써 검색 엔진이 여러 언어로 작동하도록 하는 데 사용할 수 있다.

이 모든 주장이 근사하게 들릴지 몰라도 검색 엔진에 신경망을 끼워 넣기만 한다고 해서 자동적으로 완벽한 검색 엔진이 되는 것은 아니다. 모든 결정은 맥락에 맞게 이루어져야 한다. 그리고 신경망에는 훈련 비용이라든가 모델 업그레이드 등과 같은 몇 가지 한계가 있다. 그래도 어쨌든 간에 검색 엔진에 신경 검색을 적용하면 사용자에게 더 나은 결과를 보여줄 수 있을 것이다. 또한, 신경망의 아름다움을 탐구하는 검색 엔지니어들에게 매혹적인 여정을 제안해 볼 수 있다.

요약

- 검색은 어려운 문제다. 정보 검색에 대한 일반적인 접근 방식에는 한계점과 단점이 있으며, 사용자와 검색 엔지니어 모두 예상한 대로 일이 이뤄지게 하기가 어려울 수 있다.
- 텍스트 분석은 데이터를 역색인에 저장할 준비를 하고 검색 엔진의 효과에 상당한 영향을 미치기 때문에 검색과 관련하여 색인화와 검색 단계에서 모두 중요한 작업이다.
- 연관도(relevance, 또는 관련성)는 검색 엔진이 사용자의 정보 요구에 얼마나 잘 대응하는지를 보여주는 기초 측도다. 일부 정보 검색 모델은 쿼리에 관한 결과의 중요성에 대한 표준화된 측도를 제공할 수 있지만, 무엇에든 통하는 방법이란 없다. 사용자마다 맥락과 의견이 크게 다를 수 있으므로 연관도를 측정할 때는 검색 엔지니어에게 지속적으로 초점을 맞춰야 한다.
- 딥러닝은 심층 신경망을 이용해 의미적으로 목적에 적합한 유사성 측도를 포착할 수 있는 내용(문자, 문장, 단락, 이미지 등)의 표현을 (깊이 있게) 학습하는 머신러닝 분야다.
- 신경 검색은 딥러닝을 사용해 검색과 관련된 다양한 작업을 개선하는 것을 목표로 해서 검색과 심층 신경망 사이의 가교 역할을 하고 있다.

CHAPTER

2

동의어 생성

이번 장에서 다루는 내용

- 검색 시 동의어가 사용되는 이유 및 방법
- 아파치 루씬에 대한 간략한 소개
- 순방향 신경망의 기초
- word2vec 알고리즘 사용
- word2vec을 사용해 동의어 생성

1장에서는 검색 문제에 딥러닝을 적용하면 열릴 기회 유형을 개괄적으로 살펴보았다. 그러한 가능성 중에는 내용 중심 텍스트 쿼리가 주어지더라도 심층 신경망을 사용함으로써 이미지를 검색해 내는 일이나, 자연어로 텍스트 쿼리를 생성하는 일 등이 포함된다. 여러분은 또한 검색 엔진의 기본 사항과 쿼리에서 검색을 수행하고, 관련 결과를 제공하는 방법을 배웠다. 이제 검색 문제를 해결하기 위해 심층 신경망을 적용해 볼 준비가 되었다.

이번 장에서는 두 단어의 의미가 유사할 때를 식별하는 데 도움을 줄 수 있는 얕은(깊지 않은) 신경망부터 살펴보겠다. 이 작업은 쉬워 보이지만 언어 이해 능력을 검색 엔진에 부여하려면 중요하다.

정보 검색 시에 쿼리에 따른 관련 결과 개수를 늘리는 데 사용하는 일반적인 기법은 **동의어** (synonyms) 사용이다. 동의어를 사용하면 쿼리나 색인화된 문서의 일부가 표현되는 잠재적 방법의 수를 확장할 수 있다. 예를 들어, 여러분은 'I like living in Rome(로마에 사는 것이 좋다)'이 라는 문장을 'I enjoy living in the Eternal City(영원한 도시에서 사는 것이 즐겁다)'라는 말로도 표현할 수 있는데, 'Rome'과 'the Eternal City(영원한 도시)'는 의미적으로 유사해서 두 문장으로 전달되는 정보가 대부분 같기 때문이다. 동의어들은 1장에 나온 사서와 학생이 상호 이해하고 있는 책을 찾는 일과 관련해 논의한 문제를 푸는 데 도움이 된다. 이는 동의어를 사용하면 같은 개념을 다른 방법으로 표현할 수 있고, 그렇게 해도 여전히 같은 검색 결과를 얻을 수 있기 때문이다!

이번 장에서는 단어 표현을 학습하는 가장 일반적인 신경망 기반 알고리즘 중 하나인 word2vec과 동의어를 함께 사용해 작업에 착수하겠다. word2vec을 배우고 나면 여러분은 신경망이 실제로 어떻게 작용하는지를 자세히 알 수 있을 것이다. 이를 위해 여러분은 무엇보다 우선 **순방향**(feed-forward, 즉 '**전방 전달**' 또는 '**전진 공급**') 신경망이 어떻게 작동하는지 이해하게 될 것이다. 가장 기본적인 신경망 중 하나인 순방향 신경망은 딥러닝의 기본 구성 요소다. 다음으로, 여러분은 두 개의 순방향 신경망 아키텍처인 스킵그램(skip-gram)과 연속 단어 주머니(continuous-bag-of-words, CBOW)에 관해 배우게 될 것이다.[20] 이것들을 사용하면 두 단어의 의미가 비슷할 때도 신경망이 학습하게 할 수 있으므로 주어진 두 단어가 동의어인지 여부를 이해하는 데 적합하다. 검색 엔진이 관련 검색 결과를 누락하지 않도록 지원해 검색 엔진의 재현율을 개선하는 방법을 살펴보자.

마지막으로, 검색 엔진을 이러한 방식으로 얼마나 향상시킬 수 있는지와 프로덕션 시스템에서 감안해야 할 절충점을 측정하자. 이러한 기법을 실제 시나리오에 적용할 시기와 장소를 결정할 때 이러한 비용과 편익을 이해하는 것이 중요하다.

2.1 동의어 확장 소개

앞 장에서는 텍스트 분석을 수행하는 일에 있어서 우수한 알고리즘이 얼마나 중요한지 보았다. 이러한 알고리즘은 텍스트가 더 작은 조각이나 용어로 분할되는 방법을 명시한다. 쿼리를 실행할 때 색인화 시간에 생성된 용어가 쿼리에서 추출한 용어와 일치해야 한다. 이 일치를 통해 문서를 찾은 다음 검색 결과에 나타날 수 있다.

---

20 옮긴이 bag-of-words를 그대로 음차해 '백오브워즈'라고 부르는 사람들도 있지만, 그 뜻은 원래 '단어장'이다. 하지만 일반적인 단어장은 단어가 순서대로 엮여 있는 것이므로 원어의 개념을 정확히 드러낼 수 없다. 그러므로 단어들을 넣어 둔 주머니, 즉 단어 주머니라고 하면 순서의 개념이 사라지므로 원어의 개념에 일치하게 된다. 그래서 이 책에서도 '단어 주머니'라고 했다. 참고로, 수학적으로는 원소의 중복을 허용하는 집합인 '중복집합(multiset, 또는 다중집합)'을 의미한다. 그러나 데이터 과학에서는 중복이 허용되지 않는 경우뿐만 아니라 중복이 허용되는 경우까지 모두 이 '주머니(bag)'라는 말로 쓰기 때문에 수학적 엄밀성을 나타내는 용어인 다중집합 대신에 '주머니'로 번역해 왔다. 한마디만 더 하자면 '가방'이라고 번역하는 사람들도 있으니 참고하기 바란다.

일치하는 것을 막는 가장 빈번한 장애물 중 하나는 사람들이 개념을 다양한 방법으로 표현할 수 있다는 사실이다. 예를 들어, 'going for a walk in the mountains(산으로 산책 가기)'는 'hiking' 또는 'trekking'이라는 단어를 사용해 표현할 수도 있다. 색인할 텍스트의 작성자가 'hike'를 사용했는데 사용자가 검색을 하면서 'trek'을 입력하면 사용자는 해당하는 문서를 찾지 못할 것이다. 그래서 검색 엔진에 동의어를 알려야 한다.

필자는 여러분이 같은 정보의 필요성을 여러 가지 방법으로 표현할 수 있도록 하기 위해 **동의어 확장**(synonym expansion)이라는 기술을 사용할 수 있는지 설명하겠다. 동의어 확장이 인기 있는 기법이지만, 특별히 시간이 흐르면서 변할 가능성이 높고 색인화할 데이터에 완벽하게 맞지 않는 동의어 사전을 유지해야 할 필요성(이러한 사전은 공개적으로 이용할 수 있는 데이터에서 얻는 경우가 많다)이 있다. 여러분은 word2vec과 같은 알고리즘을 사용하여 색인화해야 하는 데이터를 기반으로 동의어를 정확하게 생성하는 데 도움이 되는 단어 표현을 학습하는 방법을 볼 수 있을 것이다.

이번 장이 끝날 무렵에 여러분은 신경망을 이용하여 색인화할 텍스트를 **장식**(decorate)하는데 쓸만한(즉, 색인화 대상 텍스트를 보충하는데 쓸만한) 동의어를 생성할 수 있는 검색 엔진을 갖게 될 것이다. 이것이 어떻게 작동하는지 보여주기 위해, 우리는 사용자가 검색 엔진 사용자 인터페이스를 통해 'music is my aircraft(음악은 활력제)'라는 쿼리를 보내는 예를 사용할 것이다(사용자가 그 특정 쿼리를 사용하는 이유를 잠시 후에 설명하겠다). 그림 2.1은 여러분이 어떤 결과를 겪게 될 것인지를 보여준다.

그림 2.1과 같이 주요 단계가 있다. 검색 엔진에서 쿼리는 먼저 텍스트 분석 파이프라인에 의해 처리된다. 파이프라인의 **동의어 필터**(synonym filter)는 동의어를 생성하기 위해 신경망을 사용한다. 이 예에서 신경망은 'airplane', 'aircraft', 'plane'을 'aircraft'의 동의어로 반환한다. 생성된 동의어는 사용자 쿼리의 토큰과 함께 사용되어 역색인에서 일치 항목을 찾는다. 마지막으로, 검색 결과가 수집된다. 크게 보면 대충 이렇게 흘러간다는 말이다. 하지만 걱정하지 마라. 우리는 이제 각 단계를 자세히 살펴볼 것이다.

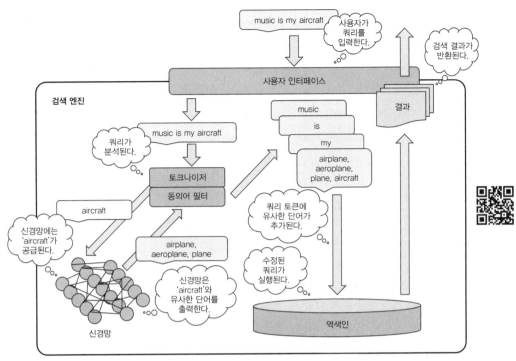

그림 2.1 검색 시 동의어 확장(신경망 포함)

2.1.1 왜 동의어인가?

동의어(synonyms)란 철자와 발음은 다르지만 의미가 같거나 아주 비슷한 단어를 말한다. 예를 들어, 'aircraft(항공기)'와 'airplane(비행기)'은 모두 'plane'이라는 단어의 동의어다. 정보 검색에서는 적절한 쿼리가 일치할 확률을 높이기 위해 동의어를 사용해 텍스트를 장식하는 것이 일반적이다. 그렇다. 우리는 여기서 확률을 말하고 있다. 우리는 정보의 필요성을 표현하는 모든 가능한 방법을 예상할 수 없기 때문이다. 이 기법은 모든 사용자 쿼리를 **이해할 수 있게** 해주는 만능 도구는 아니지만, 너무 적은 결과가 나오게 하거나 아무런 결과도 나오지 않게 하는 쿼리 수는 줄어들 것이다.

동의어가 유용할 수 있는 예를 보자. 아마 여러분에게 이런 일이 일어났을 것이다. 여러분은 어렴풋이 노래의 짧은 부분을 기억하거나 가사의 의미가 무엇인가를 기억하지만, 여러분이 염두에 두고 있는 노래에서 나온 정확한 표현은 기억하지 못한다고 해보자. 여러분이 'Music is my … something'이라는 가사를 따라 합창하는 노래를 좋아한다고 가정해 보자. 여기서 something이 무엇을 뜻하는 걸까? 차(car)? 배(boat)? 비행기(plane)? 이제 여러분이 노래 가사를 수집하는 시스템을 가지고 있다고 상상해 보자. 그리고 여러분은 사용자가 그것을 검색할 수 있기를 원한다. 검색 엔진에서 동의어 확장을 사용할 수 있는 경우에 'music is my plane'을 검색하면 원하는 구절이 나온다. 정확한 가사인 'music is my aeroplane'이 나온 것이다! 이 경우에 동의어를 사용하면 단어의 일부분이나 잘못된 단어를 사용할지라도 관련 문서(레드 핫 칠리 페퍼스(Red Hot Chili Peppers)가 노래한 'Aeroplane')를 찾을 수 있다. 동의어를 사용해 쿼리를 확장하지 않았다면 'music is my boat', 'music is my plane', 'music is my car'와 같은 질문으로 이와 관련된 응답을 검색하기가 불가능했을 것이다.

이런 동의어 확장은 재현율 개선으로 간주된다. 1장에서 간단히 말한 **재현율(recall)**이란 전체 검색 문서 중에 관련성이 있는 문서 개수를 전체 검색 문서 개수로 나눠 0과 1 사이의 숫자로 나타낸 값이다. 검색된 문서 중에 하나도 관련성이 없다면 재현율은 0이다. 검색된 모든 문서가 관련된 문서라면 재현율은 1이다.

검색 엔진이 용어의 흐름을 수신할 때 해당 용어와 같은 자리에 동의어(존재하는 경우)를 추가함으로써 검색 결과를 늘릴 수 있다는 생각이 동의어 확장이라는 개념에 기본적으로 깔려 있다. 'Aeroplane'의 예에서, 쿼리 용어의 동의어는 확장되었는데, 검색 엔진은 텍스트의 흐름에서 'plane'이 있던 자리에 조용히 'aeroplane'이라는 단어를 보충했다. 그림 2.2를 참고하자.

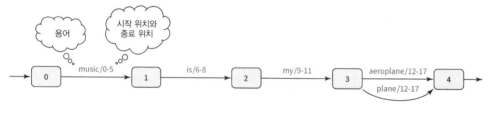

그림 2.2 **동의어 확장 그래프**

'Aeroplane'이라는 노래의 가사를 색인화하는 과정에서도 동일한 기법을 적용할 수 있다. 색인화 시간에 동의어를 확장하면 색인화 속도가 약간 느려지고(word2vec을 호출하기 때문에) 색인이 더 커질 수밖에 없다(저장할 용어가 더 많이 포함되기 때문이다). 반면에 검색 중에는 word2vec을 호출할 일이 없으므로 오히려 검색 속도가 더 빨라진다는 장점이 있다. 색인 시간 동의어 확장 또는 찾기 시간 동의어 확장은 크기와 부하가 증가함에 따라 시스템의 성능에 현저한 영향을 미칠 수 있다.

이제 검색의 맥락에서 동의어가 유용한 이유를 살펴보았으니 먼저 일반적인 기법을 사용한 다음, word2vec을 사용해 동의어 확장을 구현하는 방법을 살펴보기로 하자. 이렇게 함으로써 일반적인 기법보다 word2vec을 사용하는 기법이 더 낫다는 점을 알게 될 것이다.

2.1.2 어휘 기반 동의어 일치

색인화 시 동의어 확장이 가능한 검색 엔진을 구현하는 방법부터 살펴보자. 동의어 구현을 위한 가장 간단하고 일반적인 접근 방식은 검색 엔진에 모든 단어와 관련 동의어 간의 매핑을 포함하는 어휘를 제공하는 것에 기초한다. 그러한 어휘는 표 2.1처럼 보일 수 있는데 여기서 각 키는 단어이고, 그에 상응하는 값은 그것의 동의어다.

```
aeroplane -> plane, airplane, aircraft
boat -> ship, vessel
car -> automobile
...
```

색인화를 위해 검색 엔진에 'Aeroplane'이라는 노래의 가사를 공급하고, 이전 어휘와 동의어 확장을 사용한다고 상상해 보자. 노래의 후렴구('music is my aeroplane')를 골라서 어떤 식으로 동의어 확장이 이뤄지는지를 보자. 여러분에게 토크나이저로 구성된 간단한 텍스트 분석 파이프라인이 있는데, 토크나이저가 문장 내에서 화이트스페이스를 만나게 될 때마다 토큰을 생성함으로 인해 결과적으로 문장의 각 단어에 대한 토큰이 생성된다고 하자. 따라서 색인 시간 텍스트 분석 파이프라인은 이러한 토큰을 생성할 것이다. 그런 다음 동의

표 2.1 'music is my aeroplane'이라는 노래 한 소절에 대한 게시 목록

용어	문서(위치)
aeroplane	1(12,17)
aircraft	1(12,17)
airplane	1(12,17)
is	1(6,8)
music	1(0,5)
my	1(9,11)
plane	1(12,17)

어 확장에 **토큰 필터**를 사용하자. 수신된 각 토큰의 동의어 어휘를 살펴보고 키워드가 있는지 확인하자. ('aeroplane', 'boat', 'car')는 토큰 텍스트와 동일하다. 'music is my aeroplane'이라는 소절의 게시 목록은 표 2.1처럼 보일 것이다.

또한, 이 특정 게시 목록은 특정 문서에서 해당 용어가 출현하는 위치에 대한 정보를 기록한다. 이 정보는 원래 텍스트 조각에 포함되지 않은 'plane'과 'airplane' 및 'aircraft'라는 용어가 원래 용어인 'aeroplane'에 첨부된 정보와 동일한 위치로 색인에 추가되었다는 사실을 가시화하는 데 도움이 된다.

여러분은 용어가 문서의 텍스트에 나타나는 순서를 재구성하기 위해 용어의 **위치**(position)를 역색인에 기록할 수 있다. 역색인을 보고 낮은 위치에 있는 항을 오름차순으로 선택하면 'music is my aeroplane/aircraft/airplane/plane'이 나온다. 동의어는 서로 원활하게 대체될 수 있으므로 색인에서 'music is my aeroplane', 'music is my aircraft', 'music is my airplane', 'music is my plane'이라는 네 가지 다른 텍스트를 가질 수 있다. 여러분이 문장의 색인을 생성하고 검색하는 데 쓸 네 가지 다른 형태(forms)를 찾았지만, 그것들 중 어느 하나라도 일치한다면 오직 하나의 문서만을 검색 엔진이 반환한다는 점이 아주 중요하다. 이 네 가지 양식은 모두 게시 목록에 있는 참조 문서 1을 나타낸다.

이제 여러분이 검색 엔진에서 동의어를 색인화할 수 있는 방법을 이해하게 되었으므로 노래의 가사를 색인화하고 색인 시간에 동의어 확장을 사용해 적절한 텍스트 분석을 설정하는, 아파치 루씬 기반 검색 엔진을 처음으로 구축해 볼 준비가 된 셈이다.

> **N O T E** 앞으로는 **아파치 루씬**(Apache Lucene)을 줄여서 그냥 **루씬**(Lucene)이라고도 부르겠지만, 공식 명칭은 아파치 루씬이다.

아파치 루씬 둘러보기

동의어 확장에 뛰어들기 전에 루씬을 간단히 소개해 보겠다. 이를 통해 루씬 API나 구현 세부 사항이 아닌 루씬의 개념에 더 집중할 수 있을 것이다.

아파치 루씬 내려받기

https://lucene.apache.org/core/mirrors-core-latest-redir.html에서 아파치 루씬 최신 릴리스를 다운로드할 수 있다. 바이너리 패키지(.tgz 또는 .zip)나 소스 릴리스를 다운로드할 수 있다. 자신의 프로젝트 내에서 루씬을 사용하려는 경우에 바이너리 배포판을 내려받는 것이 좋다. .tgz/.zip 패키지에는 루씬 구성 요소의 JAR 파일이 포함되어 있다. 루씬은 다양한 아티팩트들로 이뤄져 있는데 그중에 필수품은 lucene-core뿐이며, 다른 것들은 필요할 때 사용할 수 있는 선택적 부품에 불과하다. 루씬을 시작하기 위해 알아야 할 기본 사항을 https://lucene.apache.org/core/7_4_0/index.html에서 확인할 수 있다. 소스 패키지는 코드를 보거나 강화하려는 개발자에게 적합하다(개선 사항, 새로운 기능, 버그 수정 내용, 설명 등에 대한 내용을 항상 https://issues.apache.org/jira/browse/LUCENE에서 확인하기 바란다). 메이븐(Maven), 앤트(Ant) 또는 그래들(Gradle)과 같은 빌드 도구를 사용하면 모든 구성 요소가 Maven Central(https://mng.bz/vN1x)과 같은 공용 저장소에 공개되기 때문에 프로젝트에 루씬을 포함할 수 있다.

아파치 루씬은 자바로 작성된 오픈 소스 검색 라이브러리이며, 아파치 라이선스 2로 라이선스가 부여된다. 루씬에서는 색인화하고 검색할 주요 실체를 Document(문서)로 나타낸다. Document는 사용 사례에 따라 페이지, 책, 단락, 이미지 등이 있다. 무엇이든 나타낼 수 있다. 그게 뭐든 간에 검색 결과에서 얻을 수 있는 것이다. Document는 Document의 다른 부분을 파악하는 데 사용할 수 있는 다수의 Field들로 구성된다. 예를 들어, 문서가 웹 페이지인 경우에 페이지 제목, 페이지 내용, 페이지 크기, 작성 시간 등을 위한 별도의 Field가 있다고 생각해도 된다. 필드가 존재하는 주된 이유는 다음과 같은 작업을 수행할 수 있기 때문이다.

- 필드별 텍스트 분석 파이프라인 구성
- 용어 위치 또는 각 용어가 참조하는 원본 텍스트의 값을 게시 목록에 저장할지 등의 색인화 옵션 구성

루씬 검색 엔진은 Directory를 통해 접근할 수 있는데, 이는 역색인(및 위치를 기록하는 데 사용하는 다른 데이터 구조)이 유지되는 파일 목록이다. IndexReader를 열어서 역색인을 읽기 위한 Directory의 뷰를 얻을 수 있다.

```
Path path = Paths.get("/home/lucene/luceneidx"); ◁────  파일 시스템에 역색인이
                                                          저장되는 대상 경로
Directory directory = FSDirectory.open(path); ◁────
                                                      IndexReader를 통해 검색 엔진의
IndexReader reader = DirectoryReader.open(directory); ◁──  대상 경로에서 디렉터리를 연다.

                          읽기 전용 표를 획득한다.
```

IndexReader를 사용하여 현재 색인된 문서의 숫자 또는 삭제된 문서가 있는 경우에 색인에 대한 유용한 통계 정보를 얻을 수 있다. 필드 또는 특정 용어에 대한 통계도 얻을 수 있다. 그리고 검색하려는 문서의 **식별자**(identifier)를 알고 있다면 IndexReader에서 직접 Document를 가져올 수 있다.

```
int identifier = 123;
Document document = reader.document(identifier);
```

IndexReader로 여러분이 색인을 읽을 수 있기 때문에 검색하는 데 필요하다. 따라서 IndexSearcher를 생성하려면 IndexReader가 필요하다. IndexSearcher는 검색 및 결과 수집을 위한 진입점이다. IndexSearcher를 통해 생성될 쿼리는 IndexReader에 의해 노출되는 색인 데이터에서 실행된다. 프로그래밍 방식으로 쿼리를 코딩하지 않고도 QueryParser를 사용

해 사용자가 입력한 쿼리를 실행할 수 있다. 또한, 검색 시 텍스트 분석(찾기 시간)을 지정해야 한다. 루씬에서는 Analyzer라는 API를 구현해 텍스트 분석 작업을 수행한다. Analyzer는 Tokenizer 및 TokenFilter 컴포넌트로 구성될 수 있으며, 이 예에서와 같이 즉시 구현할 수 있다.

```
QueryParser parser = new QueryParser("title", new WhitespaceAnalyzer());    ◁──  WhitespaceAnalyzer를
Query query = parser.parse("+Deep +search");    ◁──                               사용하여 제목 필드에
                                                                                  대한 쿼리 구문분석기를
                                          사용자가 입력한 쿼리를                     작성한다.
                                          구문분석하여 루씬 쿼리를 가져온다.
```

이 경우에는 쿼리 파서가 화이트스페이스를 찾을 때 토큰을 분할하고 title이라는 이름으로 된 필드에 대하여 쿼리를 실행하도록 지시하자. 사용자가 쿼리에 '+ Deep + search'를 입력한 다고 가정해 보자. 이 쿼리를 QueryParser에 전달하고 루씬의 Query 개체를 얻는다. 이제 여러분은 쿼리를 실행할 수 있다.

```
IndexSearcher searcher = new IndexSearcher(reader);         IndexSearcher에 대해
TopDocs hits = searcher.search(query, 10);    ◁──           쿼리를 수행하면 첫 10개
                                                            문서가 반환된다.

for (int i = 0; i < hits.scoreDocs.length; i++) {    ◁──  이 결과를 대상으로 삼아 반복 처리한다.

    ScoreDoc scoreDoc = hits.scoreDocs[i];    ◁──
                                                            반환된 문서 식별자와 해당 식별자를
    Document doc = reader.document(scoreDoc.doc);    ◁──    보관하는 ScoreDoc와 이것의 점수를
                                                            검색한다(기본 검색 모델에 의해 제공됨).

    System.out.println(doc.get("title") + " : "
        + scoreDoc.score);    ◁──                          반환된 문서의 제목 필드
}      문서 ID를 사용해 필드를 검사할 수                        값을 출력한다.
       있는 문서를 얻는다.
```

이 코드를 실행해도 아직 아무것도 색인화하지 않았기 때문에 여러분은 아무런 결과도 얻지 못할 것이다! 이 코드를 고쳐 루씬으로 문서를 색인화하는 방법을 검토해 보자. 여러분은 먼저 문서들에 어떤 필드들을 둘 것인지를 정해야 하고, 문서들을 색인할 때(즉, 문서에 대한 색인 시간에) 이뤄지는 텍스트 분석 작업의 파이프라인이 어떤 모양이 되어야 할지를 정해야 한다. 우리는 이 예제에서 책들을 사용할 것이다. 아무것도 제거하지 않는 제목에 더 간단한 텍스트 분석 파이프라인을 사용하는 동안에 책의 내용에서 몇 가지 쓸모없는 단어를 제거하고자 한다고 가정하자.

키가 필드 이름이고 값이 필드에
사용할 분석기인 맵을 설정한다.

색인화 작업을 하는 동안
책 내용에서 제거할 토큰의
불용어 목록을 작성한다.

```java
Map<String, Analyzer> perFieldAnalyzers = new HashMap<>();

CharArraySet stopWords = new CharArraySet(Arrays
    .asList("a", "an", "the"), true);

perFieldAnalyzers.put("pages", new StopAnalyzer(
    stopWords));

perFieldAnalyzers.put("title", new WhitespaceAnalyzer());

Analyzer analyzer = new PerFieldAnalyzerWrapper(
    new EnglishAnalyzer(), perFieldAnalyzers);
```

페이지 필드에 지정된
불용어가 포함된
StopAnalyzer를 사용한다.

제목 필드에
WhitespaceAnalyzer를
사용한다.

필드별 분석기를 작성한다. 여기에는 문서에
추가할 수 있는 다른 필드에 대한 기본 분석기
(이 경우에 **EnglishAnalyzer**)가 필요하다.

루씬 기반 검색 엔진의 역색인은 IndexWriterConfig에 따라 Document을 유지하는 Index Writer에 의해 디렉터리의 디스크에 기록한다. 이 구성에는 많은 옵션이 있지만, 가장 중요한 비트는 필요한 색인 시간 분석기다. IndexWriter가 준비되면 Document 및 Field들을 추가할 수 있다.

목록 2.2 **루씬 색인에 문서 추가**

색인화에 대한 구성을 생성한다.

IndexWriterConfig를
기반으로 문서를 디렉터리에
작성할 IndexWriter를
작성한다.

```java
IndexWriterConfig config = new IndexWriterConfig(analyzer);
IndexWriter writer = new IndexWriter(directory,config);

Document dl4s = new Document();            // 문서 인스턴스를 생성한다.
dl4s.add(new TextField("title", "DL for search",
    Field.Store.YES));
dl4s.add(new TextField("page", "Living in the information age ...", Field.Store.YES));

Document rs = new Document();
rs.add(new TextField("title", "Relevant search", Field.Store.YES));
rs.add(new TextField("page", "Getting a search engine to behave ...", Field.Store.YES));

writer.addDocument(dl4s);                   // 검색 엔진에 문서를 추가한다.
writer.addDocument(rs);
```

이름 및 값을 항과 함께
저장하는 옵션이 있는
필드를 추가한다.

여러분은 IndexWriter에 문서를 추가한 후 commit을 실행해 파일 시스템에서 문서를 유지할 수 있다. 새로운 IndexReaders는 추가 문서를 볼 수 없다.

```
writer.commit();  ←──┤ 변경 사항을 커밋한다.
writer.close();   ←──┤ IndexWriter를 닫는다(리소스를 릴리스한다).
```

검색 코드를 다시 실행하면 다음과 같은 결과를 얻을 수 있다.

```
Deep learning for search : 0.040937614
```

코드는 '+ Deep + search'라는 쿼리에 일치하는 항목을 찾아 해당 항목의 제목과 점수를 인쇄한다.

이제 루씬를 소개했으니 동의어 확장이라는 주제로 돌아가 보자.

동의어 확장을 통해 루씬 색인 설정하기

먼저, 색인 시간 및 찾기 시간에 텍스트 분석에 사용할 알고리즘을 정의하자. 그런 다음 역색인에 가사를 추가한다. 색인 시간 및 찾기 시간 모두에 동일한 토크나이저를 사용하는 것이 대체로 더 좋으므로 텍스트는 동일한 알고리즘에 따라 분할된다. 이렇게 하며 더 쉽게 쿼리들이 문서의 조각들과 일치하도록 할 수 있다. 일단 간단하게 착수하고 나서 다음과 같이 설정하자.

- **화이트스페이스 토크나이저(whitespace tokenizer)**라고도 부르는, 화이트스페이스 문자와 마주쳤을 때 토큰을 분할하는 토크나이저를 사용하는 찾기 시간 Analyzer
- 화이트스페이스 토크나이저 및 동의어 필터를 사용하는 색인 시간 Analyzer

이렇게 하는 이유는 쿼리 시간과 색인 시간 모두에 동의어 확장이 필요하지 않기 때문이다. 두 개의 동의어가 일치하려면 한 차례 확장으로 충분하다.

두 개의 동의어 'aeroplane'과 'plane'을 가지고 있다고 가정할 때, 다음 목록은 원래 토큰(예: 'plane')에서 용어를 가져오고, 동의어(예: 'aeroplane')에 대한 다른 용어를 생성할 수 있는 텍스트 분석 사슬을 구축할 것이다. 원래 용어와 새 용어가 모두 생성될 것이다.

목록 2.3 동의어 확장 구성

```
SynonymMap.Builder builder = new SynonymMap.Builder();
builder.add(new CharsRef("aeroplane"), new CharsRef("plane"), true); ←── 동의어를
final SynonymMap map = builder.build();                                   프로그래밍
                                                                          방식으로 정의한다.
```

```
                                                           색인화를 위한 사용자 정의
                                                           분석기를 생성한다.
Analyzer indexTimeAnalyzer = new Analyzer() {  ◁──
    @Override
    protected TokenStreamComponents createComponents(fieldName) {
        Tokenizer tokenizer = new WhitespaceTokenizer();
        SynonymGraphFilter synFilter =
                new SynonymGraphFilter(tokenizer, map, true); ◁──┐  화이트스페이스 토크나이저에서
        return new TokenStreamComponents(tokenizer, synFilter);    용어를 수신하는 동의어 필터를
    }                                                              작성하고, 사례를 무시하면서
};                                                                 매핑한 단어에 따라 동의어를
                                                                   확장한다.
Analyzer searchTimeAnalyzer = new WhitespaceAnalyzer(); ◁──┤  찾기 시간용 화이트스페이스 분석기
```

이 간단한 예는 단 하나의 입력 항목으로 동의어 어휘를 만든다. 보통 여러분은 더 많은 입력
항목이 있을 것이고, 아니면 여러분은 각 동의어에 대한 코드를 쓸 필요가 없도록 외부 파일
에서 그것을 읽을 것이다.

indexTimeAnalyzer를 사용하여 일부 노래 가사를 색인에 넣을 준비가 되었다. 그러기 전에
노래 가사가 어떻게 구성되어 있는지 살펴보자. 각 노래에는 작사자, 제목, 발행 연도, 가사 본
문 등이 있다. 앞에서 말했듯이 색인화할 데이터를 검사하고, 어떤 종류의 데이터를 가지고 있
는지 확인하고, 그 데이터를 잘 작업할 것으로 기대하는 합리적인 텍스트 분석 사슬을 생각
해 내는 것이 중요하다. 다음은 그 예다.

```
author: Red Hot Chili Peppers title: Aeroplane
year: 1995
album: One Hot Minute
text: I like pleasure spiked with pain and music is my aeroplane ...
```

검색 엔진에서 그런 구조를 추적할 수 있는가? 그렇게 하는 것이 유용할까?

대부분의 경우에 가벼운 문서 구조를 유지하는 것이 좋다. 각 부분은 서로 다른 의미를 전
달하므로 검색 조건에 따라 요구 사항이 다르기 때문이다. 예를 들어, 연도는 항상 숫자 값
이 될 것이다. 연도에 화이트스페이스 토크나이저를 사용할 이유가 없다. 해당 필드에 어떤
화이트스페이스도 나타날 것 같지 않기 때문이다. 다른 모든 필드의 경우에 앞에서 정의한
Analyzer를 색인화에 사용할 수 있다. 이 모든 것을 종합하면 동일한 검색 엔진 내에서 문서
의 여러 부분에 대한 색인 생성을 처리하는 여러 개의 역색인(각 속성마다 하나씩)을 갖게 된다.
그림 2.3을 참조하자.

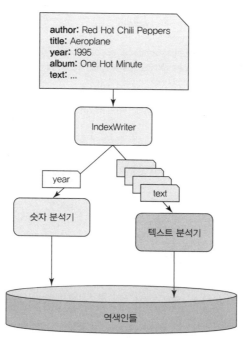

author: Red Hot Chili Peppers
title: Aeroplane
year: 1995
album: One Hot Minute
text: ...

IndexWriter

year

text

숫자 분석기

텍스트 분석기

역색인들

그림 2.3 데이터의 형식에 맞춰 텍스트를 분할한 부분

루씬을 사용하면 예제의 각 속성(author, title, year, album, text)에 대한 필드를 정의할 수 있다. 값을 건드리지 않는 year 필드에 대해 별도의 Analyzer를 지정하기를 바란다고 하자. 다른 모든 값의 경우에 이전에 정의한 바 있는 indexTimeAnalyzer를 동의어 확장에 활성화해서 사용할 수 있다.

목록 2.4 색인화 및 검색을 위한 별도의 분석 사슬

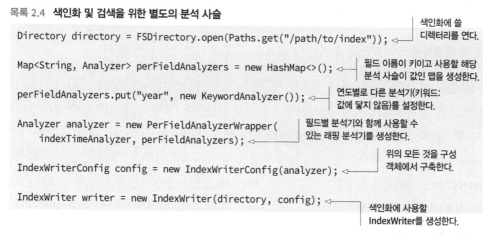

```
Directory directory = FSDirectory.open(Paths.get("/path/to/index"));    ← 색인화에 쓸
                                                                           디렉터리를 연다.

Map<String, Analyzer> perFieldAnalyzers = new HashMap<>();    ← 필드 이름이 키이고 사용할 해당
                                                                분석 사슬이 값인 맵을 생성한다.

perFieldAnalyzers.put("year", new KeywordAnalyzer());    ← 연도별로 다른 분석기(키워드:
                                                            값에 닿지 않음)를 설정한다.

Analyzer analyzer = new PerFieldAnalyzerWrapper(          필드별 분석기와 함께 사용할 수
    indexTimeAnalyzer, perFieldAnalyzers);    ←           있는 래핑 분석기를 생성한다.

                                                          위의 모든 것을 구성
                                                          객체에서 구축한다.
IndexWriterConfig config = new IndexWriterConfig(analyzer);    ←

IndexWriter writer = new IndexWriter(directory, config);    ←
                                                              색인화에 사용할
                                                              IndexWriter를 생성한다.
```

이 메커니즘을 사용하면 역색인에 기록되기 전에 내용을 분석하는 방식에서 색인화를 융통성 있게 할 수 있다. Document에서 서로 다른 부분에 서로 다른 Analyzer를 사용해 보고, 데이터 말뭉치에 대한 최적의 조합을 찾기 전에 여러 번 변경하는 것이 일반적이다. 그렇더라도 현실 세계에서는 그러한 구성이 시간이 지남에 따라 조정이 필요할 것 같다. 예를 들어, 여러분은 단지 영어 노래를 색인화하고 나중에 중국어로 노래를 추가하기 시작할 수 있다. 이 경우에 두 언어에서 모두 작동하도록 분석기를 조정해야 할 것이다(예를 들어, 단어가 화이트스페이스로 구분되지 않는 중국어, 일본어, 한국어[CJK]에서는 화이트스페이스 토크나이저가 잘 작동한다고 기대할 수 없다).

첫 번째 문서를 루씬 색인에 넣자.

목록 2.5 문서 색인화

```
Document aeroplaneDoc = new Document();          ← 'Aeroplane' 노래에 대한 문서를 작성한다.
aeroplaneDoc.add(new Field("title", "Aeroplane", type));      ← 노래 가사로부터 비롯된 모든 필드를 추가한다.
aeroplaneDoc.add(new Field("author", "Red Hot Chili Peppers", type));
aeroplaneDoc.add(new Field("year", "1995", type));
aeroplaneDoc.add(new Field("album", "One Hot Minute", type));
aeroplaneDoc.add(new Field("text",
    "I like pleasure spiked with pain and music is my aeroplane ...", type));

writer.addDocument(aeroplaneDoc);                 ← 문서를 추가한다.
writer.commit();                                  ← 갱신된 역색인을 파일 시스템에 적용해 변경 내용을 유지(및 검색 가능)하게 한다.
```

여러 필드로 구성된 문서를 한 곡당 하나씩 만든 다음 writer에 추가하자.

검색하려면 Directory를 열고 IndexSearcher를 통해 검색할 수 있는 IndexReader(색인 리더)의 뷰를 얻는다. 동의어 확장이 예상대로 작동하는지 확인하려면 'plane'이라는 단어가 포함된 쿼리를 입력하자. 이렇게 하면 'Aeroplane' 노래가 검색될 것으로 예상해 볼 수 있다.

목록 2.6 'plane' 단어 검색

```
IndexReader reader = DirectoryReader.open(directory);      ← 색인에서 뷰를 연다.

IndexSearcher searcher = new IndexSearcher(reader);        ← 검색자(searcher)를 인스턴스화한다.

QueryParser parser = new QueryParser("text",               ← 사용자가 입력한 쿼리와 함께 찾기 시간 분석기를 사용해 검색 용어를 생성하는 쿼리 파서를 생성한다.
    searchTimeAnalyzer);

Query query = parser.parse("plane");                       ← 사용자가 입력한 쿼리(문자열)를, 쿼리 파서를 사용해 적절한 루씬 쿼리 객체로 변환한다.

TopDocs hits = searcher.search(query, 10);                 ← 검색을 해서 첫 번째 10개 결과를 얻는다.
for (int i = 0; i < hits.scoreDocs.length; i++) {          ← 결과 내용을 대상으로 반복 처리한다.
```

```
    ScoreDoc scoreDoc = hits.scoreDocs[i];
    Document doc = searcher.doc(scoreDoc.doc);  ◁─┤ 검색 결과를 얻는다.
    System.out.println(doc.get("title") + " by " + doc.get("author"));  ◁─┐
}                                                                          반환된 곡의 제목 및
                                                                           작곡자를 출력한다.
```

예상대로 결과는 다음과 같다.

```
Aeroplane by Red Hot Chili Peppers
```

색인 및 검색에 대한 텍스트 분석 설정 방법, 문서 색인화 및 검색 방법 등을 간단히 둘러봤다. 여러분은 또한 동의어 확장 능력을 추가하는 방법을 배웠다. 하지만 이 코드를 실무에서 유지하지 못한다는 점을 분명히 해야 한다.

- 여러분이 추가하고 싶은 모든 동의어별 코드를 일일이 작성할 수는 없기 때문이다.
- 검색 코드를 갱신해야 할 때마다 수정하지 않아도 되게 별도의 연결과 관리가 가능한 동의어 어휘집이 필요하다.
- 새로운 단어(그리고 동의어)가 끊임없이 추가되는 일, 즉 언어의 진화를 관리해야 한다.

이러한 문제를 해결하기 위한 첫 번째 단계는 동의어를 파일로 작성하고 동의어 필터가 이 파일에서 동의어들을 읽도록 하는 것이다. 같은 줄에 쉼표로 구분된 동의어를 붙여 놓으면 그렇게 할 수 있을 것이다. 여러분은 빌더(builder, 또는 건축자) 패턴을 사용해 Analyzer를 더 압축된 방식으로 구축하게 될 것이다(https://en.wikipedia.org/wiki/Builder_pattern 참고).

목록 2.7 파일에서 동의어 입력

```
Map<String, String> sffargs = new HashMap<>();
sffargs.put("synonyms", "synonyms.txt");  ◁─┤ 동의어를 담은 파일을 정의한다.
sffargs.put("ignoreCase", "true");
                                                분석기를 정의한다. ┐   분석기에서 화이트스페이스
CustomAnalyzer.Builder builder = CustomAnalyzer.builder()  ◁─┘   토크나이저를 사용하도록
    .withTokenizer(WhitespaceTokenizerFactory.class)  ◁─────────── 설정한다.
    .addTokenFilter(SynonymGraphFilterFactory.class, sffargs)  ◁─┐ 분석기가 동의어 필터를
return builder.build();                                           사용하게 한다.
```

동의어가 포함된 파일을 다음처럼 정의한다.

```
plane,aeroplane,aircraft,airplane
boat,vessel,ship
...
```

이런 식으로 하면 동의어 파일이 변경되어도 코드를 변경할 필요 없이 그대로 유지할 수 있고, 언제든 필요할 때 파일을 갱신할 수 있다. 이런 방식이 동의어별로 일일이 코드를 작성하는 경우보다 훨씬 낫기는 하지만, 동의어가 몇 개 정도로 고정될지를 알 수 없다면 여러분은 동의어 파일을 일일이 수작업으로 작성하지 않으려고 할 것이다. 다행히도 요즘은 무료로 사용하거나 아주 싸게 구입해 쓸 만한 데이터가 많이 있다. 일반적으로 자연어 처리를 위한 우수한 대규모 리소스는 WordNet 프로젝트(https://wordnet.princeton.edu)인데, 이는 프린스턴 대학교의 영어 관련 어휘 데이터베이스다. 여러분은 WordNet에 들어 있는 대규모 동의어 어휘집을 이용할 수 있고, 이 어휘집은 지속적으로 갱신되며, 파일(예: synonyms-wn.txt)로 내려받아 WordNet 포맷을 사용할 것을 지정함으로써 그것을 여러분의 색인화 분석 파이프라인에 포함시킬 수 있다.

목록 2.8 WordNet에서 동의어를 사용

```
Map<String, String> sffargs = new HashMap<>();
sffargs.put("synonyms", "synonyms-wn.txt");   ◀── WordNet 어휘집을 사용해
                                                   동의어 파일을 설정한다.
sffargs.put("format", "wordnet");   ◀───────────── 동의어 파일을 WordNet
CustomAnalyzer.Builder builder = CustomAnalyzer.builder()   형식으로 지정한다.
    .withTokenizer(WhitespaceTokenizerFactory.class)
    .addTokenFilter(SynonymGraphFilterFactory.class, sffargs)
return builder.build();
```

WordNet 사전을 연결하면 영어에 적합한 고품질 동의어 확장 원천을 확보한 셈이 된다. 그래도 여전히 몇 가지 문제가 남아 있다. 첫째, 모든 언어에서 쓸만한 WordNet 형식의 리소스가 없다. 둘째, 여러분이 영어만 사용하기로 하더라도 특정 단어에 대한 동의어까지 확장할 때는 영어 문법이나 사전에 수록된 규칙에 따라 정의된 **외연**(denotation, 즉 '외적 형식' 또는 '겉으로 드러난 의미')을 기반으로 하게 된다. 그런데 이런 외연에는 해당 단어가 나타나는 문맥에 따라 정의되는 **내포**(connotation, 즉 '내적 의미' 또는 '외연을 통해 전달되는 의미' 또는 '함축된 의미')가 고려되지 않는다.

필자는 언어학자들이 엄격한 사전적 정의(외연)에 근거하여 동의어로 정의하는 것과 실무에서 사람들이 언어와 단어를 일반적으로 사용하는 방법(내포)의 차이를 설명하는 것이다. 소셜 네트워크, 채팅방 그리고 실생활 중에 친구를 만나는 일과 같은 비공식적인 맥락에서 사람들은 문법 규칙에 따르면 동의어가 아닌 두 단어를 마치 동의어인 것처럼 사용하기도 한다. 이 문제

를 다루기 위해 word2vec은 언어의 엄격한 구문에 기초한 동의어를 확장하는 것보다 더 진보된 수준의 검색을 제공할 것이다. 여러분은 word2vec을 사용하면 언어에 구애받지 않는 동의어 확장을 만들 수 있다는 점을 보게 될 텐데, word2vec은 사용된 언어와 그것이 공식적이든 비공식적이든 상관없이 어떤 단어가 서로 비슷한지를 데이터로부터 배우기 때문이다. 이것이 word2vec의 유용한 특징이다. word2vec은 유사한 맥락을 지닌 단어가 있는 경우에 그 맥락 때문에 서로 아주 비슷한 단어들이라고 간주한다. 이렇게 간주하는 일에는 문법이나 구문이 개입되어 있지 않다. word2vec은 단어마다 의미적으로 유사한 단어가 유사한 문맥에 나날 것이라고 가정해 해당 단어에 인접한 단어들을 살펴본다.

2.2 맥락의 중요성

지금까지 설명한 접근 방식의 주요 문제는 동의어 매핑(mapping, 또는 '대응')이 정적이며, 색인화된 데이터에 구속되지 않는다는 것이다. 예를 들어, WordNet의 경우 동의어는 영어 문법의 의미론을 엄격히 따르지만, 엄격한 문법 규칙에 비춰 봤을 때 동의어가 아니더라도 때때로 동의어로 여겨지기도 하는 속어나 비공식적인 문맥은 고려하지 않는다. 또 다른 예는 채팅이나 이메일에 사용하는 머리글자다. 예를 들어, 이메일에서 ICYMI(In Case You Missed It의 줄임말로 직역하면 '네가 모르고 지나갈까 봐'이지만, 실제 의미는 '보고 싶다면 한번 봐'라는 뜻)와 AKA(Also Known As의 줄임말로 직역하면 '이미 아는 바와 같이'이고, 우리말의 '즉'에 해당)와 같은 머리글자를 흔히 볼 수 있다. ICYMI와 In Case You Missed It은 동의어라고 할 수 없고, 이것들을 사전에서 찾지 못하겠지만, 의미는 같다.

이러한 한계를 극복하기 위한 한 가지 접근법은 수집할 데이터에서 동의어를 생성할 방법을 갖는 것이다. 기본적인 개념은 단어 자체와 동시에 출현하는 인접 단어의 패턴을 분석하는 일을 의미하는, 단어의 맥락에 맞춰 단어의 **최근접 이웃**(nearest neighbor)을 추출하는 일이 가능해야 한다는 점이다. 이 경우에 한 단어의 최근접 이웃은 문법적 관점에서 엄격히 따지자면 동의어가 아니더라도 해당 단어의 동의어로 간주되어야 한다.

같은 맥락에서 사용되고 발생하는 단어들이 유사한 의미를 갖는 경향이 있다는 생각을 **분포 가설**(distributional hypothesis)이라고 하며(https://aclweb.org/aclwiki/Distributional_Hypothesis), 이 분포 가설이 텍스트 표현을 위한 많은 딥러닝 알고리즘의 기초가 된다. 이 아이디어의 흥미로운 점은 언어, 은어, 문체, 문법을 무시하고, 단어에 대한 모든 정보를 본문에 나타나는 단어의 맥락에서만 유추한다는 점이다. 예를 들어, 도시를 나타내는 단어(Rome, Cape Town, Oakland

등)가 자주 사용되는 방식을 생각해 보자. 다음 몇 가지 문장을 살펴보자.

- I like to live in Rome because … (나는 로마에 사는 것이 좋다. 왜냐하면 …)
- People who love surfing should go to Cape Town because … (서핑을 좋아하는 사람들은 케이프타운에 가야 한다. 왜냐면 …)
- I would like to visit Oakland to see … (나는 오클랜드에 가서 …을 보고 싶다.)
- Traffic is crazy in Rome … (로마는 교통체증이 심하다 …)

때때로 도시 이름은 'in'이라는 단어 근처나 'live', 'visit' 등과 같은 동사에서 멀리 떨어져 있지 않은 곳에서 사용된다. 이것은 문맥이 각 단어에 대한 많은 정보를 제공한다는 사실의 이면에 있는 기본적인 직관이다.

이 점을 염두에 두고, 여러분은 색인화할 데이터의 단어에 대한 단어 표현을 배우려 하기 때문에 동의어 어휘를 일일이 수작업으로 만들거나 내려받는 대신에 데이터로부터 동의어를 생성할 수 있다. 1장의 도서관 예제에서 필자는 무엇이 있는지를 통찰해 두는 것이 최선이라고 말했다. 이렇게 통찰력을 더 갖추게 되면 사서가 여러분을 더 효과적으로 도울 수 있을 것이다. 도서관에 오는 학생은 사서에게 'books about artificial intelligence(인공지능 관련 책)'라고 물어볼 수 있다. 도서관에서 이 주제에 관한 책이 단 한 권뿐이고, 책 이름이 'AI Principles(인공지능 원리)'라고 해보자. 사서(혹은 학생)가 책 제목을 찾는다고 해도 AI가 인공지능의 약자(그리고 이전의 가정으로 볼 때 동의어)라는 것을 알지 못한다면 사서는 해당 도서를 찾지 못할 것이다. 그렇지만 이러한 동의어에 정통한 조수가 있다면 이런 상황에서 도움이 될 것이다.

두 가지 가상의 조수를 상상해 보자. 존은 수년 간 영어 문법과 구문을 공부해 온 영어 전문가이고, 로비는 매주 사서와 함께 일을 하면서 대부분의 책을 읽을 기회가 있는 또 다른 학생이라고 하자. 존은 AI가 인공지능의 약자라고 말할 수 없었는데, 그에게는 그런 정보를 얻을 만한 배경지식이 없었기 때문이다. 반면에 로비는 영어에 관한 공식적인 지식은 훨씬 적지만, 도서관에 있는 책들에 한해서는 전문가다. 《AI Principles》라는 책을 읽었고 그것이 인공지능의 원리를 다룬 책임을 알고 있기 때문에 AI가 인공지능의 약자라고 쉽게 말할 수 있다. 이 시나리오에서 존은 WordNet 어휘처럼 행동하고 있으며, 로비는 word2vec 알고리즘처럼 행동한다. 존이 언어에 관한 지식이 있음을 증명하기는 했지만, 이와 같은 특별한 상황에서는 로비가 더 도움이 될 수 있다.

1장에서 필자는 신경망이 문맥에 민감한 표현(이 경우에 단어 표현)을 학습하는 데 능숙하다고 말했다. 이 능력이 바로 word2vec에 사용할 수 있는 능력이다. 간단히 말해, word2vec 신경 망을 사용하여 'plane'과 가장 유사한(또는 최근접 이웃) 단어인 'aeroplane'을 알려주는 단어의 표현을 배우게 된다. 더 깊이 들어가기 전에 가장 간단한 신경망 형태 중 하나인 순방향 신경 망을 자세히 살펴보자. 순방향 신경망은 대부분의 복잡한 신경망 구조들의 기초가 된다.

2.3 순방향 신경망

신경망은 신경 검색을 위한 핵심 도구이며, 많은 신경망 구조는 순방향 망에서 확장된 것이 다. **순방향 신경망**(feed-forward neural network, 또는 '**전방전달 신경망**' 또는 '**피드포워드 신경망**' 또는 '**전 진공급 신경망**')은 정보가 입력 계층에서 은닉 계층으로 전달된 다음에 마지막으로 출력 계층으 로 전달되며, 루프 구조가 없어서 뉴런 간에 순환 고리가 형성되지 않는다. 이 신경망을 입력 과 출력이 있는 마법의 블랙박스로 생각해 보자. 이 마법은 뉴런이 서로 연결되어 있는 방식과 입력에 반응하는 방식 덕분에 대부분 망 안에서 일어난다. 예를 들어, 특정 국가에서 살 집을 찾고 있다면 특정 주택에 대한 지불을 기대할 수 있는 공정한 가격을 예측하기 위해 '마법 상 자'라고 부를 만한 신경망을 사용할 수 있다. 그림 2.4에서 볼 수 있듯이 마법 상자는 집 크기, 위치, 판매자가 준 등급과 같은 입력 기능을 사용해 예측하는 법을 배울 것이다.

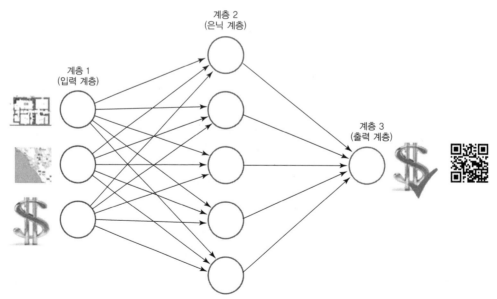

그림 2.4 **입력 유닛 세 개, 은닉 유닛 다섯 개, 출력 유닛 한 개를 갖춘 순방향 신경망으로 가격을 예측한다**

순방향 신경망은 다음과 같이 구성된다.

- **입력 계층**: 사용자가 제공한 입력을 수집할 수 있는 역할. 이 입력들은 보통 실수 형식으로 되어 있다. 집값을 예측하는 예에서 집 크기, 집 위치 및 판매자가 요구하는 금액이라는 세 가지 입력 사항이 있다. 여러분은 이 입력들을 세 개의 실수로 인코딩할 것이므로 망에 전달되는 입력은 [size, location, price]이라는 3차원 벡터가 된다.

- **하나 이상의 은닉 계층**: 은닉 계층은 망의 더 신비한 부분을 나타낸다. 여러분은 은닉 계층을 학습과 예측을 잘 할 수 있게 하는 망의 한 부분으로 생각하면 된다. 예제에서 은닉 계층에는 다섯 개의 유닛이 있는데, 모두 입력 계층 유닛들과 출력 계층 유닛들에 연결되어 있다. 망 활동 역학이라는 면에서 보면 망 간의 연결이 기본적인 역할을 담당한다. 대부분의 경우에 한 개 계층(x)의 모든 유닛이 다음 계층(x + 1)의 모든 유닛과 완전히 연결된다.

- **출력 계층**: 망의 최종 출력을 제공하는 역할을 맡는다. 집값 예에서, 출력 계층은 망이 적정 가격이 되어야 한다고 추정하는 것을 나타내는 실수를 제공할 것이다.

> **NOTE** 일반적으로 입력의 크기를 조정해 동일한 값 범위(예: -1과 -1 사이의 값)에 있도록 하는 것이 좋다. 이 예에서 주택의 크기는 10~200제곱미터이며, 가격대는 수만 달러 선이다. 입력 데이터를 전처리하여 모두 유사한 값 범위에 포함되도록 하면 망이 더 빨리 학습할 수 있도록 한다.

가중치와 활성 함수의 작동 방식

보다시피 순방향 신경망은 입력을 받아 출력을 생성한다. 이러한 망의 근본적인 구성 요소를 **뉴런**이라고 부른다. 순방향 신경망의 모든 뉴런은 다음과 같은 특성이 있다.

- 어떤 계층에 속한다.
- 들어오는 가중치에 맞춰 각 입력을 매끄럽게 처리한다.
- 활성 함수에 따라 출력을 전파한다.

그림 2.5의 순방향 신경망에서 두 번째 계층은 한 개 뉴런만으로 구성되어 있다. 이 뉴런은 첫 번째 층에 있는 세 개의 뉴런으로부터 입력을 받아 세 번째 층에 있는 한 개 뉴런으로만 출력을 전파한다. 이 뉴런에는 관련 활

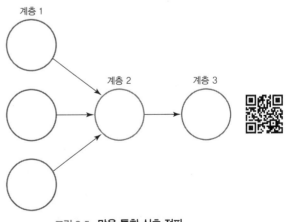

그림 2.5 망을 통한 신호 전파

성 함수가 있으며, 이전 계층에서 수신하는 연결선에는 관련 가중치(일반적으로 -1부터 1 사이의 실수)가 있다.

두 번째 층에 있는 뉴런으로 들어오는 모든 가중치가 0.3으로 설정되고 첫 번째 계층으로부터 0.4, 0.5, 0.6이라는 입력치를 받는다고 가정해 보자. 각 가중치에 그 입력을 곱하고, 그 결과는 다음과 같이 합해진다. $0.3 \times 0.4 + 0.3 \times 0.5 + 0.3 \times 0.6 = 0.45$. 활성 함수는 이 중간 결과에 적용되고 나서 뉴런의 나가는 연결선에 전파된다. 일반적으로 쓰이는 활성 함수로는 쌍곡 탄젠트(tanh), 시그모이드(sigmoid) 및 정류 선형 장치(ReLU)가 있다.

이번 예제에서는 tanh 함수를 사용해 보자. tanh(0.45) = 0.4218990053이므로 세 번째 계층의 뉴런은 유일한 수신 연결선을 통해 이 숫자를 수신해 자신의 입력치로 사용할 것이다. 출력 뉴런은 자신의 가중치를 이용해 두 번째 계층의 뉴런이 하는 것과 똑같은 단계를 수행할 것이다. 이러한 이유로 이러한 망을 **순방향 신경망**(또는 '전방전달 신경망' 또는 '피드포워드 신경망' 또는 '전진공급 신경망')이라고 한다. 각 뉴런은 다음 계층의 뉴런에게 먹이를 주기 위해(즉, 데이터를 공급하기 위해) 그 입력치를 변형해 전파한다.

아주 간결한 역전파

1장에서 필자는 신경망과 딥러닝이 머신러닝의 영역에 속한다고 말했다. 또한, 신경망을 훈련하는 데 사용되는 주요 알고리즘인 역전파도 말했다. 이번 절에서 이것들을 자세히 살펴보겠다.

딥러닝이 잘 나가게 된 근본적인 이유를 논한다면 이는 신경망이 얼마나 잘 배울 수 있고 얼마나 빨리 배울 수 있느냐와 관련이 있다. 인공신경망은 오래된 컴퓨팅 패러다임(1950년에 기원)이지만, 최근(2011년 무렵)에 신경망이 적당한 시간에 효과적인 학습을 할 수 있는 수준으로 향상되면서 다시 인기를 끌었다.

이전 절에서는 망이 입력 계층에서 출력 계층으로 정보를 전달하는 방법을 순방향 신경망(또는 '전방전달 신경망' 또는 '피드포워드 신경망' 또는 '전진공급 신경망')이라고 보았다. 한편, 신호가 신경망 내에서 순방향으로 전달된 뒤에 다시 출력 계층에서 입력 계층으로 역방향으로 흐르게 하는 것을 역전파라고 한다.

입력치가 순방향 방식으로 출력 계층에 전달되면 출력 계층에서는 이 값을 활성 함수를 거치며 변형하는데, 이렇게 변형된 최종 출력치는 기대 출력치와 비교된다. 손실이나 비용을 계산하는 비용 함수에 의해 이 비교 작업이 수행되며, **비용 함수(cost function)**는 특정 사례에서 망이 얼마나 잘못되었는지를 나타내는 측도(measure)를 표현한다. 이러한 오차는 출력 뉴런으로 들어오는 연결선을 통해 은닉 계층의 해당 유닛에 역방향으로 전달된다. 그림 2.6에서 출력 계층의 뉴런이 은닉 계층의 연결된 유닛에 최종 출력치와 기대 출력치의 차이에 해당하는 오차(error)를 되돌려 보낸다는 것을 볼 수 있다.

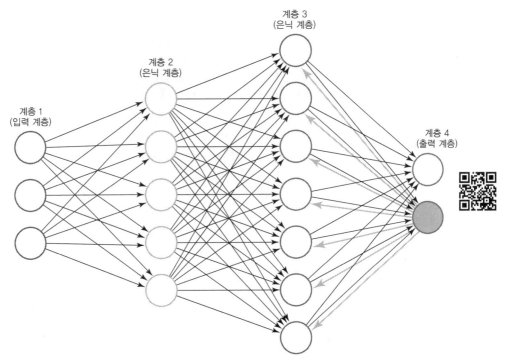

그림 2.6 **출력 계층에서 은닉 계층으로 신호를 줌**

일단 어떤 유닛이 오차를 수신했다면, 이 유닛은 **갱신 알고리즘**(update algorithm)에 따라 가중치를 갱신한다. 이런 가중치 갱신 작업을 위해 널리 쓰이는 알고리즘은 **확률적 경사 하강**(stochastic gradient descent)이다. 이 가중치의 역방향 갱신은 입력 계층에 연결된 연결선이 나타내는 가중치까지 조정되어야 비로소 끝나게 된다(입력 유닛에 가중치가 없기 때문에 갱신은 출력 계층과 은닉 계층 유닛에 대해서만 수행되며, 갱신이 중지됨에 유의하자). 다시 말해서, 역전파가 이뤄지는 동안에 기존 연결선의 두께를 의미하는 모든 가중치 값이 새로 조정되는 것이다. 이 알고리즘이 작동하는 근본적인 이유는, 각 가중치는 오차가 생기게 하는 원인 중의 한 가지이므로 역전파라는 과정을 통해서 가중치를 조정하게 되면 입력과 출력으로 이뤄진 쌍이 만들어 내는 오차를 줄일 수 있기 때문이다.

경사 하강 알고리즘(또는 가중치를 조정하기 위한 그 밖의 갱신 알고리즘)은 각 가중치가 기여하는 오차의 부분에 대해 가중치가 **어떻게** 변경되는지를 결정한다. 많은 수학이 이 개념에 관련되어 있지만, 비용 함수를 그림 2.7과 같은 모양으로 정의하는 것처럼 생각할 수 있는데 여기서 언덕의 높이는 오차의 양을 정의한다. 매우 낮은 지점은 매우 낮은 오차를 갖는 신경망 가중치의 조합에 해당한다.

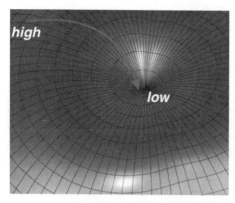

그림 2.7 **경사하강 역전파의 기하학적 해석**

- **낮음(low):** 가능한 한 가장 낮은 오차가 있는 지점. 신경망 가중치에 대한 최적의 값을 가지고 있는 지점
- **높음(high):** 오차가 큰 지점. 경사 하강 알고리즘은 오차가 낮은 지점 쪽으로 내려가게 하려 한다.

한 점의 좌표는 신경망의 가중치 값에 의해 주어지기 때문에 경사 하강은 그림 2.6 모양에서 매우 낮은 오차(매우 낮은 높이)를 나타내는 가중치(점)를 찾으려고 한다.

2.4 word2vec 사용

이제 일반적인 순방향 망이 무엇인지 이해했으니 우리는 순방향 신경망에 기초한 좀 더 구체적인 신경망 알고리즘인 word2vec에 초점을 맞출 수 있다. 그 기초는 상당히 이해하기 쉽지만, 여러분이 이룰 수 있는 좋은 결과를 보면(텍스트에서 단어의 의미를 파악해 내는 면을 보게 되면) 더 매력을 느낄 수 있을 것이다. 그러나 word2vec이 무엇을 하며, 동의어 확장 사용 사례에 어떤 식으로 유용하게 쓰일 수 있을까?

word2vec은 텍스트의 한 부분을 가져다가 텍스트의 각 단어를 하나씩 일련의 벡터로 출력한 다. word2vec의 출력 벡터가 2차원 그래프에 표시될 때, 서로 의미가 매우 유사한 단어 벡터 는 서로 매우 가깝게 놓이게 된다. 코사인 거리와 같은 거리 측도를 사용하여 주어진 단어와 관련하여 가장 유사한 단어를 찾을 수 있다. 따라서 이 기법을 사용해 단어의 동의어를 찾을 수 있다. 간단히 말해서 이번 절에서는 word2vec 모델을 설정하고, 색인화를 할 가사의 텍스 트를 공급하고, 각 단어에 대한 출력 벡터를 구한 다음, 그것들을 사용해 동의어를 찾도록 할 것이다.

1장에서는 벡터 공간 모델과 용어빈도-역문서빈도(TF-IDF)에 관해 이야기를 하면서 검색의 맥락에서 벡터를 사용하는 방식을 논의했다. 어떤 의미에서 보면 word2vec은 학습 과정 중 에 벡터(각 단어에 하나씩)가 신경망에 의해 가중되게 생성한 벡터 공간 모델이라고 할 수 있다. word2vec과 같은 알고리즘에 의해 생성된 단어 벡터는 정적이고(static) 이산적이며(discrete), 고 차원적인(high dimensional) 단어 표현(예: TF-IDF나 원핫인코딩)을 차원이 더 낮으면서도 미분가 능한(연속적인) 벡터 공간에 사상(mapping)하기 때문에 **단어 매장**(word embedding, 또는 '**워드 임베 딩**')이라고 하는 경우가 많다.

예로 든 'Aeroplane'이라는 노래로 다시 돌아가 보자. 여러분이 노래의 텍스트를 word2vec에 입력한다면 여러분은 각 단어에 대한 벡터를 얻게 된다.

```
0.7976110753441061, -1.300175666666296, i
-1.1589942649711316, 0.2550385962680938, like
-1.9136814615251492, 0.0, pleasure
-0.178103361461314, -5.778459658617458, spiked
0.11344064895365787, 0.0, with
0.3778008406249243, -0.11222894354254397, pain
-2.04943382050792344, 0.5871714329463343, and
-1.3652666102221962, -0.4866885862322685, music
-12.878251690899361, 0.7094618209959707, is
0.8220355668636578, -1.2088098678855501, my
-0.37314503461270637, 0.4801501371764839, aeroplane
...
```

다음 그림 2.8에 표시된 좌표 평면도에서 이러한 내용을 볼 수 있다.

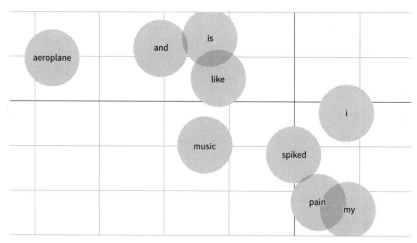

그림 2.8 'Aeroplane'에 대해 표시된 단어 벡터

예제 출력에서는 2차원이 사용되어 그러한 벡터가 그래프에 더 쉽게 그려질 수 있었다. 그러나 실제로는 100개 이상의 차원을 사용하게 되지만, 주성분 분석이나 t-SNE와 같은 차원성 축소 알고리즘을 사용하여 2차원 또는 3차원 벡터를 얻어 더 쉽게 그려 낼 수 있게 하는 것이 일반적이다(차원이 늘수록 데이터 양이 증가하므로 이에 따라 더 많은 정보를 파악할 수 있다). 이 시점에서 우리는 이와 같은 차원 조정 방식까지 자세히 설명하지는 않겠지만, 신경망에 관해 자세히 알아볼 때 다시 거론할 것이다.

생성된 각 벡터 사이의 거리를 측정하기 위해 코사인 유사도를 사용하면 다음과 같은 몇 가지 흥미로운 결과를 얻을 수 있다.

```
music -> song, view
looking -> view, better
in -> the, like
sitting -> turning, could
```

보다시피 몇 개의 무작위 벡터에 최근접인 두 벡터를 추출하면 결과 중에 일부는 좋고 일부는 그렇지 않다.

- 'music(음악)'과 'song(노래)'은 의미상으로 매우 가깝다. 여러분은 심지어 그것들이 동의어라고 말할 수도 있다. 그러나 'view(보기)'에 대해서는 그렇게 말할 수 없다.
- 'looking(살피기)'과 'view'는 관련이 있지만, 'better(더 나은)'는 'looking'과 아무 상관이 없다.

- ‘in’, ‘the’, ‘like’는 서로 가깝지 않다.

- ‘sitting(앉기)’과 ‘turning(돌기)’은 모두 ‘ing’ 형태의 동사, 즉 동명사이지만 그 의미들은 느슨하게 결합되어 있다. ‘could’도 동사지만 ‘sitting’과는 별 관계가 없다.

무슨 문제 때문에 그런 것일까? word2vec이 그렇게 하지 않으려고 해서일까?

두 가지 요인이 작용하고 있다.

- 생성된 단어 벡터의 차원(2개 차원) 수가 아마도 너무 낮은 것으로 보인다.

- 단 하나의 노래 텍스트에 word2vec 모델을 적용하면 아마도 각 단어들이 정확한 표현과 함께 올 수 있는 충분한 맥락을 제공하지 않을 것이다. 모델을 활용하려면 ‘better’와 ‘view’라는 단어가 발생하는 상황에 대한 더 많은 예문이 필요하다.

이번에는 빌보드 핫 100 데이터셋(https://www.kaylinpavlik.com/50-years-of-pop-music)에서 가져온 것 중에서 100개 차원으로 이뤄져 있으며 노랫말이 많이 들어 있는 데이터셋을 사용해 word2vec 모델을 다시 만든다고 가정해 보자.

```
music -> song, sing
view -> visions, gaze
sitting -> hanging, lying
in -> with, into
looking -> lookin, lustin
```

결과는 훨씬 더 좋고 더 적절하다. 이로 인해 여러분은 검색이라는 맥락에서 볼 때 거의 모든 것을 동의어로 사용할 수 있다. 여러분은 쿼리 시간이나 색인화 시간에 그런 기술을 사용한다고 상상해 볼 수 있다. 더 이상 최신 정보를 유지하기 위한 사전이나 어휘가 필요하지 않을 것이다. 검색 엔진이 자신이 취급하는 데이터에서 동의어를 생성하는 방법을 학습할 수 있기 때문이다.

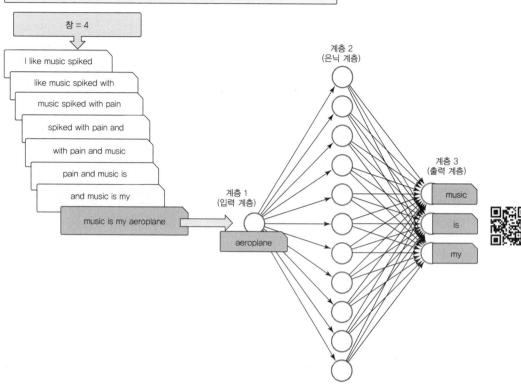

그림 2.9 **word2vec(스킵그램 모델)에 텍스트 조각 공급하기**

여러분은 이쯤에서 몇 가지 질문을 하고 싶을지 모르겠다. word2vec은 어떻게 작동하는가? 그리고 어떻게 하면 검색 엔진에 실제로 통합시킬 수 있는가? 〈Efficient Estimation of Word Representations in Vector Space(벡터 공간에서의 단어 표현의 효율적 추정)〉[21]라는 논문에는 그러한 단어 표현을 학습하기 위한 두 가지 다른 신경망 모델인 **연속 단어 주머니(CBOW)**와 **연속 스킵그램(continuous skip-gram)**이 설명되어 있다. 잠시 후에 우리는 이 두 가지와 이를 구현하는 방법에 관해 토론할 것이다. word2vec은 단어 표현에 대한 비지도학습을 수행한다. 방금 말한 연속 단어 주머니 모델과 스킵그램 모델은 적절히 인코딩된 충분히 큰 텍스트를 공급받아야 한다. word2vec 뒤에 숨겨진 주요 개념은 신경망에 일정한 크기의 조각(창이라고도 함)으로 쪼개지는 텍스트 한 조각이 주어진다는 것이다. 모든 단편은 **표적 단어(target word,** 또는 '대상어'나 '목표 단어')와 **문맥(context)**으로 구성된 쌍으로 망에 공급된다. 그림 2.9의 경우 표적어는 'aeroplane'이

---

21 〈Tomas Mikolov et al, 2013〉, https://arxiv.org/pdf/1301.3781.pdf

며, 문맥은 'music', 'is', 'my'로 구성되어 있다.

망의 은닉 계층에는 각 단어에 대한 일련의 가중치(이번 경우에는 그중 11개, 즉 은닉 계층의 뉴런 수)가 들어 있게 된다. 이 벡터들은 학습이 끝날 때 단어 표현으로 사용될 것이다.

word2vec의 경우 여러분은 신경망의 출력에 별로 신경 쓰지 않게 된다는 점에 유념해야 한다. 대신, 여러분은 훈련 단계가 끝날 때 은닉 계층의 내부 상태를 추출해 각 단어를 정확히 하나의 벡터 표현으로 산출해 낸다.

훈련 중에는 각 조각의 일부를 표적 단어로 사용하고, 나머지는 문맥으로 사용한다. 연속 단어 주머니 모델에서는 표적 단어(target word, 즉 '목표어')를 망의 출력물로 사용하고, 텍스트 조각(문맥)의 나머지 단어들을 입력으로 사용한다. 연속 스킵그램 모델에서는 반대가 된다. 표적 단어는 입력으로, 문맥 단어는 출력(예와 같이)으로 사용된다. 실제로 두 가지 모두 잘 작동하지만, 스킵그램이 자주 사용하지 않는 단어에서 약간 더 잘 작동하는 경우가 흔하므로 더 선호된다.

예를 들어, 퀸이라는 밴드가 부른 'Killer Queen'이라는 노래의 'she keeps moet et chandon in her pretty cabinet let them eat cake she says(그 여잔 예쁜 장식장에 '모엣 앤 샹동'이라는 와인을 넣어 두지. '빵이 없으면 케이크를 먹으면 되지'라고 말하지)'라는 문구가 주어지고 창의 크기가 5일 때, 연속 단어 주머니에 기반한 word2vec 모델은 5개 단어로 된 텍스트 조각을 표본으로 받게 된다. 예를 들어, 조각이 '| she | keeps | moet | et | chandon |'인 경우에 입력은 '| she | keeps | et | chandon |'으로 구성되고 출력은 moet이라는 단어로 구성된다.

그림 2.10에서 볼 수 있듯이 신경망은 입력 계층, 은닉 계층 그리고 출력 계층으로 구성되어 있다. 이런 종류의 신경망에는 은닉 계층이 하나일 뿐이므로 **얕다**(shallow)고 한다. 은닉 계층이 두 개 이상인 신경망을 **깊다**(deep)고 한다.

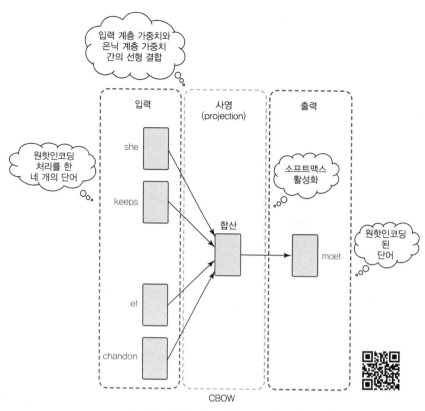

그림 2.10 **연속 단어 주머니(CBOW) 모델**

은닉 계층의 뉴런은 활성 함수가 없기 때문에 가중치와 입력을 선형적으로 결합한다(각 입력은 그 가중치에 의해 곱하고 모든 결과를 합친다). 입력 계층에는 각 단어의 텍스트에 있는 단어 수와 동일한 수의 뉴런이 있다. word2vec은 각 단어를 **원핫인코딩** 벡터로 표현한다.

원핫인코딩 벡터가 어떻게 생겼는지 보자. [cat, dog, mouse]처럼 세 개의 단어가 포함된 데이터셋이 있다고 가정하자. 모든 값이 1(특정 단어를 식별함)로 설정된 세 개의 벡터가 있으며, 각 벡터는 1(특정 단어를 식별함)로 설정되어 있다.

```
dog   : [0,0,1]
cat   : [0,1,0]
mouse : [1,0,0]
```

데이터셋에 'lion'이라는 단어를 추가한다면 이 데이터셋을 원핫인코딩한 벡터는 4차원이 된다.

```
lion  : [0,0,0,1]
dog   : [0,0,1,0]
cat   : [0,1,0,0]
mouse : [1,0,0,0]
```

입력된 텍스트 중에 100개 글자로 이뤄진 단어가 있다면 각 단어는 100차원 벡터로 표시된다. 결과적으로 연속 단어 주머니 모델에서 100개의 입력 뉴런에 window 파라미터의 값을 뺀 값을 곱하게 된다. window가 4라면 300개의 입력 뉴런이 있을 것이다.

은닉 계층에는 결과적인 단어 벡터에 필요한 차원성에 해당하는 만큼의 뉴런이 다수 있게 된다. 이 파라미터는 망을 구성하는 사람이 설정해야 한다.

출력 계층의 크기는 입력 텍스트의 단어 수와 동일하다. 이 예에서는 100이다. 단어가 100개이고, 매장이 50차원이고, 입력 텍스트를 4로 설정한 word2vec 연속 단어 주머니 모델은 300개의 입력 뉴런, 50개의 은닉 뉴런, 100개의 출력 뉴런을 가질 것이다. 입력 차원성과 출력 차원성은 어휘의 크기(이런 경우에 100)와 window 파라미터에 따라 달라지지만, 연속 단어 주머니 모델에 의해 생성된 단어 매장의 차원성은 사용자가 선택할 수 있는 파라미터라는 점에 유의한다. 예를 들어, 그림 2.11에서 다음을 수행할 수 있다. 다음 내용을 참조하자.

- 입력 계층은 C×V의 차원성을 가지며, 여기서 C는 문맥의 길이(window 파라미터 - 1에 대응함)이고, V는 어휘의 크기다.
- 은닉 계층에는 사용자가 정의한 N의 차원성이 있다.
- 출력 계층은 V와 같은 차원성을 가진다.

word2vec의 경우 연속 단어 주머니 모델 입력은 입력 단어의 원핫인코딩 벡터를 먼저 입력-은닉 사이에 있는 가중치들에 곱하여 망을 통해 전파된다. 여러분은 이런 가중치들을 입력 뉴런과 은닉 뉴런 사이의 각 연결에 대한 가중치 행렬로 여기면 된다. 이러한 출력은 은닉-출력 가중치와 결합(다중)되어 출력이 생성되며, 이 출력은 소프트맥스 함수를 통과한다. 소프

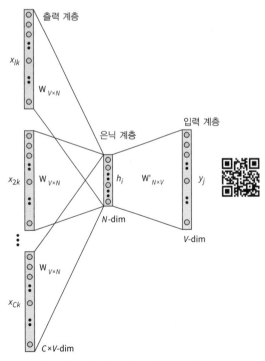

그림 2.11 **연속 단어 주머니 모델 가중치**

트맥스는 임의의 실제 값 k차원 벡터(출력 벡터)를 1까지 더하는 범위(0, 1)의 k차원 벡터에 '스쿼시(squash)'하여 확률분포를 나타낼 수 있도록 한다. 여러분의 망은 여러분에게 문맥(망 입력)을 감안해 각 출력 단어가 선택될 확률을 알려 준다.

이제 몇 개의 단어(window 파라미터)의 맥락으로 볼 때 텍스트에 나타날 가능성이 가장 높은 단어를 예측할 수 있는 신경망을 갖게 되었다. 이 신경망은 '나는 먹는 것을 좋아한다'와 같은 맥락에서 볼 때 다음 단어는 '피자'와 같은 것이기를 기대해야 한다는 것을 말해 줄 수 있다. 단어 순서는 감안되지 않기 때문에 여러분은 또한 '나는 피자를 먹는다'라는 문맥으로 볼 때 다음 단어는 '좋다'라고 말할 수 있다.

그러나 이 신경망의 가장 중요한 부분은 맥락에서 주어진 단어들을 예측하는 것을 배우는 것이 아니다. 내부적으로는 두 단어가 의미적으로 비슷한 경우(동일한 또는 유사한 맥락에서 나타나기 때문에)를 결정할 수 있도록 은닉 계층의 가중치가 조정된다는 점에서 이 방법이 꽤 아름답게 보이기까지 한다.

순전파가 이뤄진 후에 역전파 학습 알고리즘은 여러 계층의 각 뉴런 가중치를 조정하므로 신경망은 각 새로운 조각들을 사용해 더 정확한 결과를 만들어 낼 것이다. 학습 과정이 끝났을 때 은닉-출력 가중치는 본문의 각 단어에 대한 벡터 표현(매장)을 나타낸다.

스킵그램은 연속 단어 주머니 모델에 대해 반전되어 보인다. 입력 벡터는 원핫인코딩(각 단어마다 하나씩)되어 있으므로 입력 계층에는 입력 텍스트의 단어 수와 같은 수의 뉴런이 있다. 은닉 계층은 원하는 결과 단어 벡터의 차원성을 가지며, 출력 계층은 window – 1에 단어 수를 곱한 숫자의 뉴런을 가지고 있다. 이전과 같은 예를 사용하여, 'she keeps moet et chandon in her pretty cabinet let them eat cake she says'라는 텍스트와 값이 5인 window를 감안하면 스킵그램 모델에 기초한 word2vec 모델은 입력이 **moet**이고, 출력이 | she | keeps | et | chandon |인 | she | keeps |

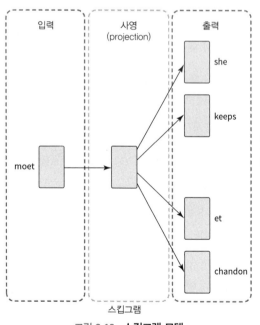

그림 2.12 **스킵그램 모델**

moet | et | chandon |에 대한 첫 번째 표본을 받을 것이다(그림 2.12 참고).

그림 2.13은 핫 100 빌보드 데이터셋의 텍스트를 word2vec으로 계산한 단어 벡터를 발췌해 예시한 것이다. 단어 의미가 기하학적으로 표현될 수 있다는 점을 이해할 수 있게 그려낸, 단어들의 작은 부분집합을 보여준다.

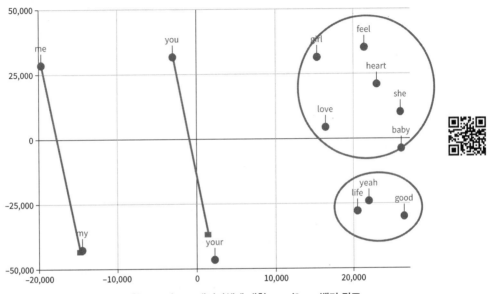

그림 2.13 핫 100 빌보드 데이터셋에 대한 word2vec 벡터 강조

'you'와 'your'에 관해서 'me'와 'my' 사이에 예상되는 규칙성을 주목하자. 또한, 유사한 단어의 그룹, 또는 유사한 문맥에서 사용되는 단어의 그룹에 유의하자.

이제 word2vec 알고리즘이 어떻게 작동하는지 조금 배웠으니 몇 가지 코드를 작성해서 실제 작동하는 것을 보자. 그러면 검색 엔진과 결합해서 동의어 확장을 할 수 있을 것이다.

Deeplearning4j

DL4J(Deeplearning4j)는 자바 가상 머신(Java Virtual Machine, JVM)을 위한 딥러닝 라이브러리다. DL4J를 자바 사용자들이 잘 받아들이고 있으며, 얼리어답터라면 빠르게 학습할 수 있다. 또한, 아파치 2 라이선스도 함께 제공되며, 이 라이선스는 DL4J를 회사 내에서 사용하고 예제 코드를 공개하지 않을 제품에 포함하려는 경우에 유용하다. 또한, DL4J에는 케라스, 카페, 텐서플로, 테아노 등과 같은 다른 프레임워크로 만들어진 모델을 가져오기 위한 도구가 있다.

2.4.1 Deeplearning4j에 word2vec 끼워 쓰기

이 책에서는 DL4J를 사용해 신경망 기반 알고리즘을 구현할 것이다. word2vec 모델을 설정하기 위해 DL4J를 어떤 식으로 사용하는지 보자.

DL4J를 사용하면 스킵그램 모델을 기반으로 word2vec을 바로 구현해 볼 수 있다. 여러분은 DL4J의 구성 파라미터를 설정하고 검색 엔진에 공급하고자 하는 입력 텍스트를 통과시켜야 한다.

노래 가사 사용 사례를 염두에 두고, word2vec으로 빌보드 핫 100 텍스트 파일을 공급하자. 적절한 크기의 단어 벡터를 출력하려면 해당 구성 파라미터를 100으로 설정하고, 창 크기를 5로 설정한다.

목록 2.9 **DL4J word2vec 예제**

```
String filePath = new ClassPathResource(billboard_lyrics_1964-2015.txt")
    .getFile()
    .getAbsolutePath(); ←┤ 가사가 포함된 텍스트의 말뭉치를 읽는다.
SentenceIterator iter = new BasicLineIterator(filePath); ←┤ 말뭉치 위에 반복자를 설정한다.

Word2Vec vec = new Word2Vec.Builder() ←┤ word2vec에 대한 구성을 생성한다.
    .layerSize(100) ←┤ 벡터 표현이 가져야 하는 차원 수를 설정한다.
    .windowSize(5) ←┤ 윈도우 파라미터를 설정한다.
    .iterate(iter) ←──────────────────── word2vec을 선택한 말뭉치에 반복하도록 설정한다.
    .ementsLearningAlgorithm(new CBOW<>()) ←┤ CBOW 모델을 사용한다.
    .build();
vec.fit(); ←┤ 훈련을 수행한다.

String[] words = new String[]{"guitar", "love", "rock"};
for (String w : words) {
    Collection<String> lst = vec.wordsNearest(w, 2); ←┤ 입력 단어에 최근접인 단어를 획득한다.
    System.out.println("2 Words closest to '" + w + "': " + lst); ←┤ 최근접 단어들을 프린트한다.
}
```

여러분은 다음과 같은 출력을 얻게 될 텐데 이 정도 출력으로 충분해 보인다.

```
2 Words closest to 'guitar': [giggle, piano]
2 Words closest to 'love': [girl, baby]
2 Words closest to 'rock': [party, hips]
```

elementsLearningAlgorithm을 변경하면 단어 주머니 모델(CBOW) 대신에 스킵그램(SkipGram)을 사용할 수 있다.

```
Word2Vec vec = new Word2Vec.Builder()
    .layerSize(...)
    .windowSize(...)
    .iterate(...)
    .elementsLearningAlgorithm(new SkipGram<>())  ◁─┤ 스킵그램 모델을 사용한다.
    .build();
vec.fit();
```

보다시피 그러한 모델을 설정하고 합리적인 시간에 결과를 얻는 일은 간단하다(word2vec 모델을 훈련하는 데는 '흔히 쓰는' 노트북에서 약 30초가 걸렸다). 이제 여러분은 검색 엔진에 이 모델을 사용하는 걸 목표로 삼는 게 바람직하며, 이렇게 하면 더 나은 동의어 확장 알고리즘을 산출해 낼 수 있다.

2.4.2 Word2vec 기반 동의어 확장

이제 이 강력한 도구를 손에 쥐었으니 조심해야 한다! WordNet을 사용할 때 여러분은 제한된 동의어 집합을 가지고 있기 때문에 색인을 부풀릴 수 없다. word2vec에 의해 생성된 단어 벡터로 여러분은 모델에게 색인화할 각 단어에 대해 가장 근접해 있는 단어를 반환하도록 요청할 수 있다. 이는 (런타임과 스토리지 모두에 대해) 성능 관점에서 허용되지 않을 수 있으므로 word2vec을 책임감 있게 사용하기 위한 전략을 마련해야 한다. 여러분이 할 수 있는 한 가지는 word2vec을 사용해 최근접 단어(closest words)를 얻기 위해 투입할 단어의 종류를 제한하는 것이다. 자연어 처리에서 각 단어는 문장에서의 통사적(구문론) 역할에 레이블을 붙이는 **품사(part of speech, PoS)**의 한 부분으로 태그를 붙이는 것이 일반적이다. 언어에서는 명사(NOUN), 동사(VERB), 형용사(ADJ)가 흔하게 나온다. 고유명사(proper noun, NP)와 보통명사(common noun, NC)와 같이 세분화된 부분도 있다. 예를 들어, 여러분은 형용사의 동의어와 색인을 혼합하지 않기 위해 PoS(품사)가 NC(보통명사) 또는 VERB(동사)인 단어에 대해서만 word2vec을 사용하기로 결정할 수 있다.[22] 또 다른 기법은 그 문서가 얼마나 유익한지 살펴보는 것이다. 짧은 텍스트는 몇 개의 용어로만 구성되기 때문에 쿼리로 맞힐 가능성이 상대적으로 낮다. 그래서 여러분은 더 긴 문서에 초점을 맞추기보다는 짧은 문서들에 초점을 맞추면서 이 문서들의 동의어를 확장하는 편을 선택할 수도 있을 것이다.

---

22 [옮긴이] 형태소 분석 시에 사용하는 태그들의 부호로 여러 가지 유형이 쓰이고 있으므로 그 밖의 형태소 분석기의 품사 태깅 항목을 참고하기 바란다. 이 책에 쓰이는 NOUN, VERB, ADJ, NP, NC 또한 저자가 사용하는 유형일 뿐이다.

반면, 문서의 '비공식성'은 그 크기에 따라 달라지는 것이 아니다. 따라서 용어 **가중치**(한 용어가 텍스트 조각에 나타나는 횟수)를 보고 낮은 가중치를 생략하는 등의 다른 기법을 사용할 수 있다.

또한, 유사도가 좋은 경우에만 word2vec 결과를 사용할 수도 있을 것이다. 코사인 거리를 사용해 단어 벡터의 최근접 이웃을 측정하는 경우, 그러한 이웃들은 너무 멀리 떨어져 있을 수 있지만(비슷한 점수는 낮을 수 있음), 여전히 최근접 이웃일 수 있다. 그렇다면 여러분은 그 이웃들을 사용하지 않기로 결정할 수 있다.

이제 Deeplearning4j를 사용하여 Hot 100 Billboard 데이터셋에서 word2vec 모델을 훈련했으므로 검색 엔진과 함께 사용하여 동의어를 생성해 보자. 1장에서 설명했듯이 토큰 필터는 토크나이저가 제공하는 용어와 같은 연산(예: 이 경우에서와 같이 색인화할 다른 용어를 추가)을 수행한다. 루씬의 TokenFilter는 incrementToken이라는 API에 기반을 두고 있으며, 이 API는 토큰 스트림 끝에 거짓인 부울 값을 반환한다. 이 API의 구현자(implementors)는 한 번에 하나의 토큰을 소비한다(예: 토큰 필터링 또는 확장). 그림 2.14는 word2vec을 기반으로 삼아 동의어를 확장하는 일이 어떤 식으로 이뤄지는지를 보여준다. 여러분이 word2vec 훈련을 완료했다면 학습된 모델을 사용해 필터링 중에 용어 동의어를 예측할 수 있는 동의어 필터를 만들 수 있다. 여러분은 입력 토큰에 DL4J word2vec을 사용할 수 있는 루씬 TokenFilter를 만들 것이다. 이는 그림 2.14의 왼쪽 부분을 구현하는 것을 의미한다.

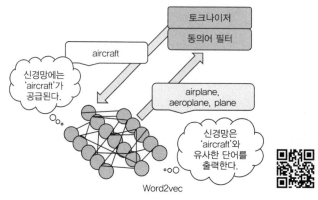

그림 2.14 **검색 시 동의어 확장(word2vec 포함)**

토큰 필터링을 위한 루씬 API들을 사용할 때는 여러분이 incrementToken 메서드를 구현해야 한다. 이 메서드는 토큰 스트림에서 소비할 토큰이 여전히 있는 경우에 true로 반환되고, 필터링을 위해 더 이상 토큰이 남아 있지 않은 경우에 false로 반환된다. 기본적인 생각은 토큰 필터가 모든 원래 토큰에 대해서는 true를 반환하고 word2vec에서 얻은 모든 관련 동의어에 대해서는 false를 반환한다는 점이다.

목록 2.11 **Word2vec 기반 동의어 확장 필터**

```
protected W2VSynonymFilter(TokenStream input,        이미 훈련된 word2vec 모델을
    Word2Vec word2Vec) {  ◁                          획득하는 토큰 필터를 생성한다.
    super(input);
    this.word2Vec = word2Vec;
}

@Override                                             토큰 필터링을 위해 루씬
public boolean incrementToken() throws IOException {  ◁── API를 구현한다.
    if (!outputs.isEmpty()) {
        ...  ◁──┤ 토큰 스트림에 캐시된 동의어를 추가한다(다음 코드 목록 참고).
    }
                                                      동의어가 아닌 경우에만
                                                      토큰을 확장한다(확장
    if (!SynonymFilter.TYPE_SYNONYM.equals( typeAtt.type())) {  ◁──┘ 시 루프 방지).
        String word = new String(termAtt.buffer())
            .trim();
        List<String> list = word2Vec. similarWordsInVocabTo(word, minAcc);  ◁──
        int i = 0;                               각 용어에 대해서 word2vec을 사용해 minAcc보다
        for (String syn : list) {                높은 정확도를 가진 최근접 단어(예: 0.35)를 찾는다.
            if (i == 2) {  ◁──┐ 각 토큰에 대해 동의어를
                break;          │ 두 개까지만 기록한다.
            }
            if (!syn.equals(word)) {
                CharsRefBuilder charsRefBuilder = new CharsRefBuilder();
  동의어 값을 ┌─> CharsRef cr = charsRefBuilder.append(syn).get();
  기록한다.   │
                State state = captureState();  ◁──            토큰 스트림(예: 시작 및
                outputs.add(new PendingOutput(state, cr));  ◁── 종료 위치)에 원래 용어의
                i++;            원래 용어가 모두 사용된 후 토큰 스트림에 추가할   현재 상태를 기록한다.
            }                   동의어를 포함할 개체를 생성한다.
        }
    }
    return !outputs.isEmpty() || input.incrementToken();
}
```

이 코드는 모든 용어를 순회하여(횡단하여) 동의어를 찾으면, (출력 목록을) 확장하기 위해 보류 중인 outputs의 목록에 동의어를 넣는다. 다음 목록 2.12에 보이는 것처럼 각 원래 용어가 처리된 후 추가될 보류 조건(실제 동의어)을 적용하자.

```
...
    if (!outputs.isEmpty()) {
        PendingOutput output = outputs.remove(0);
        restoreState(output.state);
        termAtt.copyBuffer(output.charsRef.chars, output
            .charsRef.offset, output.charsRef.length);
        typeAtt.setType(SynonymFilter.TYPE_SYNONYM);
        return true;
    }
```

확장할 첫 번째 보류 출력을 가져온다.

텍스트와 텍스트 스트림에서의 위치 등을 포함한 원래 용어의 상태를 검색한다.

동의어 텍스트를 word2vec에서 지정한 텍스트와 보류 중인 출력에 이전에 저장한 텍스트로 설정한다.

용어의 유형을 동의어로 설정한다.

이전 절에서 설명한 대로 word2vec 출력 결과의 정확도가 특정 임계값보다 큰 경우에만 동의어로 보자. 필터는 토크나이저가 통과하는 각 용어를 정확도가 최소 0.35(그렇게 높지 않음)인 주어진 용어에 가장 근접한 두 단어만 선택한다. 문장에 'I like pleasure spiked with pain and music is my airplane(나는 고통 속에서도 솟구치는 즐거움을 좋아하고 음악은 나를 고무시켜)'이라는 말을 필터에 전달하면 'airplanes'와 'aeroplane'이라는 두 개의 단어가 추가되어 'airplane'이라는 단어가 확장된다(그림 2.15에 표시된 확장 토큰 스트림의 최종 부분 참고).

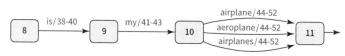

그림 2.15 word2vec 동의어 확장 후 토큰 스트림

2.5 평가 및 비교

1장에서 말한 바와 같이 일반적으로 쿼리 확장의 도입 전후에 정밀도, 재현율, 결과 0의 쿼리 등을 포함한 계량(metrics, 또는 메트릭)을 포착할 수 있다. 신경망의 모든 파라미터를 최선의 구성 집합이 되게 정하는 것도 보통 좋은 방법이다. 일반적인 신경망에는 조절할 수 있는 파라미터가 많다.

- 하나 이상의 은닉 계층 사용과 같은 일반적인 망 아키텍처
- 각 계층에서 수행된 변환
- 각 계층의 뉴런 수
- 서로 다른 계층에 속하는 뉴런들 사이의 연결부
- 망이 최종 상태에 도달하기 위해 모든 훈련 집합을 통해 읽어야 하는 횟수(오차가 적고 정확도가 높은 경우)

이러한 파라미터는 다른 머신러닝 기법에도 적용된다. word2vec의 경우라면 다음에 나오는 파라미터들을 여러분이 결정할 수 있다.

- 생성된 단어 매장
- 비지도학습 방식으로 모델을 훈련하기 위해 단어의 한 단편을 만드는 데 사용되는 창
- 사용할 아키텍처: 연속 단어 주머니 또는 스킵그램

보다시피 설정값을 바꿔 볼 만한 파라미터가 다양하다.

교차 검증(cross validation, 또는 **교차 타당성 입증**)은 머신러닝 모델이 훈련용 데이터와 훈련용이 아닌 데이터를 구분함으로써 훈련을 아주 잘 하게 하는 동시에 파라미터를 최적화하는 방법이다. 교차 검증을 통해 원래 데이터셋은 세 개의 부분집합인 훈련 집합, 검증 집합, 테스트 집합으로 분할된다. 훈련 집합은 모델을 훈련하는 데 쓸 데이터의 출처로 사용된다. 실제로는 사용 가능한 파라미터에 대해 서로 다른 설정을 사용하여 일련의 개별 모델을 훈련하는 데 자주 사용된다. 교차 검증 집합은 가장 성능이 좋은 파라미터를 가진 모델을 선택하는 데 사용된다. 예를 들어, 교차 검증 집합에서 입력 및 기대 출력으로 이뤄진 각 쌍을 가져와서 특정 입력이 주어지면 모델이 원하는 출력과 같거나 가까운 결과를 제공하는지 확인함으로써 이를 수행할 수 있다. 테스트 집합은 교차 검증 집합과 동일한 방식으로 사용된다. 단, 교차 검증 집합에서 테스트를 통해 선택한 모델에서만 사용되는 것을 제외한다. 테스트 집합에 대한 결과의 정확도는 모델의 전체적인 효과의 좋은 척도로 간주될 수 있다.

2.6 프로덕션 시스템에 대해 고려할 사항

이번 장에서는 word2vec을 사용해 색인화하고 검색할 데이터에서 동의어를 생성하는 방법을 살펴보았다. 대부분의 기존 프로덕션 시스템은 이미 많은 색인화된 문서를 포함하고 있으며, 그러한 경우에는 색인화되기 전에 존재했던 원래의 데이터에 접근하는 것이 때때로 불가능하다. 노래 가사의 검색 엔진을 구축하기 위해 1년 중 상위 100곡을 색인화하는 경우 가장 인기 있는 노래의 순위는 매일, 매주, 매월, 매년 바뀐다는 점을 감안해야 한다. 이는 데이터셋이 시간이 지나면 변할 것이라는 것을 의미한다. 따라서 별도의 저장소에 이전 사본을 보관하지 않으면 나중에 모든 색인된 문서(노래 가사)에 대해 word2vec 모델을 작성할 수 없다.

이 문제의 해결책은 검색 엔진을 주요 데이터 소스로 사용하는 것이다. 우리는 DL4J를 사용해 word2vec을 설정할 때 단일 파일에서 문장을 가져온다.

```
String filePath = new ClassPathResource("billboard_lyrics.txt").getFile()
    .getAbsolutePath();
SentenceIterator iter = new BasicLineIterator(filePath);
```

매일이나 매주 또는 매달 다른 파일의 노래 가사를 제공하는 진화 시스템이 주어졌다면 여러
분은 검색 엔진에서 직접 문장을 취해야 할 것이다. 이러한 이유로 여러분은 루씬 색인에서
저장된 값을 읽는 SentenceIterator를 구현하게 될 것이다.

목록 2.13 루씬 색인에서 word2vec에 대한 문장 가져오기

```
public class FieldValuesSentenceIterator implements
    SentenceIterator {
                                      문서 값을 가져오는 데
                                      사용되는 색인 뷰
    private final IndexReader reader;  ◀
    private final String field;  ◀──┤ 값을 가져올 특정 필드
    private int currentId;  ◀
                                가져오려는 현재 문서의
                                식별자(이 문서는 반복자임)
    public FieldValuesSentenceIterator(IndexReader reader, String field) {
        this.reader = reader;
      this.field = field;
      this.currentId = 0;
    }

    ...
    @Override
    public void reset() {
      currentId = 0;  ◀──┤ 첫 번째 문서 ID는 항상 0이다.
    }

}
```

노래 가사 검색 엔진의 예에서 가사의 텍스트를 텍스트 필드에 색인화했다. 따라서 해당 필드
에서 word2vec 모델을 훈련하는 데 사용할 문장 및 단어를 가져온다.

목록 2.14 루씬 색인에서 문장 읽기

```
Path path = Paths.get("/path/to/index");
Directory directory = FSDirectory.open(path);
IndexReader reader = DirectoryReader.open(directory);
SentenceIterator iter = new FieldValuesSentenceIterator(reader, "text");
```

설정을 마쳤다면 이 새로운 SentenceIterator를 word2vec 구현으로 전달한다.

```
SentenceIterator iter = new FieldValuesSentenceIterator(reader, "text");
Word2Vec vec = new Word2Vec.Builder()
    .layerSize(100)
    .windowSize(5)
    .iterate(iter)
    .build();
vec.fit();
```

훈련 단계에서 SentenceIterator는 String을 반복하도록 요청받는다.

목록 2.15 각 문서를 훈련용 word2vec에 필드 값 전달

```
@Override
public String nextSentence() {
    if (!hasNext()) {                           ◁── 현재의 문서 식별자가 색인에 포함된 문서의 수보다
        return null;                                 크지 않으면 반복자는 더 많은 문장을 가지고 있다.
    }
    try {
        Document document = reader.document(currentId,
            Collections.singleton(field));  ◁──     현재 식별자가 있는 문서를
        String sentence = document.getField(field)       가져온다(필요한 필드만 가져온다).
            .stringValue();              ◁──        이미 훈련된 word2vec 모델을
        return preProcessor != null ? preProcessor        획득하는 토큰 필터를 생성한다.
            .preProcess(sentence) :
     sentence;  ◁──
    } catch (IOException e) {                    프리프로세서(예: 원하지 않는 문자
        throw new RuntimeException(e);            또는 토큰 제거)를 설정한 경우에
    } finally {                                   전처리되는 문장을 반환한다.
        currentId++;  ◁──┤ 다음 번 반복에 대한 문서 ID를 증분한다.
    }
}

@Override
public boolean hasNext() {
    return currentId < reader.numDocs();
}
```

이렇게 하면 word2vec은 원본 데이터를 유지할 필요 없이 기존 검색 엔진에서 자주 재훈련할
수 있다. 검색 엔진의 데이터가 갱신되면 동의어 확장 필터를 최신 상태로 유지할 수 있다.

2.6.1 동의어 대 반의어

여러분이 다음과 같은 문장을 가지고 있다고 상상해 보자. 'I like pizza,', 'I hate pizza,',
'I like pasta,', 'I hate pasta,', 'I love pasta,', 'I eat pasta,'. 이것은 word2vec이 실생활을 정확하

게 반영하는 매장들(embeddings)을 학습하기 위해 사용하는 작은 문장 집합이 될 것이다. 그러나 왼쪽의 'I'와 오른쪽의 'pizza'와 'pasta'는 모두 그 사이에 동사를 공유한다는 것을 분명히 알 수 있다. word2vec은 유사한 텍스트 조각을 사용하여 단어 매장을 학습하기 때문에 'like', 'hate', 'love', 'eat' 동사에 대해 유사한 단어 벡터가 나타날 수 있다. 그래서 word2vec은 'love'는 'like'와 'eat'(문장이 모두 음식과 관련되어 있는 것으로 볼 때 괜찮다)에 가깝지만, 또한 'hate'에 가깝다고 보고할 수 있는데 이것은 확실히 'love'의 동의어가 아니다.

경우에 따라서는 이 문제가 중요하지 않을 수도 있다. 여러분이 저녁에 외식을 하기 위해 인터넷에서 멋진 식당을 찾고 있다고 가정하자. 여러분은 검색 엔진에 'reviews of restaurants people love(사람들이 즐겨 찾는 식당 후기)'라는 쿼리를 쓴다. 'restaurants people hate(사람들이 악평하는 식당)'에 대한 평을 듣는다면 여러분은 어디로 가면 **안 되는지** 알게 될 것이다. 그러나 이것은 가장 좋은 경우일 뿐, 일반적으로 여러분은 반의어(동의어에 대립되는 것)가 동의어처럼 확장되는 것을 원하지 않는다.

걱정하지 마라. 보통 텍스트에는 'hate'와 'love'가 비슷한 맥락에서 나타나지만, 그것들은 적절한 동의어가 아니라는 것을 말해 줄 충분한 정보가 있다. 텍스트로 된 이 말뭉치가 'I hate pizza'나 'I like pasta'와 같은 문장으로만 이뤄졌기 때문에 난해해지기는 했지만, 일상적으로는 보통 'hate'와 'like'가 나타나는 문맥이 다른 게 보통이므로 word2vec은 이 두 단어가 서로 비슷한 게 아니라는 점을 알아낼 수 있다. 이런 측면을 확인해 볼 수 있게 유사도를 사용해 'nice'라는 단어의 최근접 단어를 평가해 보자.

```
String tw = "nice";
Collection<String> wordsNearest = vec.wordsNearest(tw, 3);
System.out.println(tw + " -> " + wordsNearest);
for (String wn : wordsNearest) {
    double similarity = vec.similarity(tw, wn);
    System.out.println("sim(" + tw + "," + wn + ") : " + similarity);
    ...
}
```

단어 벡터 간의 유사도는 충분히 비슷하지 않은 최근접 이웃을 배제하는 데 도움을 줄 수 있다. Hot 100 Billboard 데이터셋을 실행하는 예시용 word2vec은 'nice'라는 단어의 최근접 단어가 'cute', 'unfair' 및 'real'임을 나타낸다.

```
nice -> [cute, unfair, real]
sim(nice,cute) : 0.6139052510261536
sim(nice,unfair) : 0.5972062945365906
sim(nice,real) : 0.5814308524131775
```

'cute'는 동의어다. 'unfair'는 반의어는 아니지만, 부정적인 감정을 표현하는 형용사다. 이는 좋은 결과가 아니다. 'nice', 'cute'처럼 긍정성을 나타내는 본질과 대비되기 때문이다. 'real'도 'nice'와 일반적으로 같은 의미를 표현하지 않는다. 예를 들어, 이 문제를 해결하기 위해 절대 값 0.5보다 작은 유사도를 보이는 최근접 이웃을 필터링하거나, 가장 높은 유사도에서 0.01을 뺀 값보다 작은 유사도를 보이는 최근접 이웃을 필터링할 수 있다. 여러분은 첫 번째 최근접 이웃에 해당하는 단어의 유사도가 0.5를 초과한다면 이 단어를 충분히 적절한 동의어라고 여길 것이므로, 일단 이런 기준을 적용하기로 했다면 최근접 이웃 단어로부터 너무 멀리 떨어져 있는 단어들을 배제하는 식으로 동의어가 아닌 것들을 걸러내면 된다. 이 경우에 유사도가 최고 최근접 이웃 유사도(0.61)에서 0.01을 뺀, 유사도(0.6) 이하인 단어들을 필터링(선별)할 수 있을 것이므로 'unfair' 및 'real'(각각 유사도가 0.60 미만임)을 걸러낼 수 있다.

요약

- 동의어를 확장하면 재현율이 개선되므로 검색 엔진 사용자를 더 행복하게 하는 기법이 될 수 있다.

- 일반적인 동의어 확장 기법을 적용할 때는 사용되고 있는 데이터와 별 관계가 없다고 여겨질 만큼 정적인 사전이나 어휘집을 사용하게 되고, 이로 인해 이러한 사전이나 어휘집을 일일이 수작업으로 정비해야 할 때도 있다.

- 순방향 신경망은 많은 신경망 아키텍처의 기초다. 순방향 신경망에서 정보는 입력 계층에서 출력 계층으로 흐른다. 이 두 계층 사이에는 하나 이상의 은닉 계층이 있을 수 있다.

- word2vec은 유사한 의미의 단어를 찾거나 유사한 문맥에 나타나는 단어를 찾기 위해 사용할 수 있는 단어들에 대한 벡터 표현을 학습하는 순방향 신경망 기반 알고리즘이다. 따라서 이 단어를 동의어 확장에도 사용하는 것이 합리적이다.

- word2vec에서는 연속 단어 주머니 아키텍처나 스킵그램 아키텍처를 사용할 수 있다. 연속 단어 주머니에서는 표적 단어를 망의 출력으로 사용하고, 텍스트 조각의 남은 단어를 입력으로 사용한다. 스킵그램 모델에서 표적 단어는 입력으로 사용되며, 문맥 단어는 출력이다. 둘 다 잘 작동하지만, 자주 사용하지 않는 단어를 써도 잘 동작하는 스킵그램이 일반적으로 더 선호되는 편이다.

- word2vec 모델이 좋은 결과를 제공할 수 있지만, 동의어에 사용할 때는 어감(word senses)이나 품사를 관리해야 한다.

- word2vec을 사용할 때는 반의어가 동의어로 여겨지지 않도록 주의하자.

II

검색 엔진에 신경망들
던져 넣기

이제 검색 및 딥러닝의 기본 사항에 관해 알았으므로 적합하다고 생각되는 곳이면 언제든지 검색 엔진에 신경망들을 던져 넣을 수 있다. 이론상으로는 그렇지만 실제로는 그렇지 않다. 심층 신경망이 마법은 아니기 때문이다. 여러분은 그런 강력한 기술을 어디에 어떻게 사용하는 것이 타당한지 결정할 때 극도로 주의를 기울여야 한다. 3장부터 6장에 이르기까지 우리는 모든 현대 검색 엔진이 공통적으로 수행하는 과제를 살펴보고, 그 한계를 강조할 것이다. 현대적인 검색 엔진을 식별할 때 우리는 그러한 문제를 완화하기 위해 딥러닝을 사용하는 방법을 모색할 것이다. 예제 출력을 보거나 더 엄격한 정보 검색 계량(metric)을 사용해 검색 엔진 작업을 더 효과적으로 해결하는 방법을 알 수 있다.

PART II

Throwing neural nets at a search engine

3

일반 검색에서 텍스트 생성까지

이번 장에서 다루는 내용

- 쿼리 확장
- 검색 로그를 사용해 훈련 데이터 작성
- 재귀적 신경망의 이해
- RNN을 사용한 대안 쿼리 생성

인터넷과 검색 엔진(1990년대 후반)의 초기에는 키워드로만 검색했다. 사용자들은 로버트 저메키스(Robert Zemeckis)가 연출한 영화 〈백 투 더 퓨처(Back to the Future)〉에 대한 정보를 찾기 위해 'movie Zemeckis future(영화 저메키스의 미래)'를 입력했을 수도 있다. 비록 검색 엔진이 진화했고, 오늘날 우리는 자연어를 사용해 쿼리를 타이핑할 수 있지만, 많은 사용자들은 여전히 키워드에 의존해 검색을 한다. 이러한 사용자에게는 검색 엔진이 자신이 입력하는 키워드에 근거해 적절한 쿼리를 생성할 수 있다면 예를 들어, 'movie Zemeckis future'를 입력으로 받아 'Back to the Future by Robert Zemeckis'를 생성할 수 있다면 유리할 것이다. 생성된 쿼리는 사용자가 표현하는 정보 요구의 대체(텍스트) 표현이라는 의미에서 **대안 쿼리**(alternative query, 또는 '대체 쿼리')라고 하자.

이번 장에서는 검색 엔진에 텍스트 생성 기능을 추가하는 방법을 가르쳐서 사용자 쿼리를 통해 그 이면에서 원래 쿼리와 함께 실행할 몇 가지 대안 쿼리를 생성한다. 그 목적은 사용자에게 대안을 생각하거나 입력하도록 요구하지 않고 검색의 망을 넓히도록 추가적인 방법으로 쿼리를 표현하는 것이다. 검색 엔진에 텍스트 생성 기능을 추가하기 위해 여러분은 **재귀 신경망**(recurrent neural network, RNN)이라고 불리는 강력한 신경망을 위한 아키텍처를 사용하게 될 것이다.

재귀 신경망은 여러분이 2장에서 배운 순방향 망과 같은 유연성을 가지고 있다. 그러나 RNN은 또한 입력과 출력의 긴 시퀀스를 처리할 수 있는 장점이 있다.

RNN 사용법을 배우기 전에 순방향 망으로 무엇을 했는지 기억해 보자. 동의어 확장을 개선하기 위해 특정 모델용 word2vec과 함께 사용함으로써 우리는 하나 이상의 동의어를 사용하여 쿼리를 확장할 수 있었다. 동의어 확장이 잘 되게 하면 검색 엔진은 연관성이 높은 문서를 더 잘 찾을 수 있게 되고, 이로 인해 결과적으로 검색 엔진의 효율성이 높아진다. word2vec은 단어를 위한 조밀한 벡터 표현을 생성하기 위해 특별히 설계된 신경망을 사용한다. 이러한 벡터는 동의어 확장의 경우와 같이 벡터의 거리에 의한 두 단어의 유사도를 계산하는 데 사용할 수 있다. 그러나 그것들은 또한 RNN과 같이 더 복잡한 신경망 아키텍처의 입력으로 사용될 수 있다. 이번 장에서는 정확히 이렇게 사용할 것이다.

> **NOTE** 실제로는 신경망 활성 함수와 계층 및 계층 간 연결을 배열하여 특정 작업을 수행하는 신경망을 훈련하는 것이 일반적이다. 이 책의 나머지 부분에서는 여러분에게 다양한 신경망 구조를 소개할 것이며, 각 신경망으로는 서로 다른 종류의 문제를 다룰 것이다. 예를 들어, 망 입력이 대개 이미지나 비디오인 컴퓨터 비전 분야에서는 합성곱 신경망(convolutional neural network, CNN)을 사용하는 것이 일반적이다. CNN에서 각 계층은 고유하고 구체적인 기능을 담당하는데, 이러한 계층의 예로는 합성곱 계층, 풀링 계층 등이 있다. 동시에 이러한 계층을 통합해 심층 신경망을 만들면 픽셀을 점진적으로 좀 더 추상적인 형태(예: 픽셀 → 변(에지) → 개체 →)로 변환할 수 있다. 우리는 1장에서 이것들을 간략히 살펴보았고, 8장에서 자세히 살펴보겠다.

1장에서는 사용자가 정보 요구를 다양한 버전으로 다양하게 표현할 수 있는 방법과, 쿼리 작성 방식을 조금만 변경해도 어떤 문서가 먼저 반환되는지 파악할 수 있는 방법을 살펴보았다. 따라서 입력 쿼리에서 출력 쿼리를 생성하도록 신경망을 훈련할 때 그 맥락과는 별도로 쿼리에 있는 단어만을 넘어서는 것이 유용하다. 입력 쿼리와 의미적으로 유사한 텍스트 쿼리를 생성하는 것이 목표다. 그렇게 하면 검색 엔진은 (쿼리를 통해) 동일한 기본적인 정보 요구를 표현하는 다른 방법을 기반으로 검색 결과를 반환할 수 있다. RNN을 사용하여 자연어로 텍스트를 생성한 다음에 생성된 텍스트를 검색 엔진에 통합할 수 있다. 이번 장의 나머지 부분에서는 RNN 작동 방법, 대안 쿼리 생성, 조정 방법 및 RNN 지원 검색 엔진이 최종 사용자에게 관련 결과를 반환할 때 향상된 효율성을 제공하는 방법을 설명한다.

3.1 정보 요구 대 쿼리: 틈새를 메우는 것

1장에서는 사용자가 정보 요구를 가장 잘 표현할 수 있는 방법의 근본적인 문제를 이야기했다. 하지만 사용자로서 여러분은 쿼리를 어떻게 말해야 하는지를 생각하는 데 많은 시간을 할애하고 싶은가? 아침 일찍 대중교통을 타고 출근하면서 전화기로 정보를 검색하는 자신을 상상해 보자. 여러분에게는 검색 엔진과 상호작용하는 가장 좋은 방법을 생각해 낼 시간이나 생각이 없다(너무 이른 아침이기 때문이다!).

여러분이 사용자에게 필요한 정보를 서너 문장으로 설명해 달라고 요청하기 위해 여러분은 구체적인 정보 요구와 그 상세한 맥락을 자세히 설명해 줄 가능성이 높다. 그러나 같은 사람에게 원하는 것을 5~6단어 이하의 짧은 쿼리로 표현해 달라고 한다면 세부적인 요건을 항상 짧은 순서의 단어로 압축하는 것이 쉽지 않기 때문에 그렇게 하지 못할 가능성이 높다. 검색 엔지니어로서 우리는 사용자 의도와 결과적인 쿼리 사이의 이 차이를 메울 수 있는 무언가를 해야 한다.

3.1.1 대안 쿼리 생성

사용자의 쿼리 작성에 도움을 주기 위한 기법 중에 잘 알려진 것으로는 제안된 텍스트로 힌트를 제공하는 기법이 있다. 이것은 사용자가 글을 쓰는 동안에 검색 엔진 UI가 사용자를 안내하도록 한다. 검색 엔진은 사용자가 '좋은' 쿼리를 입력할 수 있도록 돕기 위해 명시적으로 노력한다(4장에서 이를 어떻게 하는지 자세히 살펴보겠다). 정보 요구와 사용자가 입력한 쿼리 사이의 간극을 메우기 위한 또 다른 방법은 검색 엔진 시스템에 들어간 직후이지만 쿼리가 실행되기 직전일 때 쿼리를 후처리하는 것이다. 그러한 후처리 작업의 역할은 입력된 쿼리를 사용해 어느 정도 '더 나은' 새 쿼리를 만드는가에 달려 있다. 물론, '더 나은'이라는 말은 이 맥락에서 다른 것을 의미할 수 있다. 이번 장은 다양한 방법으로 동일한 정보의 필요성을 표현하는 쿼리를 만드는 데 초점을 맞추고 있다. 이번 장은 다음과 같은 가능성을 증가시킨다.

- 결과 집합에 관련 문서가 포함된다.
- 검색 결과에서 관련 문서가 1위다.

요즘 이것은 보통 수작업으로 그리고 점진적으로 행해진다. 예를 들어, 'latest research in artificial intelligence(인공지능에 대한 가장 최근의 연구)'와 같은 첫 번째 질문, 그리고 'what is deep learning(딥러닝이란 무엇인가)'과 같은 두 번째 질문, 그리고 'recurrent neural networks for search(검색용 재귀 신경망)'와 같은 질문을 던질 수 있다. **수작업으로(manually)**라는 용어는 이 예에서 쿼리를 실행하고, 결과를 보고, 그 이유를 기록하고, 다른 쿼리를 작성 및 실행하고, 결과를 살펴보고, 그런 식으로 결과가 나오게 되는 이유를 생각해 보는 등의 수작업 처리 과정을, 여러분이 찾고자 했던 지식을 마침내 찾아내는 순간까지 또는 지식을 찾아내는 일을 아예 포기해 버리는 순간까지 계속한다는 뜻이다.

우리의 목표는 이와 같은 수작업으로 찾아내야 하는 최종 쿼리를 대신할 만한 대안 쿼리를 자동으로 생성하도록 함으로써 적절한 쿼리를 찾아내기 위해 사용자와 상호작용을 하지 않아도 되게 하는 데 있다. 이와 같이 자동으로 생성되는 대안 쿼리의 의미는 원래 쿼리의 의미와 똑같거나 비슷해야 하고, 그러면서도 원래 쿼리에 쓰인 단어들과는 다른 단어들을 써야 한다(그러면서도 여전히 철자법에 맞게 써야 한다). 이것이 어떻게 작동하는지 보기 위해 'movie Zemeckis future(영화 저메키스 미래)'라는 질문의 예시로 돌아가 보자. 이 문구를 입력하면 검색 엔진은 다음을 수행해야 한다.

1. 사용자가 입력한 쿼리인 'movie Zemeckis future'를 받아들인다.

2. 쿼리 시간 분석 사슬을 통해 쿼리를 차례로 전달하면서 쿼리를 변환함으로써 최종 사용자 쿼리를 생성한다. 이번에 예로 든 사례에서는 대문자를 소문자로 바꾸는 필터를 구성했다고 가정해 보자.

3. 그러면 필터링된 쿼리인 'movie zemeckis future'가 RNN에 전달될 테고, RNN은 전달받은 쿼리를 'Back to the Future by Robert Zemeckis'와 같은 식의 쿼리를 출력해 줄 텐데(물론, 이 출력 내용은 일종의 '보기'일 뿐이다), 이렇게 출력된 쿼리가 바로 대안 쿼리다.

4. 필터링을 했던 '원래 쿼리'와 새로 생성된 '대안 쿼리'를 검색 엔진에 맞는 구현 형식, 즉 구문분석된(parsed) 쿼리로 변환한다.

5. 역색인에 대해 쿼리들을 실행한다.

그림 3.1에서 볼 수 있듯이 여러분은 찾기 시간에 신경망을 사용하여 적절한 대체 검색어를 생성한 다음, 사용자가 입력한 검색어에 추가하도록 검색 엔진을 설정하게 될 것이다. 사용자가 작성한 원래 쿼리를 그대로 유지하면서 동시에 생성된 쿼리가 선택적인 추가 쿼리가 되게 하자는 것이다. 이번 장의 끝부분에서 우리는 생성된 쿼리를 가장 잘 사용하는 방법를 토론할 것이다.

자동 쿼리 확장(automatic query expansion)은 최종 사용자에 대한 관련 결과의 수를 최대화하기 위해 이면에서 쿼리를 생성(비율)하는 기법의 이름이다. 어떤 의미에서 동의어 확장(2장에서 본 것)이란 (동사어를 색인하기 위해서가 아니라 쿼리에서 용어에 대한 동의어를 확장하기 위해서만) 쿼리 시간에 사용하는 경우에 한해서 자동 쿼리 확장의 특수한 사례라고 볼 수 있다.

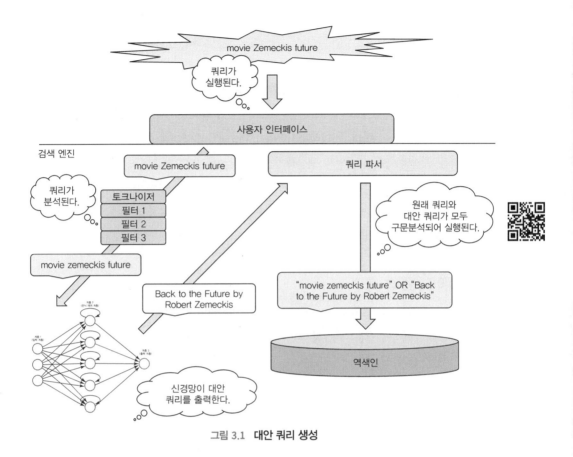

그림 3.1 **대안 쿼리 생성**

여러분의 목표는 이러한 쿼리 확장 기능을 사용해 다음에 나열한 것처럼 쿼리를 개선하는 것이다.

- 결과가 0인 쿼리를 최소화한다. 검색어에 대한 대체 텍스트 표현을 제공하면 더 많이 적중된 검색 결과를 얻을 수 있다.

- 이전에는 놓친 적이 있던 검색 결과까지 포함되게 함으로써 재현율(어떤 특정 쿼리로 인해 나온 검색 결과 대비 관련된 문서들의 비율)을 개선한다.

- 원래 쿼리에도 일치하고 대안 쿼리에도 일치하는 결과가 많아지게 함으로써 정밀도를 높인다(이는 대안 쿼리들이 원래 쿼리에 가깝다는 점을 암시하는 말이다).

N O T E 신경망으로만 쿼리를 확장할 수 있는 건 아니다. 이 접근법은 다양한 알고리즘을 사용해 구현될 수 있다. 이론적으로는 쿼리 확장 모델에서 신경망을 블랙박스로 대체할 수 있었다. (심층) RNN이 출현하기 전에 자연어 생성을 위한 다른 접근법이 존재했다. 이는 **자연어 생성(natural language generation)** 이라고 부르는 자연어 처리의 하위 분야다. 이번 장의 마지막 부분에서 나는 '재귀 신경망의 불합리한 효과'를 설명하기 위해 다른 방법들과 간단히 비교해 보이겠다.[23]

많은 머신러닝 시나리오의 경우와 같이 RNN이 실제로 작동하는 것을 보기 전에 어떤 종류의 데이터를 사용해야 하는지 그리고 그 이유는 무엇인지와 함께 모델을 어떻게 훈련시켜야 하는지를 면밀하게 살펴봐야 한다. 기억하겠지만, 지도학습을 수행하게 할 때면 여러분은 모델이 특정 입력과 관련된 출력을 어떻게 생산하기를 원하는지를 알고리즘에 알려 줘야 한다. 그러므로 여러분이 무엇을 달성하고자 하는지에 따라서 입력 내용과 출력 내용을 구조화하는 방법이 달라질 것이다. 다음 절에서는 RNN에 입력할 데이터를 준비하기 위해 쓸만한 세 가지 방법을 간단히 살펴볼 것이다.

3.1.2 데이터 준비

쿼리 확장을 구현하기 위해 RNN을 선택한 이유는 RNN이 놀라울 정도로 우수하고 텍스트 시퀀스 생성에 유연하기 때문이며, 심지어 훈련 데이터에 들어 있지 않은 데도 '적절하다고 여길 만한' 시퀀스까지 생성해 내기 때문이다. 또한, RNN은 일반적으로 문법, 마르코프 연쇄(Markov chain) 등을 사용하는 다른 자연어 생성 알고리즘에 비해 조율이 덜 필요하다. 이 모든 말이 멋지게 들릴지는 모르겠지만, 여러분은 실제로 대안 쿼리를 생성할 때 어떤 일이 발생할 것으로 예상하는가? 생성된 쿼리는 어떻게 보여야 하는가? 컴퓨터 과학에서 너무 자주 그렇듯이 답은 … 상황에 따라 다르다!

여러분이 성취하고 싶은 바를 정의해야 한다. 사용자가 'books about artificial intelligence(인공지능에 관한 책)'이라는 쿼리를 입력하는 경우를 생각해 보면 'publications from the field of artificial intelligence(인공지능 분야의 출판물)'나 'books dealing with the topic of intelligent machines(지능형 기계라는 주제를 다루는 책)'와 같이 의미 정보를 담고 있는 다른 쿼리(또는 문장)를 제공할 수 있을 것이다. 동시에 여러분은 이와 같은 대안적 표현이 여러분의 검색 엔진에서 얼마나 유용할지를 고려해야 한다. 예를 들어, 여러분의 검색 시스템에 인공지능이라는 주제를 다룬 문서가 저장되어 있지 않다면 대안 쿼리를 쓰더라도 검색 결과 목록이 비게 될 수도 있다! 여러분은 완벽하지만 유용하지 않은 대안 쿼리 표현을 생성하고 싶지는 않을 것이다. 대

---

23 〈The Unreasonable Effectiveness of Recurrent Neural Networks〉(Andrej Karpathy, May 21, 2015) https://mng.bz/Mxl2

신 사용자 쿼리를 자세히 살펴보고, 사용자가 포함하는 정보에 기반한 대체 표현을 제공하거나, 쿼리 생성 알고리즘이 사용자 데이터가 아닌 색인화된 데이터에서 정보를 얻도록 해서 생성된 대안 쿼리가 이미 검색 엔진에 있는 내용을 더 잘 반영함으로써, 대안 쿼리로 검색을 한 경우에 결과가 반환되지 않는 문제를 줄일 수 있다.

실무에서는 사용자가 검색 엔진을 통해 쿼리한 내용 중에서 최소한의 정보만을 보여주는 간단한 코드인 **쿼리 로그(query log)**에 액세스할 수 있는 경우가 많다. 쿼리 로그를 보면 많은 통찰력을 얻을 수 있다. 예를 들어, 사람들이 유사한 의미를 지닌 쿼리들만 제출하는 바람에 정작 찾으려고 하는 바를 찾지 못하게 되는 때를 확실히 알 수 있다. 또한, 사용자가 검색 항목을 어떤 식으로 바꾸는지도 관찰할 수 있다. 예를 들어, 사용자에게 정치, 문화, 패션 뉴스를 제공하는 미디어 회사를 위한 검색 엔진을 구축하고 있다고 하자. 이런 경우에 나올 법한 쿼리 로그의 예는 이렇다.

```
time: 2017/01/06 09:06:41, query:{"artificial intelligence"}, results:
    {size=10, ids:["doc1","doc5", ...]}
time: 2017/01/06 09:08:12, query:{"books about AI"}, results:
    {size=1, ids:["doc5"]}
time: 2017/01/06 19:21:45, query:{"artificial intelligence hype"}, results:
    {size=3, ids:["doc1","doc8", ...]}
time: 2017/05/04 14:12:31, query:{"covfefe"}, results:
    {size=100, ids:["doc113","doc588", ...]} ←───
time: 2017/10/08 13:26:01, query:{"latest trends"}, results:
    {size=15, ids:["doc113","doc23", ...]}
...
```

'covfefe'라는 쿼리는 100개의 결과를 반환하고, 처음 두 개의 결과로 나오는 문서 식별자는 doc113과 doc5880이다.

이것이 검색 엔진의 사용자 활동에 대한 거대한 쿼리 로그의 일부라고 가정해 보자. 이제 여러분은 이 쿼리 로그(원하는 출력과 관련된 입력의 예제 모음)로부터 **훈련 집합(training set)**을 작성하되, 이 훈련 집합을 구성하는 개별 훈련 사례들은 입력이 쿼리이고 표적 출력이 한 개 이상의 관련 쿼리가 되게끔 하는 식으로 비슷한 쿼리들끼리 서로 연관되게 해야 한다고 해보자. 이런 경우에 훈련 집합을 이루는 각 훈련 사례는 입력 쿼리 한 개와 출력 쿼리 한 개 이상으로 이뤄지게 되며, 실무에서도 이러한 훈련 과제에 쿼리 로그를 사용하는 일이 흔하다.

- 쿼리 로그는 특정 시스템에서 사용자의 행동을 반영하므로 결과 모델은 실제 사용자와 데이터에 상대적으로 가깝게 동작할 것이다.
- 다른 데이터셋을 사용하거나 생성하려고 한다면 다른 데이터, 사용자, 도메인 등을 기반으로 삼아 모델을 다시 훈련해야 하므로 추가 비용이 발생할 수 있다.

현재의 예에서 'men clothing latest trends(남성 의류의 최신 동향)'와 'Paris fashion week(파리 패션 주간)'라는 두 가지 관련 검색어가 있다고 해보자. 이 두 검색어를 입력과 출력으로 바꿔서 신경망을 훈련하는 데 사용할 수 있다. 두 쿼리의 상관관계를 측정하는 방법을 결정할 필요는 없다. 여러분의 상식에 따르면 파리 패션 주간 행사가 (남녀 모두에게) 의류(패션) 트렌드에 상당한 영향을 미친다는 점에서 두 가지 질문이 유사하다는 점을 알 수 있으므로 여러분은 'men clothing latest trends' 쿼리의 대안으로 'Paris fashion week'를 설정할 수 있다. 그림 3.2를 참고하자. 그러나 이런 맥락에서 볼 때 검색 엔진이든 신경망이든 패션이라는 주제에 관해 아무 것도 모르고 그저 입출력 텍스트나 입출력 벡터를 볼 수 있을 뿐이다.

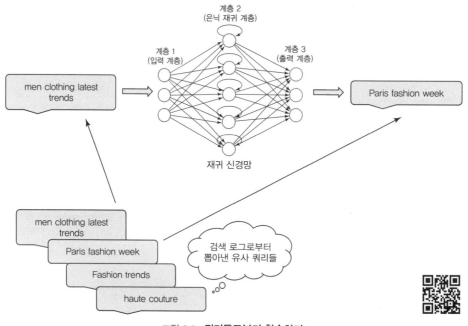

그림 3.2 **쿼리들로부터 학습하기**

쿼리 로그의 각 행에는 검색 결과(더 정확하게 말하자면 일치하는 결과를 담은 문서 식별번호들)와 관련된 사용자 입력 쿼리가 포함되어 있다. 하지만 여러분이 필요로 하는 것은 이게 아니다. 훈련 사례는 입력 쿼리와 입력과 유사한 하나 이상의 출력 쿼리로 구성되어야 한다. 그래서 망을 훈련하기 전에 여러분은 검색 로그의 라인을 처리하고 훈련 집합을 만들어야 한다. 데이터를 조작하고 수정하는 일을 포함한 이러한 종류의 작업을 흔히 **데이터 준비**(data preparation) 또는 **전처리**(preprocessing)라고 한다. 다소 지루하게 들릴지 모르지만, 데이터 준비는 관련된 머신러닝 과제의 성패를 좌우한다.

다음 절에서는 대체 검색어를 생성하는 방법을 학습하게 할 신경망에서 쓸 수 있게 입력 및 출력 시퀀스를 선택하는 세 가지 방법으로, 유사한 검색 결과 집합을 생성하는 쿼리, 특정 시간 창에서 같은 사용자의 쿼리, 비슷한 검색어를 살펴보자. 이러한 각 옵션은 신경망이 새로운 쿼리를 생성하는 방법을 학습하는 방법과 관련하여 특정한 부수 효과를 만들어 낸다.

유사한 검색 결과를 만들어 내는 상관관계 쿼리들

첫 번째 접근 그룹은 관련 검색 결과의 일부를 공유하는 쿼리 그룹이다. 예를 들어, 예제 쿼리 로그에서 다음을 추출할 수 있다.

목록 3.1 공유 결과를 사용한 상호 연관 쿼리

```
query:{"artificial intelligence"} -> {"books about AI",
    "artificial intelligence hype"} <--| doc1과 doc5를 공유함
query:{"books about AI"} -> {
    "artificial intelligence"} <--| doc5를 공유함
query:{"artificial intelligence hype"} -> {
    "artificial intelligence"} <--| doc1을 공유함
query:{"covfefe"} -> {"latest trends"}
query:{"latest trends"} -> {"covfefe"}    | doc113을 공유함
```

검색 로그에 나온 문서들을 서로 고유하는 쿼리들끼리 서로 상관관계를 이루도록 하면 'latest trends(최신 동향)'라는 쿼리로 'covfefe'라는 쿼리를 생성할 수 있고 그 반대의 경우도 발생한다는 것을 알 수 있으며, 인공지능 관련 쿼리에 대해서도 좋은 대안 쿼리가 제시되는 것처럼 보인다.

'latest trends'라는 쿼리에 담긴 latest(최신)라는 말의 의미는 상대적이다. 즉, 어느 날의 최신 동향은 내일이나 다음 주의 동향과 크게 다를 수 있다. 여러분이 covfefe의 추세가 1주일간 지속되었다고 가정한다면 covfefe가 뉴스에 나타난 지 한 달 후에 신경망이 'latest trends'에 대한 대안 쿼리로 'covfefe'를 발생시키는 것은 좋지 않을 것이다. 검색 엔진 밖에 있는 현실 세계가 변하면 최신 데이터를 사용하거나 적어도 이 경우와 같이 잘못된 결과를 초래할 수 있는 훈련 사례를 제거하여 잠재적인 문제를 피하는 데 주의해야 한다.

특정 시간 창에서 동일한 사용자로부터 발생하는 상관관계 쿼리들

두 번째 잠재적 접근법은 사용자가 작은 시간 창에서 유사한 것을 검색한다는 가정에 의존한다. 예를 들어, 'that specific restaurant I went to, but I can't recall its name(내가 갔던 그 특정 식당, 하지만 이름을 기억할 수 없다)'을 누군가가 찾는다면 여러분은 동일한 정보의 필요성과 관련

된 여러 개의 검색을 검색 엔진이 수행하게 할 것이다. 이 방법의 핵심은 쿼리 로그에서 정확한 시간 창을 식별하여 동일한 정보 요구와 관련된 쿼리를 결과에 관계없이 함께 그룹화할 수 있도록 하는 것이다. 실제로 동일한 요구와 관련된 검색 세션을 식별하는 일이 반드시 간단하지만은 않으며, 이는 검색 로그가 얼마나 유익한지에 달려 있다. 예를 들어, 검색 로그가 모든 사용자에 대한 동시 익명 검색 내용을 간단한 목록 형식으로만 담아 둔 경우라면 단일 사용자에 의해 수행된 쿼리가 무엇인지를 논하기는 어려울 것이다. 대신에 모든 사용자(예: IP 주소)에 관한 정보를 가지고 있다면 검색 주제별로 검색 세션을 식별해 낼 수 있을 것이다.

보기로 든 검색 로그가 단일 사용자로부터 나온다고 가정해 보자. 각 줄의 시간 정보는 처음 두 쿼리가 2분짜리 창에서 실행되는 반면, 나머지는 오랜 시간 동안 실행되었음을 나타낸다. 그래서 여러분은 첫 번째 두 개의 쿼리인 'artificial intelligence'와 'books about AI'를 연관지을 수 있고, 다른 질문들은 건너뛸 수 있다. 그러나 실생활에서 사람들은 출근하는 동안에 기술적인 주제에 대한 정보를 얻고 싶으면서도 대중교통 시간표나 고속도로 교통에 대한 정보를 필요로 하는 것과 같은 여러 가지 일을 동시에 할 수 있다. 이와 같은 경우라면 세 번째 접근 방식에서 한 것처럼 쿼리 용어들(즉, 쿼리 항들)을 살펴보지 않고는 의미적으로 상관관계가 있는 쿼리를 구분하기 어렵다.

유사한 검색 용어들을 담고 있는 상관관계 쿼리들

상관관계가 있는 쿼리들에서 비슷한 용어들을 사용한다면 검색 기능을 구현하기는 어렵다. 하지만 어떤 면에서 보면 간단히 구현할 수 있을 것처럼 보이기도 한다. 목록 3.2와 같이 검색 로그에서 쿼리의 공통 용어를 찾을 수 있다.

목록 3.2 **검색 용어를 사용한 쿼리**

```
query:{"artificial intelligence"} ->
    {"artificial intelligence hype"} <--| 'artificial' 및 'intelligence' 용어를 공유함
query:{"books about AI"} ->
    {} <--| 아무것도 공유하지 않음
query:{"artificial intelligence hype"} ->
    {"artificial intelligence"} <--| 'artificial' 및 'intelligence' 용어를 공유함
query:{"covfefe"} ->
    {} <--| 아무것도 공유하지 않음
query:{"latest trends"} ->
    {} <--| 아무것도 공유하지 않음
```

여기서는 이전 목록과 비교했을 때 볼 수 있듯이 쿼리 결과에 의해 전달된 일부 정보를 잃어버렸으며, 게다가 훈련 집합이 훨씬 작고 빈약하다. 'books about AI'를 한번 보자. 이 쿼리는

확실히 'artificial intelligence'와 관련이 있으며, 어쩌면 'artificial intelligence hype(인공지능 과대 평가)'와도 관계가 있다. 그러나 단순하게 용어를 일치시키려 한다면 AI가 artificial intelligence 의 줄임말이라는 사실을 포착하지 못하게 된다. 2장에서 학습했듯이 동의어 확장 기법을 적용하면 이 문제를 완화할 수 있는데, 그렇게 하려면 동의어가 확장되는 새로운 검색 로그 라인을 생성하기 위한 전처리 단계가 추가로 필요하다. 이 예제에서 동의어 확장 알고리즘이 'artificial intelligence'라는 복합 용어에 'AI'라는 용어를 매핑할 수 있다면 다음과 같은 입/출력 쌍을 얻을 수 있다.

목록 3.3 검색어 및 동의어 확장을 사용한 쿼리

```
query:{"artificial intelligence"} -> {"artificial intelligence hype"}
query:{"books about AI"} -> {}
query:{"books about artificial intelligence"} ->        추가 매핑; 'artificial'과
     {"artificial intelligence",                        'intelligence terms'를
     "artificial intelligence hype"} <————————————       공유한다.
query:{"artificial intelligence hype"} -> {"artificial intelligence"}
query:{"covfefe"} -> {}
query:{"latest trends"} -> {}
```

앞서 나온 결과들과 비교해 본다면 새로운 입력 쿼리인 'books about artificial intelligence'에 의해 생성된 동의어를 사용해 원래 검색 로그에 존재하지 않던 매핑이(대응 관계가) 추가되었다는 점을 알 수 있을 것이다. 이게 괜찮아 보일지는 모르겠지만, 쿼리별로 각 용어에 대한 동의어가 두 개 이상 있을 수 있으므로 주의하자. WordNet과 같은 대형 사전의 경우에 흔히 그러하며, 유사도를 활용하는 단어 매장들(예를 들면, word2vec 같은 것들)을 사용해 동의어를 확장할 때도 그러하다. 더 많은 데이터로 신경망을 훈련하는 것이 대개 바람직하지만, 좋은 결과를 내려면 데이터의 품질이 좋아야 한다. 이 단계가 시퀀스를 생성하는 데 사용할 신경망을 훈련하는 전처리 단계임을 잊지 말자. 여러분이 별로 말이 되지 않는 텍스트 시퀀스를 신경망에 공급한다면(어떤 말의 모든 동의어가 모든 가능한 맥락에 잘 들어맞는 것은 아니다), 그것은 별로 의미가 없거나 전혀 의미가 없는 시퀀스를 생성하게 될 것이다.

동의어 확장을 사용하려면 있음직한 동의어를 모두 확장해서는 안 된다. 위의 예에 나온 'books about AI'처럼 해당 대안 쿼리가 없는 입력 쿼리에 대해서만 동의어를 확장해야 한다.

색인화한 데이터에서 출력 시퀀스들 선택하기

지금까지 설명한 기법이 잘 작동하지 않으면(예: 사용자가 입력한 쿼리로 인한 결과가 너무 적거나 0인 경우가 많음) 색인화된 데이터로부터 도움을 받을 수 있다. 많은 실무 시나리오에서 색인화된

문서에는 제목이 있고 제목은 대체로 비교적 짧다. 이러한 제목이 원래 입력 쿼리와 상관관계가 있는 경우에 제목 자체를 쿼리로 사용할 수 있다. 'movie Zemeckis future'라는 쿼리를 다시 생각해 보자. IMDB와 같은 영화 검색 엔진에서 이 프로그램을 실행하면 다음과 같은 결과를 얻을 수 있다.

```
title: Back to the Future
director: Robert Zemeckis
year: 1985
writers: Robert Zemeckis, Bob Gale
stars: Michael J. Fox, Christopher Lloyd, Lea Thompson, ...
```

이 문서가 어떻게 검색되었는지 상상해 보자.

- 'movie'라는 용어는 영화에 대한 검색 엔진의 불용어 목록에 올라 있어 일치하지 않았다.
- 'Zemeckis'라는 용어는 writers(작가) 필드와 director(감독) 필드에서 둘 다 일치했다.
- title 필드에서 'future'라는 용어가 일치했다.

쿼리와 그 결과를 모두 보는 누군가의 입장이 되어 보자. 사용자가 쿼리를 타이핑할 때 'movie Zemeckis future'를 입력하는 것을 보았다면 여러분은 즉시 그들이 'back to the future'와 같은 쿼리를 타이핑했어야 했다고 말할 수 있다. 그것이 바로 여러분이 입력('movie Zemeckis future')과 표적 출력('back to the future')으로 구성된 신경망으로 전달할 수 있는 훈련 예시 유형이다. 검색 로그를 미리 처리해 신경망에서 생성되는 표적 대안 쿼리가 최상의 결과를 반환하는 쿼리가 되도록 할 수 있다. 이렇게 하면 대안 쿼리의 힌트를 사용자 생성 쿼리에서 가져오는 대신에 관련 문서의 텍스트에서 가져오기 때문에 결과가 0인 쿼리의 수를 줄일 수 있다. 훈련 사례를 작성하려면 그림 3.3과 같이 검색 로그에서 상위 2~3위에 해당하는 관련 문서의 제목과 쿼리를 연결하자.

여러분은 아마도 대안 쿼리를 생성하기 위해 신경망 대신 검색 엔진을 사용하는 것이 좋을지도 모르겠다. 그러한 접근 방식은 특정 입력 텍스트에 대한 대안 쿼리 집합을 검색 엔진이 일치(matching) 측면에서 이미 수행할 수 있는 것으로 제한할 수 있다. 예를 들어, 검색 엔진을 사용하여 생성하는 경우에 'movie Zemeckis future'는 항상 대안 쿼리 집합을 제공한다. 예제 쿼리의 경우에는 작동하지만, 사용자가 'movie spielberg future(이 쿼리에서는 영화 제작자와 감독을 혼동하고 있음)'를 입력하면 어떻게 될까? 검색 엔진에 'spielberg'란 말과 일치하는 것이 없다. 그래서 검색 엔진은 스티븐 스필버그가 감독한 'future'라는 용어와 관련된 많은 영화들을 반환할 수도 있지만, 'Back to the Future'를 반환하지는 않을 것이다. 요컨대, 표적 출력이 대안 쿼리를 나타내는 데 유용한 방식으로 입력과 상호 연관되어 있는 한, 여러분이 신경망을 훈련하는 데 쿼리들을 제한 없이 쓸 수 있다는 점이다.

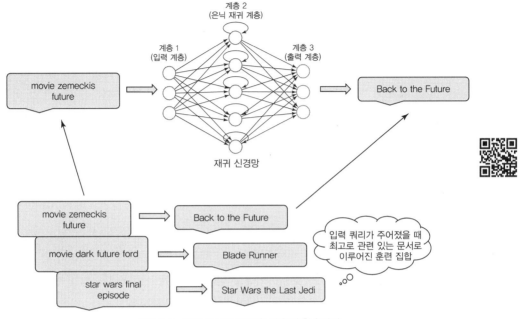

그림 3.3 관련 문서의 제목을 사용해 학습하기

텍스트 시퀀스의 비지도 스트림

텍스트 생성을 위해 RNN을 공급하기 위한 완전히 다른 접근 방식은 텍스트 스트림을 가지고 비지도학습을 수행하는 것이다. 1장에서 말했듯이 이것은 학습 알고리즘이 좋은 (또는 나쁜) 결과에 대해 아무것도 알려 주지 않는 머신러닝의 한 형태다. 알고리즘은 가능한 한 정확하게 데이터 모델을 빌드한다. 여러분은 비지도학습 방식이야말로 RNN이 텍스트를 생성하는 방법을 학습할 수 있게 하는 방식 중에 가장 놀라운 것이라는 점을 알 수 있을 것이다. 어떤 게 좋은 출력인지를 RNN에게 전혀 알려 주지 않기 때문에 RNN은 입력 내용들을 바탕으로 품질이 좋은 텍스트 시퀀스들을 다시 산출해 내는 방법을 배우게 된다.

검색 로그 예제에서 쿼리를 순서대로 한 개씩 뽑아 내되 쿼리가 아닌 나머지 내용은 모두 제거하자.

```
artificial intelligence
books about AI
artificial intelligence hype
covfefe
latest trends
```

보다시피 이것은 평범한 텍스트다. 여러분은 쿼리의 끝을 확인하는 방법을 결정하기만 하면 된다. 이 경우에 두 개의 연속 쿼리에 대해 캐리지 리턴 문자(\n)를 구분자로 사용할 수 있으며, 텍스트 생성 알고리즘은 이 캐리지 리턴 문자를 생성할 때마다 중단된다. 이 접근법에서는 전처리를 할 필요가 거의 없어서 상당히 매력적인데 데이터가 그저 단순한 텍스트일 뿐이므로 사용할 데이터가 어디서든 나올 수 있기 때문이다. 이번 장의 뒷부분에서 장단점을 알게 될 것이다.

3.1.3 데이터 생성 준비

이번 절에서 논의한 내용을 간략히 요약하면 다음과 같다.

- 유사한 쿼리를 대상으로 삼아 지도학습을 수행하면 여러분이 좋다고 생각하는 쿼리와 비슷한 쿼리를 명시할 수 있다는 이점을 얻을 수 있다. 단점은 데이터 준비 단계에서 비슷한 쿼리 두 개를 얼마나 잘 정의하는지에 따라 결과가 달라진다는 점이다.

- 두 쿼리가 비슷한 경우를 명시적으로 지정하지 않고, 쿼리에 대한 관련 문서가 대안 쿼리 텍스트를 제공하도록 허용할 수 있다. 이렇게 하면 신경망은 색인화된 문서(예: 문서 제목)에서 가져온 텍스트를 바탕으로 삼아 대안 쿼리를 생성하게 되고, 결과가 거의 없거나 아예 없는 쿼리 수를 줄일 가능성이 있다.

- 비지도 접근 방식은 검색 로그에서 쿼리의 흐름을 그럴듯한 연속 단어의 시퀀스로 간주하므로 데이터 준비가 거의 필요하지 않다. 이 접근 방식을 간단히 구현할 수 있을 뿐만 아니라 사용자가 관심을 갖는 연속적인 쿼리(그리고 그에 따른 주제)를 면밀히 포착할 수 있다는 장점이 있다.

사용자의 요구에 맞는 데이터를 생성하기 위해 새로운 방법을 구축할 수 있게 하는 대안들도 많고, 창의성을 발휘할 여지도 있다. 그렇지만 시스템에 사용할 데이터를 준비하는 방법을 조심스럽게 선택해야 한다. 우리는 여러분이 여기서 논의된 접근법 중 하나를 선택했다고 가정할 것이다. 이번에는 RNN이 텍스트 시퀀스 생성을 학습하는 방식을 살펴보자.

3.2 시퀀스 학습

1장에서 여러분은 망의 양쪽 끝에 입력 계층과 출력 계층이 있고 그 사이에 은닉 계층이 있는, 일반적인 신경망 구조를 보았을 것이다. 그런 다음, 2장에서는 word2vec 알고리즘을 구현하는 데 사용되는 일반적이지 않은 두 가지 신경망 모델(연속 단어 주머니와 스킵그램)을 살펴보기 시작했다. 지금까지 논의된 아키텍처들은 입력이 이에 대응하는 출력에 어떻게 매핑될 수 있는지를 모델링하는 데 사용될 수 있다. 스킵그램 모델의 경우에 특정 단어를 나타내는 입력 벡터를, 고정된 단어 수를 나타내는 출력 벡터에 매핑한다.

예를 들어, 영어, 독일어, 포르투갈어 및 이탈리아어 네 가지 언어에 대해 텍스트 문장에 사용된 언어를 감지하는 데 사용할 수 있는 간단한 순방향 신경망을 생각해 보자. 이것은 입력이 텍스트이고, 출력이 해당 입력에 지정된 세 개 이상의 가능한 계급 중 하나이므로 **다중 분류 작업**(multiclass classification task)이다(1장의 문서 분류 예제는 다중 분류 작업이기도 함). 이 예에서 그러한 작업을 수행할 수 있는 신경망은 각 계급(언어)마다 하나씩 네 개의 출력 뉴런을 가질 것이다. 입력이 특정 계급에 속함을 알리기 위해 출력 계층에서 하나의 출력 뉴런만 1로 설정된다. 예를 들어, 출력 뉴런 1의 값이 1이면 입력 텍스트는 영어로 분류되고, 출력 뉴런 2의 값이 1이면 입력 텍스트는 독일어로 분류되고, 이런 식으로 이어진다.

입력 계층의 차원은 정의하기가 훨씬 더 까다롭다. 고정 크기의 텍스트 시퀀스로 작업한다고 가정하면 입력 계층을 적절하게 설계할 수 있다. 언어를 감지하려면 몇 개의 단어가 필요하므로 입력 단어당 한 개씩 9개의 뉴런으로 입력 계층을 설정한다고 가정해 보자. 그림 3.4를 참고하자.

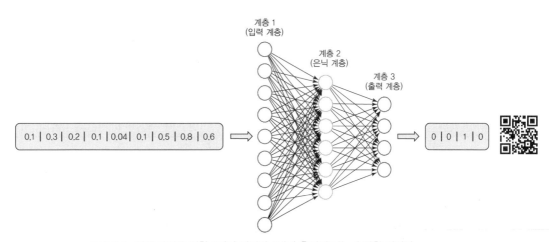

그림 3.4 언어 감지를 위한 9개의 입력과 4개의 출력이 있는 순방향 신경망

분명히 텍스트 시퀀스를 이루는 단어가 9개 이하라면 문제가 되므로 이럴 때는 시퀀스를 채
우기용 가짜 단어로 채울 필요가 있다. 시퀀스가 길어질 수 있게 여러분은 한 번에 9개 단어씩
언어를 검출해 내게 될 것이다. 영화 감상평의 본문을 생각해 보자. 내용은 한 가지 언어(예: 이
탈리아어)로 구성될 수 있지만, 제목이 원어로 된 영화(예: 영어)를 다룬다. 감상평 텍스트를 9개
의 단어 시퀀스로 분할하면 신경망에 입력되는 텍스트의 부분에 따라 출력이 '이탈리아어' 또
는 '영어'로 표시될 수 있다.

이러한 한계를 염두에 두고, 크기를 미리 알 수 없는 입력 시퀀스를 사용해 신경망을 학습하
게 할 수 있을까를 생각해 보자. 신경망을 학습하게 하는 데 쓸 각 시퀀스의 크기를 여러분이
알고 있었다면 여러분은 시퀀스 전체를 아우를 만큼 길게 입력 계층의 크기를 정했을 것이다.
그러나 그렇게 한다면 시퀀스 처리 성능은 오히려 떨어지게 될 텐데 이는 은닉 계층의 뉴런 개
수가 입력 계층의 뉴런 개수보다 더 많아야만 망이 정확한 결과를 낼 수 있기 때문이다. 그래
서 이 방식이 잘 보급되지 않는다. RNN은 입력 및 출력 계층 크기를 고정하면서도 텍스트에
서 들어오는 시퀀스의 길이를 제한하지 않아도 되게 하므로 쿼리를 자동으로 확장하는 사용
사례에서 텍스트 시퀀스를 생성하는 방법을 배우기에 안성맞춤이다.

3.3 재귀 신경망

RNN은 입력에 대한 정보를 처리하면서 동시에 기억도 할 수 있는 신경망이라고 생각할 수 있
으며, 따라서 후속 입력에 의해 생성되는 출력도 이전에 본 입력에 따라 달라지게 된다. 동시
에 입력 계층(RNN이 시퀀스를 생성하는 경우에 출력 계층)의 크기가 고정된다.

현재로서는 이런 식으로 말하는 게 다소 추상적으로 보이겠지만, 여러분은 나중에 RNN이 실
제로 어떻게 작동하고 왜 중요한지를 이해하게 될 것이다. 5개 입력과 4개 출력이 있는 순방향
신경망을 사용해 RNN **없이** 텍스트 시퀀스를 생성해 보자. 언어 감지 예제에서는 단어마다
하나의 입력을 사용했지만, 실제로는 문자열 대신에 문자를 사용하는 편이 더 편리할 때가 많
다. 그 이유는 있음직한 단어의 수가 사용 가능한 문자의 수보다 훨씬 많기 때문이며, 망에서

30만 개 단어[24] 이상의 모든 가능한 조합보다 255자의 모든 가능한 조합을 처리하는 방법을 더 쉽게 습득할 수 있기 때문이다. 원핫인코딩 기술을 사용하면 문자는 크기가 255인 벡터로 표현할 수 있는 반면에 단어를《옥스포드 영어 사전》에서 가져온다면 벡터의 크기가 자그마치 301,000이나 된다. 이처럼 단어 단위로 처리하려고 한다면 한 단어당 30만 1,000개의 뉴런이 입력 계층을 이뤄야 하지만, 문자 단위로 처리하려 한다면 1개 문자당 255개 뉴런만 필요하다. 한편, 단어는 의미가 있는 문자 조합을 나타낸다. 문자 수준으로만 처리한다면 이러한 정보를 사용할 수 없으므로 문자로 입력을 받는 신경망이라면 먼저 문자에서 의미 있는 단어를 생성하는 법을 배워야 한다. 단어를 입력으로 사용하는 경우는 그렇지 않다. 결국 절충이 필요하다는 말이다.

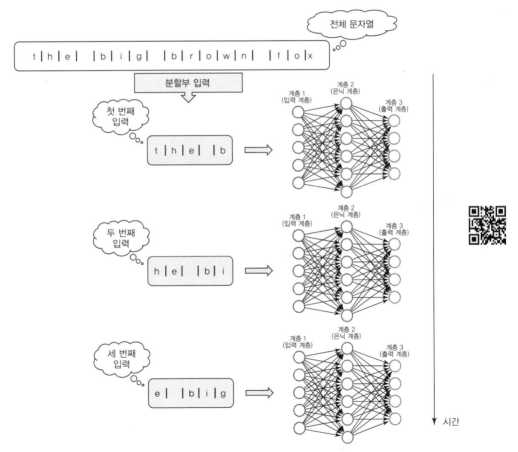

그림 3.5 **뉴런 5개의 고정 입력 계층으로 입력 시퀀스를 흡수하는 신경망**

---

24 옥스포드 영어 사전에 수록되는 단어 개수가 해마다 늘어나고 있다(www.oed.com).

예를 들어, 문자별로 처리하려고 한다면 'the big brown fox jumped over the lazy dog'이라는 문장을 5개 문자씩 따로 구분한 덩어리(chunk)별로 나눠 볼 수 있다. 그런 다음 각 입력 내용이 5개의 입력 뉴런으로 신경망에 공급된다. 그림 3.5를 참조하라. 여러분은 입력 계층의 크기에 관계없이 전체 시퀀스를 망에 전달할 수 있다. 이런 면에서 여러분이 '단순한' 신경망을 사용할 수 있는 것으로 보이며, RNN까지 필요하지는 않아 보인다.

그러나 누군가가 말하는 것을 듣고 있는 인간들이 다섯 글자로 구성된 단어만 듣고, 다음 말을 듣는 즉시 각 시퀀스를 잊어버림으로써 그 사람이 하는 말을 이해해야만 한다고 상상해 보라. 예를 들어, 어떤 사람이 'my name is Yoda'라고 말했을 때 여러분이 다음과 같은 시퀀스만 얻을 수 있을 뿐이고 그 밖의 모든 것을 기억할 수 없다고 하자.

```
my na
y nam
 name
name
 ame i
 me is
 e is
 is Y
 is Yo
s Yod
Yoda
```

이제 여러분이 들은 것을 다시 들려 달라는 요청을 받았다고 하자. 이상하다! 이렇게 짧은 고정 입력으로 전체 단어를 얻는 경우는 거의 없을 수 있으며, 각 입력 내용은 언제나 나머지 문장에서 떼어내 가져오게 된다.

그렇지만 다섯 글자로 된 시퀀스를 들을 때마다 그 직전에 받은 것을 계속 추적한다면 문장을 이해할 수 있게 된다. 예를 들어, 여러분이 한 번에 딱 10개 문자만 기억할 수 있다고 해보자.

```
my na   ()
y nam   (m)
name    (my)
name    (my )
 ame i  (my n)
me is   (my na)
e is    (my nam)
is Y    (my name)
is Yo   (my name )
```

```
s Yod    (my name i)
Yoda     (my name is)
```

이것은 인간과 신경망이 입력과 기억을 통해 작동하는 방식을 크게 단순화해서 생각해 본 것이기는 하지만, RNN(단순한 것이 그림 3.6에 나타나 있음)의 효과에 대한 근거를 여러분이 일반적인 순방향 신경망과 비교해 보면 충분히 알 수 있을 것이다.

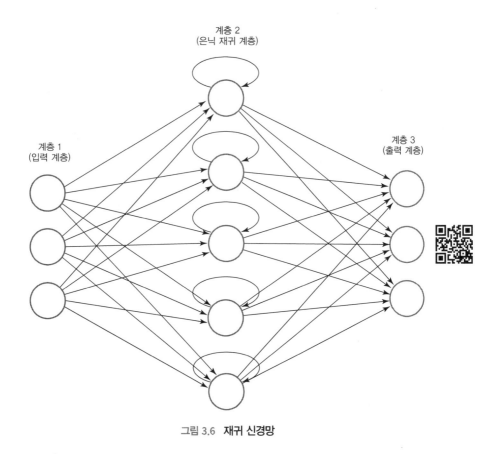

그림 3.6 **재귀 신경망**

3.3.1 RNN 내부 구조와 작동 방식

이처럼 특별한 신경망인 RNN은 은닉 계층 뉴런의 단순한 루프 연결을 통해, 망이 이전 입력과 관련하여 망의 현재 입력과 이전 상태에 의존하는 작동을 할 수 있기 때문에 **재귀**(recurrent, 재발)라고 불린다. 'my name is Yoda'라는 문자를 생성하는 것을 배우는 경우, RNN의 내부 상태란 문장을 이해할 수 있게 하는 기억 장소라고 여길 수 있다. 그림 3.7과 같이 RNN의 은닉 계층에 있는 뉴런 중에서 한 개에만 초점을 맞춰 보자.

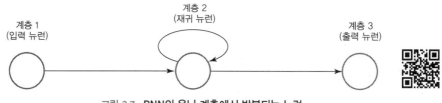

계층 1
(입력 뉴런)

계층 2
(재귀 뉴런)

계층 3
(출력 뉴런)

그림 3.7 **RNN의 은닉 계층에서 반복되는 뉴런**

재귀 뉴런은 입력 뉴런에서 나오는 신호(왼쪽 뉴런에서 나오는 화살표)와 내부적으로 저장된 신호(루프 화살표)를 결합해 Yoda 예제에 나온 기억 장소 역할을 한다. 여기서 보듯이 이 단일 뉴런은 내부 상태(은닉 계층 가중치 및 활성 함수)를 고려하여 입력을 처리하여 출력으로 변환한다. 단일 뉴런은 또한 새로운 입력 및 현재 상태의 함수로 상태를 갱신한다. 이것이 바로 뉴런이 이후의 입력과 관련된 것을 배우기 위해 필요한 것이다. **연관성**이라는 관점에서 말하자면, 망이 훈련되는 동안에 망은 의미 있는 단어를 형성하는 문자들이 서로 가까이 있다는 점을 더 잘 아는 방향으로 학습하게 될 것이라는 말이다.

Yoda 예제로 돌아가서, RNN은 'Yod'라는 시퀀스가 이미 표시되었기 때문에 문자 Y 및 o를 본 후에 나올 가능성이 가장 높은 문자가 d라는 점을 학습한다. 지금까지 내가 RNN의 학습 동작을 아주 단순하게 설명했지만, 그래도 여러분은 RNN의 기본적인 구조는 이해할 수 있을 것이다.

비용 함수

많은 머신러닝 알고리즘에서와 같이 신경망은 입력으로부터 '좋은' 출력을 생성하려고 할 때 발생하는 오차를 최소화하기 위해 학습을 한다. 훈련 중에 제공하는 우수한 출력은 입력과 함께 망에 예측을 수행할 때 얼마나 잘못됐지 알려 준다. 이러한 오차의 양은 대개 손실 함수라고도 부르는 **비용 함수(cost function)**로 측정된다. 학습 알고리즘의 목적은 알고리즘 파라미터(신경망의 경우, 가중치를 최적화)를 최적화해 손실(또는 비용)을 최대한 낮추는 데 있다.

필자는 이전에 텍스트 생성을 위한 RNN이 텍스트의 특정 시퀀스가 확률적으로 얼마나 가능성이 있는지를 암시적으로 학습한다는 것을 말했다. 앞의 예에서, 시퀀스 'Yoda'는 확률 0.7을 가질 수 있는 반면, 시퀀스 'ode'의 확률은 0.01일 수 있다. 적절한 비용 함수를 적용한다면 신경망에서 (현재의 가중치를 가지고) 계산한 확률을 입력 텍스트의 실제 확률과 비교할 수 있다. 예를 들어, 시퀀스 'Yoda'는 예시 텍스트에서 약 1의 실제 확률을 갖는다. 이로써 손실액(오차)이 생긴다. 여러 가지 다른 비용 함수가 존재하지만, 이러한 유형의 비교를 직관적으로 수행하는 것을 **교차 엔트로피 비용 함수(cross-entropy cost function)**라고 한다. 우리는 그것을 RNN 사례에서 사용할 것이다. 그러한 비용 함수는 신경망에 의해 계산된 확률과 특정 출력에 관해서 그들이 있어야 할 확률의 차이를 측정하는 것으로 생각할 수 있다. 예를 들어, Yoda라는 문장을 망이 학습한 결과로 'Yoda'라는 단어일 확률이 0.00000001인 경우라면 큰 손실이 일어날 가능성이 높다. 'Yoda'는 입력 텍스트에서 알려진 몇 안 되는 양호한 시퀀스 중 하나이기 때문에 확률이 정확하다면 그 값이 높게 나와야 한다.

비용 함수는 학습 알고리즘의 목표를 정의하기 때문에 머신러닝에서 중요한 역할을 한다. 여러 가지 유형의 문제에 대해 서로 다른 비용 함수를 사용한다. 예를 들어, 교차 엔트로피 비용 함수는 분류 작업에 유용하지만, **평균 제곱 오차(mean squared error)**를 따지는 비용 함수는 신경망이 실제 값을 예측해야 할 때 유용하다.

비용 함수의 수학적 기초를 다루려고만 해도 아마도 이 책에 나오는 모든 장이 필요할 텐데, 우리는 이 책에서 검색을 위한 딥러닝을 응용하는 데 초점을 맞추고 있으므로 더 자세히 설명하지는 않겠다. 그러나 책을 통해 진행하면서 해결되는 구체적인 문제에 따라 사용할 수 있는 적절한 비용 함수를 제안할 것이다.

RNN 펼치기

순방향 망과 RNN 사이의 유일한 감성적 차이점은 은닉 계층의 루프(고리) 모양을 이루는 화살표에 있음을 알 수 있다. **재귀(recurrent, 또는 재발)**라는 단어는 그러한 고리들을 가리킨다.

RNN이 실제로 작동하는 방식을 시각화하는 더 좋은 방법은 RNN을 풀어서 **펼치는(unroll)** 것이다. RNN을 동일한 망의 유한 연결 사본 집합의 꼴로 펼쳐 놓는다고 해보자. 이런 식으로 상상해 보는 게 RNN을 구현할 때 실제로 유용할 뿐만 아니라 RNN이 자연적으로 시퀀스 학습에 어떻게 적합한지 쉽게 알 수 있다.

Yoda 예에서 필자는 10개의 문자를 기억해 둔 상황이라면 새로운 입력 내용을 망이 보게 될 때 망은 이전에 입력된 문자를 쉽게 떠올릴 수 있을 것이라고 했다. RNN에 있는 반복 뉴런이, 반복 계층이 이전의 입력 내용(문맥과 관련된 내용)을 추적해 볼 수 있게 하기 때문에 이런 식의 기능이 작동하는 것이다. RNN의 재귀 계층을 10개 사본 집합의 꼴로 부풀린다면 RNN이 열 개로 펼쳐지는 꼴이 된다(그림 3.8 참고).

여러분은 10개 단계의 꼴로 펼쳐진 RNN에 'my name is Yoda'라는 문장을 공급하고 있는 것이다. 그림 3.8에서 강조 표시된 노드에 주목해 보면 이 노드는 자신의 입력 내용(s라는 문자)과

더불어 은닉 계층(즉, 펼쳐진 계층)의 이전 노드로부터도 입력을 받는다는 점을 볼 수 있는데, 이어서 이 노드는 문자 i와 은닉 계층의 이전 노드로부터 입력을 수신하고, 이런 식으로 첫 번째 입력까지 거슬러 올라간다. 각 노드는 그러한 이전 입력에 대한 망의 이전 입력 및 내부 상태로부터 일반 입력(순서의 문자)에 대한 정보를 수신한다.

한편으로 앞으로 나아가는 방향에 맞춰 살펴본다면 첫 번째 문자(m)에 대한 출력은 망의 입력과 내부 상태(가중치)에만 의존한다는 것을 알 수 있다.

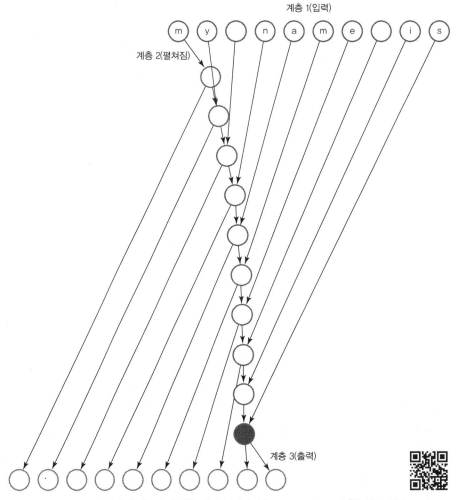

그림 3.8 두루마기 펼치듯이 펼친 재귀 신경망이 'my name is Yoda'를 읽고 있다

문자 y에 대한 출력은 입력, 현재 상태 그리고 첫 번째 문자 m에 대한 이전 상태에 따라 달라진다.

따라서 펼친 횟수를 나타내는 파라미터(예를 들면, unrolls라는 식으로 이름을 준 파라미터)는 망이 현재 입력에 대한 출력을 생성할 때 시간을 몇 단계에 걸쳐서 되돌릴 수 있는지를 나타내는 단계 수에 해당하게 된다. 실제로 여러분이 RNN을 설정할 때는 망을 펼치는 데 사용할 단계 수를 결정할 수 있다. 단계가 많아질수록 RNN은 더 긴 시퀀스까지 처리할 수 있게 되겠지만, 이러려면 더 많은 데이터와 더 많은 훈련 시간이 필요할 것이다. 이쯤에서 여러분은 RNN이 텍스트 형태로 된 것 등의 입력 시퀀스를 다루는 방식과, 출력 계층 내에서 값들을 생성할 때 이미 지나쳐 버린 시퀀스들을 추적할 수 있게 하는 방식에 대해 기본적인 내용을 이해할 수 있어야 한다.

시간 경과에 따른 역전파: RNN이 학습하는 방법

2장에서는 순방향 신경망 훈련에 가장 널리 사용되는 알고리즘인 역전파(backpropagation)를 간략히 소개했다. RNN은 시간이라는 추가 차원이 있는 순방향 망으로 생각할 수 있다. RNN의 효과는 **시간 경과에 따른 역전파**(backpropagation through time, BPTT)라는 학습 알고리즘을 사용해 이전의 입력으로부터 정보를 올바르게 감안하는 방법을 배우는 능력에 있다. BPTT는 본질적으로 학습할 가중치 개수가 평범한 순방향 신경망의 가중치 개수보다 훨씬 많아서 단순 역전파의 확장판이라고 할 수 있는데, RNN에는 오래된 정보의 흐름을 제어하는 가중치들이 있기 때문이다. 우리는 이제 막 RNN을 펼친다는 개념을 살펴보았다. BPTT는 재귀 계층의 가중치를 조정하므로 많이 펼칠수록 파라미터를 더 많이 조정해야 좋은 결과를 얻을 수 있다. 본질적으로 BPTT는 서로 다른 계층에 속하는 뉴런 간의 연결선상에 있는 가중치뿐만 아니라 과거의 정보가 추가 가중치를 통해 현재의 입력과 어떻게 결합되어야 하는지를 (재귀) 신경망이 자동으로 학습하게 한다.

이제 여러분은 RNN을 펼쳐야 하는 이유를 명확히 이해할 수 있어야 한다. RNN 펼침은 루프가 재귀 뉴런이나 재귀 계층으로 수행하는 재귀 횟수를 제한하여 학습과 예측이 제한되고 무한히 반복되지 않도록 하는 방법이다(재귀 뉴런의 값을 계산하는 것을 어렵게 할 수 있음).

3.3.2 장기 의존성

쿼리를 생성하기 위한 RNN의 모양을 생각해 보자. 여러분이 'books about artificial intelligence' 와 'books about machine learning'처럼 서로 비슷한 질문 두 가지를 가지고 있다고 상상해 보라(이것은 간단한 예로서, 두 시퀀스의 길이가 정확히 같다). 가장 먼저 해야 할 일 중 하나는 은닉 계층의 크기와 펼침 수를 결정하는 것이다. 이전 절에서 여러분은 망이 시간을 되돌려 살펴볼 수 있게 하는 방법을 관리한다는 점을 배웠다. 이것이 제대로 작동하려면 망이 충분히 강력해야 하는데, 이것은 펼침의 수가 증가함에 따라 과거로부터 오는 정보를 올바르게 처리하기 위해 은닉 계층에 더 많은 뉴런이 필요하다는 말이다. 한 계층의 뉴런 수에 따라 망의 최대 성능(power)이 결정된다. 또한, 많은 뉴런(및 계층)을 가진 망을 쓴다면 더 많은 데이터를 제공해야 망의 출력이 더 정확해진다는 점에 주의해야 한다.

펼쳐 놓았을 때의 펼침 개수는 **장기 의존성(long-term dependency)**과 관련이 있는데 이는 텍스트 내의 한 시퀀스 내에서 단어들이 서로 멀리 떨어져 있는 것처럼 보일지라도 이 단어들이 서로 의존하며 어떤 의미를 지니고 있을 수도 있기 때문이다. 예를 들어, 다음과 같은 문장을 보자. 서로 떨어져 있는 단어 간의 상관관계가 아주 크다.

> In 2017, despite what happened during the 2016 Finals, Golden State Warriors won the championship again. (2016년에 있었던 결승전에서 벌어진 일에도 불구하고 2017년에는 골든 스테이트 워리어스가 다시 우승했다.)

이 구절을 읽으면 'championship'이라는 말이 '2017'을 기준으로 하는 말이라는 점을 쉽게 이해할 수 있다. 그러나 그다지 지능적이지 않은 알고리즘은 'championship'을 '2016'과 연관 지을 수 있는데, 이 두 단어가 엮어서 의미를 생성할 가능성이 높기 때문이다. 이 알고리즘은 부수적인 문장에서 '2016'이라는 단어가 'Finals'를 의미한다는 점을 고려하지 못할 것이다. 이것이 장기 의존성의 한 예다. 취급하는 데이터에 따라 RNN이 효과적으로 작동하도록 하려면 이 점을 감안해야 할 수도 있다.

더 많은 펼침을 사용하면 장기 의존성 문제를 완화하는 데 도움이 되지만, 일반적으로 두 개의 상관된 단어가 얼마나 멀리 떨어져 있는지 알 수 없을 것이다. 이 문제를 해결하기 위해 연구자들은 **장단기 기억(long short-term memory, LSTM)** 망이라고 하는 향상된 RNN 아키텍처를 제안했다.

3.3.3 장단기 기억망

지금까지 여러분은 정상적인 RNN의 한 계층이 고리 모양의 연결부를 가진 여러 개의 뉴런으로 구성되어 있다는 것을 보았다. 반면, LSTM 망을 이루는 계층은 약간 더 복잡하다.

LSTM 계층은 다음을 결정할 수 있다.

- 다음 차례 펼침 부분을 지나가야 할 정보

- LSTM 내부 상태 값을 갱신하는 데 사용할 정보

- 다음 차례의 있음직한 내부 상태로 사용해야 하는 정보

- 출력할 정보

바닐라 RNN(이전 절에서 나온 신경망을 지칭하며, 가장 기본적인 RNN을 의미함)에 대해서는 LSTM에서 배워야 할 파라미터가 더 많다. 이와 같은 파라미터를 조정하는 일을 녹음 스튜디오의 음향 엔지니어가 음량 조절 꼭지(RNN)를 돌리는 일에 비유하자면 이퀄라이저를 조작하는 일이라고 할 수도 있을 텐데, 이런 경우에 정확하게만 조절할 수 있다면 훨씬 더 좋은 음질을 얻을 수 있다. LSTM 계층의 뉴런에는 더 많은 가중치들이 있으며, 정보를 기억할 때와 잊어버릴 때를 배우도록 조정된다. 이로 인해 LSTM 망의 훈련 시 필요한 계산 비용이 RNN의 것보다 더 많이 들게 된다.

단순해서 가벼운 LSTM 뉴런일지라도 바닐라 RNN 뉴런보다는 조금 더 복잡한데, 이는 **게이트 처리 재귀 장치**(gated recurrent unit, GRU)가 있기 때문이다.[25] LSTM에 관해 알아야 할 내용이 아직도 많이 있지만, 여기서 말하는 핵심은 이 뉴런들이 장기적인 의존성을 가지고 매우 잘 수행하므로 쿼리를 생성하는 경우에 적합하다는 것이다.

3.4 비지도학습 방식으로 텍스트를 생성하기 위한 LSTM 망

Deeplearning4j에서는 LSTM 망의 구현을 즉시 사용할 수 있다. 은닉 LSTM 계층이 하나 있는 RNN의 꼴로 된 간단한 신경망 구성을 설정해 보자. 여러분은 50자 텍스트 출력을 표본추출할 수 있는 RNN을 구축하게 될 것이다. 이것이 긴 시퀀서는 아니지만, 짧은 텍스트 쿼리를 처리할 만큼 충분해야 한다(예를 들어, 'books about artificial intelligence'는 35자다).

펼침 파라미터(unroll parameter)는 더 긴 입력 시퀀스를 처리할 수 있도록 표적 텍스트 표본(출력)의 크기보다 이상적으로 더 큰 편이 좋다. 다음 코드는 입력 계층과 출력 계층에 50개의 뉴런이 있고, 은닉 계층(즉, 재귀 계층)에 200개의 뉴런이 있는 RNN을 구성하고 이것을 10개 시간대로 펼친다.

---

25 〈Learning Phrase Representations Using RNN Encoder-Decoder for Statistical Machine Translation〉(Kyunghyun Cho et al., September 3, 2014) https://arxiv.org/abs/1406.1078v3

목록 3.4 샘플 LSTM 구성

```
int lstmLayerSize = 200;  ←┘ 은닉(LSTM) 계층의 뉴런 수
int sequenceSize = 50;  ←┘ 입력 계층 및 출력 계층의 뉴런 수
int unrollSize = 10;  ←┘ RNN의 펼침 수
MultiLayerConfiguration conf = new NeuralNetConfiguration.Builder()
    .list()
    .layer(0, new LSTM.Builder()  ←┐ tanh 활성 함수를 사용해 50개의
        .nIn(sequenceSize)           입력(nIn) 및 200개의 출력(nOut)으로
        .nOut(lstmLayerSize)         LSTM 계층 선언
        .activation(Activation.TANH).build())
    .layer(2, new RnnOutputLayer.Builder(LossFunctions
            .LossFunction.MCXENT)  ←┐ 소프트맥스 활성 함수를 사용해 200개의
        .activation(Activation.SOFTMAX)   입력(nIn) 및 50개의 출력(nOut)으로 출력 계층을
        .nIn(lstmLayerSize)               선언한다. 비용 함수도 여기서 선언한다.
        .nOut(sequenceSize).build())
    .backpropType(BackpropType.TruncatedBPTT)
        .tBPTTForwardLength(unrollSize)
            .tBPTTBackwardLength(unrollSize)  ←┐ unrollSize를 시간 경과에 따른 역전파
    .build();                                    알고리즘의 파라미터로 해 RNN(LSTM)의
                                                 시간 차원을 선언한다.
```

이 아키텍처에 대한 몇 가지 세부 사항을 짚고 넘어가야 하겠다.

- 교차 엔트로피 비용 함수에 대한 손실 함수 파라미터를 지정하자.
- 입력 계층과 은닉 계층에 tanh 활성 함수를 사용하자.
- 출력 계층에서 소프트맥스 활성 함수를 사용하자.

교차 엔트로피 비용 함수를 사용하는 일은 출력 계층에서 소프트맥스 함수의 사용과 밀접하게 연관되어 있다. 출력 계층의 소프트맥스 함수는 각 수신 신호를 다른 신호에 대한 추정 확률로 변환하여 **확률분포(probability distribution)**를 생성하며, 여기서 각 값은 0과 1 사이이고 모든 결과 값의 합은 1이다.

문자 수준 텍스트 생성의 맥락에서 여러분은 망을 훈련하는 데 사용되는 데이터의 각 문자마다 하나의 뉴런을 갖게 될 것이다. 소프트맥스 함수를 은닉 LSTM 계층에 의해 생성된 값에 적용하면 각 문자는 할당된 확률(0과 1 사이의 숫자)을 갖게 된다. Yoda 예제에서 데이터는 10자로 구성되므로 출력 계층에는 10개의 뉴런이 포함될 것이다. 소프트맥스 함수는 출력 계층에 각 문자에 대한 확률을 포함하도록 한다.

```
m -> 0.031
y -> 0.001
n -> 0.022
a -> 0.088
e -> 0.077
i -> 0.063
s -> 0.181
Y -> 0.009
o -> 0.120
d -> 0.408
```

보다시피 가장 가능성이 높은 문자는 d(확률 = 0.408)와 연관된 뉴런에서 나온다.

이 LSTM 망에 표본 텍스트를 전달하여, LSTM이 생성을 하기 위해 무엇을 학습하는지를 살펴보자. 그러나 쿼리에 대한 텍스트를 생성하기 전에 먼저 이해하기 쉬운 방법을 시도해 보자. 이렇게 하면 망이 올바르게 작동하는지 확인할 수 있다. 우리는 자연어로 쓰여진 몇 가지 텍스트를 사용할 텐데 특히 구텐베르크 프로젝트에서 인용한 문학 작품들을 사용할 것이다. 예를 들어, 'Queen. This is mere madness; And thus a while the fit will work on him(여왕: 정말 실성을 했구나. 하지만 금방 괜찮아질 게다).'과 같은 것이다. 여러분은 RNN을 가르쳐 셰익스피어가 쓴 시와 희극(그림 3.9 참고)을 다시 쓰게 할 것이다!

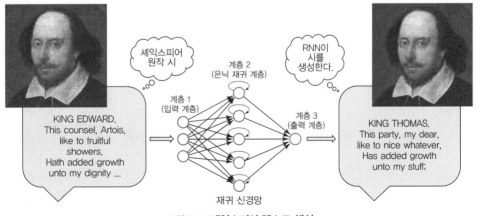

그림 3.9 **셰익스피어 텍스트 생성**

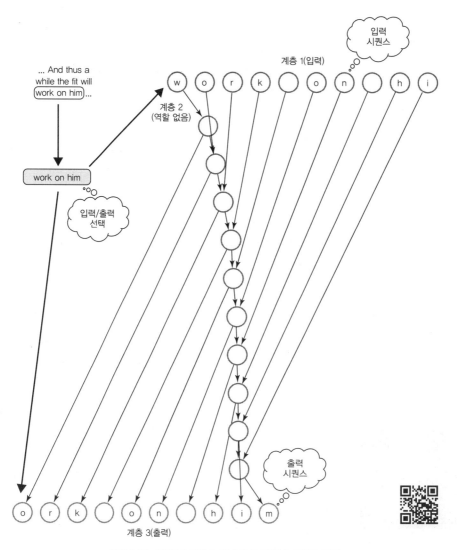

그림 3.10 비지도 시퀀스 학습으로 비연속 RNN 공급

이번 작업이 여러분의 RNN에 대한 첫 경험이 될 것이므로 가능한 한 가장 간단히 접근하는 식으로 RNN을 훈련하기 시작하는 것이 바람직하다. 여러분은 그림 3.10에서 볼 수 있듯이 셰익스피어의 작품에서 나온 텍스트를 한 줄씩 공급함으로써 망을 대상으로 비지도 방식으로 훈련할 것이다(참고로, 입력 계층의 크기와 출력 계층의 크기를 10으로, 즉 각 계층의 뉴런 개수를 10개로 하여 가독성을 높였다). 셰익스피어 작품의 텍스트를 살펴보면 **펼침 크기 + 1**의 발췌 부분을 가져와서 한 번에 한 문자씩 입력 계층으로 공급한다. 출력 계층에서 예상되는 결과는 입력용으로 쓰기 위해 발췌한 문자의 다음 문자다. 예를 들어, 'work on him'이라는 문장이 주어졌다고 한다면 여러분은 'work on hi'라는 문자들을 받는 입력 뉴런들과 'ork on him'이라는 문자

들을 받는 출력 뉴런들을 볼 수 있을 것이다. 이런 방식을 사용함으로써, 여러분은 신경망이 앞서서 나온 10개 문자를 되돌아 봄으로써 다음 문자를 생성하게 훈련할 수 있다.

앞 부분에서 LSTM을 구성해 보았으므로 이번에는 셰익스피어 작품 속 문자 시퀀스들을 반복하게 하는 식으로 LSTM을 훈련해 볼 수 있다. 먼저 앞에서 정의한 구성을 사용하여 망을 초기화한다.

```
MultiLayerNetwork net = new MultiLayerNetwork(conf);
net.init();
```

앞에서도 언급했지만, 지금 여러분은 한 번에 한 문자씩을 생성해 내는 식으로 텍스트 시퀀스를 생성해 내는 RNN을 만들고 있는 중이다. 따라서 여러분은 CharacterIterator(https://mng.bz/y1ZJ)라는 문자 시퀀스를 만드는 DataSetIterator(데이터셋들을 대상으로 반복하는 일에는 DL4J라는 API)를 사용해야 한다. CharacterIterator를 제외한 나머지 세부 사항들은 간과해도 된다. 다음 항목으로 초기화하자.

- 비지도 훈련을 수행하기 위한 텍스트가 포함된 원본 파일
- 가중치를 갱신하기 전에 망에 함께 공급해야 하는 사례 개수. 여기서 사례 개수란 **미니 배치(mini-bach)**의 파라미터다.
- 각 예제 시퀀스의 길이

셰익스피어 작품의 본문에 실린 문자들에 해당하는 만큼 반복하게 하는 코드는 다음과 같다.

```
CharacterIterator iter = new CharacterIterator("/path/to/shakespeare.txt",
    miniBatchSize, exampleLength);
```

이제 여러분은 망을 훈련시킬 퍼즐 조각들을 모두 지니게 되었다. MultiLayerNetwork에 대해서는 fit(Dataset) 메서드로 훈련한다.

```
MultiLayerNetwork net = new MultiLayerNetwork(conf);
net.init();
net.setListeners(new ScoreIterationListener(1));  ◄─── WhitespaceAnalyzer를
while (iter.hasNext()) {  ◄───                          사용하여 제목 필드에
    net.fit(iter);  ◄───                               대한 쿼리 구문분석기 작성
}            데이터셋의 각 부분을          데이터셋의 내용을 대상으로
             가지고 망을 훈련한다.         삼아 반복 처리한다.
```

여러분은 훈련 중인 망에 의해 생성된 손실 값이 시간이 지남에 따라 꾸준히 감소하는지를 확인하려고 할 것이다. 이런 식으로 온전성 검사를 하는 게 바람직한데, 이는 신경망을 적절하게 구성했다면 손실 값이 꾸준히 줄어들기 때문이다. 다음 로그는 10회 이상 손실이 4,176건에서 3,490건으로 증가했음을 보여준다(물론, 이 과정에서 값이 늘었다가 줄었다가 하는 일도 벌어진다).

```
Score at iteration 46 is 4176.819462796047
Score at iteration 47 is 3445.1558312409256
Score at iteration 48 is 3930.8510119434372
Score at iteration 49 is 3368.7542747804177
Score at iteration 50 is 3839.2150762596357
Score at iteration 51 is 3212.1088334832025
Score at iteration 52 is 3785.1824493103672
Score at iteration 53 is 3104.690257065846
Score at iteration 54 is 3648.584794826596
Score at iteration 55 is 3064.9664614373564
Score at iteration 56 is 3490.8566755252486
```

그러한 점수나 손실에 대한 값을 더 많이 그려 낸다면(예를 들면 100개), 그림 3.11과 같은 것을 볼 수 있다.

몇 분간의 학습 후에 이 RNN에서 생성된 몇 가지 시퀀스(각각 50자)를 살펴보자.

- … o me a fool of s itter thou go A known that fig …
- … ou hepive beirel true; They truth fllowsus; and …
- … ot; suck you a lingerity again! That is abys. T …
- … old told thy denuless fress When now Majester s …

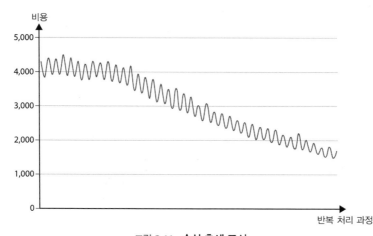

그림 3.11 **손실 추세 표시**

문법적으로 그다지 나쁜 건 아니라고 생각할 수도 있고 어떤 부분들은 심지어 말이 되기도 하지만, 그렇다고 해서 쿼리의 품질이 좋다고만 할 수 없다는 점을 분명히 알 수 있다. 이처럼 썩 좋지 않은 결과를 감안한다면, 여러분은 이 신경망을 사용해 최종 사용자용 자연어 쿼리를 생성할 생각은 접으려 할 것이다. 유사한 LSTM을 가진 셰익스피어 텍스트 생성의 한 예(하나의 숨겨진 반복 층 포함)를 DL4J 예제 프로젝트(https://mng.bz/7ew9)에서 찾을 수 있다.

RNN이 좋은 점 한 가지는 은닉 계층을 추가하면 때때로 생성된 결과의 정확도가 높아지는 것이 증명되었다는 것이다.[26] 즉, 충분한 데이터가 제공된다면 은닉 계층의 수를 늘릴수록 심층 RNN이 더 잘 작동할 수 있다는 말이다. 이 사용 사례에도 이런 측면이 적용되는지 확인해 볼 수 있게 은닉 계층이 두 개인 LSTM 망을 만들어 보자.

목록 3.5 **은닉 계층 두 개로 LSTM 구성**

```
MultiLayerConfiguration conf = new NeuralNetConfiguration.Builder()
        .list()
        .layer(0, new LSTM.Builder()
        .nIn(sequenceSize)
        .nOut(lstmLayerSize)
        .activation(Activation.TANH).build())
    .layer(1, new LSTM.Builder()  ←──  이 뷰 구성에서 첫 번째
        .nIn(lstmLayerSize)              구성과 동일한 두 번째 은닉
        .nOut(lstmLayerSize)             LSTM 계층을 추가한다.
        .activation(Activation.TANH).build())
    .layer(2, new RnnOutputLayer.Builder(LossFunctions.LossFunction.MCXENT)
        .activation(Activation.SOFTMAX)
        .nIn(lstmLayerSize)
        .nOut(sequenceSize).build())
    .backpropType(BackpropType.TruncatedBPTT)
        .tBPTTForwardLength(unrollSize).tBPTTBackwardLength(unrollSize)
    .build();
```

이렇게 구성해서 신경망을 훈련하더라도 똑같은 데이터셋을 사용하고 있으므로 훈련용 코드를 바꿀 필요는 없다. 훈련된 망에서 출력 텍스트를 생성하는 방법을 기록해 두자. 이 코드가 RNN을 나타내므로 DL4J API인 network.rnnTimeStep(INDArray)을 사용할 텐데 이 API는 입력 벡터를 가져오고, RNN의 이전 상태를 사용하여 출력 벡터를 생성한 다음, RNN 상태를 갱신한다. rnnTimeStep에 대한 추가 호출은 이전에 저장된 내부 상태를 사용하여 출력을 생성한다.

---

26 ⟨How to Construct Deep Recurrent Neural Networks⟩(Razvan Pascanu et al., April 24, 2014) https://arxiv.org/abs/1312.6026

앞에서 논의한 바와 같이 이 RNN에 대한 입력은 각각 원핫인코딩 방식으로 표현되는 일련의 문자들이다. 셰익스피어 작품을 이루고 있는 본문(텍스트)에는 255개의 독특한 문자들이 들어 있으므로 값을 1로 나타낸 문자를 제외한 나머지 문자의 값을 모두 0으로 처리해 구성한, 크기가 255인 벡터로 표현할 수 있다. 이 벡터의 각 위치가 특정 문자를 나타내므로 벡터 값 중에 특정 위치의 값만 1로 설정한다면 이 입력 벡터가 특정 문자를 나타내는 셈이 된다. 출력 계층에서 활성 함수로 소프트맥스(softmax)를 사용하므로 RNN이 생성한 출력은 입력의 확률 분포가 된다. 그러한 분포는 해당 입력 문자(및 RNN 계층에 저장된 정보에 따라 이전 입력)에 대응해 생성될 가능성이 더 높은 문자를 알려 줄 것이다. 확률분포(probability distribution)라고 하는 것은 있음직한 문자를 모두 출력해 내는 수학 함수와 유사한 것이기는 하지만, 특정 문자의 출력 확률이 그 밖의 것들보다 유난히 크다는 점이 다르다. 예를 들어, 'my name is Yoda'라는 문장에 대해 훈련된 RNN에 의해 생성된 벡터에서, 선행 문자가 m이었다면 이에 이어서 생성될 후행 문자가 y일 가능성이 n일 가능성보다 크다는 점을 확률분포로 나타낸다는 말이다(따라서 시퀀스 my는 mn보다 더 가능성이 있다). 그러한 확률분포는 출력 문자를 생성하는 데 사용된다.

먼저 초기화 문자 시퀀스(예: 사용자 쿼리)를 문자 벡터 시퀀스로 변환하자.

목록 3.6 문자 시퀀스 수신 문자열

```
INDArray input = Nd4j.zeros(sequenceSize,          필요한 크기의 입력 벡터를
    initialization.length());                       생성한다.
char[] init = initialization.toCharArray();
for (int i = 0; i < init.length; i++) {            입력 시퀀스의 각 문자를
                                                    반복한다.

    int idx = characterIterator.convertCharacterToIndex( init[i]);    각 문자의 색인
                                                                      가져오기
    input.putScalar(new int[] {idx, i}, 1.0f);      'index' 위치에 있는 값을
}                                                   1로 설정하여 각 문자에 대해
                                                    원핫인코딩이 된 벡터를 만든다.
```

각 문자 벡터를 생성되는 분포에서 표본추출(가능성 있는 결과를 추출)해 문자 확률에 대한 출력 벡터를 생성하고 실제 문자로 변환하자.

```
                                                    지정된 입력 문자(벡터)에
                                                    대한 확률분포를 예측한다.
INDArray output = network.rnnTimeStep(input);

int sampledCharacterIdx = sampleFromDistribution(output);    생성된 분포로부터 가능성 있는
                                                             문자를 표본으로 삼는다.
char c = characterIterator.convertIndexToCharacter(
    sampledCharacterIdx);                           표본추출된 문자의 색인을
                                                    실제 문자로 변환한다.
```

셰익스피어 텍스트에서 임의의 문자로 입력 시퀀스를 초기화한 다음, RNN이 후속 문자를 생성한다. 텍스트 생성 부분을 담당하는 은닉 LSTM 계층이 두 개 있으면 더 나은 결과를 얻을 수 있음을 알 수 있다.

- … ou for Sir Cathar Will I have in Lewfork what lies …

- … , like end. OTHELLO. I speak on, come go'ds, and …

- … , we have berowire to my years sword; And more …

- … Oh! nor he did he see our strengh …

- … WARDEER. This graver lord. CAMILL. Would I am be …

- … WALD. Husky so shall we have said? MACBETH. She h …

우리가 예상한 대로 이번에 생성된 텍스트는 은닉 계층이 하나였던 첫 번째 LSTM이 생성한 텍스트보다 더 정확해 보인다. 그렇다면 은닉 LSTM 계층을 더 추가하면 어떻게 될까? 결과가 더 나아질까? 이 텍스트 생성 사례를 위한 완벽한 망에는 몇 개의 은닉 계층이 있어야 하는가? 세 개의 LSTM 은닉 계층이 있는 망을 통해 예제를 시도하면 첫 번째 질문에 쉽게 대답할 수 있다. 두 번째 질문에 대한 정확한 답변을 도출하기는 더 어렵고, 어쩌면 불가능할 수도 있다. 최적의 아키텍처와 망 설정을 찾는 과정은 복잡하다. 이번 장의 끝 부분에서 프로덕션 과정에서 RNN을 사용하는 일에 대해 이야기할 때 RNN을 더 자세히 살펴볼 수 있다.

이전과 동일한 구성을 사용하지만, 은닉 LSTM 계층을 추가로(세 번째로) 사용하는 경우에 샘플은 다음과 같다.

- … J3K. Why, the saunt thou his died There is hast …

- … RICHERS. Ha, she will travel, Kate. Make you about …

- … or beyond There the own smag; know it is that l …

- … or him stepping I saw, above a world's best fly …

신경망에서 설정한 파라미터(계층 크기, 시퀀스 크기, 펼침 크기 등)를 감안할 때 네 번째 은닉 LSTM 계층을 추가한다고 해도 결과가 개선되지는 않을 것이다. 사실 그것들이 다소 더 나쁜 (예를 들면, '… CHOPY. Wencome. My lord 'tM times our mabultion …') 경우일 수 있다. 계층을 더 할수록 망의 성능이 더 좋아지기는 하지만 그만큼 복잡성도 커지기 때문이다. 훈련에는 더욱 더 많은 시간과 데이터가 필요하다. 때로는 은닉 계층을 추가한다고 해도 결과가 더 나아지지 않는 경우도 있다. 9장에서는 컴퓨팅 리소스(CPU, 데이터, 시간)와 실제 결과의 정확도 간에 균형을 잡기 위한 몇 가지 기법을 살펴보겠다.

3.4.1 비지도 쿼리 확장

LSTM을 기반으로 하는 RNN이 문학 텍스트의 경우에 어떻게 작동하는지 살펴보았으니 망을 구성해 대안 쿼리를 생성해 보자. 문학 작품 사례에서 여러분은 RNN(비지도학습을 하는 RNN)에 텍스트를 전달했다. 이것이 망이 어떻게 작동하는지 이해하고 시각화하는 가장 간단한 방법이었기 때문이다. 이제 쿼리 확장을 위해 이와 동일한 접근 방식을 사용하는 경우를 살펴보자. 실제 정보 검색 시스템의 쿼리를 포함하는 web09-bst 데이터셋(https://boston.lti.cs.cmu.edu/Data/web08-bst/planning.html)처럼 공개적으로 사용할 수 있는 리소스에서 사용해 볼 수 있다. 여러분은 RNN이 검색 로그에 있는 쿼리와 비슷한 쿼리를 생성하는 방법을 학습할 것이라고 기대하고 있다. 따라서 데이터 준비 작업은 검색 로그에서 모든 쿼리를 가져와서 차례로 단일 파일로 작성한다.

쿼리 로그에서 발췌한 내용은 다음과 같다.

```
query:{"artificial intelligence"}, results:{
    size=10, ids:["doc1","doc5", ...]}     ◄────  쿼리 부분은 'artificial
query:{"books about AI"}, results:{               intelligence'로 구성되어 있다.
    size=1, ids:["doc5"]}
query:{"artificial intelligence hype"}, results:{  쿼리 부분은 'books about AI'로
    size=3, ids:["doc1","doc8", ...]}               구성된다.
query:{"covfefe"}, results:{size=100, ids:["doc113","doc588", ...]}
query:{"latest trends"}, results:{size=15, ids:["doc113","doc23", ...]}
...
```

각 행의 쿼리 부분만 사용해 다음과 같은 텍스트 파일을 얻을 수 있다.

```
artificial intelligence
books about AI
artificial intelligence hype
covfefe
latest trends
...
```

일단 텍스트 파일을 지니게 되면 여러분은 해당 파일을 이전 절에서 설명한 것과 같은 LSTM 망으로 전달할 수 있다. 다양한 제약 조건에 따라 은닉 계층의 개수가 달라지겠지만, 보통 두

개 정도로 시작하면 좋다. 그림 3.1의 그래프에서 볼 수 있듯이 여러분은 쿼리 확장 알고리즘을 쿼리 분석기에 구축하게 될 것이고, 따라서 사용자는 대안 쿼리 생성에 노출되지 않는다. 이 예제를 위해 여러분은 루씬 쿼리 파서를 확장하게 될 텐데 이 파서는 문자열(이 경우에 사용자가 입력한 쿼리)에서 루씬 쿼리를 작성하는 역할을 한다.

목록 3.7 대안 쿼리 확장을 위한 루씬 쿼리 파서

```
public class AltQueriesQueryParser       쿼리 파서는 문자열로 루씬 색인을 실행할
    extends QueryParser {                파싱 처리를 한 쿼리로 변환한다.

                                                       사용자 지정 쿼리 파서에서 대안
                                                       쿼리를 생성하는 데 사용되는 RNN
  private final MultiLayerNetwork rnn;
  private CharacterIterator characterIterator;

  public AltQueriesQueryParser(String field, Analyzer a,
      MultiLayerNetwork rnn, CharacterIterator characterIterator) {
    super(field, a);
    this.rnn = rnn;
    this.characterIterator = characterIterator;
  }
                                        원래 사용자가 입력한 쿼리 및 RNN에서
                                        생성한 선택적 쿼리를 포함하도록 루씬
  @Override                             Boolean 쿼리 초기화
  public Query parse(String query) throws ParseException {
    BooleanQuery.Builder builder =
        new BooleanQuery.Builder();
    builder.add(new BooleanClause(super.parse(
        query), BooleanClause.Occur.MUST));     사용자가 입력한 쿼리에 대한 필수
                                                구절을 추가한다(이 쿼리에 대한
                                                결과를 표시해야 함).
    String[] samples = sampleFromNetwork(query);
                                                RNN에서 추가 쿼리로 사용할
                                                일부 샘플을 생성한다.
    for (String sample : samples) {
      builder.add(new BooleanClause(super.parse(
        sample), BooleanClause.Occur.SHOULD));
    }                                           RNN에서 생성된 텍스트를
                                                구문분석해 선택적 구절로
                                                포함한다.
    return builder.build();
  }                            사용자가 입력한 쿼리 및 RNN
                              생성 쿼리의 조합으로 최종 쿼리를
                              빌드해 반환한다.
  private String[] sampleFromNetwork(String query) {
    // "마법"이 펼쳐지는 곳...
  }                            이 메서드는 셰익스피어의 예에서 그랬던
}                              것처럼 쿼리를 인코딩하고, RNN 예측을 하고,
                              디코딩한 내용을 새 쿼리로 출력한다.
```

여러분은 RNN을 사용하여 쿼리 분석기를 초기화하고 원래 쿼리에 추가된 선택적 조항에 추가되는 여러 대안 쿼리를 작성한다. 원래 쿼리에서 새로운 쿼리 문자열을 생성하는 코드 부분에 모든 기교가 숨어 있다.

RNN은 사용자가 입력한 쿼리를 입력으로 수신하고 새 쿼리를 출력으로 생성한다. 신경망은 벡터를 통해 '대화'가 되므로 텍스트 쿼리를 벡터로 변환해야 한다는 점을 기억하자. 여러분은 사용자가 입력한 쿼리를 이루고 있는 문자들에 대해 원핫인코딩을 수행한다. 입력 텍스트가 벡터로 변환되면 출력 쿼리를 한 번에 하나씩 표본추출할 수 있다. 셰익스피어 작품의 예를 돌아보면, 여러분은 다음과 같이 했다.

1. 사용자가 입력한 쿼리를 일련의 단일 인코딩 문자 벡터로 인코딩한다.

2. 이 시퀀스를 망에 공급한다.

3. 첫 번째 출력 문자 벡터를 가져와서 문자로 변환한 다음에 이렇게 생성된 문자를 다시 망에 공급한다.

4. 종료 문자가 발견될 때까지 이전 단계를 반복한다(예: 이 경우에 캐리지 리턴 문자).

사실, 이런 일들이 의미하는 바는 흔히 쓰는 용어 같은 것을 사용자가 쿼리하기 위해 입력했고 여러분이 이 쿼리를 RNN에 공급했다면, RNN이 관련 용어들을 보충해 쿼리를 '완성'할 수도 있다는 것이다. 흔히 쓰는 용어를 쿼리로 삼아 RNN에 공급하는 대신에 여러분이 완성된 쿼리처럼 보이는 것을 RNN에 공급한다면 검색 로그 안에서나 찾아 볼 법한 사용자 입력 쿼리와 비슷한 쿼리를 RNN이 생성할 수도 있다는 의미이기도 하다. 이 모든 것이 제대로 되었다면 여러분은 다음과 같이 설정해 대안 쿼리를 생성할 수 있다.

목록 3.8 은닉 계층이 두 개인 LSTM을 사용해 AltQueriesQueryParser 시도해 보기

```
int lstmLayerSize = 150;        ←── LSTM 계층의 크기
int miniBatchSize = 10;         ←── 미니 배치에 넣을 사례 개수      RNN이 새 입력 시퀀스 생성을
int exampleLength = 50;         ←─                                학습하도록 하는 각 입력 시퀀스 길이
int tbpttLength = 40;           ←─
                                                                           펼침 크기(시간 경과에 따른
int epochs = 1;                                                            역전파의 파라미터)
int noOfHiddenLayers = 2;                        동일한 데이터가
double learningRate = 0.1        RNN 망 내의       RNN을 반복해야 하는 횟수
                                  은닉 LSTM 개수
                                 경사 하강 학습 속도
String file = getClass().getResource("/queries.txt")
    .getFile();    ←── 쿼리를 담고 있는 원본 파일
CharacterIterator iter = new CharacterIterator(file,
    miniBatchSize, exampleLength);   ←─    쿼리가 포함된 파일의 텍스트
                                            문자 위에 반복자 작성
MultiLayerNetwork net = NeuralNetworksUtils
        .trainLSTM(
    lstmLayerSize, tbpttLength, epochs, noOfHiddenLayers, iter, learningRate,
    WeightInit.XAVIER,     ←─
    Updater.RMSPROP,       ←─                                망 가중치를 초기화하는 데
    Activation.TANH,       ←── 은닉 계층에서 사용할 활성 함수    사용되는 알고리즘

                                                              경사 하강을 수행하는 동안
                                                              파라미터를 갱신하는 데
                                                              사용되는 알고리즘 갱신
```

```
        new ScoreIterationListener(10));  ←─────────────────────┐

Analyzer analyzer = new EnglishAnalyzer(null);  ←──────┐         │  10회 반복할 때마다 손실 값을
AltQueriesQueryParser altQueriesQueryParser =     쿼리 텍스트에서  │  출력하는 점수-반복 리스너
    new AltQueriesQueryParser("text",             항을 식별하는 데   │  설정(시간 경과에 따른 역전파)
        analyzer, net, iter);  ←──┐            사용되는 분석기
                              AltQueriesQueryParser
String[] queries = new String[] {"latest trends",   인스턴스화
    "covfefe", "concerts", "music events"};  ←── 몇 개의 샘플 쿼리 생성

for (String query : queries) {
    System.out.println(altQueriesQueryParser
        .parse(query));  ←──┐  사용자 정의 파서에 의해 생성된 대안
}                            쿼리를 프린트한다.
```

표준 출력에는 다음 내용이 포함될 것이다.

```
                                                        'latest trends(최신 동향)'라는 쿼리는
                                                        AI 관련 동향에 대한 보다 구체적인 쿼리로
latest trends -> (latest trends) about AI,              확장되어 AI 관련 결과를 촉진한다.
     (latest trends) about artificial intelligence  ←─┘

covfefe -> books about coffee  ←─────────┐   두 번째 쿼리는 이상하게 보이지만, RNN의
                                             관점에서 보면 그렇지 않다. 'covfefe'와 'coffee'를
concerts -> gigs in santa monica             구성하는 문자들은 거의 같고 비슷한 위치에 있다.
music events -> concerts in california  ←─┐
                                            'music events'에 대한 대안 쿼리는
                                            비슷하지만 더 구체적이다.
```

입력 쿼리 및 출력 쿼리 간에 공유되는 용어가 없다는 점에 유의하자.

첫 번째 대안 쿼리들은 원래 쿼리보다 더 특별한 것처럼 보이게 생성이 되기는 했어도 사용자가 정말 바라던 쿼리가 아닐 수도 있다. 여러분은 'latest trends'가 괄호 안에 있다는 것을 알수 있다. RNN은 문장을 완성하기 위해 'About AI'와 'About Intelligence'를 생성하고 있다. 'latest trends'에 대한 일반적인 질문을 할 경우 쿼리 파서는 더 이상 맥락이 제공되지 않는 경우(이 예에서 'latest trends'는 너무 일반적이다) 더 구체적인 버전의 쿼리를 생성하는 데 신중할 것이다. 여기서 첫 번째 쿼리에 대한 것과 같은 대안 쿼리를 원하지 않는 경우에 RNN에 완전히 새로운 쿼리를 생성하려고 시도해야 한다는 힌트를 주는 트릭을 사용할 수 있다. RNN에 제공하는 데이터는 한 번에 한 줄씩 시퀀스로 분할되며, 캐리지 리턴으로 구분되므로 여기서는 사용자가 입력한 쿼리의 끝에 캐리지 리턴 문자를 추가하는 것이 요령이다. RNN은 wordA wordB wordC CR(또는 더 정확히 말하면 그 사이에 때때로 화이트스페이스 문자가 있는 문자 스트림) 꼴로 된 시퀀스를 관측하는 데 사용되며, 여기에 나오는 CR이란 '캐리지 리턴'을 말한다. 암시적으로 CR 문자는 RNN에 텍스트 시퀀스 하나가 완성되었다는 점과 새로운 텍스트 시퀀스가

시작되고 있음을 알려 준다. 사용자가 입력한 쿼리 'latest trends'를 가져다가 쿼리 파서가 끝에 CR을 추가하도록 하면 RNN은 캐리지 리턴 문자에서 시작하는 새 시퀀스를 생성하려고 시도할 것이다. 이는 RNN이 원래 쿼리의 더 특별한 버전을 생성하기보다는 새로운 쿼리처럼 보일 만한 텍스트를 생성하는 편을 더 선호할 것이라는 점을 의미한다.

3.5 비지도 텍스트 생성에서 지도 텍스트 생성까지

대안 쿼리를 생성하기 위해 방금 살펴본 접근 방식도 좋은 것이기는 하지만, 여러분은 이보다 더 좋은 방식을 바랄 것이다. 이는 여러분이 최종 사용자의 삶을 바꾸는 도구를 제공하는 데 초점을 맞추고 있기 때문이다. 여러분은 검색 엔진이 이전보다 더 잘 작동하는지 확인하고 싶을 것이다. 그렇지 않으면 이 모든 노력이 무용지물이 되었을 것이다.

쿼리를 확장해 사용하는 예제에서는 RNN이 무엇을 학습하느냐에 따라 핵심 역할이 달라졌다. 여러분은 서로 직접 관련되어 있지 않은 사용자 쿼리가 많이 들어 있는 텍스트 파일을 가지고 RNN이 비지도학습을 수행하는 방법을 살펴보았다. 3.1.2에서는 또한 더 복잡한 대안을 말했으며, 특정 입력 쿼리와 관련하여 원하는 대안 쿼리를 가진 예를 만들었다.

이번 절에서는 두 가지 다른 알고리즘을 사용해 검색(예: 검색 로그 사용)을 위해 지도학습 방식의 텍스트 생성을 간략하게 소개하겠다.

3.5.1 시퀀스-투-시퀀스 모델링

여러분은 LSTM을 배웠고, 어떻게 그들이 시퀀스를 잘 다루는지 배웠다. 대안 쿼리를 작성하는 작업을 지도학습 방식으로 수행하려면 입력 시퀀스와 관련해 생성하기를 바라는 표적 시퀀스를 제공해야 한다. 데이터 준비를 논의한 3.1.2에서는 검색 로그에서 이를 도출해 훈련 사례를 얻을 수 있다는 것을 보았다.

따라서 'latest research in AI' → 'recent publications in artificial intelligence'와 같은 쌍이 있다면 그림 3.12와 같이 RNN 아키텍처에서 사용할 수 있다.

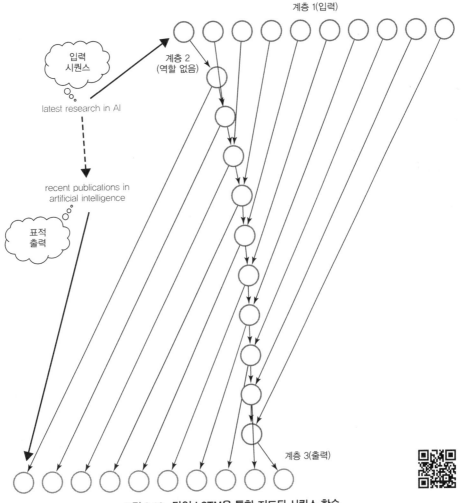

계층 1(입력)

입력
시퀀스

latest research in AI

계층 2
(역할 없음)

recent publications in
artificial intelligence

표적
출력

계층 3(출력)

그림 3.12 **단일 LSTM을 통한 지도된 시퀀스 학습**

그러한 입력/출력 쌍으로는 RNN(또는 LSTM)이 학습하기가 훨씬 더 어렵다. 이전의 비지도 접근법에서 망은 RNN이 입력 시퀀스를 재현하도록 가르치기 위해 시퀀스의 다음 문자를 생성하는 법을 배우고 있었다. 지도학습 시나리오에서 여러분은 대신에 입력 문자와 완전히 다를 수 있는 일련의 출력 문자를 생성하도록 신경망을 가르치려고 한다. 예를 하나 들어 보겠다. 입력 시퀀스 'last resea'를 가지고 있다면 다음 문자가 r이 될 것이라고 쉽게 추측할 수 있다. 학습되어야 할 RNN 출력 내용이 1개 문자보다 앞서 나타난다.

```
l -> a
la -> at
lat -> ate
late -> ates
lates -> atest
latest -> atest
latest -> atest r
latest r -> atest re
latest re -> atest res
latest res -> atest rese
latest rese -> atest resea
latest resea -> atest resear
```

한편, 'recent pub' 문장의 일부분을 표적 출력으로 삼으면 RNN은 다음과 같은 조치를 취해야 한다.

```
l -> r
la -> re
lat -> rec
late -> rece
lates -> recen
latest -> recent
latest -> recent
latest r -> recent p
latest re -> recent pu
latest res -> recent pub
latest rese -> recent publ
latest resea -> recent publi
```

이 작업은 분명히 훨씬 더 어렵기 때문에 필자는 이제 **시퀀스-투-시퀀스**(sequence-to-sequence, 즉 '순차 대 순차') 모델이라고 불리는 매혹적인 아키텍처를 소개하겠다. 이 아키텍처는 두 개의 LSTM 망을 사용한다.

- **인코더**(encoder, 즉 **부호기**)는 입력 시퀀스를 단어 벡터(문자가 아닌)의 시퀀스로 받아들인다. 이전 모델과 같은 확률분포를 생성하는 것이 아니라 LSTM의 마지막 은닉 상태에 해당하는 생각 벡터(thought vector)라는 출력 벡터를 생성한다.
- **디코더**(decoder, 즉 **복호기**)는 생각 벡터를 입력으로 간주하고, 출력 시퀀스를 표본추출하는 데 사용할 확률분포를 나타내는 출력 시퀀스를 생성한다.

이 아키텍처를 seq2seq라고도 부른다(그림 3.13). 기계 번역(특정 언어로 작성된 하나의 시퀀스를 다른 표적어의 해당 시퀀스로 변환)을 수행하기 위해 사용되기 때문에 7장에서 자세히 살펴보겠다. seq2seq는 또한 챗봇용 대화형 모델을 만드는 데 때때로 사용된다. 검색의 맥락에서 볼 때 흥미로운 점은 생각 벡터라는 개념, 즉 사용자의 의도를 벡터화한 표현이다. 이 분야에는 많은 연구가 이뤄지고 있다.[27] 생각 벡터라고 부르기는 하지만, RNN은 주어진 입력과 출력에 근거하여 학습한다. 입력이 쿼리이고 출력이 다른 쿼리인 경우라면 생각 벡터는 입력 쿼리를 출력 쿼리에 사상(mapping)할 수 있는 벡터로 볼 수 있다. 출력 쿼리가 입력 쿼리와 관련된 경우라면 생각 벡터는 사용자 의도의 분산 표현인 해당 입력 쿼리에서 관련 대안 쿼리가 생성될 수 있는 방법에 대한 정보를 인코딩한다.

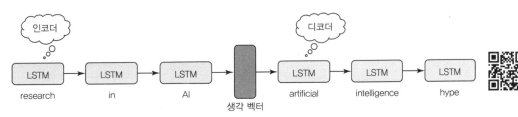

그림 3.13 **쿼리에 대한 시퀀스-투-시퀀스**

우리는 7장에서 시퀀스-투-시퀀스 모델을 자세히 살펴보게 될 텐데, 이 때문에 현재로서는 다음과 같은 두 가지 측정 기준을 기반으로 관련 입력 및 원하는 출력 쿼리가 검색 로그에서 추출된, 이전에 훈련한 seq2seq 모델을 사용할 것이다.

- 검색 로그에서 볼 수 있듯이, 입력 쿼리와 출력 쿼리가 얼마나 비슷한 시간에 실행되었는지 여부
- 입력 쿼리와 출력 쿼리가 각기 실행되었을 때 최소한 한 개 이상의 검색 결과가 동일하게 나오는지 여부

DL4J에서 여러분은 이전에 만든 이 모델을 파일 시스템에서 가져와 적재(load)한 다음에 이전에 정의된 AltQueriesQueryParser로 전달한다.

---

27 〈Skip-Thought Vectors〉(Ryan Kiros et al., June 22, 2015), https://arxiv.org/pdf/ 1506.06726v1.pdf. 〈Trimming and Improving Skip-thought Vectors〉(Shuai Tang et al., June 9, 2017), https://arxiv.org/abs/1706.03148; 〈The Consciousness Prior〉(Yoshua Bengio, September 25, 2017), https://arxiv.org/abs/1709.08568

```
MultiLayerNetwork net = ModelSerializer
    .restoreMultiLayerNetwork(
    "/path/to/seq2seq.zip"); ◄
AltQueriesQueryParser altQueriesQueryParser = new
    AltQueriesQueryParser("text", new
    EnglishAnalyzer(null), net, null); ◄
```

이전에 유지된 신경망 모델을 파일로부터 다시 가져와 적재한다.

AltQueries 구축 seq2seq 모델을 구현하는 신경망을 사용하는 QueryParser. 더 이상 CharacterIterator가 필요 없다는 점에 유의하자.

시퀀스-투-시퀀스 모델을 사용하려면 시퀀스 생성 방법을 변경해야 한다. 비지도 접근법에서는 출력 확률분포에서 문자를 표본추출했다. 이 경우에 단어 수준의 디코더 LSTM에서 시퀀스를 생성하자. 다음은 seq2seq 모델을 사용하는 AltQueryParser의 결과다.

```
museum of contemporary art chicago -> foundation ◄

joshua music festival -> houston monmouth ◄

mattel toys -> mexican yellow shoes ◄
```

이 결과가 처음에는 이상하게 보일지 모르지만, 실제로 시카고에는 현대 미술관을 위한 재단이 있다.

음악 이벤트에 대한 입력 쿼리는 (오리건에서 몬머스 축제가 열리기는 하지만) 다른 이벤트의 이름과 도시를 포함하는 쿼리를 생성한다.

아이들을 위한 장난감에 대한 쿼리가 멕시코의 노란 신발에 대한 쿼리를 낳는다. 크리스마스라면 이 결과는 바람직하다(노란 신발을 좋아할 수 있는 아이나 누군가에게는 선물인 셈이니까).

3.6 프로덕션 시스템에 대해 고려해야 할 점

RNN을 훈련하기가 지루했는데 LSTM을 훈련하는 일은 더 지루했다. 오늘날 우리는 DL4J와 같은 프레임워크를 CPU나 그래픽 처리 장치(GPU)에서 실행하거나 분산된 방식으로(예: 아파치 스파크를 통해) 실행할 수 있다. 텐서플로와 같은 다른 프레임워크에는 전용 하드웨어(텐서 처리 장치인 TPU 말이다!)가 있다. 하지만 잘 작동하도록 RNN을 설치하기가 쉽지 않다. 여러분의 데이터에 가장 적합한 모델을 고안하기 위해 여러 가지 다른 모델을 훈련해야 할 수도 있다. 한편으로, LSTM을 구성할 때에만 이론적인 제약이 있는 게 아니라 훈련하는 데 사용할 데이터도 테스트 시간에 무엇을 할 수 있는지를 정의해야 한다는 제약이 있다(예를 들면, 감을 잡기 힘든 쿼리에서 데이터를 사용할 때).

실제로도, 비지도학습 방식으로 접근할 때에 서로 다른 파라미터들의 각 값을 잘 설정하려면 몇 시간에 걸쳐서 시행 착오를 거쳐야 했다. LSTM(더 일반적으로 본다면 신경망)을 경험하게 될수록 이 과정에 걸리는 시간이 줄어든다. 예를 들어, 셰익스피어 사례에는 쿼리보다 훨씬 긴 시퀀스가 들어 있다. 《맥베스(Macbeth)》라는 작품에서 나온 줄의 길이가 300자에 이르는 경우도 있는 반면, 쿼리는 평균적으로 10자에서 50자 사이로 짧다. 그래서 셰익스피어 예제의 examplelength 파라미터(200)는 쿼리를 생성하는 학습에 사용된 것(50)보다 길다.

또한, 텍스트 내에 숨겨진 구조들도 고려하자. 셰익스피어 희극의 텍스트는 대개 '등장인물명: 지문 구두점 CR'과 같은 패턴을 보인다. 반면, 쿼리들은 캐리지 리턴이 뒤따라 나오는 단어 시퀀스일 뿐이다. 쿼리에는 RNN을 혼란스럽게 할 수 있는 'myspaceeee'와 같은 단어가 포함된 공식 문장과 비공식 문장이 모두 포함될 수 있다. 그래서 셰익스피어 텍스트는 좋은 결과를 주기 위해 한 개의 은닉 계층만 필요로 하는 반면, LSTM은 유용한 방법으로 실행하기 위해 적어도 두 개의 은닉 계층이 필요했다.

LSTM을 사용해 문자 단위 훈련을 수행할지, 아니면 시퀀스-투-시퀀스 모델을 사용해서 그렇게 할지 여부는 무엇보다도 여러분이 지닌 데이터에 달려 있다. 좋은 학습 예제를 생성할 수 없는 경우에(출력 쿼리가 입력 쿼리의 다른 대안인 경우에) 비지도 방법으로 접근해야 한다. 아키텍처 또한 더 가벼워지고, 훈련에는 시간이 덜 걸릴 것 같다.

훈련 중 손실 값을 추적해 지속적으로 감소하고 있는지 확인하는 일도 꼭 해야 한다. 여러분은 비지도학습 방식으로 LSTM을 훈련하면서 ScoreIterationListener가 출력한 값을 표시하는 식으로, 발생하는 손실을 그래프로 나타내 보았다. 훈련이 잘 되고 있는지 확인하려면 이렇게 하는 것이 좋다. 손실이 0에서 멀리 떨어진 값에서 증가하거나 감소하는 것을 멈추면 여러분은 아마도 망 파라미터를 조정할 필요가 있을 것이다.

가장 중요한 파라미터는 학습 속도다. 이 값(일반적으로 0에서 1 사이)은 오차가 낮은 지점을 향해 경사 하강 알고리즘이 언덕을 내려갈 때의 속도를 결정한다. 학습 속도가 너무 높으면(0.9에 가까우면) 손실이 분산되기 시작한다(무한으로 증가). 대신에 학습 속도가 너무 낮은 경우라면(0에 근접하는 경우, 예를 들면 0.0000001에 가까울 경우라면) 경사 하강이 낮은 오차를 가진 지점에 도달하는 데 너무 오래 걸릴 수 있다.

요약

- 신경망은 심지어 텍스트를 자연어 형태로 생성하는 법도 학습할 수 있다. 더 나은 검색 결과를 제공하기 위해 사용자가 입력한 쿼리와 함께 실행되는 쿼리를 자동으로 생성하는 데는 이것이 유용하다.

- 재귀 신경망은 텍스트 생성 작업에 도움이 되는데 이는 텍스트에 있는 긴 시퀀스조차도 잘 처리할 수 있기 때문이다.

- 장단기 기억망(LSTM)은 장기 의존성을 다룰 수 있게 재귀 신경망(RNN)을 보강한 것이다. 문장 내에서 관련 개념이나 단어가 서로 떨어져 있는 정도가 중요한 거리 척도가 될 수 있는 자연 언어 텍스트를 처리할 때는 LSTM이 일반적인 RNN보다 더 잘 작동한다.

- 큰 데이터셋이나 복잡한 패턴을 처리하기 위해 더 많은 계산 능력이 필요할 때는 신경망의 계층을 더 깊게 하는 게 좋다.

- 때로는 신경망이 출력을 어떤 식으로 생성하는지를 자세히 살펴보는 것이 좋을 때가 있다. (CR 기법과 같은) 약간의 조정만으로도 결과의 품질을 변화시킬 수 있다.

- 시퀀스-투-시퀀스 모델 및 생각 벡터는 지도학습 방식으로 텍스트 시퀀스를 생성하게 하기 위한 강력한 도구다.

4

그럴듯한 쿼리들 제안하기

이번 장에서 다루는 내용

- 제안할 쿼리를 작성하기 위한 일반적 접근 방식
- 문자 수준 신경 언어 모델
- 신경망 내의 조율 파라미터

이제까지 신경망의 기초를 다루었고, 이 망들을 위한 얕은 아키텍처와 깊은 아키텍처를 구축하는 일을 살펴보았다. 실용적인 측면에서 보면 여러분은 이제 검색 엔진에 신경망을 통합해 동의어 확장과 대안 쿼리 생성이라는 두 가지 핵심 기능으로 검색 엔진을 보강하는 방법을 알게 되었다. 이 두 가지 기능 모두 검색 엔진에서 작동해 더 똑똑한 검색 엔진이 되게 함으로써 검색 엔진이 사용자에게 더 나은 검색 결과를 제공하게 한다. 하지만 여러분은 질문 자체의 표현을 개선하기 위해 무엇을 할 수 있는가? 특히, 사용자가 더 나은 쿼리(사용자가 원하는 결과와 가장 근접한 결과를 제공하는 쿼리)를 작성하는 데 도움이 되는 작업을 할 수 있는가?

당연히 그렇다고 대답할 수 있다. 쿼리를 입력할 때 검색 엔진이 무언가를 제시하는 것을 여러 번 본 적이 있을 것이다. 이 자동 완성 기능은 의미 있는 쿼리를 구성할 수 있는 단어나 문장을 제안함으로써 쿼리 처리 과정의 속도를 높이도록 설계되었다. 예를 들어, 사용자가 'boo'를 입력하기 시작하면 자동 완성 기능은 'book'과 같은 식으로 단어의 나머지 부분을 제공하거나 'boo'로 시작하는 전체 문장을 'books about deep learning(딥러닝에 관한 책)'처럼 제공할 수 있다. 사용자가 쿼리를 작성할 때 도움을 주면 작업 속도를 높일 수 있고, 오탈자와 비슷한 오류를 피하게 할 수 있다. 게다가 이 기능을 동원하면 사용자가 더 나은 쿼리를 작성하는 데 도움이 되는 힌트를 검색 엔진에서 제공하게 할 수도 있다. 이러한 힌트는 사용자가 작성한 특정 쿼리의 문맥에서 의미가 있는 단어 또는 문장이다. 'book'과 'boomerang'이라는 단어는 'boo'라는 접두어를 공유하기 때문에 사용자가 'boo'를 입력하기 시작하면 검색 엔진에서 'book' 또는 'boomerang' 중 하나를 선택해 쿼리를 완료하도록 제안할 수 있다. 하지만 사용자가 'big parks where I can play boo(내가 …로 놀 만큼 큰 공원)'를 입력한다면 'boomerang(부메랑)'을 제안하는 편이 'book'을 제안하는 경우보다 더 말이 될 것이 분명하다.

이러한 힌트를 생성해 내는 자동 완성 기능은 검색 엔진의 효과에도 영향을 미친다. 검색 엔진이 'big parks where I can play boomerang(부메랑 놀이를 할 수 있는 큰 공원)'이 아니라 'big parks where I can play book(책 놀이를 할 수 있는 큰 공원)'을 제안했다고 상상해 보라. 이 제안을 쿼리로 쓴다면 확실히 관련 검색 결과가 덜 나올 것이다.

제안 사항들은 또한 검색 엔진에 어떤 쿼리보다도 더 특정 쿼리(따라서 일치해야 할 문서)를 선호할 수 있는 기회를 준다. 예를 들어, 이 기능을 마케팅에 유용할 수 있다. 전자상거래 웹사이트 검색 엔진의 주인이 부메랑보다 책을 더 많이 팔기 원한다면 그들은 'big parks where I can play boomerang'이 아니라 'big parks where I can play book'을 제안하고 싶을 것이다. 사용자가 가장 자주 찾는 주제를 알고 있는 경우에 반복적인 주제와 관련된 용어를 더 자주 제안하고 싶을 수 있다.

자동 완성 기능은 검색 엔진에서 흔히 볼 수 있으므로 이 기능을 구현하는 알고리즘은 이미 넘칠 만큼 있다. 이런 상황에서 신경망이 어떻게 도움이 될까? 한마디로 말하면 민감도. **민감한**(sensitive, 즉 '센스 있는') 제안이란 사용자가 무엇을 찾고 있는지를 정확히 이해해 관련 결과를 제공할 가능성이 높은 방식으로 쿼리를 수정하는 일을 말한다. 이번 장에서는 신경망에 관해 배운 내용을 바탕으로 더 민감한 제안을 만들어 내도록 할 것이다.

4.1 쿼리 제안 생성

3장에서 보면 심층 신경망은 사람이 쓴 것처럼 보이는 텍스트의 생성 방법을 배울 수 있다는 것을 알 수 있다. 여러분은 대안 쿼리를 생성할 때 이것을 본 적이 있다. 이제 여러분은 이러한 신경망을 사용하고 확장하는 방법을 알게 될 것이다. 그러므로 더 강력하고 민감한 쿼리 제안을 생성하여 자동 완성을 위해 현재 널리 사용되는 알고리즘보다 성능이 뛰어나게 할 수 있다.

4.1.1 쿼리 작성 중에 제안하기

2장에서는 정확한 노래 제목을 모르는 사용자를 위해 검색 엔진이 사용자를 도와 노래 가사를 찾게 해주는 일반적인 시나리오를 다뤘다. 이와 같은 상황인 경우에서 우리는 동의어 확장 기법을 소개했는데, 이 기법을 바탕으로 word2vec 알고리즘을 사용하면 사용자가 'music is my aircraft'처럼 불완전하거나 부정확한 쿼리를 입력하더라도 'music is my aeroplane'처럼 정확한 정보로 고칠 수 있다. 동의어 확장은 유용한 기술이지만, 사용자가 쿼리를 타자해 넣는 동안 올바른 단어를 제안함으로써 노래 후렴구가 'music is my aircraft'가 아니라 'music is my aeroplane'이라는 것을 사용자가 기억하게 하는 일처럼 간단한 경우에도 도움이 될 수 있는 기술이다. 사용자가 'aircraft'가 올바른 단어가 아니라는 것을 이미 알고 있다는 점에서 여러분은 사용자가 부분적으로만 최적인(suboptimal) 쿼리를 실행하는 일을 예방할 수 있다.

우수한 자동 알고리즘은 다음과 같은 두 가지 이점을 얻을 수 있다.

- 결과가 적거나 0인 쿼리 수 감소(재현율에 영향을 미침)
- 연관도가 낮은 쿼리 수 감소(정밀도에 영향을 미침)

제안기(suggester) 알고리즘이 좋으면 색인된 데이터에서 전혀 발생하지 않은 단어나 용어가 출력되지 않는다. 이는 그러한 알고리즘이 제안한 용어를 사용한 쿼리가 결과를 반환하지 않을 가능성이 낮다는 것을 의미한다. 'music is my aircraft'의 예를 생각해 보자. 동의어 확장을 사용하도록 설정하지 않으면 이러한 용어가 모두 포함된 노래가 없을 수 있다. 따라서 최상의 결과에는 사용자의 정보 요구와 연관도가 낮은 (따라서 **점수**가 낮은) 'music'과 'my', 또는 'my'와 'aircraft'가 포함된다. 이상적으로 보면 사용자가 'music is my'를 입력한다면 검색 엔진이 이미 본(색인화된) 적이 있는 문장이므로 제안기 알고리즘은 'aeroplane'을 단서로 제공해야 한다.

효과적인 제안들을 도출하는 데 핵심적인 역할을 하는 요점을 방금 언급했는데, 그 요점이란 바로 '제안이 어디에서 비롯되는가?'를 말한다. 가장 일반적으로는 다음과 같은 곳에서 유래한다.

- 제안에 사용할 단어 또는 문장의 정적(수작업) 사전
- 이전에 입력한 쿼리 이력(예: 쿼리 로그에서 가져온 쿼리)
- 문서의 다양한 부분(제목, 기본 텍스트 내용, 작성자 등)에서 가져온 색인화된 문서

이번 장의 나머지 부분에서는 정보 검색 및 자연어 처리(NLP) 분야에 공통된 기술을 사용하여 이러한 출처에서 제안 내용을 획득하는 방법을 탐색한다. 또한, 신경망을 통해 구현된 오랜 NLP 기술인 신경망 언어 모델을 기반으로 한 제안기들과 어떻게 비교할 수 있는지를 결과의 특징과 정확도라는 측면에서 따져 볼 수 있을 것이다.

4.1.2 사전 기반 제안

검색 엔진에 많은 수작업 알고리즘이 필요했던 옛날, 일반적인 접근법은 사용자들이 쿼리를 입력하는 데 도움이 될 수 있는 단어 사전을 만드는 것이었다. 그러한 사전들(dictionaries)은 대개 그 특정 영역과 밀접한 관련이 있는 주요 개념을 나타내는 핵심 단어만을 포함하고 있었다. 예를 들어, 악기를 파는 가게의 검색 엔진은 '기타', '베이스', '드럼', '피아노'와 같은 용어가 들어 있는 사전을 사용했을 수도 있다. 사전을 손으로 편찬해서 모든 관련 영어 단어들로 채우기는 무척 어려웠을 것이다. 대신 쿼리 로그를 본다거나 사용자가 입력한 쿼리를 가져온다거나 자주 사용되는 1천 개(예를 들면)의 용어 목록을 추출하는 식으로 이러한 사전을 그 자체적으로 형성하게 할 수 있다(예를 들면, 스크립트를 사용해서). 이렇게 하면 빈도 문턱값을 사용해 사전에서 철자가 틀린 단어를 피할 수 있다(대부분 오타가 없는 쿼리를 입력하려고 한다). 이런 시나리오를 가정할 때 사전은 여전히 쿼리 기록 기반 제안을 가져올 수 있는 좋은 자원이 될 수 있다. 이 데이터를 사용해 동일한 쿼리 또는 쿼리의 일부를 제안할 수 있다.

이전 쿼리에서 비롯된 용어를 바탕으로 삼아 루씬 API를 사용하여 사전 기반 제안기를 작성해 보겠다. 이번 장에서는 다양한 출처와 제안 알고리즘을 사용해 이 API를 구현해 볼 텐데 이를 통해 여러분은 사용 사례에 따라 이를 비교하고 선택할 API를 평가할 수 있다.

4.2 루씬 룩업 API

아파치 루씬의 Lookup이라는 API에는 제안 기능과 자동 완성 기능이 들어 있다(https://mng.bz/zM0a). 룩업(lookup, 또는 조회)의 수명주기에는 대개 다음과 같은 단계가 포함된다.

- **구성(build):** 룩업은 데이터 원본(예: 사전)에서 작성된다.
- **룩업(lookup):** 룩업은 일련의 문자(및 일부 다른 선택적 파라미터)에 기초한 제안을 제공하는 데 사용된다.

- **재구성(rebuild)**: 제안에 사용할 데이터가 갱신되거나 새 출처를 사용해야 하는 경우에 룩업이 다시 작성된다.
- **저장 및 적재(store and load)**: 룩업이 계속 유지되고(예: 향후 재사용을 위해) 적재된다.

사전을 이용해서 룩업을 하자. 검색 엔진 로그를 기록할 때 만들어진, 이전에 입력한 쿼리가 1천 개 들어 있는 파일을 사용하자. queries.txt 파일은 한 줄에 하나의 쿼리로 다음과 같다.

```
...
popular quizzes
music downloads
music lyrics
outerspace bedroom
high school musical sound track
listen to high school musical soundtrack
...
```

이 일반 텍스트 파일에서 사전을 작성해 Lookup에 전달해 사전 기반 제안기를 만들 수 있다.

```
Lookup lookup = new JaspellLookup();     ◁── 룩업 인스턴스화

Path path = Paths.get("queries.txt");    ◁── 쿼리가 들어 있는 입력 파일을
                                             찾는다(한 줄에 하나씩).
Dictionary dictionary = new
    PlainTextDictionary(path);           ◁── 쿼리 파일에서 읽는 일반 텍스트
                                             딕셔너리를 만든다.
lookup.build(dictionary);                ◁── 딕셔너리의 데이터를 사용해 룩업을
                                             작성한다.
```

보다시피 JaspellLookup이라는 룩업 구현은 **삼분 검색 트리**(ternary search tree, TST)[28]에 기반을 두고 있으며, 과거의 쿼리가 수록된 사전으로부터 데이터를 공급받는다. 그림 4.1과 같은 삼분 검색 트리(https://en.wikipedia.org/wiki/Ternary_search_tree)는 나무 모양을 재현하는 방식으로 문자열을 저장하는 데이터 구조. TST는 트라이(trie)라고도 부르는 **접두사 트리**(prefix tree)의 특별한 유형으로, 트리의 각 노드는 문자를 나타내고, 최대 세 개의 하위 노드를 가진다.

---

28 [옮긴이] 3원 검색 트리, 3항 검색 트리 등으로도 부른다. 2진 검색 트리 또는 2항 검색 트리라고도 부르는 이분 검색 트리(binary search tree) 알고리즘도 함께 참고하면 이해하는 데 도움이 된다.

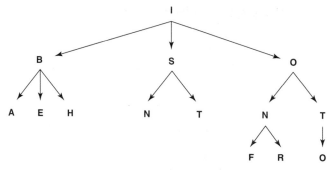

그림 4.1 삼분 검색 트리

이러한 데이터 구조는 특정 접두사를 가진 문자열을 검색할 때 속도 면에서 효율적이기 때문에 자동 완성 시에 특히 유용하다. 그렇기 때문에 접두사 트리가 자동 완성이라는 맥락에서 이용되는 경우가 많은데, 사용자가 'mu'를 검색함에 따라 트리는 'mu'로 시작하는 트리의 모든 줄을 효율적으로 반환할 수 있다.

첫 번째 제안기를 구축했으니 이제 어떻게 작동하는지 보자. 검색 엔진의 사용자 인터페이스에서 사용자가 쿼리를 입력해 넣는 방법을 시뮬레이션해 'music is my aircraft'라는 쿼리를 점차 더 큰 시퀀스가 되게 나누고, 제안 사항을 얻기 위해 룩업으로 전달한다. 'm', 'mu', 'mus', 'musi', 'musi' 등으로 시작해서 과거의 쿼리를 바탕으로 어떤 결과를 얻는지 살펴보게 될 것이다. 이러한 **증분적 입력**(incremental inputs)을 생성하려면 다음 코드를 사용하자.

```
List<String> inputs = new LinkedList<>();
for (int i = 1; i < input.length(); i++) {
    inputs.add(input.substring(0, i)); ⟵
}
```

각 단계는 종료 지수 i가
더 큰 원래 입력의 하위
문자열을 만든다.

루씬의 Lookup#lookup이라는 API는 일련의 문자(질문을 입력하는 사용자의 입력)와 더 인기 있는 제안(예: 사전에서 더 자주 발견되는 문자열)만 원하는 경우에, 검색해야 할 최대 제안 수 등 몇 가지 다른 파라미터를 허용한다. 증분 입력 목록을 사용해 각 하위 문자열에 대한 제안을 생성할 수 있다.

```
List<Lookup.LookupResult> lookupResults = lookup.lookup(substring, false, 2);
```

Lookup을 사용해 빈도에 관계없이 주어진 하위
문자열(예: 'mu')에 대해 최대 두 가지 결과를
얻는다(예: 'morePopular'가 false로 설정됨).

여러분은 제안된 문자열인 key와 제안된 가중치인 value로 구성된 LookupResults의 List를 얻을 수 있는데, 이 가중치는 제안기 구현이 관련 문자열을 얼마나 목적에 적합한지 그리고 자주 생각하는지를 나타내는 척도로 생각할 수 있으므로 사용된 룩업 구현에 따라 그 값이 달라질 수 있다. 각 제안 결과를 가중치와 함께 보여주자.

```java
for (Lookup.LookupResult result : lookupResults) {
    System.out.println("--> " + result.key + "(" + result.value + ")");
}
```

'music is my aircraft'의 생성되는 모든 문자열을 제안기에게 전달하면 그 결과는 다음과 같다.

```
'm'
--> m
--> m &
----
'mu'
--> mu
--> mu alumni events
----
'mus'
--> musak
--> musc
----
'musi'
--> musi
--> musi for wish you could see me now
----
'music'
--> music
--> music &dvd whereeaglesdare
----
'music '
--> music &dvd whereeaglesdare
--> music - mfs curtains up
----
'music i'
--> music i can download for free no credit cards and music parental advisory
--> music in atlanta
----
'music is'
----
... ⟵┤ 더 이상 제안할 내용이 없음
```

'music i'를 넘어서는 입력에 대한 제안이 없다. 별로 좋지 않다. 그 이유는 여러분이 단지 전체 쿼리 문자열을 기반으로 검색을 구축했기 때문이다. 여러분은 그러한 행을 작은 텍스트 단위로 분할할 수 있는 수단을 제공하지 않았다. 룩업은 'music'으로 시작된 이전에 입력한 검색어가 없으므로 'music' 다음에 'is'를 제안할 수 없었다. 이는 유의한 한계점이다. 반면, 이러한 종류의 제안은 연대기적인 자동 완성 시 유용한데, 사용자가 새로운 쿼리를 입력하기 시작하면 자신이 이전에 입력한 적이 있던 쿼리를 바로 볼 수 있기 때문이다. 예를 들어, 사용자가 일주일 전에 실행한 것과 동일한 쿼리를 실행한 경우에 이전에 입력한 쿼리 사전을 구현 부분에 사용한다면 해당 쿼리가 제안 내용으로 표시된다.

하지만 더 많은 것을 원하는 경우라면 다음과 같이 한다.

- 사용자가 과거에 입력했던 문자열 전체뿐만 아니라 과거의 쿼리(예: '음악', 'is', 'my' 및 'aircraft')를 구성한 단어를 제안한다.
- 사용자가 이전에 입력한 검색어의 중간에 있는 단어를 입력하는 경우에도 검색어 문자열을 제안한다. 예를 들어, 이전 방법은 사용자가 입력하는 것으로 쿼리 문자열이 시작되는 경우에 결과를 제공하지만, 사용자가 'my a'를 입력하더라도 'music is my aircraft'를 제안하고 싶을 것이다.
- 문법적으로나 의미적으로 정확하지만, 이전에 사용자가 입력하지 않았을 수 있었던 단어 순서를 제안한다.

제안 기능은 사용자들이 더 그럴듯한 쿼리를 작성하는 데 도움이 되도록 자연어를 구성할 수 있어야 한다.

- 검색 엔진의 데이터를 반영해 제안하자. 제안이 결과의 빈 목록으로 이어진다면 사용자는 크게 실망할 것이다.
- 쿼리가 가능한 해석 중 서로 다른 범위를 가질 수 있는 경우에 사용자가 모호함을 해제할 수 있도록 도와준다.

인공 신경망뿐만 아니라 신경 과학 분야와 관련된 'neuron connectivity(신경 연결)' 같은 쿼리를 상상해 보자. 사용자에게 그러한 쿼리가 매우 다른 영역과 부딪힐 수 있다는 힌트를 주고 쿼리를 실행하기 전에 결과를 선별하게 해야 도움이 될 것이다.

다음 절에서는 이러한 각 요점을 살펴보고 신경망을 사용해 다른 기술에 비해 더 정확한 제안을 얻을 수 있는 방법을 살펴보기로 한다.

4.3 분석된 내용을 활용하는 제안기

웹 검색 엔진에 쿼리를 입력하는 경우를 생각해 보자. 여러분이 쓸 전체 쿼리를 알지 못하는 경우가 대부분이다. 대부분의 웹 검색이 키워드에 기반을 두었으며, '관련된 검색 결과를 얻기 위해 가장 중요한 단어는 무엇인가?'라는 생각을 미리 해 두어야 했다는 점은 사실과 다르다. 그 접근 방식으로는 지금 검색하는 것보다 훨씬 더 많은 시행착오가 따랐다. 오늘날 좋은 웹 검색 엔진은 검색어를 입력하는 동안 유용한 힌트를 제공한다. 그래서 여러분은 입력해 넣고, 제안을 보고, 하나를 선택하고, 다시 입력해 넣고, 추가 제안을 찾고, 다른 것을 선택하는 등의 작업을 수행한다.

간단한 실험을 해보면서 구글에서 'books about search and deep learning(검색 및 딥러닝에 관한 책)'을 검색했을 때 필자가 어떤 제안을 받았는지 보자. 필자가 'book'을 입력했을 때 결과는 그림 4.2와 같이 일반적이었다(여러분이 예상할 수 있듯이 'book'은 다양한 맥락에서 많은 다른 의미를 가질 수 있기 때문이다). 제안 중 하나는 이탈리아(Roma, Ischia, Sardegna, Firenze, Ponza)로 휴가를 가기 위해 예약(bookings)을 하는 일에 관한 것이었다. 이 단계에서는 제안은 이전에 나온 절에서 루씬을 기반으로 사전 기반 제안기를 사용해 여러분이 만든 것과 크게 다르지 않는데 모든 제안 내용이 'book'으로 시작되었다.

book

booking
booking roma
booking extranet
book
booking ischia
bookingshow
booking sardegna
booking firenze
booking voli
booking ponza

그림 4.2 'book'에 대한 제안

필자가 검색하려는 의도에 맞는 것이 없었기 때문에 필자는 제안 중에 어떤 것도 선택하지 않았다. 그래서 필자는 'books about sear'까지 계속 입력해 넣었다(그림 4.3 참고).

Italia

```
books about sear|                                         🎤

books about search engine optimization
books about searching for identity
books about search and rescue
books about search and rescue dogs
books about search engines
books about google search
books about executive search
books search engine
books search engine pdf
books search
```

그림 4.3 'books about sear'에 대한 제안

첫 번째 결과는 관련성이 없었지만, 제안 사항은 의미가 있으며, 필자의 검색 의도에 더 가깝게 되었다(books about search engine optimization, books about searching for identity, books about search and rescue). 다섯 번째 제안이 필자의 의도에 아마도 가장 가까웠던 것 같다. 필자는 다음과 같은 제안도 받았다는 점을 언급하는 게 좋겠다.

- **중위(infix) 제안**(새로운 토큰이 포함된 제안 문자열. 기존 두 개의 토큰 사이에 삽입되는 제안)도 받았다.[29] 'books about google search'라는 제안을 받았을 때, 이 제안 내용 중에 'google'이라는 단어는 필자가 입력해 넣은 검색어인 'about'과 'sear' 사이에 있는데 이것이 중위 제안이다. 이 중위 제안에 대해 기억해 두자. 나중에 이것을 구현하고 싶어질 것이기 때문이다. 다만 여기서는 일단 덮어 두겠다.

- 'about'이라는 단어를 생략한 제안(마지막 세 개, 'books search…')도 받았다. 이것도 기억해 두자. 여러분의 쿼리에서 용어를 삭제한 제안을 받을 수도 있다.

---

29 [옮긴이] infix가 특정 단어 안에 있는 경우에는 '접요사'라고 부른다. 단어의 머리 부분에 있는 '접사'를 '접두사'라고 하듯이 단어의 허리 부분에 있기 때문에 이렇게 부르는 것이다. 그런데 여기서 언급하는 infix는 단어 중간에 들어가는 접사가 아닌, 문장의 중간에 들어가는 단어다. 그러므로 '접요사'라는 개념이 아님을 알 수 있다. 이에 대한 적절한 번역어가 없어 역자는 '중위(infix)'라는 말로 대신했다. '중간 자리'라는 뜻이다. 이 단어는 컴파일러 이론 등에서 '전위(prefix)'나 '후위(postfix)'와 더불어 쓰이는 말이며, 구문 분석에 자주 쓰이는 어휘다. 쿼리 또한 구문분석(파싱)의 대상이므로 컴파일러 용어를 차용하는 게 가장 적절해 보인다. 다만, 이 책의 저자는 infix를 중위라는 개념으로 쓰면서 '전위(prefix)'와 구별되는 '중위' 부분으로 보기도 하고, 검색 중에 삽입하는 행위인 '새치기(중간 삽입)'라는 개념을 나타내는 말로도 쓴다. 이런 점까지 감안하자면 '중간'이라는 말이 가장 적절한 번역어이고 이에 따라 infix 제안을 '중간 제안' 등으로 부를 수도 있겠으나, 그러면 prefix(전위)를 나타낼 말이 마땅치 않게 된다. 그래서 '중위'라는 단어를 선택해 번역했다.

그림 4.4 ‘books about search engines and’에 대한 제안 내용들

필자는 ‘books about search engines’라는 제안을 선택하고 ‘and’를 입력한 다음, 그림 4.4에 나타난 결과를 얻었다. 그 결과를 보면 여러분은 아마도 search engine(검색 엔진)과 deep learning(딥러닝)을 통합해서 다룬 책이 많지 않다는 점을 깨닫게 될 것이다. 어떤 제안 내용에서도 ‘deep learning’을 힌트로 제시하지 않고 있기 때문이다. 좀 더 중요한 것은 제안기가 필자에게 힌트를 줄 때 쿼리 문구 중 일부를 버린 것으로 보인다는 점이다. 제안 상자에서 제시된 결과가 모두 ‘engine and’로 시작되기 때문이다. 하지만 제안된 내용이 정확해 보이므로 이것이 사용자 인터페이스 문제일 수 있다. 찾고자 하는 것이 일반적인 engine(엔진)이 아니라 search engine(검색 엔진)을 의미한다는 점을 반영하고 있기 때문이다. 나중에 기억해야 할 또 다른 아이디어는 쿼리가 더 길어지면 쿼리 텍스트 중에 일부를 삭제하는 것이 더 좋을 수 있다는 점이다.

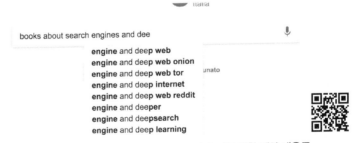

그림 4.5 ‘books about search engines and dee’에 대한 제안 내용들

나는 쿼리를 더 보강해 보았다. 그림 4.5에 보이는 제안 내용들 중에 제일 끝에 나오는 제안은 내가 처음부터 입력해 넣으려고 했던 쿼리와 조금 다를 뿐이다. 나는 처음에 ‘books about search and deep learning’을 입력해 넣을 계획이었는데 제안된 내용은 ‘books about search engines and deep learning'이었다.

이 실험은 구글 검색 엔진이 어떻게 자동 완성 기능을 구현하는지를 보여주기 위한 것이 아니다. 오히려 자동 완성 작업 시에 생각해 볼 만한 몇 가지 가능성을 관찰하고 싶었다.

- 단일 단어로 된 제안('books')
- 여러 단어로 된 제안('search engines')
- 전체 구문 제안

이런 관찰이 검색 엔진 애플리케이션에 무엇이 유용한지를 설명하고 결정하는 데 도움이 될 것이다.

우리는 제안의 세분화(단일어, 다중어, 문장 등)를 넘어 일부 제안에는 다음과 같은 특징이 있음을 관찰했다.

- 쿼리에서 제거된 단어('books search engines')
- 중위 제안('books about google search')
- 전위(prefix) 제거('books about'은 마지막 줄에 나온 제안 내용 중의 일부가 아님)

입력되는 쿼리 데이터와, 여러분이 제안기를 만들 때 사용하는 사전 데이터에 텍스트 분석 기술을 적용하면 이 모든 기능뿐만 아니라 그보다 더 많은 기능을 구현할 수 있다. 예를 들어, 불용어 필터를 사용해 특정 용어를 제거할 수 있다. 또는 긴 쿼리를 여러 하위 시퀀스로 나누고 특정 길이의 텍스트 스트림을 분리하는 필터를 사용하여 각 하위 시퀀스에 대한 제안을 생성할 수 있다. 이러한 점은 검색 엔진 내에서 텍스트 분석이 많이 사용된다는 사실에 잘 들어맞는다. 루씬에는 AnalyzingSuggester라는 검색 구현이 있다. 고정 데이터 구조에 의존하는 대신, 텍스트를 분석함으로써 검색을 작성할 때 텍스트가 어떻게 조작되어야 하는지를 먼저 정의하고, 제안 내용을 얻기 위해 텍스트 조각을 룩업으로 전달할 때 다시 정의한다.

```
Analyzer buildTimeAnalyzer =
    new StandardAnalyzer();
```
룩업을 작성할 때 불용어를 제거하고 화이트스페이스에 토큰을 분할하는 StandardAnalyzer를 사용한다.

```
Analyzer suggestTimeAnalyzer =
    new StandardAnalyzer();
```
제안 사항을 찾을 때 빌드 시간에 사용된 것과 동일한 분석기를 사용한다.

```
Directory dir = FSDirectory.open(
    Paths.get("suggestDirectory"));
```
AnalyzingSuggester는 제안을 생성하는 데 필요한 데이터 구조를 디렉터리를 사용하여 작성하므로 여러분은 파일 시스템에 디렉터리를 제공해야 한다.

```
AnalyzingSuggester lookup = new AnalyzingSuggester(
    dir, "prefix", buildTimeAnalyzer,
    suggestTimeAnalyzer);  ◁────  AnalyzingSuggester
                                  인스턴스를 작성한다.
```

AnalyzingSuggester는 빌드 시간 및 룩업 시간에 별도의 Analyzer를 사용해 만들 수 있으며, 이를 통해 제안기를 설정할 때 창의력을 발휘할 수 있다.

내부적으로는 이 룩업 구현이 **유한 상태 변환기**(finite state transducer, FST)를 사용하는데, 이것은 루씬의 여러 곳에서 사용되는 데이터 구조다. 유한 상태 변환기는 각 문자 및 선택적으로 가중치와 연관된 모서리가 있는 그래프로 생각할 수 있다(그림 4.6 참고). 빌드 시간에 빌드 시간 분석기를 사전(dictionary)에 등록된 항목들에 적용할 때 발생할 수 있는 모든 제안 내용이 큰 FST로 컴파일된다. 쿼리 시간에 (분석된) 입력 쿼리를 가지고 FST를 거치게 하면 있음직한 모든 경로가 생성되어 결과적으로 제안 문자열이 출력된다.

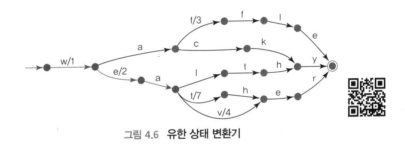

그림 4.6 **유한 상태 변환기**

```
'm'
--> m
--> .m
----
'mu'
--> mu
--> mu'
----
'mus'
--> musak
--> musc
----
'musi'
--> musi
--> musi for wish you could see me now
----
'music'
```

```
--> music
--> music'
----
'music '
--> music'
--> music by the the
----
'music i'
--> music i can download for free no credit cards and music parental advisory
--> music industry careers
----
'music is'
--> music'
--> music by the the
----
'music is '
--> music'
--> music by the the
----
'music is m'
--> music by mack taunton
--> music that matters
----
'music is my'
--> music of my heart by nicole c mullen
--> music in my life by bette midler
----
'music is my '
--> music of my heart by nicole c mullen
--> music in my life by bette midler
----
'music is my a'
--> music of my heart by nicole c mullen
--> music in my life by bette midler
----
'music is my ai'
----
· · ·
```

사전 기반 제안기는 이 시점에서는 제안할 수 없었다.

사전 기반 제안기는 이 시점에서는 제안할 수 없었다.

더 이상의 제안 없음

앞부분에 나온 삼분 검색 트리 기반 제안기는 사전에서 'music is'로 시작하는 항목이 없었기 때문에 'music i'를 넘어서는 제안을 중단했다. 그러나 이 분석된 제안기는 동일한 사전을 이용하더라도 더 많은 제안을 제공할 수 있다.

'music is'의 경우에 토큰 'music'은 몇 가지 제안과 일치하므로 'is'가 제안되지 않더라도 관련 결과는 제공된다. 더욱 흥미롭게도 쿼리가 'music is my'가 되면 'music'과 'my'가 모두 제안된다. 그러나 일치하지 않는 토큰이 너무 많으면('music is my ai'로 시작함) 특정 시점에서는 룩업이 주어진 쿼리와 관련성이 없을 수 있으므로 제안을 중단한다. 이것은 이전 구현보다 확실히 개선된 것으로 여러 문제 중 하나를 해결한다. 즉, 전체 문자열뿐만 아니라 단일 토큰을 기반으로 제안을 제공할 수도 있다는 말이다.

중위 제안과 함께 더 잘 작동하는, 약간 수정한 AnalyzingSuggester 버전을 사용하여 이 기능을 개선할 수도 있다.

```
AnalyzingInfixSuggester lookup = new AnalyzingInfixSuggester(dir,
    buildTimeAnalyzer, lookupTimeAnalyzer, ... );
```

이 중위 제안기를 사용함으로써 여러분은 더 멋진 결과를 얻을 수 있다.

```
'm'
--> 2007 s550 mercedes
--> 2007 qualifying times for the boston marathon
----
'mu'
--> 2007 nissan murano
--> 2007 mustang rims com
----
'mus'
--> 2007 mustang rims com
--> 2007 mustang
```

여러분은 'm', 'mu' 또는 'mus'로 시작하는 결과를 얻지는 못하고 있지만, 그 대신에 그러한 시퀀스는 '2007 s550 mercedes', '2007 qualifying times for the boston marathon', '2007 nissan murano' 및 '2007 mustang rims com'과 같은 문자열의 가장 중요한 부분을 일치시키는 데 사용된다. 또 다른 눈에 띄는 차이점은 토큰 일치가 제안 중에 발생할 수 있다는 것이다.

```
'music is my'
--> 1990's music for myspace
--> words to music my humps
----
'music is my '
--> words to music my humps
--> where can i upload my music
----
'music is my a'
--> words to music my humps
--> where can i upload my music
```

`AnalyzingInfixSuggester`를 사용하면 중위 제안을 받을 수 있다. `AnalyzingInfix Suggester`는 입력 순서를 취해 토큰이 생성되도록 분석한 다음, 토큰의 전위 일치(prefix matching, 즉 '전방 일치')를 기준으로 일치시킬 것을 제안한다. 그러나 검색 엔진에 저장된 데이터에 더 가깝게 제안하는 문제는 여전히 남아 있다. 제안은 자연어와 유사해 보이며, 두 단어가 다른 의미를 가질 때 더 명확하게 구분할 수 있다. 또한, 'aircraft'라고 입력해 넣기 시작할 때 토큰이 일치하지 않아서 제안 사항이 표시되지 않는다.

이제 여러분에게는 좋은 제안을 제공하는 문제에 대한 경험이 있으므로 언어 모델을 살펴보겠다. 먼저 자연어 처리를 통해 구현된 모델, 즉 **엔그램(ngrams)**을 탐구한 다음, 신경망을 통해 구현된 모델(신경 언어 모델)을 살펴보자.

4.4 언어 모델 사용

앞 절에서 보인 제안에서, 'music by the the'와 같은 일부 텍스트 시퀀스는 거의 의미가 없었다. 이전에 입력된 쿼리에서 제안기에 데이터를 공급했는데, 어떤 항목에서는 사용자가 'the'를 두 번 입력해 넣는 실수를 한 것이 틀림없다. 그 외에도 여러분은 전체 쿼리로 구성된 제안들을 제공했다. 자동 완성을 사용하여 이전 검색어의 전체 텍스트를 반환하려는 경우에 이런 방법이 온라인 서점에서 도서를 검색하는 경우에는 유용할 수 있지만, 새 검색어 작성에는 적합하지 않다.

중형 검색 엔진이나 대형 검색 엔진이라면 검색 로그에 다양하고 아주 많은 쿼리가 들어 있게 된다. 이러한 텍스트 시퀀스의 개수와 다양성 때문에 훌륭한 제안기 알고리즘을 만들기는 어렵다. 예를 들어, web09-bst 데이터셋(https://boston.lti.cs.cmu.edu/Data/web08-bst/planning.html)을 보면 'hobbs police documents', 'ipod file sharing', 'Liz taylor's electric'과 같은 쿼리들을 발견할 수 있다. 이러한 쿼리는 보기 좋으며, 제안기 알고리즘에서 데이터의 출처로 사용할 만하다. 반면, 'hhhhh', 'hqwebdev', 'hhht hootdithuinshithins'와 같은 쿼리도 발견할 수 있다. 여러분은 아마도 제안기가 서로 비슷한 제안을 하기를 바라지는 않을 것이다! 같은 문자가 세 글자 이상 연속해서 나오는 경우에 해당하는 줄이나 단어를 모두 제거하면 지울 수 있는 'hhhh'와 같은 것을 걸러내지 않는다는 것이 문제다. 'hqwebdev'를 거르기는 훨씬 더 어렵다.

'hq'라는 전위(즉 '접두사') 뒤에 'webdev'('web developer'의 약어)라는 단어가 포함되어 있기 때문이다. 그러한 쿼리는 (예를 들어, 이런 이름으로 된 웹사이트가 있을 때) 의미가 있을 수 있지만, 여러분은 범용 제안기 서비스에 대해 지나치게 구체적인 제안을 사용하고 싶지는 않을 것이다. 문제는 다양한 텍스트 시퀀스를 다룰 때 생긴다. 이러한 시퀀스 중 일부는 너무 구체적인 내용을 나타내고 있는 바람에 오히려 드물게 사용될 수도 있다. 이런 문제를 다루는 한 가지 방법은 **언어 모델(language models)**을 사용하는 것이다.

언어 모델

자연어 처리(NLP) 분야에서 언어 모델의 주요 과제는 특정 텍스트 시퀀스의 확률을 예측하는 것이다. 확률은 특정 사건의 발생 가능성을 측정한 값으로, 이 값의 범위는 0과 1 사이다. 그래서 앞에서 본 이상한 쿼리 'music by the the'를 취해서 언어 모델에 전달하면 낮은 확률(예: 0.05)을 얻을 수 있다. 언어 모델은 확률분포를 나타내므로 특정 맥락에서 특정 단어나 문자 시퀀스의 가능성을 예측하는 데 도움이 될 수 있다. 언어 모델은 가능성이 낮은(확률이 낮은) 시퀀스를 제거하는 일이나, 이전까지는 볼 수 없었던(즉, 본문에 나타나지 않았던) 단어 시퀀스를 생성하는 데 도움이 될 수 있다.

언어 모델은 때때로 엔그램의 확률을 계산함으로써 구현된다.

엔그램

엔그램(ngram)이란 n개의 연속된 단위로 이루어진 문자열로, 단위는 문자('a', 'b', 'c', …) 또는 단어('music', 'is', 'my')가 될 수 있다. n = 2인 엔그램 언어 모델을 상상해 보자. n = 2인 엔그램은 **바이그램(bigram)**이라고도 하며, n = 3인 엔그램은 **트라이그램(trigram)**이라고도 한다. 바이그램 언어 모델을 사용하면 'music concert'나 'music sofa'와 같은 단어 쌍의 확률을 추정할 수 있다. 훌륭한 언어 모델은 'music sofa'라는 바이그램의 확률과 관련하여 더 높은 바이그램인 'music concert'에 확률을 부여한다.

구현과 관련해서 말하자면, 언어 모델에 대한 (순서의) 엔그램 확률을 여러 가지 방법으로 계산할 수 있다. 이러한 방법 중 대부분은 미래의 사건(예: 다음 문자 또는 단어)의 확률이 선행 사건(문자 또는 단어)의 제한된 이력(history)에만 의존한다는 **마르코프 가정(Markov assumption)**에 의존한다. 따라서 **바이그램 모델(bigram model)**이라고도 불리는 n = 2인 엔그램 모델을 사용하는 경우에, **현재** 단어가 주어지면 **다음** 단어의 확률은 'music is'라는 두 단어의 발생 횟수를 계산하고 그 결과를 현재 단어('music')의 출현 횟수만으로 나눔으로써 계산한다. 예를 들어, 현재의 'music'이라는 단어로 볼 때 다음 단어가 'is'일 확률은 $P(is|music)$로 표기될 수 있다. 두 개 이상 단어로 이뤄진 시퀀스가 주어졌을 때 그중에 한 단어의 확률을 계산하는 경우(예를 들어, 'music is my'가 주어졌을 때 'aeroplane'을 계산하는 경우)에는 문장을 바이그램으로 쪼개고, 그러한 모든 바이그램의 확률을 계산하고, 그것들을 곱한다.

$$P(\textit{music is my aeroplane}) = P(\textit{is}|\textit{music}) * P(\textit{my}|\textit{is}) * P(\textit{aeroplane}|\textit{my})$$

참고로, 많은 엔그램 언어 모델은 먼저 고차 n으로 엔그램의 확률(예를 들어, n = 3)을 계산하려다가 현재 n에 해당하는 엔그램이 데이터에 존재하지 않는 경우에 더 작은 엔그램(예: n = 2)으로 다시 n의 수를 줄여 가는 **스튜피드 백오프(stupid backoff, 또는 '바보 같은 퇴보')**[30]라는 약간 더 진보된 방법을 사용한다. 그러한 대체 확률(fallback probabilities)은 더 큰 엔그램 확률이 전체 확률 측정에 긍정적인 영향을 더 많이 끼칠 수 있게 할인된다. 분석기를 사용해 엔그램을 분할하는 방법을 결정하는 FreeTextSuggester라는 엔그램 기반 언어 모델 룩업이 루씬에 있다.

```
Lookup lookup = new FreeTextSuggester(new WhitespaceAnalyzer());
```

n이 2로 설정된 상태에서 'music is my aircraft'라는 쿼리에 따라 실행해 보자.

```
'm'
--> my
--> music
----
'mu'
--> music
--> museum
----
'mus'
--> music
--> museum
----
'musi'
--> music
--> musical
----
'music'
--> music
--> musical
----
'music '
--> music video
--> music for
----
'music i'
```

---

30 ⟨Large Language Models in Machine Translation⟩(Thorsten Brants et al.) https://www.aclweb.org/anthology/D07-1090.pdf

```
--> music in
--> music industry
----
'music is'
--> island
--> music is
----
'music is '
--> is the
--> is a
----
'music is m'                        'music is m'에 대한 제안 중
--> is my  <──────────────────     하나는 원하는 쿼리어
--> is missing                      ('is my')와 미리 일치했다.
----
'music is my'
--> is my
--> is myspace.com
----                                'music is my'에 대한 제안들('my space',
'music is my '                      'my life')은 여러분이 찾고 있는 것이
--> my space  <──────────────      아니지만, 좋은 제안으로 보인다.
--> my life
----
'music is my a'
--> my account
--> my aol
----                                'music is my ai'에 대한 제안은 별로 좋지
'music is my ai'                    않지만('my aim', 'air'), 여러분이 원하는 것에
--> my aim  <──────────────        더 가깝다.
--> air
----
'music is my air'
--> air
--> airport
----                                'music is my airc'에 대한 제안 중에는 앞글자
'music is my airc'                  네 개가 일치하는 제안('aircraft')과 재미있는
--> aircraft  <──────────────      문장('airconditioning')을 만들어 냈다.
--> airconditioning
----
'music is my aircr'
--> aircraft
--> aircraftbarnstormer.com
----
...
```

한 가지 긍정적인 점은 언어 모델 기반의 제안기는 항상 제안을 한다는 점이다. 제안이 특별히
정확하지 않더라도 최종 사용자가 제안을 신뢰할 수 없는 경우는 없다. 언어 모델 기반 제안

방법은 이전에 나온 방법들보다 더 우월하다. 무엇보다 중요한 것은 'music'의 제안 스트림을 볼 수 있다는 것이다.

> **N O T E** 여러분은 바이그램 기반의 모델들이 단어들의 일부에서 전체 단어를 어떻게 예측할 수 있는지 궁금해 할 수 있다. FreeTextSuggester는 AnalyzingSuggester와 유사하게 엔그램의 유한 상태 변환기를 구축한다.

엔그램 언어 모델을 사용하면 'music is my space', 'music is my life'와 같은 질문은 물론, 심지어 검색 로그에 나타나지 않는 'music is my airconditioning'과 같은 쿼리를 생성할 수 있다. 어쨌든 여러분은 새로운 단어 배열의 생성이라는 목표에 도달했다. 그러나 엔그램의 특성(토큰 순서가 고정되어 있는 특성) 때문에 쿼리가 길면 완전한 제안이 제공되지 않는다. 따라서 'music is my aircraft'가 최종 단계의 제안에는 들어 있지 않고 단지 'aircraft'만 들어 있는 것이다. 이것이 반드시 나쁜 것은 아니지만, 엔그램 언어 모델이 긴 문장의 좋은 확률을 계산하는 데 그다지 효과적이지 않다는 사실을 부각시킨다. 따라서 엔그램 언어 모델이 'music is my airconditioning'과 같은 이상한 제안을 할 수도 있다.

여러분이 방금 배운 모든 것은 제안을 생성하는 기존의 방법과 관련이 있다. 필자는 여러분이 각 방법으로부터 능력을 종합하는 신경 언어 모델에 뛰어들기 전에 이러한 접근 방식에 영향을 끼치는 문제들을 모두 살펴보길 바랐다. 우리가 지금까지 무시해 온 이 모델들의 또 다른 단점은 word2vec 예에서 보듯이 수작업으로 용어들을 선별해 둔 사전들이 필요하다는 점인데, 이러한 수작업을 계속하기는 어렵다. 수작업이 필요한 솔루션 대신에 데이터가 바뀌면 이에 자동으로 적응하는 솔루션이 필요하다. 그러기 위해 여러분은 검색 엔진을 사용해 제안기에 데이터를 공급하게 될 것이다. 그러한 데이터로 생성된 제안들은 색인화된 내용에 기초할 것이다. 문서가 색인화되면 제안기도 갱신될 것이다. 다음 절에서는 이러한 내용 기반 제안기을 살펴보도록 하겠다.

4.5 내용 기반 제안기

내용 기반(content-based) 제안기를 사용하면 내용은 검색 엔진에서 직접 나온다. 서점용 검색 엔진을 생각해 보자. 사용자들은 책의 본문을 검색하는 경우보다 훨씬 더 자주 책 제목이나 저자를 검색할 가능성이 높다. 색인화된 각 책에는 제목, 저자 그리고 결국 책의 본문에 대한 별도의 필드가 있다. 또 신간 도서가 색인화되고 낡은 도서가 생산이 중단됨에 따라 검색 엔진에 새 문서를 추가하고 더 이상 구매할 수 없는 도서와 관련된 도서를 삭제해야 한다. 새로운 제목을 제안하는 것을 놓치고 싶지 않고, 더 이상 판매되지 않는 책에 대한 제목을 제안하지 않으려는 경우에도 동일한 제안이 필요하다.

그래서 제안기는 최신 상태로 유지되어야 한다. 어떤 문서가 색인에서 제거된다면 제안기는 그 텍스트에서 만들어진 제안들을 보관할 수 있지만, 그것들은 거의 쓸모가 없을 수 있다. 두 권의 책《Lucene in Action》과《Oauth2 in Action》이 색인화되었다고 하자. 책 제목에서 본문만 사용하는 제안기는 'lucene', 'in', 'action', 'oauth2'처럼 (소문자로 된) 용어에 기초한다. 'Lucene in Action' 서적을 삭제하면 용어 목록이 'in', 'action', 'oauth2'로 정리된다. 여러분은 제안기에 'lucene' 토큰을 보관할 수 있다. 그 경우 사용자가 'L'을 입력하면 제안기는 'lucene'을 제안할 것이다. 문제는 'lucene'에 대한 쿼리가 아무런 결과도 반환하지 않는다는 점이다. 그렇기 때문에 찾기 시간에 가능한 일치 항목이 없을 때 제안기에서 용어를 삭제해야 한다.

책 제목에 대한 데이터가 들어 있는 역색인에 액세스해 정적 딕셔너리의 행을 사용하는 것과 동일한 방식으로 해당 용어를 사용할 수 있다. 루씬에서 색인의 데이터를 사용해 조회할 수 있다. DocumentDictionary는 검색 엔진, 특히 IndexReader(특정 시점의 검색 엔진에 대한 보기)에서 데이터를 읽으며, 한 필드를 사용하여 용어를 가져오는 경우(제시에 사용할)와 다른 필드를 사용하여 제안 가중치를 계산한다(제안 내용이 얼마나 중요한지).

검색 엔진의 title 필드로 색인된 데이터에서 사전을 만들어 보자. 등급이 높은 제목에 더 많은 비중을 두게 될 것이다. 더 높은 등급을 받은 책에서 나온 제안들이 먼저 보일 것이다.

```
IndexReader reader = DirectoryReader.open(
    directory);                              ← 검색 엔진상에서
                                               뷰(IndexReader)를 획득한다.

Dictionary dictionary = new DocumentDictionary(
    reader, "title", "rating");              ← 제목 필드의 내용을 기반으로
                                               딕셔너리를 만들고, 제안의
                                               가중치를 등급으로 결정한다.

lookup.build(dictionary);       ← 정적 딕셔너리와 마찬가지로
                                  색인의 데이터를 사용해 룩업을
                                  빌드한다.
```

여러분은 사용자가 찾기를 원하는 검색 결과를 선택하도록 안내할 수 있다. 예를 들어, 서점의 주인이라면 더 높은 등급의 책을 더 자주 보여주면 더 좋아할 것이다. 제안 품질의 기준이 가격이라면 사용자는 가격이 더 높거나 더 낮은 책을 더 자주 제안 받게 될 것이다.

이제 검색 엔진에서 제안하는 데이터를 얻을 수 있는 데까지 준비가 되었으니, 신경 언어 모델을 살펴볼 차례가 되었다. 우리는 신경 언어 모델이 지금까지 논의된 방법에서 나온 모든 좋은

기능들을 더 정확하게 섞을 수 있고, 마치 사람이 입력해 넣은 것 같은 쿼리를 구성할 것으로 기대한다.

4.6 신경 언어 모델

신경 언어 모델은 그 밖의 언어 모델들(예를 들면, 엔그램 모델)과 동일한 기능을 가지고 있어야 한다. 차이점은 언어 모델들이 확률 예측을 학습하는 방법과 예측이 얼마나 더 나은 것인가에 달려 있다. 3장에서는 셰익스피어의 작품에서 나온 텍스트를 재현하려는 재귀 신경망(RNN)을 도입했다. 우리는 RNN이 어떻게 작용하는지에 초점을 맞췄지만, 실제로 여러분은 **문자 수준 신경 언어 모델**(character-level neural language model)을 설정하고 있었다! 여러분은 RNN이 비지도 방식으로 텍스트 시퀀스를 아주 잘 학습한다는 점을 보았는데, 이는 RNN이 이전에 본 시퀀스를 바탕으로 새로운 시퀀스를 잘 생성할 수 있기 때문이다. 언어 모델은 텍스트 시퀀스에 대한 정확한 확률을 얻는 법을 학습하므로 이런 언어 모델이 RNN으로 쓰기에 딱 맞는 것처럼 보인다.

문자 수준의 언어 모델을 구현하는 간단한 RNN(**깊지 않은** RNN)으로 시작해 보자. 이때 모델은 입력 문자의 시퀀스를 바탕으로 있음직한 모든 출력 문자의 확률을 예측할 것이다. 이 모델을 가시화해 보자.

```
LanguageModel lm = ...
for (char c : chars) {
    System.out.println("mus" + c + ":" + lm.getProbs("mus" + c));
}

....

musa:0.01
musb:0.003
musc:0.02
musd:0.005
muse:0.02
musf:0.001
musg:0.0005
mush:...
musi:...
...
```

신경망이 입력과 출력에 벡터를 사용한다는 점을 알고 있을 것이다. 3장에서 텍스트 생성을 위해 사용한 RNN의 출력 계층은 있음직한 각 출력 문자를 실수(0과 1 사이)로 이뤄진 벡터로 만들었다. 이 숫자는 망에서 특정 문자를 출력할 확률을 나타낸다. 여러분은 또한 소프트맥스 함수가 확률분포(이 경우에 있음직한 모든 문자에 대한 확률)를 생성한다는 점도 이미 본 적이 있다. 이제 여러분은 출력 계층이 어떤 일을 하는지를 알게 되었으므로 이전에 본 적이 있는 시퀀스들을 기억하는 역할을 담당할 재귀 계층 한 개와, 입력 문자들을 신경망으로 보내는 입력 계층 한 개를 추가해 볼 수 있다. 그 결과는 그림 4.7의 도표에 나타나 있다.

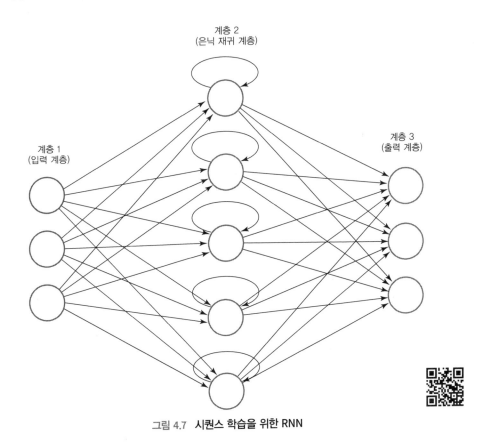

그림 4.7 **시퀀스 학습을 위한 RNN**

DL4J를 사용해 3장에서 대안 쿼리를 생성할 때 다음과 같이 망을 구성하자.

```
                          ┌ 은닉 계층의 크기
int layerSize = 50; ◄─────┘
int sequenceSize = chars.length(); ◄───┐ 입력 크기와 출력 크기
int unrollSize = 100 ◄─────┐
                           └ RNN을 펼친(unroll) 수
```

```
MultiLayerConfiguration conf = new NeuralNetConfiguration.Builder()
.layer(0, new LSTM.Builder().nIn(sequenceSize).nOut(layerSize)
    .activation(Activation.TANH).build())
.layer(1, new RnnOutputLayer.Builder(LossFunction.MCXENT).activation(
    Activation.SOFTMAX).nIn(layerSize).nOut(sequenceSize).build())
.backpropType(BackpropType.TruncatedBPTT).tBPTTForwardLength(unrollSize)
    .tBPTTBackwardLength(unrollSize)
.build();
```

기본 아키텍처는 동일하지만(하나 이상의 은닉 계층이 있는 LSTM 망), 이 방식에서는 대안 쿼리 생성 사용 사례에서 여러분이 무엇을 달성하고자 하는 바에 따라 목표가 달라진다. 대안 쿼리를 얻으려는 게 목적이라면 쿼리를 받아서 새로운 쿼리를 출력하기 위해 RNN이 필요하다. 이번에 든 예제에서는 사용자가 작성 중이던 쿼리를 타이핑하기를 마쳤을 때 쿼리의 나머지 부분을 잘 예측해 완성하는 일에 RNN을 쓰고자 했다. 이 RNN의 아키텍처는 셰익스피어 작품을 바탕으로 텍스트를 생성할 때 사용한 것과 똑같다.

4.7 제안용 문자 기반 신경 언어 모델

3장에서는 파일 안에 담긴 문자들을 반복해 가며 처리하는 CharacterIterator를 RNN에 제공했다. 지금까지 여러분은 텍스트 파일을 가지고 제안 사항을 만들어 왔다. 이제부터는 신경망을 검색 엔진 보조 도구로 활용할 생각인데, 이에 따라서 신경망에 공급할 데이터가 검색 엔진 그 자체로부터 나와야 한다. Hot 100 Billboard라는 데이터셋을 색인화해 보자.

IndexWriter를 작성해
문서들을 색인에 둔다.

```
IndexWriter writer = new IndexWriter(directory, new IndexWriterConfig());

for (String line :
    IOUtils.readLines(getClass().getResourceAsStream("/billboard_lyrics_1964
    -2015.csv"))) {         데이터셋을 한 번에 한 줄씩 읽는다.

if (!line.startsWith("\"R")) {
    String[] fields = line.split(",");        파일의 각 행에는 쉼표로 구분되는
    Document doc = new Document();             속성이 있다(순위, 노래, 아티스트,
    doc.add(new TextField("rank", fields[0],   연도, 작사, 출처).
        Field.Store.YES));        노래의 순위를 전용 필드로
                                  색인한다(저장된 값 포함).
    doc.add(new TextField("song", fields[1],
        Field.Store.YES));        곡 제목을 전용 필드(저장된 값
                                  포함)로 색인한다.
    doc.add(new TextField("artist", fields[2],
```

헤더를
사용하지
않는다.

```
        Field.Store.YES));  ←          전용 필드로 곡(저장된 값 포함)을
                                        연주해 넣은 예술가를 색인한다.
    doc.add(new TextField("lyrics", fields[3],
        Field.Store.YES));  ←          노래 가사를 전용 필드로
                                        색인화(저장된 값 포함)
    writer.addDocument(doc);  ←        생성된 루씬 문서를
  }                                     색인에 추가한다.
}                      색인을 파일 시스템에 넣어
writer.commit();  ←    보존한다.
```

색인화된 데이터를 사용하여 CharLSTMNeuralLookup이라는 문자 LSTM 기반 룩업을 구현해 볼 수 있다. FreeTextSuggester에서 했던 식으로 DocumentDictionary를 사용하여 CharLSTMNeuralLookup을 공급할 수 있다.

색인화된 노래 가사에서 내용을 가져오는
DocumentDictionary를 생성한다.

```
Dictionary dictionary = new DocumentDictionary(reader, "lyrics", null);  ←
Lookup lookup = new CharLSTMNeuralLookup(...);  ←      charLSTM을 사용해
lookup.build(dictionary);  ←       charLSTM 기반    룩업을 생성한다.
                                   룩업을 훈련한다.
```

DocumentDictionary(문서 사전)는 lyrics(가사) 필드에서 텍스트를 가져올 것이다. CharLSTMNeuralLookup을 인스턴스화하려면 망 구성을 생성자 파라미터로 전달하여 다음과 같이 할 수 있다.

- 빌드 시간에 LSTM은 루씬 문서 값의 문자를 반복하여 유사한 시퀀스를 생성하는 방법을 배운다.
- 실행 시간(런타임)에 LSTM은 사용자가 이미 작성한 쿼리의 부분에 기초해 문자를 생성한다.

이전 코드를 완료한 CharLSTMNeuralLookup 생성자는 LSTM을 구축하고 훈련하기 위한 파라미터가 필요하다.

```
int lstmLayerSize = 100;
int miniBatchSize = 40;
int exampleLength = 1000;
int tbpttLength = 50;
int numEpochs = 10;
int noOfHiddenLayers = 1;
double learningRate = 0.1;
WeightInit weightInit = WeightInit.XAVIER;
Updater updater = Updater.RMSPROP;
```

```
Activation activation = Activation.TANH;

Lookup lookup = new CharLSTMNeuralLookup(lstmLayerSize, miniBatchSize,
    exampleLength, tbpttLength, numEpochs, noOfHiddenLayers,
    learningRate, weightInit, updater, activation);
```

앞서 말했듯이 데이터가 많아야 신경망이 좋은 결과를 낼 수 있다. 이러한 데이터셋과 함께 작동하도록 신경망을 구성할 방법을 선택할 때는 주의하자. 특히, 신경망이 한 데이터셋에서 잘 작동하도록 한 구성이 그 밖의 데이터셋에서 동일한 품질을 초래하지 않는 것이 일반적이다. 망에 의해 학습되는 신경망 가중치의 수와 관련하여 훈련 표본의 수를 고려한다. 사례 개수는 항상 학습 가능한 파라미터의 수보다 커야 한다.

여러분에게 MultiLayerNetwork와 DataSet이 있다면 이 둘을 비교해 볼 수 있다.

```
MultiLayerNetwork net = new MultiLayerNetwork(...);
DataSet dataset = ...;
System.out.println("params :" + net.numParams() + ," examples: "
    + dataset.numExamples());
```

우리가 아직 생각해 보지 않은 또 다른 측면은 망 가중치의 **초기화**다. 신경망 훈련을 시작할 때 가중치의 초깃값은 얼마인가? 모든 가중치를 동일한 값으로 설정하고(0은 더 나쁘다) 가중치를 무작위 값으로 설정하는 것은 적절한 가중치 초기화 방법이 아니다. 신경망의 학습 능력이 빨리 발휘되게 하려면 가중치 초기화 계획이 무척 중요하다. 이 경우에 좋은 가중치 초기화 체계는 NORMAL 및 XAVIER다. 두 가지 모두 특정 특성(properties)을 지닌 확률분포를 참조한다. DL4J 커닝 시트(https://mng.bz/K19K)에서 이것들에 관한 자료를 읽을 수 있다.

신경망의 출력을 예측하기 위해 대안 쿼리를 생성하는 데 사용되는 것과 동일한 코드를 사용하라. 이 LSTM은 문자 수준에서 작동하므로 한 번에 하나의 문자를 출력한다.

```
INDArray output = network.rnnTimeStep(input);       지정된 입력 문자(벡터)에
                                                     대한 확률분포를 예측한다.
int sampledCharacterIdx = sampleFromDistribution(
    output);                                         생성된 분포에서 발생 가능한
                                                     문자를 표본추출한다.
char c = characterIterator.convertIndexToCharacter(
    sampledCharacterIdx);                            표본추출된 문자의 색인을
                                                     실제 문자로 변환한다.
```

이제 여러분은 신경 언어 모델을 사용해 Lookup#lookup이라는 API를 구현할 수 있다. 신경 언어 모델에는 기초적인 신경망과 훈련에 사용되는 데이터셋을 참조하는 객체(CharacterIterator)가 있다. 이를 참조하는 주된 이유는 원핫인코딩 매핑(사상) 때문이다. 예를 들어, 어떤 문자가 특정 원핫인코딩 벡터에 해당하는지를 재구성할 수 있어야 한다(그리고 그 반대도 마찬가지).

```java
public class CharLSTMNeuralLookup extends Lookup {

    private CharacterIterator characterIterator;
    private MultiLayerNetwork network;

    public CharLSTMNeuralLookup(MultiLayerNetwork net,
            CharacterIterator iter) {
        network = net;
        characterIterator = iter;
    }

    @Override
    public List<LookupResult> lookup(CharSequence key,
            boolean onlyMorePopular, int num) throws IOException {
        List<LookupResult> results = new
            LinkedList<>();
        Map<String, Double> output = NeuralNetworksUtils
            .sampleFromNetwork(network, characterIterator,
            key.toString(), num);
        for (Map.Entry<String, Double> entry : output.entrySet()) {
            results.add(new LookupResult(entry.getKey(),
                entry.getValue().longValue()));
        }
        return results;
    }
    ...
```

사용자가 입력한 입력 문자열이 주어졌을 때 망으로부터 나오는 숫자 텍스트 시퀀스의 표본이다.

결과 목록을 준비한다.

(소프트맥스 함수의) 확률을 제안 가중치로 사용해 표본추출된 출력을 결과 목록에 추가한다.

CharLSTMNeuralLookup도 빌드 API를 구현해야 한다. 거기서 신경망이 훈련(또는 재훈련)할 것이다.

```java
IndexReader reader = DirectoryReader.open(directory);
Dictionary dictionary = new DocumentDictionary(reader,
    "lyrics", "rank");
lookup.build(dictionary);
```

노래의 순윗값에 따라 가중치를 부여해 가사 필드에서 제안하는 데 사용할 텍스트를 추출한다.

LSTM 문자는 CharacterIterator를 사용하기 때문에 Dictionary(InputIterator 객체)의 데이터를 CharacterIterator로 변환한 다음, 훈련을 위해 신경망에 전달한다(부수 효과로, 이는 색인에서 추출한 데이터를 보관할 임시 파일을 디스크에 저장해 망을 훈련하는 것을 의미한다).

```
@Override
public void build(Dictionary dictionary) throws IOException {
    Path tempFile = Files.createTempFile("chars",
        ".txt"); ◁──┤ 임시 파일을 생성한다.
    FileOutputStream outputStream = new FileOutputStream(tempFile.toFile());
    for (BytesRef surfaceForm; (surfaceForm = dictionary
            .getInputIterator().next()) != null;) { ◁──
      outputStream.write(surfaceForm.bytes);
    }
    outputStream.flush();
    outputStream.close(); ◁──
    characterIterator = new CharacterIterator(tempFile
        .toAbsolutePath().toString(), miniBatchSize,
        exampleLength); ◁──
    this.network = NeuralNetworksUtils.trainLSTM(
      lstmLayerSize, tbpttLength, numEpochs, noOfHiddenLayers, ...); ◁──
    FileUtils.forceDeleteOnExit(tempFile.toFile()); ◁──
}
```

텍스트를 임시 파일에 쓴다.

임시 파일에 쓰기 위한 리소스를 릴리스한다.

임시 파일을 제거한다.

루씬 색인 내 lyrics(가사) 필드에서 텍스트를 가져온다(루씬은 성능상의 이유로 String 대신에 BytesRef를 사용함).

CharacterIterator를 생성한다(CharLSTMNeuralLookup 구성 파라미터를 사용).

LSTM을 구축해 훈련한다 (CharLSTMNeuralLookup 구성 파라미터 사용).

계속해서 검색 애플리케이션에서 이 Lookup을 사용하기 전에 신경 언어 모델이 제대로 작동하고 좋은 결과를 제공하는지 확인해야 한다. 컴퓨터 과학의 다른 알고리즘과 마찬가지로 신경망도 마법 같은 것이 아니므로 제대로 설정해야만 잘 작동한다.

4.8 LSTM 언어 모델 조율

여러분이 3장에서 했던 일을 한다거나 망에 계층을 더 추가하는 대신에 한 계층으로 간단하게 착수해서 다른 파라미터를 조정해 한 계층만으로도 충분한지 확인할 수 있을 것이다. 이렇게 하는 가장 중요한 이유는 망의 복잡성이 증가하면(예를 들어, 더 많은 계층) 훈련 단계에 필요한 데이터와 시간 또한 늘어나야만 좋은 모델(좋은 결과를 내는 모델)을 생성할 수 있기 때문이다. 그렇기 때문에 작고 얕은 망으로는 다양하고 많은 데이터로 훈련받은 더 깊은 망을 이길 수 없지만, 이 언어 모델링 예제는 간단하게 시작한 다음에 필요할 때만 더 깊이 들어가는 법을 배우기에 좋다.

신경망을 가지고 더 많은 일을 할수록 여러분은 그것들을 가장 잘 설정하고 조정하는 방법을 알게 될 것이다. 현재로서는 데이터가 크고 다양할 때 심층 RNN을 사용해 언어 모델링을 하는 편이 더 좋다는 점을 여러분도 알고 있다. 하지만 실제로도 그러한지를 알아보자. 그러려

훈련 사례의 개수가 학습에 사용할 파라미터의 개수보다 100배나 더 적다. 그 때문에 훈련을 한다고 해도 가중치들이 잘 조정될 것 같지는 않다. 여러분에게 있는 데이터가 충분하지 않기 때문이다!

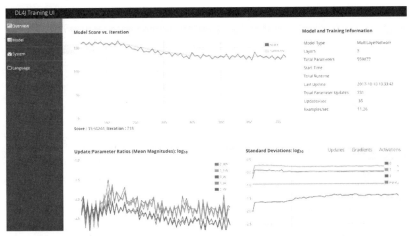

그림 4.9 은닉 계층이 두 개인, 문자 수준 LSTM 신경 언어 모델(각 계층별로 뉴런이 300개씩 있음)

여러분은 더 많은 데이터를 수집하거나 학습에 사용할 파라미터가 더 적어서 더 간단한 신경 망을 사용해야 한다. 데이터량을 늘릴 수 없다면 신경망 크기를 줄여 보자. 즉, 뉴런이 80개인 은닉 계층이 하나만 있어서 더 간단하고 작은 신경망을 구성하고 로그를 다시 확인하자.

```
...
INFO o.d.n.m.MultiLayerNetwork - Starting MultiLayerNetwork ...
INFO c.m.d.u.NeuralNetworksUtils - params :56.797, examples: 77.141
INFO o.d.o.l.ScoreIterationListener - Score at iteration 0 is 173.4444
...
```

그림 4.10은 더 나은 손실 곡선을 보여준다. 최종 지점이 0에 가깝지는 않지만, 부드럽게 감소한다.

최종 손실이 꾸준히 0에 가까운 값에 도달하게 하는 게 우리의 목표다. 어쨌든 'music is my aircraft' 쿼리를 통해 테스트해 보자. 신경망의 손실을 낮춰줄 만한 가중치 조합을 발견하지 못했기 때문에 최적의 결과를 기대할 수 없을 것이다.

```
'm'
--> musorida hosking floa
--> miesxams reald 20
----
...
----
```

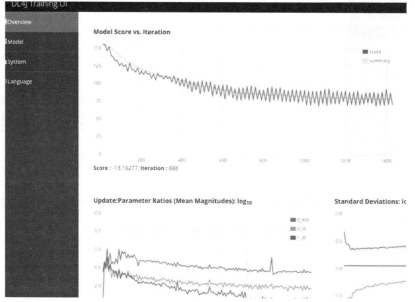

그림 4.10 은닉 계층(뉴런이 80개)이 한 개뿐인 문자 수준 LSTM 신경 언어 모델

```
'music '
--> music tents in sauraborls
--> music kart
----
'music i'
--> music instente rairs
--> music in toff chare sive he
----
'music is'
--> music island kn5 stendattion
--> music is losting clutple
----
'music is '
--> music is seill butter
--> music is the amehia faches of
----
...
```

```
----
'music is my ai'
--> music is my airborty cioderopaship
--> music is my air dea a
----
'music is my air'
--> music is my air met
--> music is my air college
----
'music is my airc'
--> music is my aircentival ad distures
--> music is my aircomute in fresight op
----
'music is my aircr'
--> music is my aircrichs of nwire
--> music is my aircric of
----
'music is my aircra'
--> music is my aircrations sime
--> music is my aircracts fast
----
'music is my aircraf'
--> music is my aircraffems 2
--> music is my aircrafthons and parin
----
'music is my aircraft'
--> music is my aircrafted
--> music is my aircrafts njrmen
```

이러한 결과는 신경망을 기반으로 하지 않았던 이전의 해결책들보다 더 나쁘다! 이 첫 번째 신경 언어 모델에서 엔그램 언어 모델과 AnalyzingSuggester의 결과와 비교해 보자. 표 4.1은 신경 언어 모델이 항상 결과를 제공하지만, 그것들 중 많은 것들이 이치에 맞지 않는다는 점을 보여준다.

표 4.1 다양한 제안기를 구현해 본 결과 비교

입력	신경망 기술 활용	엔그램 기술 활용	분석 기술 활용
'm'	musorida hosking floa	my	m
'music'	music tents in sauraborls	music	music
'music is'	music island kn5 stendattion	island	music
'music is my ai'	music is my airborty cioderopaship	my aim	
'music is my aircr'	music is my aircrichs of nwire	aircraft	

'music tents in sauraborls'라는 제안에서 'sauraborls'는 무엇인가? 그리고 'music island kn5 stendattion'라는 제안에서 'stendattion'은 무엇인가? 예측할 텍스트의 길이가 늘어남에 따라 신경 언어 모델은 의미 있는 단어를 형성하지 않는 문자 시퀀스를 반환하기 시작한다. 긴 입력에 대해서는 우수한 확률로 예측해 내지 못한다. 학습 곡선을 관찰한 후 여러분이 기대했던 대로다.

여러분은 망이 더 잘 학습할 수 있기를 바란다. 그러므로 신경망에 대한 학습을 설정할 때 가장 중요한 구성 파라미터 중 하나인 **학습 속도(learning rate, 또는 학습률)**를 살펴보자. 학습 속도는 (경사도) 비용과 관련하여 신경망의 가중치가 한 번에 얼마만큼씩 변경될 수 있는지를 정의한다. 학습 속도가 높으면 신경망이 좋은 가중치를 끝내 찾아내지 못할 수 있는데 가중치가 너무 크게 변동되는 바람에 좋은 조합을 알아낼 수 없기 때문이다. 학습 속도가 낮으면 학습하는 데 걸리는 시간이 길어져서 모든 데이터가 학습에 사용되기 전까지 좋은 가중치를 찾아내지 못할 수 있다.

이번에는 계층의 뉴런 수를 90개로 조금 늘리고 다시 훈련을 시작해 보자.

```
...
INFO o.d.n.m.MultiLayerNetwork - Starting MultiLayerNetwork ...
INFO c.m.d.u.NeuralNetworksUtils - params :67.487, examples: 77.141
INFO o.d.o.l.ScoreIterationListener - Score at iteration 0 is 173.9821
...
```

신경망 파라미터의 수는 이용 가능한 훈련 사례 수보다 약간 적기 때문에 앞으로는 파라미터를 더 추가해서는 안 된다. 훈련을 마쳐 얻은 다음과 같은 룩업 결과를 살펴보자.

```
'm'
--> month jeans of saids
--> mie free in manufact
----
'mu'
--> musications head socie
--> musican toels
----
'mus'
--> muse sc
--> muse germany nc
----
'musi'
--> musical federations
```

```
--> musicating outlet
----
'music'
--> musican 2006
--> musical swin daith program
----
'music '
--> music on the grade county
--> music of after
----
'music i'
--> music island fire grin school
--> music insurance
----
'music is'
--> music ish
--> music island recipe
----
'music is '
--> music is befied
--> music is an
----
'music is m'
--> music is michigan rup dogs
--> music is math sandthome
----
'music is my'
--> music is my labs
--> music is my less
----
'music is my '
--> music is my free
--> music is my hamby bar finance
----
'music is my a'
--> music is my acket
--> music is my appedia
----
'music is my ai'
--> music is my air brown
--> music is my air jerseys
----
'music is my air'
--> music is my air bar nude
--> music is my air ambrank
----
'music is my airc'
--> music is my airclass
--> music is my aircicle
----
'music is my aircr'
```

```
--> music is my aircraft
--> music is my aircross of mortgage choo
----
'music is my aircra'
--> music is my aircraft
--> music is my aircraft popper
----
'music is my aircraf'
--> music is my aircraft in star
--> music is my aircraft bouble
----
'music is my aircraft'
--> music is my aircraft
--> music is my aircraftless theatre
```

제안 결과의 품질이 높아졌다. 제안 내용 중 대다수는 올바른 영어 단어로 구성되어 있다. 그들 중 일부는 'music is my aircraft popper'와 'music is my aircraftless theatre'와 같이 재미있다. 방금 훈련된 신경 언어 모델의 Overview 탭을 다시 한번 살펴보자(그림 4.11 참고).

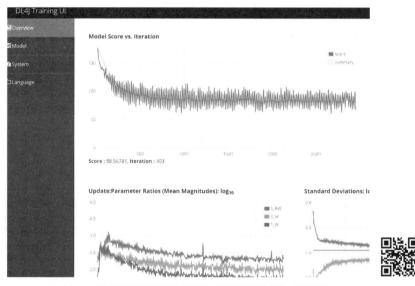

그림 4.11　더 많은 파라미터가 있지만 여전히 최적 수렴 미만이다

손실은 더 잘 줄어들고 있지만, 여전히 작은 값에 도달하지 못했기 때문에 아마도 학습 속도는 아직 정확히 정해지지 않은 것 같다. 학습 속도를 더 높게 해서 신경망의 품질을 더 끌어올려 보자. 우리가 처음에는 학습 속도를 0.1로 설정했는데 이번에는 0.4로 바꿔 보자. 이 값은 학습 속도치고는 상당히 큰 편이다! 다음 그림 4.12는 망이 다시 훈련되고 있음을 보여준다.

이렇게 한 결과로 손실은 더 낮아지고, 더 많은 파라미터를 지닌 신경망이 되었다. 이것은 신경망이 훈련 데이터에 관해 더 많이 알고 있다는 것을 의미한다. 우리는 여기서 멈추고 이 산출물에 만족할 것이다.

최적이 되게 훈련하려면 이 과정을 더 많이 반복해야 한다. 다른 파라미터를 조정하면 더 깔끔하고 그럴 듯한 제안 내용이 제시될 수 있다. 우리는 이 책의 마지막 장에서 신경망 조율에 관해 더 논의할 것이다.

4.9 단어 매장을 이용한 제안 다양화

2장에서 여러분은 동의어 확장에 단어 매장을 사용하는 것이 얼마나 유용한지 보았다. 이번 절에서는 최종 사용자에게 더욱 다양한 제안을 제공하기 위해 LSTM에서 생성한 제안의 결과와 이러한 제안들을 혼합하는 방법을 보여준다. 프로덕션 시스템에서는 다양한 모델의 결과를 조합하여 좋은 사용자 경험을 제공하는 것이 일반적이다. word2vec 모델을 사용하면 단어의 벡터화된 표현을 만들 수 있다. 그러한 벡터는 각 단어의 주변적 맥락(기타 주변 단어)을 살펴봄으로써 얕은 신경망에 의해 학습된다. 단어를 벡터로 나타내는 알고리즘인 word2vec이나 이와 비슷한 알고리즘의 좋은 점은 벡터 공간에 비슷한 단어들을 서로 가깝게 배치한다는 점이다. 예를 들어, 'aircraft'와 'aeroplane'을 나타내는 벡터는 서로 매우 가까울 것이다.

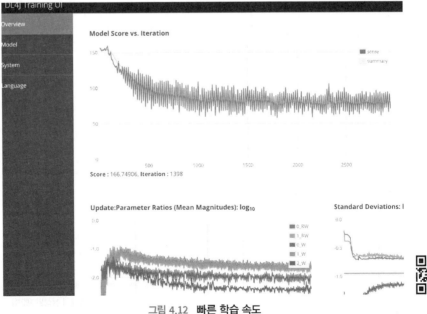

그림 4.12 **빠른 학습 속도**

2장에서 했던 것과 비슷한, 노래 가사를 수록한 루씬 색인에서 word2vec 모델을 구축해 보자.

```
CharacterIterator iterator = ...
MultiLayerNetwork network = ...

FieldValuesSentenceIterator iterator = new
    FieldValuesSentenceIterator(reader, "lyrics");
Word2Vec vec = new Word2Vec.Builder()
    .layerSize(100)
    .iterate(iterator)
    .build();
vec.fit();

Lookup lookup = new CharLSTMWord2VecLookup(network,
    iterator, vec);
```

루씬 가사 필드의 내용에 대한 **DataSetIterator**를 작성한다.

크기가 100인 단어 벡터를 사용해 word2vec 모델을 구성한다.

신경 언어 모델을 구축한다.

이전에 훈련된 LSTM와 CharacterIterator 그리고 word2vec 모델을 사용해 word2vec 모델을 훈련한다.

동일한 데이터로 훈련한 word2vec 모델을 사용해 이제 CharLSTMNeuralLookup과 결합해 더 많은 제안을 생성할 수 있다. CharLSTMNeuralLookup 클래스를 확장하는 CharLSTMWord2 VecLookup을 정의하자. 이 Lookup 구현에는 Word2Vec 인스턴스가 필요하다. 룩업 시간에 LSTM 망이 제안하는 문자열을 살펴본 다음, word2vec 모델을 사용하여 문자열의 각 단어에 대해 최근접 이웃을 찾는다. 이 최근접 이웃들은 새로운 제안을 만드는 데 사용된다. 예를 들어, LSTM에 의해 생성된 'music is my aircraft'의 순서는 그것의 토큰 'music', 'is', 'my', 'aircraft'로 나눌 것이다. word2vec 모델은 예를 들어 'aircraft'라는 단어의 최근접 이웃을 확인하고 'aircraft'를 찾은 다음, 'music is my aeroplane'라는 추가 제안을 만들어 낼 것이다.

목록 4.1 Word2Vec을 사용한 확장 신경 언어 모델

```
public class CharLSTMWord2VecLookup extends CharLSTMNeuralLookup {

    private final Word2Vec word2Vec;

    public CharLSTMWord2VecLookup(MultiLayerNetwork net,
            CharacterIterator iter, Word2Vec word2Vec) {
        super(net, iter);
        this.word2Vec = word2Vec;
    }

    @Override
    public List<LookupResult> lookup(CharSequence key, Set<BytesRef> contexts,
            boolean onlyMore    Popular, int num) throws IOException {
        Set<LookupResult> results = Sets.
            newCopyOnWriteArraySet(super.lookup(key,
            contexts, onlyMorePopular, num));
```

LSTM 망에서 생성된 제안을 가져온다.

```java
            for (LookupResult lr : results) {
                String suggestionString = lr.key.toString();
                for (String word : word2Vec.
                        getTokenizerFactory().create(
                        suggestionString).getTokens()) {      ←── 제안 문자열을
                    Collection<String> nearestWords = word2Vec       토큰(단어)별로 나눈다.
                        .wordsNearest(word, 2);
                    for (String nearestWord : nearestWords) {
                        if (word2Vec.similarity(word, nearestWord)
                                > 0.7) {                       각 최근접 이웃이 입력
                            results.addAll(enhanceSuggestion(lr,    단어와 유사한지 확인하자.
                                word, nearestWord));          ←──
                        }                                      word2vec에서 제안된
                    }                                          단어를 사용하여 향상된
                }                                              제안을 생성한다.
            }
            return new ArrayList<>(results);
        }

        private Collection<LookupResult> enhanceSuggestion(LookupResult lr,
                String word, String neares    tWord) {
            return Collections.singletonList(new LookupResult(
                lr.key.toString().replace(word, nearestWord),
                    (long) (lr.value * 0.7)));   ←──    간단한 제안 개선 구현:
        }                                                 원래 단어를 최근접 이웃
    }                                                     단어로 대체한다.
```

각 토큰에서 최근접 이웃 중에 최상위인 두 가지를 찾는다.

2장의 초반을 돌이켜 보면 어떤 사용자가 정확히 기억하지 못하는 노래의 가사를 찾기 원했다. 동의어 확장을 위한 word2vec 모델을 사용해, 생성된 동의어를 사용하여 쿼리가 제목과 일치하지 않을 때에도 올바른 노래를 반환할 수 있다. 제안을 생성하는 신경 언어 모델과 word2vec 모델을 조합해 사용하면 사용자가 'music is my airc…'이라고 입력해 넣으면 'music is my airplane'이라는 제안을 얻게 되는데 이로 인해 실제적인 검색을 하지 않고도 사용자에게 필요한 정보를 얻게 된다!

요약

- 검색 제안은 사용자들이 좋은 쿼리를 쓰도록 돕는 데 중요하다.

- 이러한 제안을 생성하기 위한 데이터는 정적(예: 이전에 입력한 쿼리의 사전)이거나 동적(검색 엔진에 저장된 문서)일 수 있다.

- 텍스트 분석을 활용하거나 엔그램 언어 모델을 사용하여 훌륭한 제안 알고리즘을 작성할 수 있다.

- 신경 언어 모델은 RNN(또는 LSTM)과 같은 신경망을 기반으로 하는 언어 모델이다.

- 신경 언어 모델을 사용함으로써 여러분은 더 그럴듯한 제안을 얻을 수 있다.

- 신경망 훈련 과정을 살펴보아야 좋은 결과를 얻을 수 있다.

- 원래 제안기의 결과를 단어 벡터와 결합하여 제안의 다양성을 보강할 수 있다.

단어 매장을 사용해 검색 결과의 순위지정하기

이번 장에서 다루는 내용

- 통계적 검색 모델과 확률적 검색 모델
- 루씬에서 순위 알고리즘 사용
- 신경 정보 검색 모델
- 평균 단어 매장을 사용해 검색 결과에 순위지정하기

2장 이후로 우리는 검색 엔진을 보강할 수 있게 신경망 기반 컴포넌트를 구축해 왔다. 이러한 컴포넌트는 동의어를 확장하거나 대체 표현을 생성하거나 사용자가 검색어를 입력하는 동안 똑똑한 제안 내용을 제시하는 식으로 검색 엔진이 사용자의 의도를 더 잘 포착할 수 있도록 지원한다. 이러한 접근법이 보여주듯이 쿼리는 역색인에 저장된 용어와 일치하기 전에 확장되거나 조정되거나 변환될 수 있다. 그런 다음에 1장에서 말했듯이 쿼리를 이루는 용어들을 쿼리에 일치하는 문서를 찾는 데 사용한다.

검색 결과(search results)라고도 하는 이 일치 문서는 입력 쿼리와 일치할 것으로 예측되는 정도에 따라 정렬된다. 결과를 분류하는 이 작업을 **순위지정**(ranking) 또는 **점수 매기기**(scoring)라고 한다. 순위지정 함수는 검색 결과의 **연관도**(relevance, 또는 관련성)에 근본적인 영향을 미치는데 이는 검색 엔진의 **정밀도**(precision)가 높아진다는 뜻이며, 이에 따라 사용자는 가장 관련성이 깊고 중요한 정보부터 수신하게 된다. 순위를 바르게 지정하는 일은 한꺼번에 다 이뤄지는 과정이 아니라 점차적으로 이뤄져 가는 과정이다. 실무에서는 기존 순위 알고리즘을 사용하거나 새로운 순위 알고리즘을 만들거나 기존 순위지정 함수와 새로운 순위지정 함수를 조합해 사용하게 될 것이다. 많은 경우에 사용자가 찾고 있는 내용, 쿼리 작성 방법 등을 정확히 파악하기 위해 해당 항목을 미세하게 조정해야 한다.

이번 장에서 여러분은 일반적인 순위지정 함수, 정보 검색 모델 그리고 검색 엔진이 어떤 것을 먼저 보여줄지 '결정'하는 방법을 배우게 된다. 그런 다음에 필자는 텍스트(단어, 문장, 문서 등)의 조밀 벡터 표현을 사용해 검색 엔진의 순위지정 함수를 향상시키는 방법을 보여주려 한다. **매장(embeddings)**이라고도 알려진 이러한 텍스트 벡터 표현은 사용자의 의도에 따라 문서를 더 잘 일치시키고 채점할 수 있도록 여러분의 순위지정 함수를 도울 수 있다.

5.1 순위지정의 중요성

한동안 인터넷에 떠도는 다소 우스운 밈(meme)은 '시체를 숨기기에 가장 좋은 장소는 구글 검색 결과의 두 번째 페이지다'였다. 물론, 이것은 주로 웹 검색(웹사이트에서 페이지와 같은 내용을 검색)과만 관련된 허풍스런 문장이기는 하다. 그러나 이 문장은 검색 엔진이 관련 결과를 잘 반환할 것으로 사용자들이 크게 기대한다는 점을 반영한다. 사용자가 결과 페이지의 2페이지 단추를 아래로 스크롤해 클릭하기보다는 차라리 쿼리를 더 적절하게 작성하는 편이 덜 수고스럽다. 여기서 말한 밈을 '첫 페이지에 나타나지 않는 검색 결과는 사실상 연관도(관련성)가 없는 결과다'는 말로 다시 표현해 볼 수 있을 것이다. 이것은 여러분에게 왜 연관도가 중요한지 말해 준다. 여러분은 다음을 가정할 수 있다.

- **사용자는 게으르다**(users are lazy). 사용자는 검색 결과가 좋은지 여부를 판단하려고 굳이 아래로 스크롤하거나 두세 개 이상의 결과를 보고 싶어하지 않는다. 수천 개의 결과를 반환한다고 해도 쓸모가 없을 때가 있다.
- **사용자는 무지하다**(users are uninformed). 사용자는 검색 엔진이 내부적으로 어떻게 작동하는지도 모르고, 그저 쿼리를 작성하면 좋은 결과를 나올 것이라고 기대한다.

검색 엔진의 순위지정 함수가 잘 작동하면 상위 10~20개의 결과를 반환할 수 있을 것이므로 사용자도 만족하게 될 것이다. 사용자가 일치하는 문서를 모두 검색하지는 않기 때문에 이 접근 방식이 검색 엔진 성능에 긍정적인 영향을 미칠 수도 있다는 점에 유의하자.

그러나 연관도 문제가 모든 경우에 적용되는지를 여러분이 궁금해 할지 모르겠다. 예를 들어, 한 개 또는 두 개 단어로 구성되어 있고, 작은 검색 결과 집합을 명확하게 식별해 내는, 짧은 쿼리가 있는 경우에 연관도 문제는 덜 명백하다. 위키백과 페이지를 검색하기 위해 구글에서 수행한 모든 검색 쿼리를 생각해 보자. 예를 들어, 여러분이 Bernhard Riemann(베른하르트 리만)을 설명하는 페이지를 찾고 싶다고 상상해 보라. en.wikipedia.org라는 URL을 입력해 나온 위키백과 텍스트 상자에 Bernhard Riemann을 입력하고 돋보기 버튼을 클릭하여 결과를 얻으려면 귀찮다. 구글 검색 상자에 Bernhard Riemann을 입력하는 편이 훨씬 더 빠르며, 첫 번째 페이지의 첫 번째나 두 번째 검색 결과에 위키백과 페이지가 나타날 것이다. 이것은 여러분(바로 독자 자신)이 무엇을 되찾고 싶은지를 미리 알고 있는 예다(여러분은 게으르지만 원하는 것에 대해 알게 되었고, 인물을 검색할 때 검색 엔진이 일반적으로 어떻게 작동하는지를 이전 경험을 통해 알게 되었다). 하지만 대체로 이런 경우는 드물다. 리만에 관한 일반적인 정보에는 관심이 없지만, 대신에 왜 그의 작품이 여러 다른 과학 분야에서 중요하게 여겨지는지 이해하고 싶어하는, 학부 과정 수학을 전공하는 어떤 학생들의 입장에서 생각해 보자. 학생들은 자신에게 필요한 특정 자료를 미리 알지 못한다. 그들은 필요한 자료의 **유형**만 알고 있는 상태에서 그것에 기초해 쿼리를 입력할 것이다. 그래서 그러한 학생은 the importance of Bernhard Riemann works(베른하르트 리만 저작물의 중요성)이나 Bernhard Riemann influence in academic research(학술 연구에서의 베른하르트 리만의 영향력)와 같은 질문을 입력해 넣을 수 있다. 여러분이 구글에서 이 두 개의 쿼리를 직접 실행한다면 다음을 알 수 있다.

- 각 쿼리별로 검색 결과가 서로 다르게 나온다는 점을 알 수 있을 것이다.
- 두 경우에 나타나는 검색 결과는 서로 순서가 다르다.

특히, 이 책을 쓰는 시점에서 첫 번째 쿼리로 인해 위키백과 페이지가 첫 번째 결과로 표시된 반면, 두 번째 쿼리의 첫 번째 결과는 'herbart's influence on bernhard riemann(헤르바르트가 베른하르트 리만에게 끼친 영향)'이었다. 이는 사용자가 의도한 바와 다르므로 다소 이상한 검색 결과다. 학생이 알고 싶어한 것은 리만이 다른 사람에게 어떻게 영향을 끼쳤는지였기 때문이다. 오히려 두 번째 결과로 나온 'riemann's contribution to differential geometry(리만이 미분 기하학에 기여한 내용)'가 훨씬 더 사용자의 의도에 들어맞는다. 이와 같은 점을 통해 검색 결과에 순위를 지정하기가 어렵다는 점을 알 수 있다.

이제 쿼리의 생애주기 동안에 순위가 어떻게 작용하는지 보자(그림 5.1 참고).

1. 사용자가 작성한 쿼리가 구문분석되어 일련의 용어 절들(즉, 인코딩된 쿼리)로 나뉘어 구분된다.

2. 인코딩된 쿼리는 검색 엔진 데이터 구조에 반하여 실행된다(각 용어에 대해, 즉 역색인 테이블 안의 룩업이 수행됨).

3. 일치된 문서를 수집해 순위지정 함수에 전달한다.

4. 순위지정 함수가 각 문서에 점수를 매긴다.

5. 일반적으로 검색 결과 목록은 그러한 문서들로 구성되며, 점수에 맞춰 내림차순으로 정렬된다(가장 높은 점수를 받은 결과가 제일 먼저 표시된다).

순위지정 함수는 검색 결과를 여러 개 가져와서 입력 쿼리에 대한 중요도를 나타내는 점수 값을 각 검색 결과에 할당한다. 점수가 높을수록 문서가 더 중요하다.

또한, 결과에 순위를 매길 때 똑똑한 검색 엔진이라면 다음과 같은 사항들을 고려해야 한다.

- **사용자 이력(user history)**: 사용자의 과거 활동을 기록하고 순위를 매길 때 감안한다. 예를 들어, 과거 쿼리에서 반복되는 용어는 특정 주제에 대한 사용자의 관심을 나타낼 수 있으므로 동일한 주제를 다룬 검색 결과에 더 높은 순위를 매겨야 한다.

- **사용자의 지리적 위치(user's geographical location)**: 사용자의 위치를 기록하고 적절한 언어로 작성된 검색 결과의 점수를 높인다.

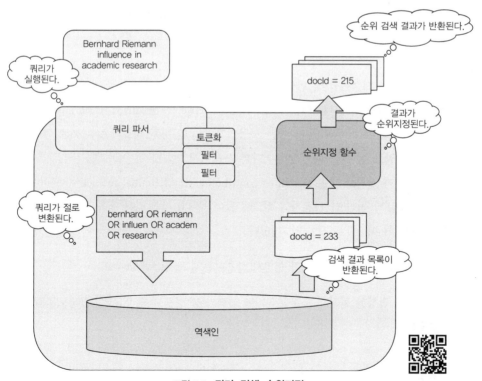

그림 5.1 **쿼리, 검색, 순위지정**

- **시기에 따른 정보 변화(temporal changes in information):** 3장에 나온 'latest trends(최신 동향)'라는 쿼리를 다시 떠올려 보자. 이러한 쿼리는 'latest' 및 'trends'라는 단어와 일치할 뿐만 아니라 새로운 문서(더 최신 정보)의 점수를 높여야 한다.
- **있음직한 모든 맥락에 대한 단서(all possible context clues):** 쿼리에 더 많은 맥락을 제공하기 위한 신호를 찾자. 예를 들어, 검색 로그를 보고 쿼리가 이전에 수행되었는지 확인한다. 이 경우에 검색 로그의 다음 쿼리를 확인하여 공유 결과가 있는지 확인하고 더 높은 순위를 지정한다.

이제 핵심 질문에 대한 답변으로 넘어가자. 검색 엔진은 주어진 쿼리와 관련해 검색 결과의 순위를 정하는 방법을 어떻게 결정하는가?

5.2 검색 모델

지금까지 문서를 입력으로 삼고 문서의 연관도를 나타내는 점수 값을 생성하는 함수를 사용해 문서의 순위를 매기는 작업에 대해 이야기하였다. 실제로 순위지정 함수는 **정보 검색 모델**(**IR 모델**, information retrieval model)의 일부인 경우가 많다. 이러한 모델은 검색 엔진이 정보 필요성과 관련해 관련 결과를 제공하는 전체 문제를 다루는 방법(즉, 쿼리 구문 분석에서 시작해 검색 결과의 일치 여부를 따져 보고, 검색하고, 순위를 지정하는 등의 모든 일)을 정의한다. 모델이 필요한 이유는 검색 엔진이 쿼리를 처리하는 방법을 모른 채로 정확한 점수를 제공하는 순위지정 함수를 생각해 내기가 어렵기 때문이다. '+riemann -influenced influencing'과 같은 쿼리에서 'riemann'과 'influencing'이라는 단어가 모두 포함된 문서의 경우에 결과의 최종 점수는 첫 번째 단어와 두 번째 단어에 대한 점수를 조합한 것이어야 하지만(점수 = 점수(riemann)\+ 점수(influencing)), 'riemann'이라는 용어에는 필수 제약 조건(\+ 부호)이 따르므로 선택적으로 적용할 수 있는 단어인 'influencing'보다 높은 점수를 제공해야 한다.

따라서 검색 엔진이 쿼리와 관련해 문서의 연관도를 계산하는 방법은 검색 엔진의 배경을 이루는 설계와 기반 구조에 영향을 미친다. 1장 이래로 우리는 텍스트가 검색 엔진에 입력되면 분석되어 토크나이저 및 토큰 필터에 따라 변경될 수 있는 청크로 분할된다고 추정해 왔다. 이 텍스트 분석 사슬은 **게시 목록**(posting list, 또는 '**포스팅 목록**')이라고도 하는, 결국 역색인이 되는 용어들을 생성한다. 키워드별 검색 사용 사례는 용어와 일치하는 문서를 효율적으로 검색하기 위해 목록을 게시하는 데 동기를 부여했다. 마찬가지로 쿼리-문서 쌍의 순위를 정하는 방법은 시스템 요건에 영향을 미칠 수 있다. 예를 들어, 순위지정 함수는 게시 목록에 용어가 있거나 없는 경우보다 색인된 데이터에 대한 더 많은 정보에 접근해야 할 수 있다. **통계 모델** (statistical models)이라 불리는, 널리 사용되는 검색 모델 세트는 특정 문서와 전체 문서 집합에 일치하는 용어가 얼마나 자주 나타나는지에 따라 특정 문서의 순위를 결정한다.

이전 장들에서 우리는 이미 쿼리와 문서 간의 단순한 용어 일치 여부를 따져 보는 수준은 넘어섰다. 우리는 동의어 확장 기술을 사용해 동의어인 용어들을 생성하는 일까지도 해보았다. 예를 들어, 검색 시 사용자가 단어 수준에서 동일한 것을 '말할' 수 있는 방법의 수를 확장했다. 사용자가 입력한 원래 쿼리 외에 새로운 대안 쿼리를 생성해 3장에서 이 접근 방식을 확장했다.

이 모든 작업의 목표는 텍스트의 의미를 이해하려고 애쓰는 검색 엔진을 만드는 것이었다.

- **동의어 확장의 경우**(synonym expansion case): 여러분이 'hello'를 입력하든 'hi'를 입력하든 간에 말하는 의미가 동일한 것을 가리킨다.

- **대안 쿼리 확장의 경우**(alternative query expansion case): 여러분이 'latest trends'을 입력하면 철자는 다르지만 원본과 비슷한 의미를 지닌 대안 쿼리가 표시된다.

이런 작업에 대한 생각을 한마디로 표현하자면 쿼리와 색인화된 용어가 정확히 일치하지 않아도 특정 쿼리와 관련이 있는 문서를 반환해야 한다는 점이다. 동의어 표현과 대안 쿼리 표현 덕분에 문서 용어와 일치할 수 있는 광범위한 관련 쿼리 용어들을 제공할 수 있다. 그러한 방법들은 의미적으로 유사한 단어나 쿼리를 사용해 문서를 찾을 가능성이 더 높아지게 한다. 이상적으로는 검색 엔진이 쿼리 문서의 용어에 일치하는 검색 결과를 제시할 뿐만 아니라 사용자가 필요로 하는 정보까지 이해할 수 있을 것이다. 이런 면에서 보면 이상적인 검색 엔진이라면 사용자의 필요에 맞춘 결과를 용어에 일치하는 것만으로 다시 제한하지는 않을 것이다.

의미론적 이해 능력이 뛰어난 검색 엔진을 만들기는 어렵다. 여기서 보듯이 딥러닝에 기반을 둔 기술들이 평범한 쿼리 문자열과 실제 사용자 의도 사이의 차이를 줄이는 데 많은 도움이 될 수 있다는 좋은 소식이 있다. 우리가 seq2seq 모델을 살피는 중에 3장에서 잠깐 다뤘던 **생각 벡터**(thought vector)라는 것을 생각해 보자. 이 생각 벡터를 단순한 용어 일치를 넘어서기 위해 필요한 사용자 의도를 나타내는 것으로 생각할 수 있다.

좋은 검색 모델은 의미론을 감안해야 한다. 상상할 수 있듯이 이 의미론적 관점은 순위를 지정한 문서에도 적용된다. 예를 들면, 다음과 같다.

- LSTM 망에 의해 생성된 대안 검색어 중 하나에 일치하는 검색 결과에 순위를 매길 때 이 문서의 점수를 원래 사용자 검색어와 일치하는 문서와 다르게 점수를 매겨야 할까?
- 딥러닝(예: 생각 벡터)을 통해 생성된 표현을 사용해 사용자 의도를 파악할 계획이라면 결과를 검색하고 순위를 매기는 데 어떻게 사용해야 할까?

우리는 이번에는 다음과 같은 사항들에 관해 탐사를 시작해 보겠다.

- 더 전통적인 검색 모델
- 신경망을 통해 학습된 텍스트의 벡터 표현을 사용하는 기존 모델 확장(이것은 우리의 주요 초점이 될 것이다)
- 순수하게 심층 신경망에 의존하는 신경 IR 모델

5.2.1 TF-IDF와 벡터 공간 모델

1장에서는 용어빈도-역문서빈도(TF-IDF)와 벡터 공간 모델(VSM)을 말했다. 그것들을 살펴봄으로써 어떤 식으로 작동하는지를 이해하자. 순위지정 함수의 기본 목적은 쿼리 문서 쌍에 점수를 할당하는 것이다. 쿼리와 관련하여 문서의 중요성을 측정하는 일반적인 방법은 쿼리 및 문서 용어에 대한 통계를 계산하고 가져오는 것에 기초한다. 그러한 검색 모델을 **정보 검색을 위한 통계 모델**(statistical models for information retrieval)이라고 한다.

여러분에게 'bernhard riemann influence'라는 쿼리와 이 검색 결과로 나온 두 가지 문서인 document1 = 'riemann bernhard – life and works of bernhard riemann'(문서1 = '리만 베른하르트: 베른하르트 리만의 생애와 저작물') 그리고 document2 = 'thomas bernhard biography – bio and influence in literature'(문서2 = '토마스 베른하르트 전기: 생애와 문학에 끼친 영향')가 있다고 하자. 쿼리와 문서는 둘 다 용어들로 이뤄져 있다. 그중 어느 것이 일치하는지를 본다면 다음과 같은 점을 관찰할 수 있다.

- 문서1은 'riemann'과 'bernhard'라는 용어와 일치했다. 두 용어가 두 번 다 일치했다.
- 문서2는 'bernhard'와 'influence'라는 용어와 일치했다. 두 용어가 모두 한 번 일치했다.
- document1의 용어빈도는 각 일치 항에 대해 2이고, document2의 두 일치 항에 대한 용어빈도는 1이다.

- 'bernhard'의 문서빈도는 2이다(두 문서에 모두 표시된다, 단일 문서에서 반복 발생을 계산하지 않는다). 'riemann'의 문서빈도는 1이고, 'influence'의 문서빈도는 1이다.

용어빈도와 문서빈도

때때로 통계 모델은 **용어빈도**와 **문서빈도**를 결합해 쿼리 시 문서의 연관도에 대한 측도(measure, 또는 측정지표)를 제시한다. 이러한 계량(metrics, 즉 계량기준)을 선택하는 근거는 용어에 대한 빈도와 통계를 계산하면 각 용어가 얼마나 유용한지를 측정할 수 있기 때문이다. 더 구체적으로, 문서에 나타나는 쿼리 용어의 수는 문서가 해당 쿼리에 얼마나 관련될 수 있는지를 측정한다. 이것이 **용어빈도**(term frequency)다. 반면, 색인 데이터에 거의 나타나지 않는 용어는 흔한 용어보다 더 중요하고 유익하다고 여겨진다('the'와 'in'과 같은 용어는 대개 너무 흔하기 때문에 유익하지 않다). 모든 색인화된 문서 내에서 용어의 빈도를 **문서빈도**(document frequency, 또는 '문헌빈도')라고 한다.

각 일치 항목의 모든 용어빈도를 합하면, 점수는 문서1의 경우는 4이고, 문서2의 경우는 2다.

내용이 'riemann hypothesis - a deep dive into a mathematical mystery(리만 가설: 수학적 신비에 깊이 빠져 들기)'인 문서3을 추가해 같은 쿼리에 대해 점수를 매겨 보자. 문서3은 'riemann'이라는 용어와 일치하기 때문에 점수가 1이다. 문서3이 비록 리만의 영향력과 관련되지는 않지만, 문서3이 문서2보다 사용 목적에 더 적합하기 때문에 이건 좋은 방법이라고 할 수 없다.

순위를 표현하는 더 좋은 방법은 문서빈도의 로그로 나눈 용어빈도의 로그 합계를 사용해 각 문서를 점수를 매기는 것이다. 이 유명한 가중치 부여 방식을 TF-IDF라고 부르며, 그 식은 다음과 같다.

$$\text{가중치(용어)} = (1 + \log(\text{tf(용어)})) * \log(N/\text{df(용어)})$$

여기서 N은 색인화된 문서의 수를 나타낸다. 새로운 문서3이 추가되면서 'riemann'이라는 용어의 문서빈도는 현재 2가 된다. 각 일치 용어를 이전 방정식을 사용해 각 TF-IDF를 추가하고 다음 점수를 얻자.

$$\text{점수(문서1)} = \text{tf-idf}(riemann) \backslash+ \text{tf-idf}(bernhard) = 1.28 \backslash+ 1.28 = 2.56$$

$$\text{점수(문서2)} = \text{tf-idf}(bernhard) \backslash+ \text{tf-idf}(influence) = 1 \backslash+ 1 = 2$$

$$\text{점수(문서3)} = \text{tf-idf}(riemann) = 1$$

TF-IDF를 바탕으로 한 점수 매기기는 순수한 용어빈도에만 의존하기 때문에 관련이 없는 문서(예: 문서2)는 다소 연관도가 있는 문서(예: 문서3)보다 높은 점수를 받는다는 점을 여러분은 방금 목격했다. 이는 이전 절에서 논의한 바와 같이 검색 모델에서 쿼리 의도에 대한 의미적 이해가 누락된 경우다.

이 책에서는 지금까지 벡터를 여러 번 접해 보았다. 정보 검색에 이것들을 사용하는 것이 새로운 생각은 아니다. VSM은 쿼리와 문서를 벡터로 표현하고 TF-IDF 가중치 체계에 기반하여 얼마나 유사한지를 측정한다. 각 문서는 색인의 기존 용어 수와 같은 크기의 1차원 벡터로 나타낼 수 있다. 벡터에서 각 위치는 해당 용어의 TF-IDF 값과 동일한 값을 갖는 용어를 나타낸다.

또한, 용어로 구성되기 때문에 쿼리에서도 동일한 작업을 수행할 수 있다. 유일한 차이점은 용어빈도가 로컬(쿼리에 나타나는 쿼리 용어의 빈도)이거나 색인(색인화된 데이터에 나타나는 쿼리 용어의 빈도)일 수 있다는 점이다. 이렇게 하면 문서 및 쿼리를 벡터로 표현할 수 있다. 단어의 위치에 대한 정보가 손실되므로 표 5.1에서와 같이 모든 문서 또는 쿼리가 단어의 모음집으로 표시되기 때문에 이 표현을 **단어 주머니(bag-of-words)**라 한다.

표 5.1 단어 주머니 표현

용어	bernhard	bio	dive	hypothesis	in	influence	into	life	mathematical	riemann
doc1	1.28	0.0	0.0	0.0	0.0	0.0	0.0	1.0	0.0	1.28
doc2	1.0	1.0	0.0	0.0	1.0	1.0	0.0	0.0	0.0	0.0
doc3	0.0	0.0	1.0	1.0	0.0	0.0	1.0	0.0	1.0	1.0

'bernhard riemann influence'와 'riemann influence bernhard'의 벡터는 정확히 동일하다. 두 쿼리가 서로 다르다는 점과, 첫 번째 쿼리가 두 번째 쿼리보다 더 의미 있는 쿼리라는 점이 포착되지 않는다. 이제 문서와 쿼리가 벡터 공간에 표시되므로 입력 쿼리와 가장 일치하는 문서를 계산하자. 각 문서와 입력 쿼리 사이의 **코사인 유사도(cosine similarity)**를 계산해 각 문서의 최종 순위를 계산하자. 코사인 유사도는 문서와 쿼리 벡터 사이의 각도의 크기를 측정한 것이다. 그림 5.2에는 'bernhard'와 'riemann'이라는 용어만 감안하는 (간단한 2차원) 벡터 공간에서 입력 쿼리, 문서1 및 문서2에 대한 벡터가 표시된다.

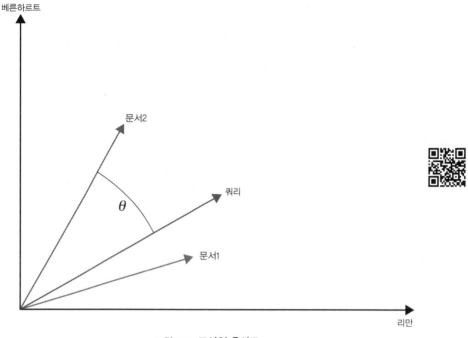

그림 5.2 **코사인 유사도**

쿼리 벡터와 문서 사이의 유사도는 두 벡터 사이의 기존 각도를 보고 평가한다. 각도가 작을수록 두 벡터가 유사하다. 이것을 표 5.1의 벡터에 적용하면 다음과 같은 유사도 점수가 부여된다.

```
cosineSimilarity(query,doc1) = 0.51
cosineSimilarity(query,doc2) = 0.38
cosineSimilarity(query,doc3) = 0.17
```

단지 세 개의 문서만으로도 결과 벡터의 크기는 10이다(열 수는 문서에서 사용되는 용어의 수와 같다). 프로덕션 시스템에서는 이 값이 훨씬 더 높을 것이다. 따라서 이 단어 주머니 표현의 한 가지 문제는 벡터의 크기가 기존 용어의 수(색인화된 문서에 포함된 모든 구별되는 단어)에 따라 선형적으로 증가한다는 점이다. 이것은 word2vec에서 생성된 것과 같은 단어 벡터가 단어 주머니 벡터보다 더 나은 또 다른 이유다. word2vec 생성 벡터는 크기가 고정되어 있어 검색 엔진의 용어 수에 따라 증가하지 않으므로 사용 시 자원 소비량이 훨씬 적다(word2vec에서 생성된 벡터는 2장에서 설명한 것처럼 단어 의미를 파악하는 데 더 효과적이다).

이러한 제한에도 불구하고 VSM과 TF-IDF는 때때로 사용되며, 많은 프로덕션 시스템에서 좋은 결과를 얻는다. 다른 정보 검색 모델에 관해 토론하기 전에 실용적으로 루씬을 사용해 문서를 수집하고, TF-IDF와 VSM을 사용해 점수를 매기는 방법을 살펴보자.

5.2.2 루씬에서 문서의 순위지정하기

루씬에서 Similarity라는 API는 순위지정 함수의 기초가 된다. 루씬은 TF-IDF(버전 5까지 사용된 기본값)를 이용하는 VSMM, Okapi BM25, DFR(Divergence From Randomness) 언어 모델 및 그 밖의 것들을 포함한 일부 정보 검색 모델을 기본적으로 제공한다. Similarity는 색인화 시간과 찾기 시간에 모두 설정되어야 한다. 루씬 7에서 VSM + TF-IDF 유사도는 ClassicSimilarity다.

색인 시간에 IndexWriterConfig에서 Similarity가 설정된다.

```
IndexWriterConfig config = new IndexWriterConfig();    ← 색인화에 대한 구성을
                                                          생성한다.

config.setSimilarity(new ClassicSimilarity());    ← 유사도를 ClassicSimilarity로 설정한다.

IndexWriter writer = new IndexWriter(directory, config);
```
구성 유사도를 사용해
IndexWriter를 생성한다.

찾기 시간에 IndexSearcher에서 Similarity가 설정된다.

```
IndexReader reader = DirectoryReader.open(directory);    ← IndexReader를 연다.
IndexSearcher searcher = new IndexSearcher(reader);    ← 리더를 대상으로
searcher.setSimilarity(new ClassicSimilarity);           IndexSearcher를 만든다.
```
IndexSearcher에서
유사도를 설정한다.

이전 세 개의 문서를 색인화하고 검색하면 순위가 예상대로 동작하는지 여부를 확인할 수 있다.

루씬 필드의 기능을 직접 정의할 수
있다(값 저장, 용어 위치 저장 등).

```
FieldType fieldType = ...
Document doc1 = new Document();    ← 각 문서에 대해 새 Document를
                                     작성하고 제목 필드에 내용을 추가한다.
doc1.add(new Field("title",
    "riemann bernhard - life and works of bernhard riemann", ft));
Document doc2 = new Document();
doc2.add(new Field("title",
    "thomas bernhard biography - bio and influence in literature", ft));
```

```
Document doc3 = new Document();
doc3.add(new Field("title",
    "riemann hypothesis - a deep dive into a mathematical mystery", ft));
writer.addDocument(doc1);    ◁─────┐  세 가지 문서를 모두 추가하고 변경
writer.addDocument(doc2);          │  내용을 커밋한다.
writer.addDocument(doc3);
writer.commit();
```

각 검색 결과가 쿼리와 관련해 Similarity 클래스에 의해 어떻게 점수가 매겨지는지 확인하려면 루씬에게 그것을 '설명'하라고 하면 된다. 각 일치 용어가 각 검색 결과의 최종 점수에 어떻게 기여하는지를 설명하는 텍스트 형태로 설명이 출력된다.

```
String queryString = "bernhard riemann influence";  ◁──┤  쿼리를 작성한다.
QueryParser parser = new QueryParser("title", new WhitespaceAnalyzer());
Query query = parser.parse(queryString);  ◁──┤  사용자가 입력한 쿼리의 구문을 분석한다.
TopDocs hits = searcher.search(query, 3);  ◁──┤  검색을 수행한다.
for (int i = 0; i < hits.scoreDocs.length; i++) {
    ScoreDoc scoreDoc = hits.scoreDocs[i];
    Document doc = searcher.doc(scoreDoc.doc);
    String title = doc.get("title");                                  표준 출력물에 문서
    System.out.println(title + " : " + scoreDoc.score);  ◁──┤      제목과 점수를 인쇄한다.
    System.out.println("--");
    Explanation explanation = searcher.explain(query, scoreDoc.doc);  ◁──┤  점수를 어떻게 계산했는지에
    System.out.println(explanation);                                       대한 설명을 듣는다.
}
```

ClassicSimilarity를 사용하면 다음과 같은 설명이 나온다.

```
riemann bernhard - life and works of bernhard riemann : 1.2140384
--
1.2140384 = sum of:
    0.6070192 = weight(title:bernhard in 0) [ClassicSimilarity], result of:
        0.6070192 = fieldWeight in 0, product of:
            ...
    0.6070192 = weight(title:riemann in 0) [ClassicSimilarity], result of:
        0.6070192 = fieldWeight in 0, product of:
            ...
--
thomas bernhard biography - bio and influence in literature : 0.9936098
--
0.9936098 = sum of:
    0.42922735 = weight(title:bernhard in 1) [ClassicSimilarity], result of:
        0.42922735 = fieldWeight in 1, product of:
            ...
```

```
    0.56438243 = weight(title:influence in 1) [ClassicSimilarity], result of:
      0.56438243 = fieldWeight in 1, product of:
    ...
--
riemann hypothesis - a deep dive into a mathematical mystery : 0.4072008
--
0.4072008 = sum of:
   0.4072008 = weight(title:riemann in 2) [ClassicSimilarity], result of:
       0.4072008 = fieldWeight in 2, product of:
         ...
```

기대한 대로 이전 단원에서 설명한 내용을 반영한 순위다. 해당 설명 내용을 살펴본다면 쿼리와 일치하는 각 용어가 합산될 때 해당 가중치에 따라 기여한다는 것을 알 수 있다.

```
0.9936098 = sum of:
   0.42922735 = weight(title:bernhard in 1)...
   0.56438243 = weight(title:influence in 1)...
```

반면, 점수는 용어의 TF-IDF 가중치를 손으로 계산할 때와 정확히 같지는 않다. 그 이유는 TF-IDF 구성의 다양한 가능성 때문이다. 예를 들어, 여기서 루씬은 역문서빈도를

$$\log(N/\mathrm{df(term)})$$

대신에

$$\log(N+1)/(\mathrm{df(term)}+1)$$

로 계산한다.

게다가 루씬은 용어빈도의 로그(logarithm)를 택하지 않고, 오히려 용어빈도 그대로 사용한다. 또한, 루씬은 **정규화(normalization)** 기술을 사용하여 용어가 더 많은 문서가 짧은 문서(용어가 적음)에 비해 너무 높게 평가되어 1.0 / Math.sqrt(용어개수)로 근사화될 수 있다는 사실을 완화한다. 이 표준화 기법을 사용해 쿼리 벡터와 문서 벡터 사이의 코사인 유사도를 계산하는 일은 스칼라 곱을 계산하는 일과 같다.

```
score(query,document1) = tf-idf(query, bernhard) * tf-idf(document1,bernhard)
    + tf-idf(query, riemann) * tf-idf(document, riemann)
```

루씬은 벡터를 저장하지 않는다. 일치되는 용어마다 TF-IDF를 계산하고 결과를 결합해 점수를 계산하는 것으로 충분하다.

5.2.3 확률 모델

여러분은 일부 VSM 이론과 그것이 루씬에서 실제로 어떻게 적용되는지를 배웠다. 또한, 용어 통계를 사용해 점수가 계산되는 것을 보았다. 이번 절에서는 확률론적 검색 모델(probabilistic retrieval models)을 배우게 되며, 여기서 점수는 여전히 확률에 기초해 계산된다. 검색 엔진은 쿼리와 연관도가 있는 확률을 사용하여 문서의 순위를 매긴다.

확률(probabilities)은 불확실성을 해결하는 강력한 도구다. 우리는 사용자 의도와 관련 검색 결과 사이의 차이를 좁히는 것이 얼마나 어려운지를 토론해 왔다. 확률론적 모델은 특정 문서가 입력 쿼리와 관련지어 볼 때 서로 연관성을 띠게 될 가능성이 얼마나 높은지를 측정해 순위를 모델링하려고 한다. 6면 주사위를 굴리면 각 면은 결과가 될 확률이 1/6이다. 예를 들어, 3면 주사위를 굴릴 확률 $P(3) = 0.16$이다. 그러나 실제로 주사위를 여섯 번 굴리면 여섯 차례 모두 다른 결과를 얻지 못할 것이다. 확률이란 특정 사건이 발생할 가능성에 대한 추정치다. 그렇다고 해서 사건이 정확히 그 정도로 자주 일어날 것이라는 것을 의미하지는 않는다.

주사위를 던졌을 때 특정 숫자가 나올 무조건적인 확률은 1/6이지만, 주사위를 던졌을 때 같은 숫자가 연달아 나올 확률은 얼마일까? 이러한 조건부 확률은 P(사건 | 조건)로 나타낼 수 있다. 순위지정 작업의 경우에 특정 문서가 (주어진 각 쿼리와) 관련될 확률을 추정할 수 있다. 이를 $P(r = 1|x)$로 표현하며, 여기서 r은 연관도의 이항 측도(binary measure)다.[31]

즉, $r = 1$: 관련 있음이고 $r = 0$: 관련 없음이다.

확률론적 검색 모델에서 여러분은 일반적으로 $P(r = 1|x)$의 주어진 쿼리에 관련된 모든 문서의 순위를 매긴다. 이는 **확률 순위화 원리**(probability ranking principle, 또는 '확률 순위지정 원리')에 의해 가장 잘 표현된다. 즉, 검색된 문서가 이용 가능한 데이터와 관련될 확률을 감소시킴으로써 정렬된 경우, 시스템이 데이터를 획득하는 효율이 최선이 된다.

가장 유명하고 널리 채택된 확률론적 모델 중 하나는 **Okapi BM25**이다. 간단히 말하면 이 모델은 TF-IDF의 두 가지 한계를 완화하기 위해 노력한다.

---

31 [옮긴이] 이것이 확률 측도의 한 가지 유형이므로 '이항 측도'라고 번역했다.

- 자주 반복되는 용어를 토대로 과도한 점수를 받지 않도록 용어빈도의 영향을 제한한다.
- 특정 용어의 문서빈도 중요도에 대한 더 나은 추정치를 제공한다.

BM25는 조건부 확률 $P(r = 1|x)$를 용어빈도에 의존하는 두 가지 확률로 표현한다. 따라서 BM25는 용어빈도에 대한 확률분포를 계산해 확률에 근접한다.

'bernhard riemann influence'라는 예를 생각해 보자. 고전적인 TF-IDF 방식에서 용어빈도가 크면 고득점으로 이어질 수 있다. 따라서 'bernhard'가 많이 포함된 더미 문서('bernhard bernhard bernhard bernhard bernhard bernhard bernhard bernhard bernhard bernhard bernhard')가 있으면 관련 문서보다 점수가 높을 수 있다. 이전에 작성된 색인으로 색인화하면 TF-IDF 및 VSM(ClassicSimilarity)을 통해 다음과 같은 출력을 얻을 수 있다.

```
riemann bernhard - life and works of bernhard riemann : 1.2888055
bernhard bernhard bernhard bernhard bernhard bernhard ... : 1.2231436
thomas bernhard biography - bio and influence in literature : 1.0464782
riemann hypothesis - a deep dive into a mathematical mystery : 0.47776502
```

보다시피 두 번째 결과로 더미 문서가 반환되는데 이상하다. 또한, 문서4의 점수는 첫 번째 순위를 차지한 결과와 거의 같다. 검색 엔진은 이 더미 문서를 중요한 것으로 순위를 매겼지만, 사실은 그렇지 않다. ClassicSimilarity 테스트와 동일한 코드를 사용해 루씬(버전 6 이후 기본값)에서 BM25Similarity를 설정하자.

```
searcher.setSimilarity(new BM25Similarity());
```

BM25 유사도가 설정된 경우에 순위지정은 다음과 같다.

```
riemann bernhard - life and works of bernhard riemann : 1.6426628
thomas bernhard biography - bio and influence in literature : 1.5724708
bernhard bernhard bernhard bernhard bernhard bernhard ... : 0.9965918
riemann hypothesis - a deep dive into a mathematical mystery : 0.68797445
```

더미 문서는 두 번째가 아닌 세 번째가 된다. 이것이 최적은 아니지만, 연관도가 가장 높은 문서에 비해 점수가 크게 떨어졌다. 그 이유는 BM25가 빈도를 '짓눌러(squashes)', 구성 가능한 특정 임계값 아래로 유지하기 때문이다. 이런 경우에 BM25는 'bernhard'라는 용어에 대한 높은 용어빈도의 영향을 완화했다.

BM25의 또 다른 장점은 문서에서 함께 나타나는 용어의 확률을 추정하려고 한다는 점이다. 문서에서 다수 용어의 문서빈도는 각 단일 용어가 해당 문서에 나타날 확률 로그의 합계에 의해 주어진다.

그러나 BM25에는 다음과 같은 몇 가지 제약도 있다.

- TF-IDF와 마찬가지로 BM25도 단어 주머니 모델이어서 순위를 지정할 때 용어 순서를 무시한다.
- 일반적으로 잘 수행되지만, BM25는 데이터에 잘 적용되지 않을 수 있는 휴리스틱스(일반적으로는 잘 작동하지 않는 기능)에 기반을 두고 있다(이러한 휴리스틱스를 조정해야 할 수도 있다).[32]
- BM25는 확률 추정에 대한 근사 및 단순화를 수행하기 때문에 수용할 수 없는 결과가 발생하기도 한다(긴 문서에서는 잘 작동하지 않는다).

언어 모델에 기초한 순위지정에 대한 그 밖의 확률론적 접근 방식이 보통은 일반적인 확률적 추정 중에 더 나은 편이지만, 이것이 항상 더 나은 점수를 가져오는 것은 아니다. 일반적으로 BM25는 OK 기준(okay baseline) 순위지정 함수다.

이제 검색 엔진에 가장 일반적으로 사용되는 순위지정(ranking) 모델을 살펴보았으므로 신경망이 이러한 모델을 더 좋게 만들고 완전히 새로운(더 나은) 순위지정 모델을 제공하는 방법을 자세히 살펴보자.

5.3 신경 정보 검색

지금까지 용어와 용어의 국소 빈도(문서별 빈도)와 전역 빈도(문서 모음집 빈도)를 살펴봄으로써 순위지정 문제를 효과적으로 해결했다. 더 나은 순위지정 함수를 얻기 위해 신경망을 사용하려면 벡터라는 관점에서 생각해야 한다. 사실 신경망에만 벡터가 필요한 것은 아니다. 여러분

---

32 [옮긴이] 여기서 휴리스틱스(heuristics)란 발견법을 의미하는데 조금 더 구체적으로는 시행착오에 의한 발견법을 말한다. 그러므로 시행착오로만 끝나는 경우에는 이 방법이 작동하지 않게 된다.

은 고전적인 VSM조차도 문서와 쿼리를 벡터로 취급하고 코사인 거리를 이용해 그 유사도를 측정한다는 것을 보았다. 한 가지 문제는 그러한 벡터의 크기가 색인화된 단어의 수에 따라 엄청나게(선형적으로) 커질 수 있다는 점이다.

신경 정보 검색이 나오기 전에 단어들을 더 압축한(고정 크기로) 표현을 제공하기 위한 그 밖의 기술들이 개발되었다. 이는 주로 **잠재 의미 색인화**(latent semantic indexing, LSI) 알고리즘과 같은 행렬 인수분해 알고리즘에 기초했는데, 이는 **특잇값 분해**(singular value decomposition, SVD) 계수를 기반으로 한다. 즉, LSI에서는 각 문서 행에 대한 용어와 문서의 행렬을 만든다. 이때 문서에 해당 용어가 들어 있는 각 요소에는 1을 넣고 다른 모든 요소에는 0을 넣는다. 그런 다음 이 희박 행렬(0이 많은 행렬, 즉 '희소 행렬')을 축소된 SVD라는 인수분해 방법으로 변환(분해)하면 그 결과로 원래 값에 더 가까운 근사치인 (조밀) 행렬 세 개가 생성된다. 각 결과 문서 행은 고정된 차원성을 가지며, 더 이상 희박하지 않다. 쿼리 벡터는 또한 SVD 인수분해 행렬(factorized matrixes, 또는 '분해 행렬' 또는 '요인 행렬')을 사용해 변환될 수 있다. 그리고 약간 유사한 기법을 **잠재 디리클레 할당**(latent dirichlet allocation, LDA)이라고 한다. 여기에 나온 'juice'에는 용어 일치가 필요하지 않다. 쿼리와 문서 벡터를 비교해 가장 유사한 문서 벡터가 1위를 차지하도록 한다.

데이터에서 좋은 표현을 학습해 내는 일은 딥러닝이 가장 잘 할 수 있는 일 중 하나다. 이제 순위를 지정하기 위해 그러한 벡터 표현을 사용하는 예를 살펴보겠다. 여러분은 이미 사용할 알고리즘에 대해 잘 알고 있다. 단어의 분산 표현을 학습하는 word2vec 말이다. 단어 벡터는 그들이 나타내는 단어가 유사한 맥락에서 나타날 때 서로 가까이 위치하며, 따라서 유사한 어의(semantics)를 갖는다.[33]

5.4 단어 벡터에서 문서 벡터까지

word2vec에서 생성된 벡터를 기반으로 검색 시스템을 구축하는 일을 시작해 보자. 목표는 쿼리에 대비해 문서의 순위를 매기는 것이지만, word2vec은 단어의 순서가 아닌 단어의 벡터를 제공한다. 그러므로 가장 먼저 해야 할 일은 이 단어 벡터를 사용해 문서와 쿼리를 나타내는 방법을 찾는 것이다. 일반적으로 쿼리를 두 개 이상의 단어로 구성할 것이므로 우리는 이에

---

33 [옮긴이] semantics를 '잠재 의미 분석'에서처럼 '의미'로 번역하기도 하나 언어학에서는 '어의(語意)'로 부르고 있다. 이 책에서는 semantics가 단독으로 쓰일 때는 거의 '어의'로 번역하였다. 이는 meaning과 구분하기 위해서다.

맞춰 문서들을 색인화할 것이다. 예를 들어, 'bernhard riemann influence'라는 쿼리의 각 용어에 대한 단어 벡터를 가져와서 그림 5.3처럼 표시해 보자.

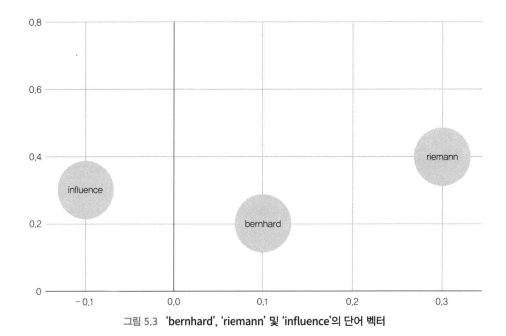

그림 5.3 'bernhard', 'riemann' 및 'influence'의 단어 벡터

단어 벡터에서 문서 벡터를 만드는 간단한 방법은 단어 벡터를 하나의 문서 벡터로 평균하는 것이다. 이것은 간단한 수학적 연산이다. 각 벡터의 위치 j에 있는 모든 요소가 더해지며 합계가 평균화되는 벡터의 수로 나뉜다(산술 평균화 연산과 동일). 다음과 같이 DL4J 벡터(INDArrays 객체들)를 사용해 이 작업을 수행할 수 있다.

```
public static INDArray toDenseAverageVector(Word2Vec word2Vec, String... terms) {
    return word2Vec.getWordVectorsMean(Arrays.asList(terms));
}
```

mean 벡터는 평균 연산의 결과물이다. 그림 5.4에서 예상한 대로 mean(평균) 벡터는 세 단어 벡터의 중심에 위치한다.

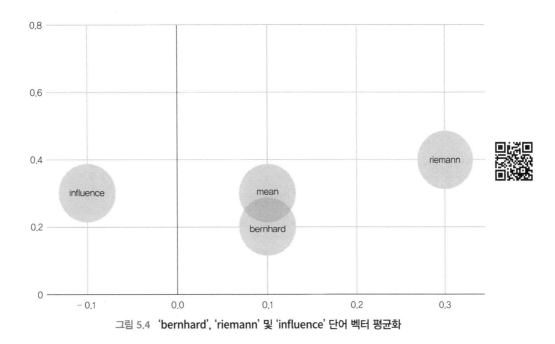

그림 5.4 'bernhard', 'riemann' 및 'influence' 단어 벡터 평균화

문서이든 쿼리이든 모두 단어들을 합성한 것이므로 이 기법을 문서와 쿼리에 다 적용할 수 있다는 점에 유의하자. 각 문서 쿼리 쌍에 대해서 단어 벡터를 평균화해 문서 벡터를 계산한 다음, 각 평균 단어 벡터가 얼마나 가까운지를 기준으로 각 문서에 점수를 할당할 수 있다. 이는 VSM 시나리오에서 수행하는 것과 유사하다. 가장 큰 차이점은 TF-IDF를 사용하여 이러한 문서 벡터의 값이 계산되지는 않지만, word2vec 벡터를 평균화하여 산출된다는 점이다. 요약하면 이러한 조밀 벡터는 필요한 메모리(및 디스크에 저장된 경우)의 측면에서 덜 무겁고 의미론 측면에서 더 유익하다.

이전 실험을 반복하되 평균 단어 벡터를 사용하여 문서 순위를 지정하자. 먼저 검색 엔진에서 word2vec 데이터를 공급하자.

```
IndexReader reader = DirectoryReader.open(
    directory); ◁──────────      검색 엔진 문서 집합을 바탕으로
                                 리더를 작성한다.
FieldValuesSentenceIterator iterator = new
    FieldValuesSentenceIterator(reader, "title"); ◁───
                                              제목 필드의 리더에서
                                              데이터를 읽을 수 있는 DL4J
Word2Vec vec = new Word2Vec.Builder() ◁──┤ word2vec을 구성한다.   반복자를 생성한다.
    .layerSize(3) ◁────────────          초소형 데이터셋으로 작업
    .windowSize(3)                       중이므로 매우 작은 벡터를
    .tokenizerFactory(new DefaultTokenizerFactory())   사용하는 것이다.
```

```
      .iterate(iterator)
      .build();
vec.fit(); <───┤ word2vec이 단어 벡터를 학습하게 하자.
```

단어 벡터를 추출한 후에는 쿼리 및 문서 벡터를 작성할 수 있다.

```
                              ┌── 쿼리에 입력된 용어('bernhard',
                              │   'riemann' 및 'influence')를
String[] terms = ... <────────┘   포함하는 배열
INDArray queryVector = toDenseAverageVector(vec,          ┌─ 쿼리 용어들의 단어 벡터를
     terms); <───────────────────────────────────────────┤  평균화하여 쿼리 용어를 문서
for (int i = 0; i < hits.scoreDocs.length; i++) {         └─ 벡터로 변환한다.
     ScoreDoc scoreDoc = hits.scoreDocs[i];
     Document doc = searcher.doc(scoreDoc.doc); <───┐ 각 검색 결과에 대해 루씬이 준
                                                    │ 점수를 무시하고 결과들을 문서
                                                    └ 벡터들로 변환한다.
     String title = doc.get("title"); <───┤ 문서의 제목을 획득한다.

     Terms docTerms = reader.getTermVector(scoreDoc.doc,
          "title"); <───────────────────────────┐ 해당 문서에 포함된 용어를 추출한다
                                                 └ (IndexReader#getTermVector API를 사용).
     INDArray denseDocumentVector = VectorizeUtils
        .toDenseAverageVector(docTerms, vec); <───┐ 앞에서 보여준 평균 기법을 사용해
                                                  └ 문서 용어를 문서 벡터로 변환한다.
     double sim = Transforms.cosineSim(denseQueryVector,
          denseDocumentVector) <───────────┐ 쿼리 및 문서 벡터 간의 코사인
                                           └ 유사도를 계산해 프린트한다.
     System.out.println(title + " : " + sim);
}
```

가독성을 높일 수 있게 출력은 최고 점수부터 최저 점수까지 수동으로 표시된다.

```
                                               ┌─ 점수가 가장 높은 문서는
                                               │  낮은 용어빈도와는 별개로
riemann hypothesis - a deep dive into a        └  연관성이 있다.
     mathematical mystery : 0.6171551942825317 <─

thomas bernhard biography - bio and influence
     in literature : 0.4961382746696472 <──┐ 두 번째 문서는 사용자 의도와
                                            └ 연관성이 없다.
bernhard bernhard bernhard bernhard bernhard
     bernhard ... : 0.32834646105766296 <───┤ 더미 문서

riemann bernhard - life and works of bernhard
     riemann : 0.2925628423690796 <────┐ (아마도) 연관성이 가장 큰 문서의
                                        └ 점수가 가장 낮을 것이다.
```

이것은 이상하다. 여러분이 가장 연관도가 큰 문서보다 더 나은 순위를 얻는 데 도움이 될 것
으로 기대했던 기술이기 때문이다! 그 이유는 다음과 같다.

- word2vec이 단어의 의미를 신중하게 나타내는 단어 벡터를 제공하기 위해 사용할 수 있는 충분한 훈련 데이터가 없다. 네 번째 예로 든 짧은 문서에는 word2vec 신경망이 그것의 은닉 계층 가중치를 정확하게 조정하기 위한 단어–문맥 쌍이 너무 적다.

  - 상위 등급 문서의 문서 벡터를 선택하면 'bernhard'라는 단어에 대한 단어 벡터와 동일할 것이다. 쿼리 벡터는 'bernhard', 'riemann' 및 'influence'에 대한 벡터의 평균 벡터다. 따라서 이러한 벡터는 항상 벡터 공간에서 서로 가깝게 된다.

생성된 문서 쿼리 벡터를 (감소된) 2차원 공간에 표시해 두 번째 문장을 시각화해 보자. 그림 5.5를 참고하자. 예상대로 문서4와 쿼리 매장들은 레이블이 거의 겹칠 정도로 가깝다.

이러한 결과를 개선하는 한 가지 방법은 word2vec 알고리즘에 더 많은 훈련 데이터가 있는지 확인하는 것이다. 예를 들어, 위키백과의 영어 덤프에서 시작해 각 페이지의 제목과 내용을 루씬으로 색인할 수 있다. 또한, 문서4의 텍스트 조각과 같은 텍스트 조각의 영향을 완화할 수 있다. 대부분의 경우에 (또는 유일한) 쿼리에 나타나는 단일 용어가 포함된다. 그렇게 하는 일반적인 기법은 용어빈도를 사용해 평균 문서 벡터를 부드럽게 하는 것이다. 각 단어 벡터를 문서 길이로 나누는 대신 각 단어 벡터를 다음 의사 코드에 따라 용어빈도로 나눈다.

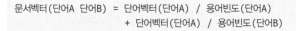

```
문서벡터(단어A 단어B) = 단어벡터(단어A) / 용어빈도(단어A)
                    + 단어벡터(단어A) / 용어빈도(단어B)
```

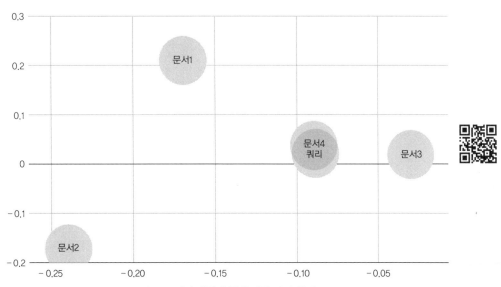

그림 5.5 쿼리 매장과 문서 매장 간의 유사도

이는 다음과 같이 루씬 및 DL4J에서 구현할 수 있다.

```
public static INDArray toDenseAverageTFVector(Terms docTerms,
        Terms fieldTerms, Word2Vec word2Vec) throws IOException {
    INDArray vector = Nd4j.zeros(word2Vec
            .getLayerSize()); ←┤ 모든 벡터 값을 0으로 초기화한다
    TermsEnum docTermsEnum = docTerms.iterator(); ←┤   현재 문서의 모든 기존
    BytesRef term;                                      용어들을 대상으로 반복
    while ((term = docTermsEnum.next()) != null) { ←┤ 다음 용어를 덧붙인다.  처리한다.
        long termFreq = docTermsEnum.totalTermFreq(); ←┤
        INDArray wordVector = word2Vec.getLookupTable().      현재 용어에 대한
            vector(term.utf8ToString()).div(termFreq); ←┤  용어빈도를 획득한다.
        vector.addi(wordVector); ←┤              현재 용어에 대한 매장
    }                            현재 단어의 현재 벡터와  단어를 추출한 다음 해당
    return vector;               반환될 벡터를 더한다.  값을 용어빈도 값으로
}                                                   나눈다.
```

필자가 평균적인 단어 벡터를 소개했을 때, 그러한 문서 벡터가 구성한 단어 벡터의 중심에 위치한다는 점을 보았을 것이다. 그림 5.6에서 여러분은 용어빈도를 평활화(smoothing)하면 문서 벡터들을 단어들의 중심에 해당하는 자리에 배치하지 않으면서 빈도가 낮은(그래서 더 중요한) 단어의 더 가까운 자리에 놓는 데 도움이 된다는 점을 알 수 있다.

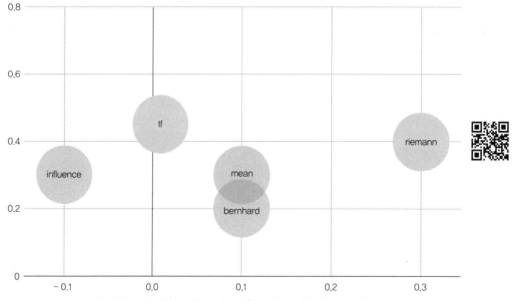

그림 5.6 용어빈도들을 가지고 평활화해 평균을 낸 단어 벡터

'bernhard'와 'riemann'이라는 용어는 'influence'보다 더 빈번하게 출현하며(즉, 빈도가 높으며), 생성된 문서 벡터 tf는 influence라는 단어 벡터에 더 가깝다. 이는 긍정적인 영향을 끼친다. 빈도가 낮은 문서는 순위가 더 높지만, 여전히 쿼리 벡터에 충분히 근접해 있기 때문이다.

```
riemann hypothesis - a deep dive into a mathematical
    mystery : 0.6436703205108643
thomas bernhard biography - bio and influence in
    literature : 0.527758002281189
riemann bernhard - life and works of bernhard
    riemann : 0.2937617599964142
bernhard bernhard bernhard bernhard bernhard
    bernhard ... : 0.2569074332714081
```

더미 문서가 처음으로 가장 낮은 점수를 받았다. 단어 매장에서 평균 문서 벡터를 생성하는 평활화 요인으로 일반 용어빈도에서 TF-IDF로 전환하면 다음 순위가 부여된다.

```
riemann hypothesis - a deep dive into a mathematical
    mystery : 0.7083401679992676
riemann bernhard - life and works of bernhard
    riemann : 0.4424433362483978
thomas bernhard biography - bio and influence in
    literature : 0.3514146476984024
bernhard bernhard bernhard bernhard bernhard
    bernhard ... : 0.09490833431482315
```

TF-IDF 기반의 평활화(예: 그림 5.7 참고)를 사용함으로써 여러분은 최고의 성과를 내었다. 여러분은 엄격한 용어 가중치 기반 유사도에서 벗어났다. 가장 연관도가 높은 문서는 용어 'riemann'에 대해 용어빈도가 1인 반면, 용어빈도가 가장 높은 문서는 가장 낮은 점수를 갖는다. 의미론적 관점에서 보면 가장 연관도가 높은 문서는 다른 문서보다 높은 점수를 받는다.

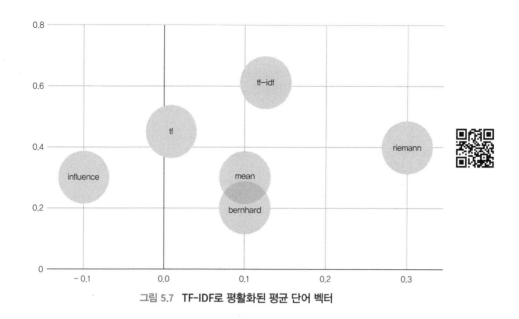

그림 5.7 **TF-IDF로 평활화된 평균 단어 벡터**

5.5 평가 및 비교

TF-IDF로 평균화된 단어 벡터들을 기준으로 문서의 순위를 매기는 이 방법에 만족하는가? 이전 예에서는 계층 크기를 60으로 설정하고, 스킵그램 모델을 6으로 설정하는 등의 특정 설정으로 word2vec을 훈련했다. 순위는 특정 쿼리와 네 개의 문서 집합에 대해 최적화되었다. 이것이 다른 접근 방식의 장단점을 배우는 데 유용한 연습이지만, 여러분은 있음직한 모든 입력 쿼리를, 특히 대규모 지식 기반을 그렇게 세밀하게 파악해서 최적화를 하기는 어렵다. 연관도가 무척 어려우므로 순위지정 효과를 자동으로 평가할 수 있는 방법을 찾는 것이 좋다. 그래서 순위지정을 다루는 다른 방법들(예: 신경 텍스트 매장)에 뛰어들기 전에 순위지정 함수의 평가를 가속화하기 위한 몇 가지 도구를 간단히 도입해 보자.

루씬 기반 검색 엔진의 효과를 평가하기 위한 좋은 도구는 Lucene for Information Retrieval (Lucene4IR)이다. 연구계와 산업계에 종사하는 사람들이 협력해 이 도구를 만들었다.[34] 간단한 자습서를 https://mng.bz/YP7N에서 찾을 수 있다. Lucene4IR은 표준 정보 검색 데이터셋에 대해서 그 밖의 색인화 전략이나 검색 전략 또는 순위지정 전략을 시도할 수 있도록 한다. 이를

---

34 〈Lucene4IR: Developing Information Retrieval Evaluation Resources using Lucene〉(Leif Azzopardi et al., ACM SIGIR Forum 50, no. 2, December 2016) https://sigir.org/wp-content/uploads/2017/01/p058.pdf

시도하기 위해 Lucene4IR의 IndexerApp, RetrievalApp 및 ExampleStatsApp를 순서대로 실행할 수 있다. 이렇게 하면, 예를 들어 선택한 루씬 구성(Similarity, Analyzers 등)에 따라 반환된 결과와 관련된 결과에 대한 통계를 색인화하고 검색하고 기록한다. 기본적으로 이러한 앱은 BM25Similarity를 사용하여 CACM 데이터셋(https://mng.bz/GWZq)에서 실행된다.

Lucen4IR로 데이터 평가를 수행한 후 IR 도구, trec_eval 도구(TREC 컨퍼런스 시리즈, https://trec.nist.gov의 데이터에 대한 검색 결과 품질을 측정하기 위해 개발된 도구)를 사용해 정밀도, 재현율 및 기타 IR 계량값들을 측정할 수 있다. 다음은 BM25 순위를 사용하는 CACM 데이터셋의 trec_eval 터미널 출력 예제다.

```
./trec_eval ~/lucene4ir/data/cacm/cacm.qrels
    ~/lucene4ir/data/cacm/bm25"results.res
...
num_q            all 51     ◁──┤ 수행된 쿼리 수
num_ret          all 5067   ◁──┤ 반환된 결과 수
num_rel          all 793    ◁──┤ 연관성이 있는 결과 수
num_rel_ret      all 341    ◁──┤ 마찬가지로 연관성이 있어서 반환된 결과 수
map              all 0.2430 ◁──┤ 평균 정밀도의 평균도
Rprec            all 0.2634 ◁──┤ R-정밀도
P_5              all 0.3608 │ P_5, P_10 등은 검색된 문서의
P_10             all 0.2745 │ 정밀도를 5, 10 등으로 제시한다.
```

루씬4에서 루씬 **Similarity** 파라미터를 변경하는 경우에 IR 구성 파일과 RetrievalApp 및 ExampleStatsApp을 다시 실행하면 IR에서 일반적으로 사용되는 정밀도, 재현율 및 기타 측정치가 데이터셋에서는 어떻게 변경되는지를 관찰할 수 있다. 언어 모델 기반 순위(루씬의 LMJelinekMercerSimilarity[35])를 사용해 CACM 데이터셋에서 **trec_eval** 터미널을 출력한 예를 보이면 다음과 같다.

```
./trec_eval ~/lucene4ir/data/cacm/cacm.qrels
    ~/lucene4ir/data/cacm/bm25_results.res
...
map              all 0.2292
Rprec            all 0.2552
P_5              all 0.3373
P_10             all 0.2529
```

---

35 〈A Study of Smoothing Methods for Language Models Applied to Ad Hoc Information Retrieval〉(Chengxiang Zhai and John Lafferty) https://mng.bz/zM8a

이 경우에 **Similarity**는 연관도의 확률을 추정하기 위해 언어 모델을 사용하는 것으로 전환되었다. 결과는 BM25보다 더 나쁘다. 모든 지표의 값이 약간 낮다.

이러한 도구를 함께 사용하면 일련의 빠르고 쉬운 단계를 통해 여러분의 결정이 검색의 정확도에 얼마나 영향을 잘 미치는지 평가할 수 있다. 그렇다고 해서 완벽한 순위를 얻을 수 있는 것은 아니지만, 이 접근법을 사용해 검색 엔진과 데이터에 대한 기준 순위지정 함수를 정의할 수 있다. Lucene4IR를 이렇게 짧게나마 소개했으니 word2vec에 기반한 자신만의 Similarity를 개발해 보기 바라며, BM25Similarity 등과 관련해 차이가 나는지 여부를 확인해 보자.

5.5.1 평균 단어 매장 기준 유사도

작은 실험을 통해 단어 벡터를 사용해 생성한 문서 매장의 효과를 알아보기 위해 우리는 'bernhard riemann influence'라는 쿼리를 예로 들었다. 동시에 현실에서 여러분은 검색 모델의 효과에 대한 더 나은 증거가 필요하다. 이번 절에서는 평균 word2vec 단어 벡터를 기반으로 하는 Similarity 구현을 알아보자. 그런 다음 Lucene4IR 프로젝트를 사용하여 작은 데이터셋에서 효과를 측정한다. 이러한 측도들은 여러분에게 이러한 순위지정 모델들이 일반적으로 얼마나 잘 행동하는지를 알려 줄 것이다.

루씬 Similarity를 올바르게 확장하는 작업은 루씬의 작동 방식에 대한 약간의 통찰력이 필요할 만큼 어려운 작업이다. 우리는 쿼리에 대비해 가며 문서에 점수를 매기기 위해 문서 임베딩을 사용하는, Similarity라는 API의 관련 비트에 초점을 맞출 것이다. 평균 단어 매장들을 통해 문서 매장들을 만드는 WordEmbeddingsSimilarity를 만들어 보자. 여기에는 훈련된 word2vec 모델, 문서 벡터에 결합하기 위한 평균 단어 벡터 및 문서 내용을 가져오는 데 사용되는 루씬 필드가 필요하다.

```
public class WordEmbeddingsSimilarity extends Similarity {

    public WordEmbeddingsSimilarity(Word2Vec word2Vec,
            String fieldName, Smoothing smoothing) {
        this.word2Vec = word2Vec;
        this.fieldName = fieldName;
        this.smoothing = smoothing;
}
```

루씬의 Similarity(유사도)는 다음 두 가지 방법을 구현할 것이다.

```
@Override
public SimWeight computeWeight(float boost,
        CollectionStatistics collectionStats, TermStatistics... termStats) {
    return new EmbeddingsSimWeight(boost, collectionStats, termStats);
}

@Override
public SimScorer simScorer(SimWeight weight,
        LeafReaderContext context) throws IOException {
    return new EmbeddingsSimScorer(weight, context);
}
```

이 작업의 가장 중요한 부분은 문서 채점을 담당하는 EmbeddingsSimScorer를 구현하는 것이다.

```
private class EmbeddingsSimScorer extends SimScorer {
    @Override
    public float score(int doc, float freq) throws IOException {
        INDArray denseQueryVector = getQueryVector();    ◁─┤ 쿼리 벡터를 생성한다.
        INDArray denseDocumentVector = VectorizeUtils
            .toDenseAverageVector(reader.getTermVector(doc,
            fieldName), reader.numDocs(),
                word2Vec, smoothing);    ◁─┤ 문서 벡터를 생성한다.
        return (float) Transforms.cosineSim(
            denseQueryVector, denseDocumentVector);    ◁─
    }                                                       문서와 쿼리 벡터 간의 코사인
}                                                           유사도를 계산하고 이를 문서
                                                            점수로 사용한다.
```

보다시피 **score** 메서드는 이전 단원에서 여러분이 했던 일과 같은 일을 하지만, Similarity 클래스 내에서 한다. 이전 접근 방식과 관련된 유일한 차이점은 ToDenseAverageVector 유틸리티 클래스도 단어 벡터들을 어떤 식으로 평균화할지를 지정하는 Smoothing 파라미터를 사용한다는 점이다.

```
public static INDArray toDenseAverageVector (Terms docTerms, double n,
        Word2Vec word2Vec, WordEmbeddingsSimilarity.Smoothing smoothing)
            throws IOException {
    INDArray vector = Nd4j.zeros(word2Vec.getLayerSize());
    if (docTerms != null) {
        TermsEnum docTermsEnum = docTerms.iterator();
        BytesRef term;
        while ((term = docTermsEnum.next()) != null) {
            INDArray wordVector = word2Vec.getLookupTable().vector(
                term.utf8ToString());
```

```
        if (wordVector != null) {
            double smooth;
            switch (smoothing) {
                case MEAN:
                    smooth = docTerms.size();
                    break;
                case TF:
                    smooth = docTermsEnum.totalTermFreq();
                    break;
                case IDF:
                    smooth = docTermsEnum.docFreq();
                    break;
                case TF_IDF:
                    smooth = VectorizeUtils.tfIdf(n, docTermsEnum.totalTermFreq(),
                            docTermsEnum.docFreq());
                    break;
                default:
                    smooth = VectorizeUtils.tfIdf(n, docTermsEnum.totalTermFreq(),
                            docTermsEnum.docFreq    ());
            }
            vector.addi(wordVector.div(smooth));
        }
    }
}
return vector;
}
```

getQueryVector도 똑같은 일을 하지만, docTerms에 걸쳐 반복하는 대신에 쿼리를 이루는 용어들에 걸쳐 반복된다.

Lucene4IR 프로젝트에는 여러분이 다양한 Similarity를 사용해 수행할 수 있는 CACM 데이터셋에 대한 평가를 실행하는 도구가 제공된다. Lucene4IR README(https://mng.bz/0WGx)의 지침에 따라 통계를 생성하여 다른 순위를 평가할 수 있다. 예를 들어, 서로 다른 Similarity를 사용한 처음 다섯 개 결과에 대한 정밀도는 다음과 같다.

```
WordEmbeddingsSimilarity:  0.2993
ClassicSimilarity:         0.2784
BM25Similarity:            0.2706
LMJelinekMercerSimilarity: 0.2588
```

이 숫자들이 조금 흥미롭다. 첫째, TF-IDF 가중치를 가진 VSM은 최악의 결과가 아니다. 단어 매장들의 Similarity(유사도)는 다른 것들보다 2% 더 좋아서 나쁘지 않다. 그러나 이 단순한 평가 과정에서도 간단한 주의점이 한 가지 있는데, 데이터에 따라 순위지정 모델의 효과가 달라질 수 있기 때문에 모델을 선택할 때 주의해야 한다는 점이다. 이론적 결과와 평가는 항상 검색 엔진의 실제 사용과 비교해 측정되어야 한다.

어떤 순위를 최적화할지 결정하는 것도 중요하다. 예를 들어, 높은 재현율과 높은 정밀도를 동시에 얻기는 어렵다. 순위지정 모델의 효과성을 평가하기 위한 다른 계량(metric) 수단인 **정규화 할인 누적 이득**(normalized discounted cumulative gain, NDCG)을 도입하자. NDCG는 결과 목록의 위치를 기준으로 문서의 유용성, 즉 **이득**을 측정한다. 이득은 결과 목록의 상단에서 하단으로 누적되어 각 결과에서 기여한 이득은 순위에 따라 감소한다. CACM 데이터셋을 통해 이전 Similarity들의 NDCG를 평가하는 경우에 결과는 더욱 흥미롭다.

```
WordEmbeddingsSimilarity:  0.3894
BM25Similarity:            0.3805
ClassicSimilarity:         0.3805
LMJelinekMercerSimilarity: 0.3684
```

VSM과 BM25는 정확히 동일하게 작동한다. 단어 매장 기반 순위지정 함수는 NDCG 값이 약간 더 좋았다. 따라서 처음 다섯 가지 결과에 대해 더 정확하게 순위를 매기는 데 관심이 있다면 단어 매장 기반 순위를 선택해야 하지만, 이 평가는 전반적으로 더 높은 NDCG의 경우에 큰 차이를 만들지 못한다는 것을 의미한다.

또한, 최근의 연구에서 뒷받침되는 좋은 해결책은 여러 점수 매기기 기능을 동시에 사용함으로써 고전적 순위지정 모델과 신경 순위지정 모델을 혼합하는 것이다.[36] 루씬에서 Multi Similarity 클래스를 사용하면 그렇게 할 수 있다. 동일한 평가를 수행하지만 맛이 다른 MultiSimilarity를 사용하는 경우에 언어 모델링과 단어 벡터를 혼합하면 최상의 NDCG 값이 산출된다는 것을 알 수 있다.

```
WV+BM25 :      0.4229
WV+LM :        0.4073
WV+Classic :   0.3973
BM25+LM :      0.3927
Classic+LM :   0.3698
Classic+BM25 : 0.3698
```

---

36 ⟨Representing Documents and Queries as Sets of Word Embedded Vectors for Informa- tion Retrieval⟩(Dwaipayan Roy et al., Neu-IR '16 SIGIR Workshop on Neural Information Retrieval, July 21, 2016, Pisa, Italy) https://arxiv.org/abs/1606.07869

요약

- VSM과 BM25와 같은 고전적인 검색 모델은 문서의 순위를 매기기 위한 좋은 기준선을 제공하지만, 텍스트가 지닌 기능의 의미를 이해하기에는 부족하다.

- 신경 정보 검색 모델의 목표는 순위지정 문서가 지닌 의미를 더 잘 이해할 수 있게 하는 기능을 제공하는 데 있다.

- (word2vec에서 생성된 것과 같은) 단어들의 분산 표현을 결합해 쿼리와 문서에 대한 문서 매장을 생성할 수 있다.

- 평균화된 단어 매장은 효과적인 루씬 Similarity를 생성하는 데 사용할 수 있으며, 이는 IR 데이터셋을 평가했을 때 좋은 결과를 얻을 수 있다.

CHAPTER

6

순위지정 및 추천을 위한 문서 매장

이번 장에서 다루는 내용

- 단락 벡터를 사용해 문서 매장 생성하기
- 단락 벡터를 사용해 순위지정하기
- 연관 내용 검색
- 단락 벡터를 사용해 연관 내용 검색 개선하기

앞 장에서는 평균적인 단어 매장에 기초한 순위지정 함수를 사용해 만든 신경 정보 검색 모델을 소개했다. word2vec에 의해 생성된 단어 매장을 평균하여 단어 매장 시퀀스를 조밀하게 표현하여 사용자 의도에 따라 문서의 순위를 매기는 정밀도가 높은 **문서 매장**(document embedding)을 얻는다.

그러나 TF-IDF 및 BM25가 있는 벡터 공간 모델과 같은 일반적인 검색 모델은 문서의 순위를 매길 때 용어를 단 한 번만 참조한다는 단점이 있다. 이러한 접근 방식을 택하면 해당용어의 맥락 정보가 삭제되므로 최적이 아닌 결과가 나올 수 있다. 이와 같은 단점을 염두에 두고, 한 단어만이 아니라 그 단어들을 둘러싼 전체 텍스트 조각들을 보는 문서 매장들을 어떻게 만들 수 있는지 살펴보자. 이러한 문맥 강화 문서 매장(context-enhanced document embeddings)에서 생성된 벡터 표현은 가능한 한 많은 의미 정보를 전달하므로 순위지정 함수의 정밀도가 더욱 향상된다.

단어 매장은 단어의 의미를 포착하기에는 매우 좋지만, 텍스트 문서의 의미와 깊은 어의 (semantics, 또는 '심층 의미 기능')는 단어의 뜻(meaning)에만 의존하지 않는다. 단어의 어의만 학습하게 하는 대신에 구절이나 더 긴 텍스트 조각에 대한 어의까지 학습하게 할 수 있다면 좋을 것이다. 이전 장에서 여러분은 단어 매장들을 대상으로 평균을 내어 그렇게 했다. 앞으로 여러분은 정확도 면에서 더 잘할 수 있다는 것을 알게 될 것이다. 이번 장에서는 문서 매장 기술을 직접 학습하는 방법을 살펴보기로 한다. word2vec 신경망 학습 알고리즘을 확장해 입도 (granularity, 또는 세분성)가 다른 텍스트 시퀀스(문장, 단락, 문서 등)에[37] 대한 문서 매장을 생성할 수 있다. 여러분은 이 기법을 실험해서 순위가 매겨질 때 그것이 어떻게 더 좋은 숫자들을 제공하는지 보여줄 것이다.

또한, 문서 매장을 사용해 연관 내용을 찾는 방법을 배우게 된다. **연관 내용(related content)**은 의미론적 상관관계가 있는 문서(텍스트, 비디오 등)로 구성된다. 단일 검색 결과(예: 사용자가 검색 결과 웹 페이지에서 클릭하는 경우)를 표시하는 경우에 유사한 주제를 다루거나 동일한 작성자가 만든 다른 내용을 표시하는 것이 일반적이다. 이렇게 하면 사용자의 관심을 끌 수 있으므로 사용자가 좋아할 수도 있지만, 첫 번째 검색 결과 페이지에는 표시되지 않을 수도 있는 내용을 제공하는 데에도 유용하다.

6.1 단어 매장으로부터 문서 매장까지

이번 절에서는 신경망 훈련 중 문서 매장 학습을 목적으로 하는 word2vec 확장을 소개하겠다. 이는 이전에 사용된 단어 벡터를 혼합하는 방법(평균화하고 결국 TF-IDF 가중치와 같이 평활화하는 방법)과 다르며, 때때로 문서 의미를 파악해야 할 때 더 나은 결과를 제공한다.[38] 이 방법은 일명 **문단 벡터(paragraph vectors)**라고 하며, 문맥에서 현재 문서에 대한 정보를 통합하는 두 가지 word2vec 아키텍처(연속 단어 주머니 및 스킵그램 모델)를 확장한다.[39] word2vec은 문맥에 속한 단어가 주어진 문맥을 예측하거나 단어가 속한 문맥에 따라 단어를 예측하기 위해 신경

---

37 옮긴이 여기서 입도란 '알갱이처럼 뭉친 정도'란 뜻이다. 그렇게 뭉쳐진 성질을 나타내는 말이기도 한데 이럴 때는 '과립성'이라 고 부른다. 한편으로 '얼마나 잘게 쪼개져 있느냐'는 뜻으로도 볼 수 있는데 이럴 때는 '세분성'이라고 부른다. 이 예에서 문서 (documents) 〉 단락(paragraphs) 〉 문장(sentences)의 순서로 입도가 점점 작아진다(즉, 세분성이 점점 커진다). 문장(sentences) 〉 절(clauses) 〉 구(phrases) 〉 단어(words)의 경우도 마찬가지다.

38 〈Document Embedding with Para- graph Vectors〉(Andrew M. Dai, Christopher Olah, and Quoc V. Le) https://arxiv.org/ pdf/1507.07998.pdf

39 〈Distributed Representations of Sentences and Documents〉(Quoc Le and Tomas Mikolov) https://cs.stanford.edu/~quocle/ paragraph_vector.pdf

망을 훈련시키기 위해 **창(window)**이라고도 부르는 특정 크기의 텍스트 조각을 사용한다.

특히 연속 단어 주머니(CBOW) 신경망에는 세 개의 계층이 있다(그림 6.1 참고).

- 맥락 단어들이 포함된 입력 계층
- 각 단어별로 하나의 벡터를 포함하는 은닉 계층
- 예측할 단어를 포함하는 출력 계층

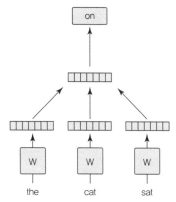

단락 벡터 기반 방법에 의해 제공되는 직감을 바탕으로 문서를 나타내는 레이블로 문맥을 장식하거

그림 6.1 **word2vec 연속 단어 주머니 모델**

나 대체할 수 있으므로, 신경망은 단어를 그 밖의 단어에 연관시키는 법을 학습하는 게 아니라 단어와 문맥을 레이블과 연관시키는 법을 배울 수 있는 것이다.

CBOW 모델은 입력 계층이 현재 텍스트 단편을 포함하는 문서의 레이블을 포함하도록 확장된다. 훈련하는 동안 각 텍스트 조각에는 레이블이 붙게 된다. 이러한 텍스트 조각이 전체 문서를 아우르는 것일 수도 있고, 절이나 단락 또는 문장처럼 문서의 한 부분만 아우르는 것일 수도 있다. 레이블의 **값(value)**은 일반적으로 중요하지 않다.[40] 레이블은 doc_123456 또는 **tag-foo-bar** 또는 어떤 종류의 기계적 생성 문자열일 수 있다. 중요한 것은 레이블이 문서 내에서 고유해야 한다는 점이다. 서로 다른 두 가지 텍스트 조각이 동일한 텍스트 조각에 속하지 않는 경우에 동일한 레이블로 태그를 지정하면 안 된다.

그림 6.2에서 볼 수 있듯이 이 모델의 구조는 CBOW와 유사해서 단지 입력 계층에서 문서를 나타내는 입력 레이블을 추가하기만 하면 된다. 이어서 은닉 계층에는 각 레이블에 대한 벡터가 장착되어야 하며, 따라서 훈련 종료 시 각 레이블에 대한 벡터 표시가 있어야 한다. 이 접근법의 흥미로운 점은 입도가 서로 다른 (세분성이 서로 다른) 문서를 처리할 수 있다는

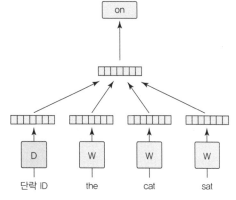

그림 6.2 **단락 벡터의 분산 메모리 모델**

---

[40] 훈련을 마친 후 색인화할 때 망에서 생성된 레이블을 문서 식별자로 사용하는 등 훈련 이외의 방법으로 사용할 의도가 없는 경우

것이다. 전체 문서에 레이블을 사용하거나, 단락이나 문장처럼 문서를 이루는 작은 부분들에 레이블을 사용할 수 있다. 이러한 레이블들은 문맥을 (누락된) 단어에 연결하는 일종의 메모리 역할을 한다. 따라서 이 방법을 **단락 벡터의 분산 기억 모델**(distributed memory model of paragraph vectors, PV-DM)이라고 한다.

'riemann hypothesis - a deep dive into a mathematical mystery(리먼 가설: 수학적 수수께끼에 깊숙이 빠지기)'와 같은 문서의 경우에 텍스트가 비교적 짧기 때문에 단일 레이블을 사용하는 것이 좋다. 그러나 위키백과 페이지처럼 문서가 길다면 각 단락 또는 문장에 대한 레이블을 작성하는 것이 유용할 수 있다. 위키백과에 실린 리만에 관한 페이지의 첫 번째 단락을 고르자.

'Georg Friedrich Bernhard Riemann (17 September 1826 – 20 July 1866) was a German mathematician who made contributions to analysis, number theory, and differential geometry. In the field of real analysis, he is mostly known for the first rigorous formulation of the integral, the Riemann integral, and his work on Fourier series.' 여러분은 각 문장을 다른 레이블로 태그를 지정하고 유사한 위키백과 페이지 대신 유사한 문장을 찾는 데 도움이 되는 벡터 표현을 생성할 수 있다.

단락 벡터들 역시 **분산 단어 주머니**(distributed bag-of-words, PV-DBOW) 모델을 사용하여 word2vec 스킵그램 모델을 확장한다. 연속 스킵그램 모델은 세 개의 계층을 갖는 신경망을 사용한다.

- 한 개의 입력 단어가 있는 입력 계층
- 어휘의 각 단어에 대한 벡터 표현을 포함하는 은닉 계층
- 각 입력 단어별로 예측되는 문맥을 나타내는 다수의 단어를 포함하는 출력 계층

단락 벡터(그림 6.3 참고)가 있는 DBOW 모델은 단어 대신에 레이블을 입력하므로 망은 문서나 단락 또는 해당 레이블이 있는 문장에 속하는 텍스트 부분을 예측하는 법을 학습할 수 있다.

PV-DBOW와 PV-DM 모델은 모두 레이블이 부착된 문서 간의 유사도를 계산하는 데 사용할 수 있다. word2vec과 마찬가지로 문서의 어의(semantics)를 파악할 때 놀라울 정도로 좋은 결과를 얻는다. 예제 시나리오에서

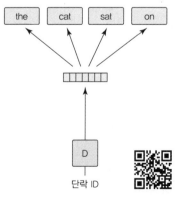

그림 6.3 **단락 벡터가 있는 분산 단어 주머니 모델**

DL4J의 ParagraphVectors 구현을 사용하여 단락 벡터를 사용해 보겠다.

```
ParagraphVectors paragraphVectors = new ParagraphVectors.Builder()  ←── 단락 벡터를 구성한다.
    .iterate(iterator)                                              word2vec에서 그런 것처럼 학습
    .layerSize(50)  ←── 문서 매장 차원을 설정한다.                     중에 사용할 단어의 최소 빈도
    .minWordFrequency(7) ←─────────────────                         임계값을 설정할 수 있다.
    .sequenceLearningAlgorithm(new DM<>()) ←────
    .tokenizerFactory(new DefaultTokenizerFactory())               선택한 단락 벡터 모델
    .build(); ←── 구성을 마감한다.                                    선택: 이 경우에 PV-DM

paragraphVectors.fit(); ←─────
                              입력 데이터에 대한 (비지도)
                              학습을 수행한다.
```

word2vec에서 수행한 작업과 유사하게 단락 벡터 모델에 다음과 같이 질문할 수 있다.

- xyz 레이블에 가장 근접한 레이블은 무엇인가? 이런 식으로 질문하면 가장 비슷한 문서를 찾을 수 있다(각 문서에 레이블이 붙어 있기 때문에).

- 새 텍스트 조각이 주어진 최근접 레이블은 무엇인가? 이렇게 하면 훈련 집합의 일부가 아닌 문서나 쿼리에 단락 벡터를 사용할 수 있다.

여러분이 위키백과 페이지의 제목을 사용해 단락 벡터를 훈련시킨다면 입력 텍스트와 어의적으로 유사한 제목의 위키백과 페이지를 찾을 수 있다. 남미 여행에 대한 정보를 얻고 싶다고 가정해 보자. 방금 훈련한 단락 벡터 모델에서 'Travelling in South America(남미 여행)'이라는 문장에 가장 가까이 있는 세 가지 최근접 문서를 얻을 수 있다.

```
Collection<String> strings = paragraphVectors
    .nearestLabels("Travelling in South America"        지정된 입력 문자열에 최근접인
    , 3); ←───────────────                              레이블을 가져온다.
for (String s : strings) {
    int docId = Integer.parseInt(s.substring(4)); ←──────      각 레이블은 'doc_'+
                                                               documentId 형식으로
    Document document = reader.document(docId); ←──            되어 있으므로 문서
                                                  지정된 ID가     식별자 부분만 색인에서
    System.out.println(document.get(fieldName)); ←── 있는 루씬    문서를 가져오게 된다.
}                                                   문서 검색
                                          콘솔에 문서의
                                          제목을 표시한다.
```

출력은 다음과 같다.

```
Transport in São Tomé and Príncipe ←──────              교통 및 통신에 대한 상투
Transport in South Africa ←── 별로 관련이 없다.            메 프린시페(아프리카
Telecommunications in São Tomé and Príncipe ←──         서부의 공화국) 정보
```

제목이 아닌 위키백과 페이지의 전체 텍스트를 사용해 단락 벡터를 훈련하면 더 많은 관련 결과를 얻을 수 있다. 이는 word2vec과 같은 단락 벡터들이 문맥을 보고 텍스트 표현을 배운다는 사실에 기인하며, 이는 긴 텍스트(위키백과 페이지 전체)라기보다는 짧은 텍스트(제목)여서 더 어렵다.

위키백과 페이지 전체의 텍스트로 훈련할 때의 출력은 다음과 같다.

```
Latin America
Crime and violence in Latin America
Overseas Adventure Travel
```

단락 벡터에 의해 생성된 것과 같은 문서 매장들은 벡터의 형태로 전체 텍스트의 어의(semantics)를 잘 표현하는 것을 목표로 한다. 검색 맥락에서 이를 사용하여 순위에서의 의미 이해 문제를 해결할 수 있다. 이러한 매장들 사이의 유사도는 텍스트의 의미에 더 의존하고 단순한 용어 일치에 덜 의존한다.

6.2 순위지정 시 단락 벡터 사용

단락 벡터를 간단히 순위지정에 사용할 수 있다. 이미 훈련된 레이블이나 문서에 대한 벡터를 모델에 제공하거나, 새로운 텍스트 조각(예: 보이지 않는 문서 또는 쿼리)에 대한 새 벡터를 훈련하도록 모델에 요청할 수 있다. 단어 벡터에서는 이것들을 결합하는 방법을 결정해야 하는 반면(순위지정 시간에는 그랬지만, 색인화 시간에는 그랬을 수 있었다), 단락 벡터 기반 모델은 쿼리와 문서 매장을 쉽게 가져오고 비교하고 순위를 매길 수 있도록 한다.

순위를 지정하려고 단락 벡터를 사용하기 전에, 한 걸음 뒤로 물러서 보자. 앞 절에서는 루씬에서 색인화를 한 데이터를 사용하여 단락 벡터 모델을 교육하는 방법을 설명하였다. 이는 각 루씬 문서에 레이블을 지정하는 문서 내용에 대해 반복자 역할을 하는 LabelAwareIterator를 구현하여 수행할 수 있다. 각 루씬 문서의 내부 루씬 문서 식별자에 태그를 지정하면 **doc_1234**와 같은 레이블이 생긴다.

```
public class FieldValuesLabelAwareIterator implements LabelAwareIterator {

    private final IndexReader reader;
    private final String field;
```

내용은 루씬 문서에서 가능한 모든 필드가 아닌 단일 필드에서 가져올 것이다.

FieldValuesLabelAwareIterator는 IndexReader(검색 엔진의 읽기 보기)에서 시퀀스를 가져온다.

```
    private int currentId = 0; ◁─┐ 가져올 현재 문서의 식별자.
                                  └ 0으로 초기화된다.
    @Override
    public boolean hasNextDocument() {
        return currentId < reader.numDocs(); ◁─┐ 현재 식별자가 색인에 있는 문서 수보다
    }                                          └ 작으면 읽을 문서가 더 많다.

    @Override
    public LabelledDocument nextDocument() {
        if (!hasNextDocument()) {
            return null;
        }
        try {
            Document document = reader.document(currentId,
                Collections.singleton(field)); ◁─┤ 루씬 색인에서 내용을 가져온다.

            LabelledDocument labelledDocument = new
                LabelledDocument(); ◁──────────┐ DL4J의 단락 Vectors를 훈련하는 데 사용할
            labelledDocument.addLabel("doc_"    │ 새로운 LabelledDocument를 작성한다.
                + currentId); ◁─────────────────┘ 내부 루씬 식별자가 레이블로 사용된다.
            labelledDocument.setContent(document
                .getField(field).stringValue()); ◁─┐ 지정된 루씬 필드의 내용을
            return labelledDocument;                └ LabelledDocument로 설정한다.
        } catch (IOException e) {
            throw new RuntimeException(e);
        } finally {
            currentId++;
        }
    }
    ...
}
```

다음과 같이 단락 벡터에 대한 반복자를 초기화하자.

```
IndexReader reader = DirectoryReader.open(writer); ◁─┤ IndexReader를 생성한다.
String fieldName = "title"; ◁─┤ 사용할 필드를 정의한다.
FieldValuesLabelAwareIterator iterator = new
    FieldValuesLabelAwareIterator(reader, fieldName); ◁─┤ 반복자를 생성한다.
ParagraphVectors paragraphVectors = new ParagraphVectors.Builder()
    .iterate(iterator)                          ParagraphVectors에서
    .build(); ◁─────────────┐                   반복자를 설정한다.
                            │ 단락 벡터 모델을 구축한다
                            └ (아직 훈련해야 함).
paragraphVectors.fit(); ◁───┐ 문단 벡터가 (비지도)
                            └ 학습을 수행하게 한다.
```

모델이 훈련을 마치면 문단 벡터를 사용해 검색 단계 후 문서를 다시 검색할 수 있다.

결과 세트를 식별하는 첫 번째 쿼리를
수행할 IndexSearcher를 생성한다.

```
IndexSearcher searcher = new IndexSearcher(reader);

INDArray queryParagraphVector = paragraphVectors
    .getLookupTable().vector(queryString);
if (queryParagraphVector == null) {
    queryParagraphVector = paragraphVectors
        .inferVector(queryString);
}

QueryParser parser = new QueryParser(fieldName, new WhitespaceAnalyzer());
Query query = parser.parse(queryString);
TopDocs hits = searcher.search(query, 10);
for (int i = 0; i < hits.scoreDocs.length; i++) {
    ScoreDoc scoreDoc = hits.scoreDocs[i];
    Document doc = searcher.doc(scoreDoc.doc);

    String label = "doc_" + scoreDoc.doc;

    INDArray documentParagraphVector = paragraphVectors
        .getLookupTable().vector(label);
    double score = Transforms.cosineSim(
        queryParagraphVector, documentParagraphVector);

    String title = doc.get(fieldName);
    System.out.println(title + " : " + score);
}
```

현재 쿼리에 대한 기존 벡터 표현을 가져오려고 시도하자. 이것은 여러분이 모델이 쿼리가 아닌 검색 엔진 내용을 훈련했기 때문에 실패할 수 있다.

쿼리 벡터가 존재하지 않는 경우 기본 신경망이 해당 새 텍스트 조각에 대한 벡터를 훈련하고 추론하도록 하자 (레이블이 문자열의 전체 텍스트).

검색을 수행한다.

현재 문서의 레이블을 작성한다.

지정된 레이블이 있는 문서의 기존 벡터를 가져온다.

점수를 쿼리 및 문서 벡터 간의 코사인 유사도로 계산한다.

콘솔에 결과를 표시한다.

이 코드는 단어에 대한 매장(embedding, 묻기) 작업을 하지 않고도 쿼리와 문서에 대한 분산된 표현을 가져오는 것이 얼마나 쉬운지를 보여준다. 가독성을 위해 결과는 코드가 그렇게 하지 않더라도 최고에서 최악의 점수로 다시 표시된다. 순위는 반환된 문서의 실제 연관도와 매우 일치하며, 점수는 문서 연관도와 일치한다.

```
riemann hypothesis - a deep dive into a mathematical mystery : 0.77497977
riemann bernhard - life and works of bernhard riemann : 0.76711642
thomas bernhard biography - bio and influence in literature : 0.32464843
bernhard bernhard bernhard bernhard bernhard bernhard ... : 0.03593694
```

가장 연관도가 높은 두 개의 문서의 점수는 높고(매우 가깝고), 세 번째 문서의 점수는 상당히 낮다. 이것은 문제가 되지 않는다. 마지막으로, 더미 문서의 점수는 0에 가깝다.

6.2.1 단락 벡터 기반 유사도

문단 벡터를 사용해 쿼리와 문서 간의 유사도를 측정하는 ParagraphVectorsSimilarity를
도입할 수 있다. 이러한 유사도의 흥미로운 부분은 SimScurer#score라는 API의 구현이다.

쿼리의 텍스트에 대한 단락 벡터를 추출한다. 쿼리가
이전에 발견되지 않았다면 이것은 단락 벡터 망에 대한
훈련 단계를 수행함을 의미한다.

```java
@Override
public float score(int docId, float freq) throws IOException {
    INDArray denseQueryVector = paragraphVectors
        .inferVector(query);
    String label = "doc_" + docId;
    INDArray documentParagraphVector = paragraphVectors
        .getLookupTable().vector(label);
    if (documentParagraphVector == null) {
        LabelledDocument document = new LabelledDocument();
        document.setLabels(Collections.singletonList(label));
        document.setContent(reader.document(docId).getField(fieldName)
                .stringValue());
        documentParagraphVector = paragraphVectors
                .inferVector(document);
    }
    return (float) Transforms.cosineSim(
            denseQueryVector, documentParagraphVector);
}
```

문서 식별자와 동일한 레이블을
사용해 문서의 단락 벡터를
추출한다.

지정된 레이블(docId)을 가진 벡터를 찾을 수 없는
경우 새로운 벡터를 추출하기 위한 단락 벡터 망을
대상으로 하는 훈련 단계를 수행하자.

쿼리 및 문서 단락 벡터 간의
코사인 유사도를 계산하고 해당
문서에 대한 점수로 사용한다.

6.3 문서 매장과 연관 내용

사용자로서 여러분은 어떤 검색 결과가 **꽤** 좋다는 느낌을 경험했을지도 모르지만, 그것만으
로는 충분치 않은 이유가 있다. 소매 사이트에서 'a book about implementing neural network
algorithms(신경망 알고리즘 구현에 관한 책)'를 검색한다고 생각해 보자. 여러분이 얻은 검색 결과
에 따르면 첫 번째 책은《Learning to Program Neural Nets(신경망 프로그래밍 학습)》이었고, 그
래서 그 결과를 클릭했더니 책에 대한 자세한 내용이 수록된 페이지로 옮겨졌다고 하자. 그리
고 그 책의 내용이 마음에 들었다고 하자. 저자는 그 주제와 관련해 권위를 인정받고 있지만,
수업용 예제를 작성하는 데 쓰는 프로그래밍 언어로 여러분이 잘 알지 못하는 파이썬을 채택
했다고 하자. 여러분은 '비슷한 책이면서도 자바를 이용해서 신경망을 프로그래밍하는 방법
을 가르쳐 주는 책은 없을까?'라고 궁금해 할 수도 있다. 소매 사이트는, 파이썬을 사용해 예
제를 작성해 둔 책을 구입하는 대신에 비슷한 내용을 다룬 그 밖의 책을 사려고 하는 독자를
위해, 비슷한 내용을 담고 있는 관련 도서들의 목록을 보여줄 수 있다(자바로 작성한 예제가 있는
책을 포함할 수 있다).

이번 절에서 여러분은 검색 엔진에서 작성자가 같다거나 몇 가지 단어가 공통되게 쓰인다는 이유로 유사하다고 볼 수 있는 추가 문서를 찾아냄으로써 그러한 연관 내용을 제공하는 방법을 볼 수 있을 것이다. 이로 인해 우리가 문단 벡터로 학습한 문서 매장 기능을 사용해 순위를 매길 때 다루었던 의미 이해 문제를 다시 떠올려 볼 수 있을 것이다.

6.3.1 검색, 추천 그리고 연관 내용

검색 엔진에 적절한 연관 내용을 나타내는 일이 얼마나 중요한지를 설명하기 위해 사용자가 유튜브와 같은 비디오 공유 플랫폼에서 수행하는 작업 스트림을 예로 들어 보겠다. 기본(또는 심지어) 인터페이스는 사용자가 쿼리를 입력하는 검색 상자다. 사용자가 검색 상자에 'Lucene tutorial(루씬 자습서)'를 입력하고 검색 버튼을 클릭한다고 가정하자. 검색 결과 목록이 표시되며, 사용자는 결국 자신이 흥미롭다고 생각하는 것을 선택한다. 그때부터 사용자는 검색을 중지하고 대신에 관련 영상 목록에 나온 동영상을 클릭하는 것이 일반적이다. 'Lucene tutorial'이라는 제목을 지닌 동영상에서는 일반적으로 'Lucene for beginner(초보자를 위한 루씬)', 'Intro to search engines(검색 엔진 입문)' 및 'Building recommender systems with Lucene(루씬을 사용해 추천기 시스템 만들기)'과 같은 제목의 동영상을 추천한다고 하자. 사용자는 이러한 추천 중 하나를 클릭할 수 있다. 예를 들어, 'Lucene tutorial' 동영상에서 충분히 배운다면 더 고급 내용을 다룬 동영상을 볼 수 있게 된다. 그렇지 않고 루씬 사용 방법을 이해하기 위해 추가 사전 지식이 필요하다는 것을 알게 되었다면 다른 소개 동영상이나 검색 엔진을 도입한 동영상을 보고 싶어 할 수 있다. 검색된 내용을 소비한 다음에 관련 콘텐츠를 탐색하는 이 과정이 무한정 지속될 수 있다. 따라서 사용자의 필요를 충족시키려면 무엇보다 연관도가 높은 내용을 제공해야 한다.

Related(연관 내용)를 표시하는 상자의 내용이 심지어 사용자의 의도를 담은 초기 쿼리와 별로 관련 없는 내용으로 채워질 수도 있다. 앞의 예에서 사용자는 루씬 사용법을 배우기를 원했다. 검색 엔진은 루씬과 직접적인 관련이 없는 관련 항목을 제공했다. 루씬을 기반으로 추천 사항을 생성하기 위한 머신러닝 시스템을 구축하는 것이었다. 이는 루씬의 초보자용 입문서에 관한 정보를 필요로 하는 수준에서 시작해서 루씬 기반 추천기 시스템을 배우는 일(더 발전된 주제)에 이르기까지 크게 전환된 면이 있다.

이 간단한 예는 전자상거래 웹사이트에도 적용된다. 해당 웹사이트는 여러분에게 무언가를 파는 곳이라고 하자. 그래서 여러분이 필요로 하는 (아마도) 제품을 찾도록 권유받았지만, 또한 많은 '추천' 물건들로 넘쳐난다. 이러한 추천 사항은 다음과 같은 요인에 기초한다.

- 과거에 검색한 제품

- 가장 많이 검색하는 항목

- 신상품

- 최근에 본 제품(해당 항목을 선택하거나 클릭한 경우)

이러한 추천 사항의 홍수 중 하나는 **사용자 잔류(user retention)**인데, 전자상거래 웹사이트 사용자가 가능한 한 오랫동안 사이트를 뒤져 보며 검색하다가 특정 판매 제품을 사고 싶다는 생각이 들게 되기를 바란다.

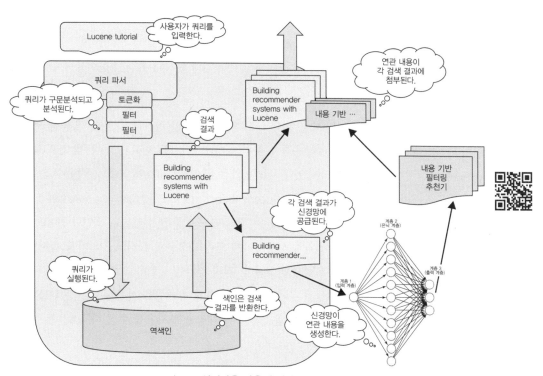

그림 6.4 **신경망을 사용해 연관 내용 검색**

이런 기능을 상거래에만 적용해 볼 수 있는 건 아니다. 이러한 기능은 의료 분야와 같이 많은 애플리케이션에도 무척 중요하다. 예를 들어, 어떤 의사가 특정 환자의 의료 기록을 보다가 다른 환자의 유사한 기록(또는 같은 환자의 또 다른 기록)을 참고해 더 나은 진단을 할 수 있다면 진료에 큰 도움이 될 것이다. 이제부터 우리는 입력된 문서와 관련하여 연관성이 있는 내용이나 유사한 문서를 검색하는 알고리즘을 구현하는 데 초점을 맞출 것이다. 먼저 검색 엔진을 통해 연관 내용을 추출하는 방법을 살펴보고, 첫 번째 접근 방식의 일부 한계를 극복하기 위해 다양한 접근 방식을 사용해 문서 매장 방식을 구축하는 방법을 살펴보겠다. 그림 6.4를 참고하자. 또한, 이번 기회에 문단 벡터를 사용해 문서 분류를 수행하는 방법을 논의할 예정이며, 이는 의미적으로 목적 적합한 제안을 제공하는 맥락에서 유용하다.

6.3.2 빈출 용어들을 사용해 유사한 내용 찾기

앞 장에서는 순위를 매기기 위한 TF-IDF 가중치 체계가 문서의 중요도를 측정하기 위해 용어 및 문서빈도에 어떻게 의존하는지 살펴보았다.

TF-IDF 순위지정의 근거는 문서의 중요성이 입력 쿼리와 관련해 해당 용어의 국소적 빈출성(local frequency)과 전역적 희귀성(global rarity)에 따라 증가한다는 점이다.[41] 이러한 가정을 바탕으로 여러분은 오직 검색 엔진의 검색 능력에 근거해 입력 문서와 유사한 문서를 찾는 알고리즘을 정의할 수 있다.

위키백과를 그대로 따내면 연관 내용 검색 알고리즘의 효과를 평가할 수 있는 훌륭한 모음집이 된다. 각 위키백과 페이지에는 내용과 유용한 메타데이터(제목, 범주, 참고문헌 및 '참조' 절의 연관 내용에 대한 일부 링크)가 포함되어 있다. 위키백과를 루씬으로 따 오는 데 사용할 수 있는 몇 가지 덤프 도구가 있는데, 그중에 하나는 **lucene-benchmark** 모듈(https://mng.bz/A2Qo)이다. 제목과 텍스트가 있는 각 위키백과 페이지를 두 개의 별도의 루씬 색인들로 색인화했다고 가정하자. 쿼리에 의해 반환된 검색 결과가 사용자에게 연관 내용으로 표시되도록 가장 유사한 다섯 개의 문서를 가져와야 한다. 그렇게 하려면 각 검색 결과를 선택하고 해당 내용(이 경우에 텍스트 필드)에서 가장 중요한 용어들을 추출한 다음, 추출된 용어들을 사용해 다른 쿼리를 수행한다(그림 6.5 참고). 처음 다섯 개의 결과 문서를 연관 내용으로 사용할 수 있다.

---

41 옮긴이 즉, 문서 모음집 전체로 따지면 어쩌다가 나오는 내용(전역적 희귀성)이 특정 문서에만 유독 자주 출현한다면(국소적 빈출성) 이는 해당 내용이 해당 문서에서 중요한 의미를 갖는다는 의미다. 바로 이것을 측정하는 게 TF-IDF다.

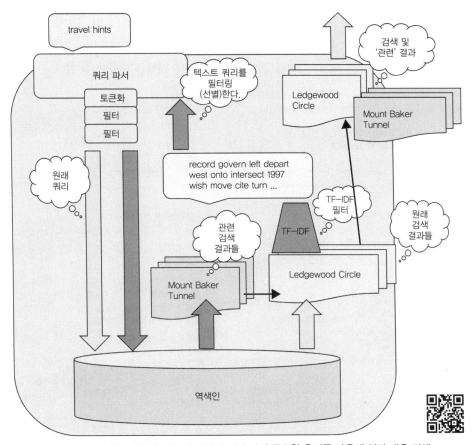

그림 6.5 **TF-IDF 체계에 따라 가중된 문서의 가장 중요한 용어를 사용해 연관 내용 검색**

여러분이 'travel hints'라는 쿼리를 실행하고 뉴저지의 한 교차로에 대한 검색 결과를 얻었다고 하자. 위키백과 페이지 https://en.wikipedia.org/wiki/Ledgewood_Circle에 포함된 모든 용어를 취하여 적어도 용어빈도가 2이고, 문서빈도가 5인 용어를 추출한다. 이렇게 하면 다음과 같은 용어 목록을 얻을 수 있다.

```
record govern left depart west onto intersect 1997 wish move cite turn
    township signal 10 lane travel westbound new eastbound us tree 46
    traffic ref
```

그런 다음 이 용어를 쿼리로 사용하여 최종 사용자에게 제공되는 연관 내용으로 사용할 문서를 얻는다.

루씬은 **MoreLikeThis**(MLT, https://mng.bz/ZZIR)라는 컴포넌트를 사용하여 이 작업을 수행할 수 있으며, 이 컴포넌트는 Document에서 가장 중요한 용어를 추출하여 원래 쿼리를 실행하는 데 사용된 것과 동일한 IndexSearcher를 통해 실행할 Query 개체를 생성할 수 있다.

목록 6.1 MLT를 통해 연관 내용 검색 및 가져오기

검색 결과 내용에서 용어를 추출하고
검색하는 동안에 사용할 분석기를 정의한다.

```
EnglishAnalyzer analyzer = new EnglishAnalyzer();
MoreLikeThis moreLikeThis = new MoreLikeThis(
    reader);    ◁── MLT 인스턴스를 생성한다.
moreLikeThis.setAnalyzer(analyzer);  ◁── MLT에서 사용할 분석기를 지정한다.

IndexSearcher searcher = new IndexSearcher(
    reader);  ◁── IndexSearcher를 생성한다.

String fieldName = "text";  ◁─── 첫 번째 쿼리를 수행할 때와 MLT
QueryParser parser = new QueryParser(fieldName,   생성 쿼리를 통해 연관 내용을
    analyzer);  ◁── QueryParser를 생성한다.   찾을 때 사용할 필드를 정의한다.
Query query = parser.parse("travel hints");  ◁── 사용자가 입력한 쿼리의
                                               구문을 분석한다.
TopDocs hits = searcher.search(query, 10);  ◁── 쿼리를 실행하고
                                              상위 10개 검색 결과를
                                              반환한다.
for (int i = 0; i < hits.scoreDocs.length; i++) {
    ScoreDoc scoreDoc = hits.scoreDocs[i];
    Document doc = searcher.doc(scoreDoc.doc);  ◁── 현재 검색 결과와 관련된 문서
                                                   객체를 검색한다.
    String title = doc.get("title");
    System.out.println(title + " : " +
        scoreDoc.score);  ◁── 현재 문서의 제목 및 점수를
                            프린트한다.
    String text = doc.get(fieldName);  ◁── 현재 문서에서 텍스트 필드
    Query simQuery = moreLikeThis.like(fieldName,   내용을 추출한다.
        new StringReader(text));  ◁──── MLT를 사용해 가장
                                        중요한 용어(TF-IDF
                                        순위)를 추출해 검색된
    TopDocs related = searcher.search(simQuery, 5);  ◁──  문서의 내용에 기반한
    for (ScoreDoc rd : related.scoreDocs) {   MLT에 의해 생성된   쿼리를 생성한다.
        Document document = reader.document(rd.doc);  쿼리를 수행한다.
        System.out.println("-> " + document.get(
            "title"));  ◁── MLT에 의해 생성된 쿼리에 의해
    }                      발견된 문서의 제목을 프린트한다.
}
```

연관 내용을 추출하는 데 머신러닝은 필요하지 않다. 여러분이 검색 엔진의 기능을 사용해 검색 결과에서 가장 중요한 용어들이 포함된 관련 문서를 반환하면 된다. 다음은 'Travel Hint' 쿼리와 'Ledgewood Circle' 검색 결과에 대한 몇 가지 예시 출력이다.

```
Ledgewood Circle : 7.880041
-> Ledgewood Circle
-> Mount Baker Tunnel
-> K-5 (Kansas highway)
-> Interstate 80 in Illinois
-> Modal dispersion
```

처음 세 개의 관련 문서('Ledgewood Circle' 문서를 계산에 넣지 않음)는 원본 문서와 유사하다. 해당 문서들은 모두 터널, 고속도로 또는 미국의 각 주를 연결하는 고속도로와 같이 교차로와 연관된 어떤 것과 관련이 있다. 그러나 네 번째 문서는 완전히 관련이 없다. 그것은 광섬유를 다룬다. 왜 이런 결과가 나왔는지 더 깊이 파고 들자. 루씬의 **Explanation**을 켜두면 자세한 내용을 볼 수 있다.

```
Query simQuery = moreLikeThis.like(fieldName, new StringReader(text));
TopDocs related = searcher.search(simQuery, 5); ◁─┐
for (ScoreDoc rd : related.scoreDocs) {            │  MLT 쿼리에 대한
    Document document = reader.document(rd.doc);   │  설명을 가져온다.
    Explanation e = searcher.explain(simQuery, rd.doc); ◁─┘
    System.out.println(document.get("title") + " : " + e);
}
```

여러분은 설명 내용을 보고 signal, 10, travel, new라는 용어가 어떻게 일치하는지 검사할 수 있다.

```
Modal dispersion :
20.007288 = sum of:
    7.978141 = weight(text:signal in 1972) [BM25Similarity], result of:
        ...
    2.600343 = weight(text:10 in 1972) [BM25Similarity], result of:
        ...
    7.5186286 = weight(text:travel in 1972) [BM25Similarity], result of:
        ...
    1.9101752 = weight(text:new in 1972) [BM25Similarity], result of:
        ...
```

이 방법의 문제점은 MoreLikeThis가 TF-IDF 가중치에 따라 가장 중요한 용어를 추출한다는 점이다. 이전 장에서 본 것처럼 빈도에 의존하는 문제가 있다. 'Ledgewood Circle' 문서 텍스트에서 추출한 중요한 용어를 살펴보면 'record', 'govern', 'left', 'depart', 'west', 'onto', intersect', '1997', 'wish', 'move' 등은 문서가 교통 혼잡을 다룬다고 제안하지는 않는다. 문장으로 읽으려

고 하면 그것으로부터 많은 의미를 얻을 수 없다.

Explanation에서는 기본값인 루씬 BM25Similarity를 사용한다. 5장에서 여러분은 다른 순위지정 함수를 사용할 수 있고, 더 나은 결과를 얻을 수 있는지 시험할 수 있다는 것을 보았다. ClassicSimilarity(TF-IDF가 있는 벡터 공간 모델)를 채택하면 다음이 나온다.

```
Query simQuery = moreLikeThis.like(fieldName, new StringReader(text));
searcher.setSimilarity(new ClassicSimilarity());    ◁──── 기본값 대신에 ClassicSimilarity를
TopDocs related = searcher.search(simQuery, 5);             사용한다(비슷한 내용 검색에만
for (ScoreDoc rd : related.scoreDocs) {                     해당).
    Document document = reader.document(rd.doc);
    System.out.println(searcher.getSimilarity() +
    " -> " + document.get("title"));
}
```

결과는 다음과 같다.

```
ClassicSimilarity -> Ledgewood Circle
ClassicSimilarity -> Mount Baker Tunnel
ClassicSimilarity -> Cherry Tree
ClassicSimilarity -> K-5 (Kansas highway)
ClassicSimilarity -> Category:Speech processing
```

더 나쁜 것은 'Cherry Tree'와 'Speech processing'은 모두 원래 'Ledgewood Circle' 문서와 완전히 무관하다는 것이다. 언어 모델 기반 유사도인 LMDirichletSimilarity를 사용해 보자.[42]

```
Query simQuery = moreLikeThis.like(fieldName, new StringReader(text));
searcher.setSimilarity(
    new LMDirichletSimilarity());
TopDocs related = searcher.search(simQuery, 5);
for (ScoreDoc rd : related.scoreDocs) {
    Document document = reader.document(rd.doc);
    System.out.println(searcher.getSimilarity() +
        " -> " + document.get("title"));
}
```

---

[42] 〈A Study of Smoothing Methods for Language Models Applied to Ad Hoc Information Retrieval〉(Chengxiang Zhai and John Lafferty) https://mng.bz/RGVZ

그 결과는 다음과 같다.

```
LM Dirichlet(2000.000000) -> Ledgewood Circle
LM Dirichlet(2000.000000) -> Mount Baker Tunnel
LM Dirichlet(2000.000000) -> K-5 (Kansas highway)
LM Dirichlet(2000.000000) -> Interstate 80 in Illinois
LM Dirichlet(2000.000000) -> Creek Turnpike
```

흥미롭게도 이러한 결과는 모두 양호한 것으로 나타났다. 고속도로나 터널과 같은 교통 기반 시설과 관련이 있다.

범주를 사용해 연관 내용의 품질 측정하기

5장에서 여러분은 실험을 한 번만으로 끝내지 않는 것이 얼마나 중요한지 배웠다. 검색 모델의 작동 방식을 세부적으로 이해할 수는 있겠지만, 그러한 모델이 더 많은 데이터에서 얼마나 잘 작용하는지에 대한 전반적인 측정값을 제공할 수는 없다. 위키백과 페이지가 범주별로 (카테고리별로) 제공되므로 그것들을 사용해 연관 내용의 정확도에 대한 첫 번째 평가를 할 수 있다. 연관 내용 알고리즘에 의해 발견된 문서(이런 경우에 루씬의 MoreLikeThis)가 원본 문서 범주에 속하는 경우 연관도가 있다고 간주할 수 있다. 실무에서는 이 평가를 약간 다르게 하기를 바랄 수 있다. 예를 들어, 해당 범주가 원래 문서 범주의 하위 범주인 경우에 관련된 제안된 문서도 고려할 수 있다. 여러분은 분류법을 작성하거나 위키백과(https://en.wikipedia.org/wiki/Help:Category)에서 추출하거나(위키백과 내용에 대한 구조화된 정보를 구축하기 위한 크라우드 소싱 노력을 기울이거나) DBpedia 프로젝트를 사용하여(위키백과 내용에 대한 구조화된 정보를 구축하기 위해 크라우드 소싱을 하려는 노력, https://wiki.dbpedia.org) 이 작업(그리고 더 많은 작업)을 수행할 수 있다. 그러나 이번 장의 실험을 위해, 여러분은 관련 내용과 원본 문서가 서로 범주를 한 차례 이상 공유하게 된 횟수를 합한 다음에, 이 합계를 검색된 관련 문서 개수로 나눈 값으로 정확도라는 측정값을 정의할 수 있다.

다양한 범주가 있는, 축구선수 라다멜 팔카오(1986년생, AS 모나코 FC 선수 등)를 위해 위키백과 페이지를 활용해 보자. BM25Similarity를 사용하여 MLT가 생성한 Query에 괄호 안에 공유 범주가 있는 상위 다섯 개 관련 문서의 순위를 매긴다(있는 경우).

```
Bacary Sagna (*Expatriate footballers in England*)
Steffen Hagen (*1986 births*)
Andrés Scotti (*Living people*)
```

```
Iyseden Christie (*Association football forwards*)
Pelé ()
```

처음 네 개의 결과는 Radamel Falcao의 위키백과 페이지와 공통된 범주를 갖지만, 'Pelè'는 그렇지 않다. 따라서 정확도는 4(Radamel Falcao에 관해 다룬 페이지와 범주를 공유하는 결과의 수)를 5(반환된 유사한 결과의 수)로 나눈 값인 0.8이다.

이 알고리즘을 평가하기 위해 여러 개의 무작위 쿼리를 생성하고, 반환된 연관 내용을 정의된 평균 정확도로 측정할 수 있다. 색인에 있는 단어를 사용하여 100개의 검색어를 생성한 다음 (적어도 하나의 검색 결과가 반환되도록) 단락 벡터와 코사인 유사도를 사용하여 가장 유사한 10개 문서를 검색해 보겠다. 이러한 각 관련 문서를 해당 범주 중 하나가 검색 결과에 표시되는지 확인하자.

목록 6.2 **연관 내용 검색 및 정확도 계산**

```
                                           MLT를 사용해 연관 내용에
쿼리에 의해 반환된 원래                        관한 쿼리를 작성한다.
위키백과 관련 범주를
가져온다.

  int topN = 10;
  String[] originalCategories = doc              여러 유사도 구현을
      .getValues("category");                    사용하여 동일한 쿼리를
  Query simQuery = moreLikeThis.like(fieldName,  실행하여 가장 잘 작동하는
      new StringReader(s));                       것을 평가한다.
  for (Similarity similarity : similarities) {
      searcher.setSimilarity(similarity);        IndexSearcher에서 특정
      TopDocs related = searcher.search(simQuery, 유사도를 사용한다.
          topN);    ←─┤ 연관 내용 쿼리를 수행한다.
      double acc = 0;  ←─┤ 정확도를 0으로 초기화한다.
      for (ScoreDoc rd : related.scoreDocs) {
          if (rd.doc == scoreDoc.doc) {  ←    원본 문서와 동일한 경우에
              topN--;                          결과를 건너뛴다.
              continue;
          }
          Document document = reader.document(rd.doc);  ←─┤ 관련 문서를 검색한다.
          String[] categories = document.getValues("category");
          if (categories != null && originalCategories != null) {
              if (find(categories, originalCategories)) {  ←   연관 내용의 범주가 원본
                  acc += 1d;                                   문서에 포함되어 있으면
              }                                                정확도가 높아진다.
          }
      }
      acc /= topN;  ←   반환된 관련 문서 개수로
      System.out.println(similarity + " accuracy : " + acc);  정확도를 나눈다.
  }
```

BM25Similarity, ClassicSimilarity 및 LMDirichletSimilarity의 해당 출력은 다음과 같다.

```
BM25(k1=1.2,b=0.75) accuracy : 0.2
ClassicSimilarity accuracy : 0.2
LM Dirichlet(2000.000000) accuracy : 0.1
```

무작위로 생성된 100개 이상의 쿼리와 그에 해당하는 상위 10개 결과를 통해 다음과 같은 평균적인 정확도를 얻을 수 있다.

```
BM25(k1=1.2,b=0.75) average accuracy : 0.09
ClassicSimilarity average accuracy : 0.07
LM Dirichlet(2000.000000) average accuracy : 0.07
```

있음직한 최고 정확도가 1.0인 점을 감안하면 정확도 값들이 낮은 편이다. 범주에 일치하는 관련 문서를 찾았을 때조차도 정확도가 9%에 불과하다.

이 방법은 차선책이지만 각 문서에서 범주 정보를 사용할 수 있는지 여부를 추론하는 것이 좋다. 먼저, 이 접근법으로 검색된 연관 내용의 '정보'를 측정하기 위해 좋은 측정 기준을 선택했는가? 위키백과 페이지에 첨부된 범주는 일반적으로 품질이 좋고, 'Ledgewood Circle' 페이지의 범주는 'Transportation in Morris County' 및 'Traffic circles in New Jersey'다. 'Traffic circles'와 같은 범주도 적절했을 것이지만 좀 더 일반적일 것이다. 따라서 그러한 기사에 첨부된 관련 범주의 선택에서 상세 수준은 다양할 수 있으며, 계산한 정확도 추정치에 영향을 미칠 수 있다. 또 하나 분석해야 할 것은 범주가 본문에서 발췌한 키워드인지 여부다. 위키백과의 경우에는 그렇지 않지만, 일반적으로 항상 그런 것은 아니다. 문서가 속한 범주뿐만 아니라 텍스트에 언급된 중요 단어나 중요 개념을 포함시킴으로써 정확도를 측정하는 방법을 확장할 수 있다. 예를 들어, 'Ledgewood Circle' 페이지는 1990년대에 회전 교차로 중간에 심어진 나무에 관한 논쟁에 연관된 부분을 포함한다. 그러한 정보는 범주에서 어떤 식으로도 표현되지 않는다. 페이지에서 논의된 개념을 추출하려면 추가 범주로 추가할 수 있다(이런 경우에 일반적인 'Controversies' 범주일 수 있음). 여러분은 또한 이것을 일반적인 레이블 세트를 사용해 각 문서에 태그를 붙이는 것으로 생각할 수 있는데 이러한 레이블들로는 범주, 텍스트에서 언급한 개념, 중요한 단어 등이 될 수 있다. 그리고 최소한 정확도(accuracy)라고 하는 측도(measure)가 문서에 부착된 레이블이나 범주만큼 훌륭하다는 점이다. 반면에 범주를 만들고 사용하는 방법은 평가에 상당한 영향을 미칠 수 있다.

둘째, 계량기준(metric)을 적절하게 사용했는가? 입력 문서의 범주와 연관 내용을 추출해 범주가 두 범주에 모두 속하는지 확인하자. 'Ledgewood Circle' 페이지는 'Traffic circle' 범주를 가지고 있지 않지만, 그것의 범주 'Traffic circles in New Jersey'는 더 일반적인 'Traffic circle' 범주의 하위 범주로 생각할 수 있다. 이 추론을 위키백과의 모든 범주로 확장하면 그림 6.6과 같이 트리를 만드는 것을 상상할 수 있을 것이다. 이 그림에서 각 노드가 범주를 나타내므로 노드가 깊어질수록 범주는 더 구체적인 범주로 세분화될 것이다.

이 실험을 통해 여러분은 검색 결과와 일치하는 범주를 지정하는 규칙을 '입력한 내용과 이에 따라 검색된 연관 내용 간에 한 가지 이상의 범주를 공유하고 있어야 한다.'에서 '입력한 내용과 이에 따라 검색된 연관 내용 간에 한 가지 이상의 범주를 공유하고 있거나, 특정 문서에 해당하는 범주 중 한 가지가 그 밖의 문서에 해당하는 범주 중 한 가지에 대한 사양(specification, 규정하는 내용)이어야 한다.'로 변경할 수 있다. 범주들(그리고 일반적으로 레이블들) 사이에 어떤 종류의 관계가 존재하는지를 여러분이 많이 안다면 그 정보도 사용할 수 있다. DBpedia는 페이지 사이에 존재하는 관계에 대한 그러한 정보 출처 중 하나로 사용될 수 있다. 알고리즘이 'Ledgewood Circle'과 관련된 'New Jersey' 페이지를 반환한다고 상상해 보자. 이 두 가지가 지닌 공통 정보는 'Ledgewood Circle'이 뉴저지(New Jersey) 주, 특히 록스버리 타운십(Roxbury Township)에 있다는 것이다. 그러한 정보를 이용할 수 있다면 연관 내용의 연관도를 측정하기 위해 탐색할 수 있는 훌륭한 연결 고리가 된다. 예를 들어, 입력 문서와 관련된 문서로 표시하거나 기존 관계의 하위 집합에 의해 연결된 경우에만 관련 문서를 표시할 수 있다.

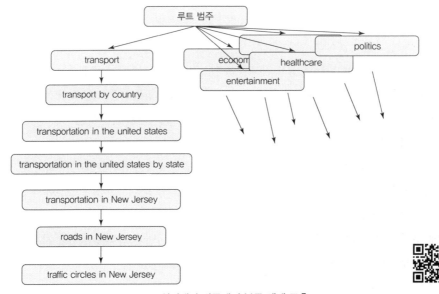

그림 6.6 위키백과 범주에서 분류 체계 구축

DBpedia 프로젝트는 위키백과의 페이지들 사이의 많은 관계를 기록한다. 이 관계를 각 페이지를 하나의 마디로 나타내는 그래프로 생각할 수 있는데 여기서 연결선은 이름을 사용해 관계를 나타낸다. 그림 6.7은 RelFinder(www.visualdataweb.org/relfinder)를 사용해 'Ledgewood Circle'과 'New Jersey' 사이의 관계를 보여준다.

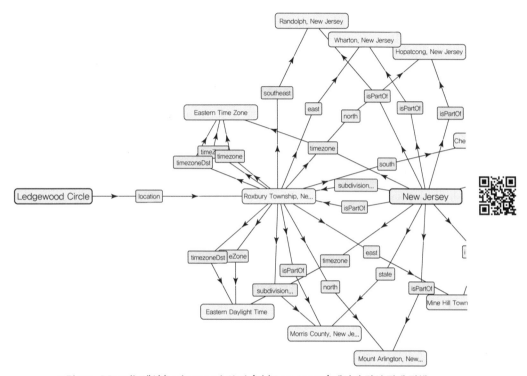

그림 6.7 DBpedia에서 'Ledgewood Circle'과 'New Jersey' 페이지 간의 관계 탐색

MoreLikeThis 및 기타 연관 내용 알고리즘이 내는 결과에 대해 그 정확도를 측정하기 위해 범주를 사용하려면 범주를 계층적으로 잘 분류해야 한다. 반면, 범주와 그 관계에 대한 정보를 때때로 이용할 수 없을 때가 있는데 그러한 경우에 비지도학습에 기초한 방법이 두 개의 문서가 비슷한지 여부를 알아내는 데 도움을 줄 수 있다. word2vec(단어) 또는 단락 벡터(단어 시퀀스)와 같이 텍스트의 벡터 표현을 배우는 알고리즘에 대해 생각해 보자. 그래프 형태로 그려 내면 비슷한 단어끼리 또는 비슷한 문서끼리 서로 가까운 곳에 놓이게 된다. 이 경우에 최근접 벡터를 그룹화하여 **군집**을 형성할 수 있고(그 밖에 여러 가지 방법이 있지만 여기서 다루지는 않는다), 관련 단어 또는 문서를 동일한 군집에 속한 것으로 간주할 수 있다. 다음 절에서는 더 직관적인 문서 매장 사용법 중 하나인 유사 내용 찾기에 대해 살펴보겠다.

6.3.3 단락 벡터를 사용해 유사한 내용 검색

단락 벡터는 그것의 신경망 아키텍처에 공급되는 각 단어들의 각 시퀀스에 대한 고정(분산) 벡터 표현을 배운다. 기사 전체, 단락 또는 문장과 같이 전체 문서를 망 또는 망의 일부로 보낼 수 있다. 입도(세분성)를 얼마로 정할지는 여러분에게 달렸다. 예를 들어, 망에 전체 문서를 공급할 경우 망에 이미 본 문서 중 가장 유사한 문서를 반환하도록 요청할 수 있다. 수집된 각 문서(및 생성된 벡터)는 레이블로 식별된다.

위키백과 페이지에서 검색 엔진의 연관 내용을 찾는 문제로 돌아가 보자. 이전 절에서는 루씬의 MoreLikeThis 도구를 사용하여 가장 중요한 용어를 추출한 다음, 연관 내용을 가져오는 쿼리로 사용했다. 불행하게도 정확도는 낮은데 그 주된 이유는 다음과 같다.

- MoreLikeThis에서 추출한 가장 중요한 용어들도 괜찮았지만, 더 좋을 수도 있을 것이다.
- 문서에서 추출한 중요 용어 집합만 보면 중요 용어들을 어떤 문서에서 빼낸 것인지를 알지 못할 수 있다.

우리에게 친숙한 'Ledgewood Circle' 페이지를 다시 보자. MLT에 따르면 가장 중요한 용어들은 다음과 같다.

```
record govern left depart west onto intersect 1997 wish move cite turn
    township signal 10 lane travel westbound new eastbound us tree 46
    traffic ref
```

결코 이러한 용어들이 'Ledgewood Circle' 페이지에서 나온다고 말할 수는 없을 것이다. 그래서 여러분은 매우 정확한 연관 내용 제안을 기대할 수 없다. 문서 매장을 사용하면 여러분이 볼 수 있는 명시적인 정보가 없다(딥러닝의 일반적인 문제다. 블랙박스의 기능을 이해하기는 쉽지 않듯이 딥러닝 모델도 그렇다). 단락 벡터의 신경망은 5장에서 설명한 대로 학습 중에 각 문서의 벡터 값을 조정한다.

코사인 유사도를 사용해 입력 문서를 나타내는 벡터에 최근접 벡터를 찾아 연관 내용을 가져오자. 이렇게 하려면 먼저 검색 결과를 반환하는 사용자 입력 쿼리(예: 'Ledgewood Circle')를 실행한다. 그렇게 해서 나온 결과를 각기 벡터 표현으로 추출하고 매장 공간에 있는 최근접 이웃을 살펴보자. 이것은 모든 문서가 의미론적 유사도에 따라 표시된 그래프나 지도를 탐색하는 것과 같다. 'Ledgewood Circle'을 나타내는 점으로 이동해 최근접 점을 찾고, 그 점들이 나타내는 문서를 보자. 여러분은 'Ledgewood Circle' 벡터의 이웃들이 교통과 교통에 관한 주제를 다루는 문서들을 대표한다는 것을 알게 될 것이다. 예를 들어, 음악에 관한 몇몇 문서의 벡터를 고르면 그것들이 'Ledgewood Circle'과 매장 공간에 있는 그것의 이웃들과 멀리 떨어진 것을 볼 수 있을 것이다(그림 6.8 참고).

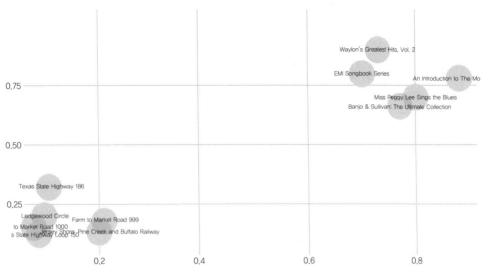

그림 6.8 음악 관련 단락 벡터와 비교해 'Ledgewood Circle' 및 그 주변 요소에 대한 단락 벡터

순위를 매기기 위해 수행하는 것과 마찬가지로 먼저 문단 벡터 망에 색인된 데이터를 공급하자.

```
File dump = new File("/path/to/wikipedia-dump.xml");
WikipediaImport wikipediaImport = new WikipediaImport(dump, languageCode, true);
wikipediaImport.importWikipedia(writer, ft);
IndexReader reader = DirectoryReader.open(writer);
FieldValuesLabelAwareIterator iterator = new
    FieldValuesLabelAwareIterator(reader, fieldName);
ParagraphVectors paragraphVectors = new ParagraphVectors.Builder()
    .iterate(iterator)
    .build();
paragraphVectors.fit();
```

이 작업이 완료되면 DL4J의 내장된 **nearestLabels** 메서드를 사용하여 'Ledgewood Circle' 벡터에 가장 가까이 접근해 있는 문서 벡터를 찾을 수 있다. 내부적으로 보면, 이 방법은 코사인 유사도를 사용해 두 벡터가 얼마나 가까운지를 측정한다.

```
TopDocs hits = searcher.search(query, 10);   ◁── 원래 쿼리를 실행한다.
for (int i = 0; i < hits.scoreDocs.length; i++) {
    ScoreDoc scoreDoc = hits.scoreDocs[i];
    Document doc = searcher.doc(scoreDoc.doc);
    String label = "doc_" + scoreDoc.doc;   ◁── 각 결과별로 레이블을 작성한다.
    INDArray labelVector = paragraphVectors
        .getLookupTable().vector(label);   ◁── 검색 결과를 포함하는 문서를 가져온다.
    Collection<String> docIds = paragraphVectors
        .nearestLabels(labelVector, topN);   ◁──┐ 검색 결과 벡터에 최근접
                                                  벡터의 레이블을 찾는다.
    for (String docId : docIds) {
        int docId = Integer.parseInt(docId.substring(4));
        Document document = reader.document(docId);   ◁──┐ 최근접 벡터에 대해 이 벡터들의
        System.out.println(document.get("title"));          레이블을 구문분석해 해당하는
    }                                                        루씬 문서를 갖다 붙인다.
}
```

그 결과는 다음과 같다.

```
Texas State Highway 186
Texas State Highway Loop 150
Farm to Market Road 1000
Jersey Shore, Pine Creek and Buffalo Railway
Farm to Market Road 999
```

이 간단한 예를 보면 그 결과는 MLT가 준 것보다 더 나은 것 같다. 주제와 관련 없는 결과는 없고, 모두 운송과 관련이 있다(반면, MLT는 광학을 지칭하는 'Modal dispersion'이라는 페이지를 반환한다).

좋은 느낌을 받고 싶다면, **MoreLikeThis**의 평균 정확도를 계산함으로써 이 메서드의 효과를 측정하기 위해 했던 작업과 같은 일을 해보면 된다. 공정한 비교를 위해서 검색 결과의 범주 (예: 'Ledgewood Circle') 중 하나라도 연관 내용 범주에 표시되는지를 확인할 때 썼던 방식과 동일한 접근 방식을 사용하자. MLT를 평가할 때 사용된 임의로 생성된 쿼리를 사용해 단락 벡터는 다음과 같은 평균 정확도를 산출한다.

```
paragraph vectors average accuracy : 0.37
```

MLT의 최고 평균 정확도는 0.09였는데, 0.37이 훨씬 낮다.

의미에 가까운 유사한 문서를 찾는 것은 문서 매장 사용의 주요 이점 중 하나이며, 그것들이 자연어 처리(NLP)와 검색에 매우 유용한 이유이기도 하다. 보다시피 순위를 매기고 유사한 내

용을 검색하는 등 다양한 방법으로 사용할 수 있다. 그러나 단락 벡터만이 여러분이 문서 매장을 배울 수 있는 유일한 방법은 아니다. 여러분은 5장에서 평균적인 단어 매장을 사용했지만, 연구원들은 단어 매장과 문서 매장을 더 좋고 진보된 방법으로 추출할 수 있게 계속 연구하고 있다.

6.3.4 인코더-디코더 모델에서 벡터를 사용해 유사한 내용 검색

3장과 4장에서는 **인코더-디코더**(encoder-decoder) 모델 또는 **시퀀스-투-시퀀스**(sequence-to-sequence, seq2seq) 모델이라는 심층 신경망 구조를 도입했다. 여러분은 이 모델이 인코더 LSTM 망과 디코더 LSTM 망으로 구성되어 있다는 것을 기억할 것이다. 인코더는 단어를 구성하는 입력 시퀀스를 고정 길이 조밀 벡터로 변환해 출력한다. 이 출력 내용이 디코더의 입력 내용이 되고, 이어서 단어들의 시퀀스로 다시 변환되어 최종 출력이 된다(그림 6.9 참고). 여러분은 대안 쿼리 표현을 만들고 사용자가 쿼리를 입력할 수 있도록 지원하는 데 그러한 아키텍처를 사용해 왔다. 하지만 이번 경우에서는 그렇게 하는 대신에 여러분은 인코더 망, 소위 **생각 벡터**(thought-vector)의 출력을 사용하는 데 관심을 두고 있는 것이다.

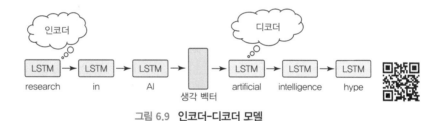

그림 6.9 **인코더-디코더 모델**

생각 벡터라고 불리는 이유는 입력 텍스트 시퀀스를 압축적으로 표현한 것이기 때문으로, 이 생각 벡터가 올바르게 디코딩되면 바람직한 출력 시퀀스가 생성된다. 다음 장에서 보듯이, **seq2seq** 모델은 기계 번역에도 사용되는데, 이는 입력 언어로 된 문장을 번역된 출력 시퀀스로 변환할 수 있기 때문이다. 입력 시퀀스(문서, 문장 등)에 대해 이러한 생각 벡터를 추출하고 단락 벡터를 사용하여 문서 간의 유사도를 측정하는 것과 같은 방식으로 사용한다.

첫째, 한 번에 한 단계씩 생성되는 매장들(embeddings)을 '저장'할 수 있도록 여러분은 훈련 단계에 진입해야 한다. 여러분이 이러한 매장들(즉, 매장지들)을 WeightLookupTable에 두게 되는데, 이 테이블은 word2vec에 들어 있는 단어 벡터들과 ParagraphVectors라는 객체들에 들어 있는 문단 벡터들을 간직해 둘 책임이 있는 엔터다. DL4J를 사용하면 생각 벡터가 인코더 LSTM에 의해 생성될 때 전방 전달을 포착하는 TrainingListener를 사용해 훈련 단계에 진입할 수 있다. 여러분은 입력 벡터를 추출해 원래의 말뭉치에서 한 번에 한 단어씩 검색해 시퀀스로 다시 변환한다. 그런 다음, 생각 벡터를 추출해 생각 벡터가 있는 시퀀스를 WeightLookupTable에 넣는다.

목록 6.3 **인코더 디코더 훈련 중 생각 벡터 추출**

```
public class ThoughtVectorsListener implements TrainingListener {
    @Override
    public void onForwardPass(Model model,
            Map<String, INDArray> activations) {
        INDArray input = activations.get(          입력 계층에서 망 입력(벡터로 변환된
            inputLayerName);                       단어의 시퀀스)을 가져온다.
        INDArray thoughtVector = activations.get(
                thoughtVectorLayerName);           생각 벡터 계층에서
        for (int i = 0; i < input.size(0); i++) {  생각 벡터를 가져온다.
            for (int j = 0; j < input.size(1); j++) {
                int size = input.size(2);          입력 벡터에서 한 번에 한 단어씩
                String[] words = new String[size]; 시퀀스를 재구성한다.
                for (int s = 0; s < size; s++) {
                    words[s] = revDict.get(input.getDouble(i, j, s));
                }
                String sequence = Joiner.on(' ')
                        .join(words);              입력 텍스트 시퀀스와
                lookupTable.putVector(sequence, thoughtVector  관련된 생각 벡터를 기록한다.
                    .tensorAlongDimension(i, j));  
            }                                      단어들을 순서대로
        }                                          병합한다(문자열로).
    }
}
```

이러한 벡터들을 사용하면 문단 벡터들과 동일한 정확도에 도달할 수 있다. 차이점은 벡터에 영향을 미치는 방법을 결정할 수 있다는 사실에 있다. 이러한 생각 벡터들은 인코더와 디코더 LSTM 망의 중간 산물로 생성된다. 여러분은 훈련 단계에서 인코더 입력에 포함할 것과 디코더 출력에 포함할 것을 결정할 수 있다. 망의 가장자리에 같은 범주에 속하는 문서들을 배치하면, 생성된 생각 벡터들은 범주가 같은 문서들을 출력하는 법을 학습하게 될 것이다. 따라서 훨씬 높은 정확도를 달성할 수 있다.

3장과 4장에서 정의한 인코더-디코더 LSTM을 취해 같은 범주에 속하는 문서들을 사용해 훈련하면 0.77이라는 평균 정확도를 얻을 수 있다. 이 정확도는 심지어 단락 벡터들보다 훨씬 더 높다!

요약

- 단락 벡터 모델은 구성 가능한 세부 사항(서신, 단락 또는 문서)에서 문장 및 문서에 대한 분산 표현을 제공한다.

- 단락 벡터에 기초한 순위지정 함수들은 문장이나 문서 수준에서 의미론을 포착하기 때문에 전통적인 통계 모델 및 단어 매장에 기반한 순위지정 함수들보다 더 효과적일 수 있다.

- 단락 벡터는 또한 문서 의미론(document semantics)을 기반으로 연관 내용을 효과적으로 검색하고 검색 결과를 보충하는 데 사용할 수 있다.

- seq2seq 모델에서 생각 벡터를 추출하여 문서 의미론을 기반으로 연관 내용을 검색하고 검색 결과를 장식할 수 있다.

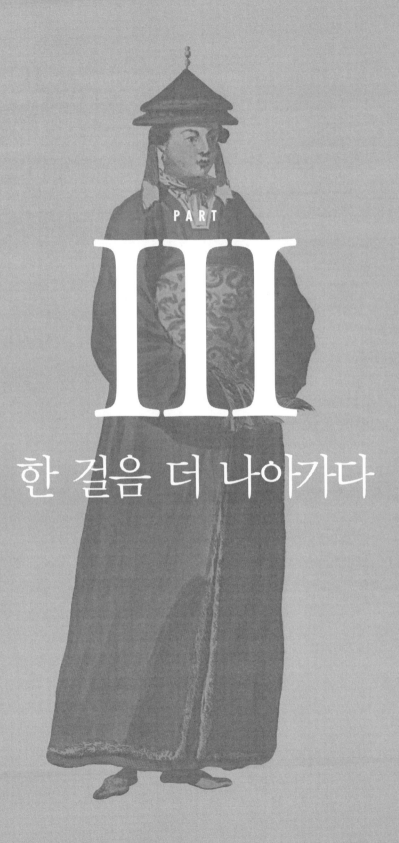

III

한 걸음 더 나아가다

이 책의 1부에서 여러분은 검색 엔진과 심층 신경망이 무엇인지, 어떻게 작동하는지, 그리고 어떻게 그것들이 더 똑똑한 검색 엔진을 만들기 위해 협력할 수 있는지를 기본적으로 이해할 수 있었다. 2부에서는 검색 엔진용 주요 심층 신경망 애플리케이션 기술을 더 구체적으로 다루며, 대부분의 사용자에게 검색 엔진 사용 목적에 더 적합한 결과를 제공하기 위해 재귀 신경망과 단어 매장 및 문서 매장 기능을 사용했다. 이 3부에서 우리는 신경망의 응용을 기계 번역을 이용한 다국어 텍스트 검색(7장)과 합성곱 신경망을 이용한 이미지 검색(8장)의 두 가지 새로운 영역으로 확대하여 더욱 진보한 주제와 과제를 다루려고 한다. 마지막으로 9장에서 우리는 프로덕션 시나리오에서 가장 큰 차이를 만드는 것, 즉 훈련과 예측 시의 일반 속도나 결과의 정확도와 같은 수행 성능을 살펴보겠다. 여러분은 적절한 훈련 시간에 좋은 정확도에 도달하기 위해 신경망 모델을 조정하는 예를 볼 것이다. 또한, 우리는 신경 검색을 위한 연속적인 데이터 흐름을 다루는 방법을 살펴볼 것이다.

PART III

One step beyond

CHAPTER

7

여러 언어로 검색하기

이번 장에서 다루는 내용

- 교차 언어 정보 검색
- 통계적 기계 번역
- 기계 번역용 Seq2seq 모델
- 기계 번역용 단어 매장
- 검색을 위한 기계 번역 방법의 효과 비교

이번 장에서는 문서가 작성된 언어가 아닌 그 밖의 언어로 쿼리를 말하고, 읽고, 쓰는 사용자에게 서비스를 제공할 수 있는 능력을 확장하는 데 초점을 맞추겠다. 특히, 기계 번역을 사용해 쿼리를 자동으로 번역할 수 있는 검색 엔진을 구축하는 방법을 볼 수 있을 텐데 그러한 쿼리는 여러 언어로 된 내용을 검색하고 전달하는 데 사용될 수 있다. 우리는 이와 같은 번역 능력이 다양한 맥락에서 얼마나 유용할 수 있는지를 살펴보는 데 얼마간의 시간을 할애할 텐데, 여기서 말하는 다양한 맥락이란 흔히 볼 수 있는 웹 검색에서부터 더 특화된 경우(언어 장벽으로 인해 검색 결과를 놓치지 않는 게 중요한 경우)까지를 일컫는 말이다. 쿼리를 자동으로 번역할 수 있다면 각 텍스트 문서의 언어별 사본을 검색 엔진이 일일이 따로 저장해 두지 않고도 검색 결과를 더 많은 사용자에게 제공할 수 있다.

7.1 언어가 서로 다른 사용자들에게 서비스하기

앞 장에서 제시된 많은 시나리오는 영화 감상평 검색 엔진과 같이 때때로 작고 잘 정의되고 특정 영역에 한정된 수직 검색 엔진 또는 검색 엔진에 초점을 맞추었다. 다른 언어를 사용하는 사용자들을 위해 유용한 정보를 검색할 수 있게 하려는 이번 장에서, 웹 검색이나 전 세계에 펼쳐진 거미줄 같은 통신망(월드와이드웹)이 닿는 모든 곳에서 데이터를 검색하는 것만큼 적합한 경우도 없다. 우리는 구글 검색, 빙, 바이두와 같은 검색 엔진을 매일 쓰며 웹을 검색한다. 비록 많은 온라인 콘텐츠가 엄청난 수의 사람들이 사용하는 언어(예: 영어)로 쓰여지지만, 여전히 많은 사용자들이 정보를 검색해야 하고, 그들의 모국어를 사용하여 그 정보를 찾기를 희망한다. 이 논의의 요점이 무엇인지 궁금할 것이다. 여러분이 이탈리아어로 쓰인 위키백과 페이지가 있다면 그것은 확실히 구글 검색에 의해 색인화될 것이고, 여러분은 그림 7.1과 같이 이탈리아어로 구글 검색에 쿼리를 써서 검색할 수 있을 것이다.

그림 7.1 'neural network'에 대한 이탈리아어 표현인 'rete neural'로 검색

그러나 현실적으로 보면 검색 시, 특히 기술 관련 주제를 검색할 때는 영어로 쿼리를 쓰는 것이 더 편리하다. 영어로 이용할 수 있는 정보량이 다른 언어로 쓰인 정보량보다 훨씬 많기 때문이다. 이탈리아어(또는 덴마크어 또는 중국어 등) 사용자는 할 수만 있다면 가장 많은 관련 결과를 얻을 기회를 극대화하기 위해 영어로 쿼리를 작성한다. 그렇게 검색하면 영어로 쓰인 문서들만 결과로 나오게 된다. 게다가 영어로 쓰인 검색 결과가 그들의 모국어로 쓰인 결과처럼 사용자들에게 항상 도움이 되지만은 않는 것이 현실이다. 모국어가 이탈리아어인 사용자가 영어로 쿼리를 작성해서 할 수 있는 작업을 여러분에게 보여주면서 이 점을 설명해 보겠다. 그림 7.2에서 볼 수 있듯이 영어로 쿼리를 작성했는데, 오른쪽에 보이듯이 이탈리아어로 된 검색 결과도 반환했다. 이와 같은 경우 로그인한 사용자가 쿼리를 수행할 때 검색 엔진은 사용자의 모국어를 조회할 수 있으며, 원래 쿼리와 일치하는 결과(이 경우에 영어로) 외에 해당 모국어에

맞는 결과를 포함할 수 있다.

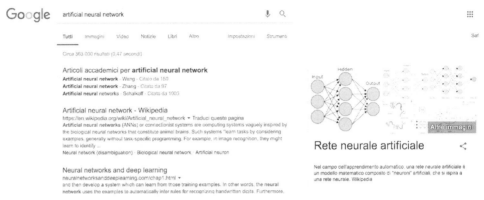

그림 7.2 'artificial neural network'로 검색했을 때 영어뿐 아니라 이탈리아어로 결과 얻기

이것이 사용자에게 어떻게 도움이 되는가? 여러분이 가장 좋아하는 책을 학교에서 공부해서 익힌 언어로 읽는 대신에 모국어로 읽는다고 해보자. 이 책의 외국어 버전의 내용을 이해할 수 있을지라도 시간과 노력이 필요할 수도 있고, 미묘하거나 특히 어려운 부분을 놓칠 수도 있다. 웹상의 문서에도 같은 원리가 적용된다. 예를 들어, 'artificial neural network'를 다룬 위키백과의 항목은 여러 언어로 수록되어 있어 더 많은 사용자들이 내용을 더 쉽게 이해할 수 있다. 검색 엔진이 영어 항목(영어로 작성된 쿼리와 일치함)을 보여줄 뿐만 아니라 쿼리에 들어간 사용자의 모국어로 작성된 항목도 드러내 준다고 해보자. 이런 검색 엔진이라면 더 많은 사용자들의 요구에 더 잘 부응하는 셈이다.

검색 엔진에 **기계 번역(machine translation, MT)** 도구를 통합함으로써 검색 엔진이 두 종류의 결과를 반환하도록 준비할 수 있다. 기계 번역을 활용하면 프로그램이 문장을 입력 언어에서 표적어(즉, 목표 언어)로 번역할 수 있다. 이번 장의 나머지 부분에서는 기계 번역 도구를 사용해 쿼리 시 텍스트 번역을 수행하는 방법을 볼 수 있으며, 따라서 여러 언어에 걸친 검색 엔진 쿼리에 대한 재현율 및 정밀도가 향상된다.

7.1.1 문서 번역 대 쿼리 번역

이전 절에서 간략히 설명한 것과 유사한 기능을 가진 검색 엔진을, 행정 및 법률 서비스로 전 세계 난민을 지원하는 비영리 단체에서 구축해야 한다고 해보자. 그러한 조직을 위한 검색 엔진은 난민들이, 예를 들어 망명 요청을 작성하기 위한 적절한 문서를 찾는 데 도움이 될 것이다. 온 세계의 모든 나라들은 각기 다른 서류와 양식을 작성해 서명하라고 할 것이다. 신청자의 출신 국가가 어디냐에 따라서 이런 요구 사항이 달라질 수도 있다. 그러한 플랫폼의 사용자들은 모국어로는 말을 할 수 있을지 몰라도 망명하려는 나라의 언어로는 말을 할 수 없을 것이다. 그래서 아이슬란드에서 온 난민들이 브라질로 망명을 요청한다면 그들은 포르투갈어로 쓰인 서류를 검색해야 한다. 사용자가 포르투갈어를 모르는 경우에 검색 쿼리에 무엇을 포함해야 할지를 어떻게 알 수 있을까?

이런 면에서 보면 상황에 관계없이 사용자는 할 수만 있다면 언제든지 모국어로 내용을 검색할 수 있기 원한다고 가정할 수 있다. 기계 번역을 사용해 이를 수행하는 두 가지 간단한 방법이 있다.

- 둘 이상의 언어로 일치하는 항목을 찾으려면 기계 번역 프로그램을 사용해 쿼리를 변환한다.
- 한 언어로 내용을 만들고 기계 번역 프로그램을 사용하여 문서의 번역된 복사본을 생성하여 쿼리가 번역된 버전과 일치하게 한다.

이 선택지는 서로 배타적이지 않다. 여러분은 두 가지 방법 중에 한 가지만 사용하든지 두 가지를 다 사용하든지 하면 된다. 어느 편이 가장 적합할지는 사용 사례에 달려 있다.

아마존이나 에어비앤비와 같은 사이트에 고객이 작성해 놓은 후기(review)를 생각해 보자. 그러한 후기는 검토자의 모국어로 작성되는 경우가 많으므로 검색 결과의 손쉬운 소비를 목적으로 그러한 후기가 사용자에게 도달했을 때 번역하는 것이 좋을 수 있다.

검색 결과를 번역하는 또 다른 좋은 예는 질문하는 시스템이다. 질문에 대한 답변은 사용자가 자연어로 작성된 질문, 예를 들면 'Who was elected president of U.S.A. in 2009?(2009년 미국의 대통령으로 누가 선출되었는가?)'와 같은 형태로 의도를 지정하는 정보 검색 시스템을 사용한다. 이 시스템은 질문에 관련된(정보성이 있기를 희망하지만) 텍스트의 한 부분(예: 'Barack Obama')으로 응답한다.

한편, 앞 절에서 논의한 바와 같이 웹 검색의 경우 쿼리를 번역해 다른 언어로 결과를 얻는 것이 좋을 수 있다. 그렇게 하면 최종 사용자에게 더 많은 선택권을 줄 수 있기 때문이다. 이 작업이 끝나면 순위지정과 관련하여 중요한 결정, 즉 '번역된 쿼리에서 나온 결과에 어떻게 순위를 지정하는가?'에 대한 결정을 내려야 한다. 포르투갈어로 작성된 문서를 아이슬란드어로 검색하는 난민의 경우, 사용자가 'pólitísk hæli(아이슬란드어로 '정치적 망명'이라는 말)'를 검색하면 쿼리는 포르투갈어('asilo politico')로 번역된다. 이러한 사용의 경우 원본 쿼리와 번역 쿼리 결과가 모두 검색된다. 망명 신청자인 사용자의 구체적인 사용 사례의 경우 번역된 쿼리에서 반환된 문서는 사용자가 작성하여 지역 당국에 제출해야 하는 문서들이기 때문에 더 중요하다.

웹 검색에서 이런 경우가 항상 있지는 않을 것이다. 'artificial neural networks'에 대한 위키백과 페이지 예제로 돌아가 보자. 그 페이지의 영어 버전에는 이탈리아어 버전보다 훨씬 더 많은 정보가 있다. 사용자의 관심사, 선호하는 주제 등 다양한 요인에 따라 검색 엔진은 번역된 페이지의 정보가 덜하기 때문에 원본보다 낮은 순위를 지정하기로 결정할 수 있다. 딥러닝 연구자가 'artificial neural network'에 대한 웹 검색을 수행한다고 해도 이탈리아어 버전의 'artificial neural network' 페이지에 실린 정보량이 원래 영어 페이지의 것보다 적기 때문에 유용하지 않을 것이다. 그렇지만 사용자가 해당 주제에 초보라면 그들의 모국어로 된 페이지를 읽는 편이 해당 주제를 이해하는 데 도움이 될 것이다. 사용 사례에 따라 많은 것이 달라지겠지만, 검색 엔진에서 기계 번역을 사용하기로 결정했다면 추가 결과의 순위를 '정상' 결과와 같거나 더 높게 매기는 것이 좋다.

이번 장의 나머지 부분에서는 문서 번역보다는 쿼리 번역에 초점을 맞추겠지만, 여기에 쓰인 원리는 텍스트가 짧든지 아니며 길든지 간에 비슷하다. 한편 기술적 관점에서 보면 매우 짧은 텍스트(검색 쿼리 등)나 매우 긴 텍스트(예: 긴 글)로 작업하는 것은 보통 한 문장으로 작업하는 것보다 더 어렵다.

7.1.2 교차 언어 검색

사용자 쿼리를 번역하기 위해 검색 엔진에 기계 번역을 통합하는 방법을 간단히 살펴보자. 웹 검색 시에 기계 번역 작업을 대개 검색 엔진이 수행하며, 이 작업에 대해 사용자에게 따로 알리지는 않는다. 이미 언급한 적이 있는 그 밖의 사용 사례의 경우 사용자들은 검색 결과와 관련해서 원하는 언어로 지정하기를 바랄 수 있다. 망명 신청자는 필요한 법적 문서에 대한 최상의 언어를 알 수 있지만, 이 정보는 검색 시스템에서 사용하지 못할 수 있다.

앞으로 나는 여러분이 사용자 쿼리 언어에서 다른 언어로 번역할 수 있는 일련의 기계 번역 도구를 가지고 있고, 여러분의 검색 엔진에 다양한 언어로 된 문서, 즉 웹 검색을 위한 언어 간 정보 검색을 위한 일반적인 설정이 있다고 가정할 것이다. 기계 번역 수행을 위한 도구는 여러 가지 방법으로 구현될 수 있으므로 이번 장의 진도를 나가다 보면 몇 가지 다른 기계 번역 방법을 볼 수 있을 것이다. 그러한 도구는 텍스트를 **원어(source language)**에서 **표적어(target** language, 또는 '**목표어**')로 번역할 수 있는 것이 일반적이다. 앞에서 말한 대로 아이슬란드어로 작성된 쿼리가 있고, 아이슬란드어에서 영어로, 영어에서 아이슬란드어로, 이탈리아어에서 영어로 번역할 수 있는 세 가지 모델이 있다고 가정하자. 검색 엔진은 쿼리를 번역하는 데 적합한 도구를 선택할 수 있어야 한다. 여러분이 이탈리아어에서 영어로 번역하는 모델을 고른다면 번역이 되지 않거나 심지어 나쁜 번역이 나올 수도 있다. 이것은 원치 않는 결과가 검색될 수 있으며, 당연히 이렇게 되면 좋지 않다. 부적절한 모델이 번역을 제공하지 않는 경우에도 CPU와 메모리 리소스가 사용될 것이므로 이런 시도는 유용한 결과를 제공하지 않을 뿐만 아니라 성능에 부정적인 영향을 미칠 수 있다.

이러한 문제를 줄이려면 기계 번역 모델 위에 **언어 검출기**(language detector) 프로그램을 배치하는 것이 좋다. 언어 검출기는 입력 텍스트를 받아들여 해당 시퀀스에 쓰인 언어가 무엇인지를 출력한다. 출력 계급이 언어 코드(en, it, Id, pt 등)인 텍스트 분류기로 생각할 수 있다. 사용자의 쿼리 언어를 제공하는 언어 검출기를 사용하여, 쿼리를 변환할 올바른 기계 번역 모델을 선택할 수 있다. 모든 기계 번역 모델의 출력 텍스트는 원래 쿼리와 함께 추가 쿼리로 검색 엔진에 전송된다. 쿼리의 원본과 번역된 버전(예: 'pólitísk hæli or political asylum') 사이에 부울 또는 연산자를 사용하는 것으로 생각할 수 있다. 그림 7.3은 쿼리 시간에 기계 번역 기능을 사용하기 위한 예시 흐름을 보여준다.

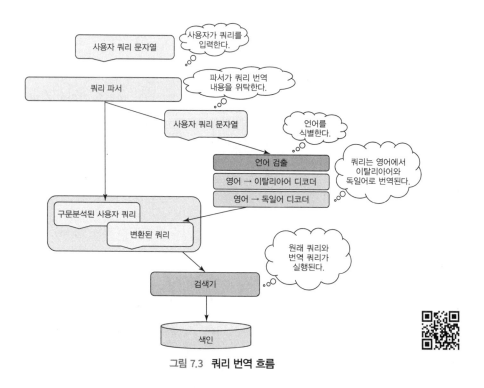

그림 7.3 **쿼리 번역 흐름**

아파치 루씬 위에 교차 언어 검색(cross-language search)이 어떻게 구현될 수 있는지 살펴보자. 일단은 기계 번역 부분은 조금 추상적으로 해두겠다. 다음 절에서는 다양한 유형의 기계 번역 모델을 검토하고, 각 모델의 장단점을 살펴보기로 한다. 특히 우리는 대부분의 연구와 산업이 단어와 구에 대한 확률분포의 통계 분석에 기초한 **통계적 기계 번역**(statistical machine translation)에서 신경망의 사용에 따른 **신경 기계 번역**(neural machine translation, 또는 '신경망 기반 기계 번역')으로 전환한 이유에 초점을 맞출 것이다.

7.1.3 루씬 기반 다중 언어 쿼리

망명 신청자들의 예를 계속 들어 보겠다. 내가 미국에 있는 이탈리아 난민이고, 법적 서류를 작성해야 한다고 해보자. 나는 이탈리아어로 쿼리를 입력해 넣고, 미국으로 들어가는 데 필요한 문서를 찾는다. 검색 엔진이 해야 할 일은 다음과 같다.

```
> q: documenti per entrare negli Stati Uniti <──┤ 입력 쿼리
> detected language 'ita' for query <──┤ 언어 검출 출력
> found 1 translation
> t: documents to enter in the US <──┤ 번역된 쿼리
> 'documenti per entrare negli ...' parsed as:
  '(text:documenti text:per text:entrare text:negli text:Stati text:Uniti)'
  OR
  '(text:documents text:to text:enter text:in text:the text:US)'
```

부울의 OR 절로 구분된 원래 쿼리와 변환된 쿼리를 모두 포함하게 개선한 쿼리

추측할 수 있듯이 사용자가 입력한 쿼리를 구문분석하는 동안에 '마법 같은' 일이 벌어진다. 쿼리 파서가 수행하는 단순화된 작업 순서는 다음과 같다.

1. 쿼리 파서는 입력 쿼리를 읽는다.

2. 쿼리 파서는 입력 쿼리를 언어 검출기에 전달한다.

3. 언어 검출기는 입력조회 언어를 결정한다.

4. 쿼리 파서는 식별된 언어를 다른 언어로 변환할 수 있는 기계 번역 모델을 선택한다.

5. 선택된 각 기계 번역 모델은 입력 쿼리를 다른 언어로 번역한다.

6. 쿼리 파서는 부울 쿼리의 OR 절에서 입력과 변환된 텍스트를 집계한다.

여러분은 루씬의 QueryParser를 사용할 텐데 이것의 주 메서드인 '#parse'는 String 형식을 루씬의 Query 객체로 변환하는 역할을 한다.

목록 7.1 원본 조회를 포함하는 부울 쿼리 생성

```
@Override
public Query parse(String query) throws ParseException {

    BooleanQuery.Builder builder = new BooleanQuery
        .Builder();  ⟵─ 루씬에서 부울 쿼리를 작성한다.
    builder.add(new BooleanClause(super.parse(query),
        BooleanClause.Occur.SHOULD));  ⟵─┐ 원래 사용자 조회를 구문분석해
                                         └ 부울 쿼리에 OR 절로 추가한다.
    ...
}
```

그런 다음 입력 쿼리 언어를 언어 검출기 도구로 추출한다(여러 가지 방법으로 이렇게 할 수 있지만, 일단은 그런 여러 가지 방법에 초점을 맞추지는 않을 생각이다). Apache OpenNLP 프로젝트(https://opennlp.apache.org)의 LanguageDetector라는 도구를 사용한다.

목록 7.2 쿼리의 언어 검색

```
Language language = languageDetector.
    predictLanguage(query);  ⟵─ 언어 검출 수행
String languageCode = language.getLang();  ⟵─ 언어 코드를 획득한다(en, it 등).
```

여기에서는 키가 언어 코드(en은 영어이고 it는 이탈리아어 등)이고, 값이 CollectionofTranslatorTools인 맵을 사용해 기계 번역을 수행하기 위한 모델을 이미 적재했다고 가정한다. 현재로서는 TranslatorTool의 구현 방식은 중요하지 않다. 이후에 나오는 절에서 이것에 초점을 맞춰 살펴보겠다.

목록 7.3 올바른 번역기 선택 도구들

```
private Map<String,Collection<TranslatorTool>> perLanguageTools;

@Override
public Query parse(String query) throws ParseException {
    ...
    Collection<TranslatorTool> tools =
        perLanguageTools.get(languageString);  ⟵─┐ 검출된 언어에서 다른 언어로
    ...                                          └ 번역할 수 있는 도구를 획득한다.
}
```

이제 기계 번역 도구를 적재했으므로 이 도구를 사용하여 최종 쿼리에 추가할 추가 부울 절을 생성할 수 있다.

목록 7.4 번역된 텍스트를 사용해 쿼리 번역 및 쿼리 작성

```java
for (TranslatorTool tt : tools) {
    Collection<Translation> translations = tt.
        translate(query);    ←┤ 입력 쿼리를 번역한다.

    for (Translation translation : translations) {    ←
        String translationString = translation.
    ┌─→ getTranslationString();
        builder.add(new BooleanClause(super.parse(
            translationString), BooleanClause.Occur.SHOULD));    ←
        }
    }

    return builder.build();    ←┤ 부울 쿼리 작성 과정을 마무리한다.
```

입력 쿼리의 있음직한 모든 번역을 대상으로 반복해서 처리한다.

번역된 쿼리를 구문분석한 다음에 부울 쿼리에 추가하여 반환한다.

번역 텍스트를 획득한다(각 번역은 텍스트와 번역 품질을 나타내는 점수로 구성된다).

이 코드를 사용하면 다국어로 쿼리를 작성할 수 있는 쿼리 파서가 설정된다. 될 수 있으면 가장 좋은 방법으로 TranslatorTool 인터페이스를 구현하는 작업이 아직 남아 있다. 그렇게 하기 위해 우리는 기계 번역 작업을 다루는 다양한 방법을 바르게 살펴볼 것이다. 먼저 통계적 기계 번역 도구를 살펴본 다음에 신경망 기반 방법을 살펴볼 것이다. 신경망 기반 방법은 텍스트 번역의 주요 문제점을 이해하는 데 도움이 되며, 신경망 기반 번역 모델이 일반적으로 더 나은 기계 번역 모델이다.

7.2 통계적 기계 번역

통계적 기계 번역(statistical machine translation, SMT)은 통계적 접근법을 사용해 입력 단어나 입력 문장에 대해 어떤 표적 단어나 표적 문장이 가장 가능성이 높은 번역인지를 예측한다. 예를 들어, 통계적 기계 번역 프로그램은 "hombre'라는 단어의 영어 번역 중에 가장 가능성이 높은 것은 무엇인가?'라는 질문에 대답할 수 있어야 한다. 그렇게 하려면 통계 모델을 병렬 말뭉치를 통해 훈련해야 한다. **병렬 말뭉치**(parallel corpus)는 각 내용이 원어(예: 스페인어)와 표적어(예: 영어)라는 두 가지 버전으로 제공되는 텍스트 조각(문서, 문장, 단어 등)의 모임이다. 다음은 그 예다.

```
s: a man with a suitcase
t: un hombre con una maleta
```

통계 모델(statistical model)은 원어 텍스트 조각 및 목표 텍스트 조각의 확률을 계산할 수 있는 모델이다. 기계 번역에 활용할 수 있도록 적절히 훈련된 통계 모델은 어떤 원문 텍스트 조각에 대한 번역문과 이 번역문의 확률을 제공함으로써 가장 좋은 번역문을 골라 쓸 수 있게 한 모델이다.

```
hombre -> man (0.333)
```

번역된 텍스트 조각의 확률은 번역이 적절한 것으로 간주될 수 있는지 여부와 검색에 사용해야 하는지 여부를 결정하는 데 도움이 된다. 통계적 기계 번역 모델은 있음직한 번역의 다양한 확률을 평가하고, 가장 높은 확률을 가진 번역만 반환한다. 통계적 기계 번역 모델에 예제 쿼리 'hombre'에 대한 모든 확률을 출력하도록 요청하면 다음 예시 출력에서 볼 수 있듯이 번역에 대한 가장 높은 확률뿐만 아니라 그보다 낮은 확률도 표시한다.

```
man     (0.333)
husband (0.238)
love    (0.123)
...
woman   (0.003)
truck   (0.001)
...
```

그 이면에서 통계적 기계 번역 모델은 있음직한 각 변환 확률을 계산하고 최상의 확률을 갖는 변환을 기록한다. 그러한 알고리즘을 의사코드로 나타내면 이렇다.[43]

```
f = 'hombre'
for (표적 언어 내 각 e별로)
    p(e|f) = (p(f|e) * p(e)) / p(f) <-      원래 단어 'hombre'가
                                            주어진 현재 표적 단어의
                                            확률을 계산한다.

    if (p(e|f) > pe~) <-
                                        확률이 현재의 최고 확률보다 더
                                        높으면 최고의 번역인 셈이다.

        e~ = e <-|  가장 좋은 번역을 기록한다.
```

---

43 〈Bayes' theorem〉 https://en.wikipedia.org/wiki/Bayes%27_theorem

```
    pe~ = p(e|f) ⟵⊣    최적의 번역 확률을 기록한다.

 e~ = 가장 좋은 번역, 최고 확률인 것
 pe~ = 가장 좋은 번역일 확률
```

알고리즘은 복잡하지 않다. 단 한 가지 빠진 부분은 $p(e)$와 $p(f|e)$ 같은 확률을 계산하는 방법이다. 정보이론 및 통계학에서 $p(f|e)$는 f를 전제로 한 e의 조건부 확률이다. 일반적으로 말하자면 사건 f의 후속 결과로 사건 e가 발생할 확률로 생각할 수 있다.

이번 경우에서는 텍스트 조각들이 '사건'에 해당한다. 통계에 너무 깊이 들어가지 않고, 단어의 빈도를 세는 것에 의존하는 단어 확률을 생각할 수 있다. 예를 들어, p(man)은 **man**이 병렬 말뭉치에 나타나는 횟수와 같을 것이다. 마찬가지로 여러분은 p(hombre|man)이 **hombre**를 포함하는 스페인어로 문장과 짝을 이루는 표적어의 문장에서 **man**이 나타나는 횟수와 같다고 가정할 수 있다. 다음 세 개의 병렬 문장을 살펴보면 그중 두 문장은 원어로 **man**을 포함하고, 다른 문장은 원문에 **hombre**를 포함하지만, 목표문에 **hombre**를 포함하지 않는다.

```
s: a man with a suitcase
t: un hombre con una maleta

s: a man with a ball
t: un hombre con una pelota

s: a working man
t: un senor trabajando
```

이 경우에 p(hombre|man)은 2다. 또 다른 예를 든다면 병렬 문장에서 p(senor|man)은 1과 같은데, 이는 세 번째 병렬 문장은 원문에 **man**을 포함하고 목표문에 **senor**를 포함하고 있기 때문이다. 요약하면 **hombre**는 많은 가능한 대안 중에서 스페인어 문장에 **hombre**가 포함된 경우 **man**이 가장 많이 사용되는 영어 단어이기 때문에 **man**으로 번역된다.

여러분은 통계적 기계 번역의 몇 가지 기본 사항을 배웠다. 또한, 이번 도입부에서 본 것보다 이 과제를 더 어렵게 하는 몇 가지 문제점을 알게 될 것이다. 통계적 기계 번역(SMT)에서 신경 기계 번역(NMT)으로의 전환에 근거가 되는 그러한 문제의 영향을 신경 기계 번역이 덜 받기 때문에 여러분은 신경 기계 번역을 알아 두어야 한다.

7.2.1 정렬

이전 절에서는 통계 모델을 구축해 텍스트를 번역할 수 있다는 것을 배웠다. 이 번역은 단어의 빈도에 따라 확률을 추정하여 발생한다. 그러나 실제로 다른 요소들이 작용하고 있다. 예를 들어, 두 개의 원문과 목표문에서 f와 e라는 두 단어가 공존한다고 해서 한 단어가 다른 하나의 문장의 번역이 되는 것은 아니다. 앞서 말한 문장에서 a와 hombre는 hombre와 man보다 더 자주 발생한다.

```
s: a man with a suitcase
t: un hombre con una maleta

s: a man with a ball
t: un hombre con una pelota

s: a working man
t: un senor trabajando
```

그래서 p(hombre|a) = 3과 p(hombre|man) = 2는 a가 hombre를 나타내는 데 필요한 영문 단어라는 점을 의미할까? 당연히 그러면 안 된다! 이 정보는 hombre에 대한 올바른 번역이 a인지 아니면 man인지를 결정할 때 중요하다.

그러나 번역된 단어들이 항상 완벽하게 정렬되는 것은 아니다. 세 번째 병렬 문장을 생각해 보자. 이 문장들의 맥락에서 살펴본다면 man에 대한 정확한 번역어는 senor다. 그러나 man은 원문에서 세 번째 위치에 있는 반면, senor는 목표 문장에서 두 번째 위치에 있다.

```
s: a working man
t: un senor trabajando
```

원문과 목표문에서 서로 다른 위치에 배치된 단어를 처리하는 작업을 **단어 정렬(word alignment)**이라고 하며, 통계적 기계 번역의 효과에 중요한 역할을 한다. 통계적 기계 번역 모델은 일반적으로, 예를 들어 위치 i의 스페인어 표적 단어를 위치 j의 영어 원천 단어에 대응(mapping)시키는 **정렬 함수(alignment function)**를 정의한다. 문장의 대응 관계는 인덱스(index, 첨수)의 값인 1 → 1, 2 → 3, 3 → 2에 따라 위치를 변환한다.

```
s: a working man  ⟵┤  'a'와 'un'은 같은 위치에 있다.
     ↓      ↗
t: un senor trabajando  ⟵┤  'man'과 'senor'는 한 위치가 다르다.
```

단어 정렬이 중요한 역할을 하는 또 다른 예는 다른 언어로 된 단어 사이에 일대일 대응이 없을 때다. 이것은 특히 같은 뿌리 언어에서 유래되지 않은 언어에 해당된다. 영어-스페인어 병렬 문장의 또 다른 예를 보자.

```
s: I live in the USA
t: vivo en Estados Unidos
```

여기에는 두 가지 특별한 사례가 있다.

- I live라는 영어 단어들은 스페인어로 **vivo**라는 단어로 번역된다.
- 영어에서 **USA**라는 단어는 스페인어로 **Estados Unidos**라는 두 단어로 번역된다. 단어 정렬 함수는 이러한 경우까지 처리해야 할 것이다.

```
s: I live in the USA
     \ ∕      ∧
t: vivo en Estados Unidos
```

7.2.2 단락 기반 번역

지금까지 우리는 단어의 번역 방법을 토론했다. 그러나 다른 많은 자연어 처리 분야와 마찬가지로 문맥도 모른 채 한 단어만 번역하기는 어렵다. 구문 기반 번역(phrase-based translation)은 단어의 번역 시 정보가 부족해 생기는 오차량을 줄이는 것이 목표인 번역 방법이다. 일반적으로 구문 기반 번역을 수행하려면 우수한 통계 모델을 훈련하기 위해 더 많은 데이터가 필요하지만, 이 방법을 쓰면 더 긴 문장을 더 잘 처리할 수 있으며, 때때로 단어 기반 통계 모델보다 더 정확하다. 단어 기반 통계적 기계 번역 모델을 통해 여러분이 배운 모든 내용이 구문 기반 모델에도 적용된다. 유일한 차이점은 번역 단위가 단어가 아니라 구라는 것이다.

구문 기반 모델이 입력 텍스트를 받으면 텍스트를 구문으로 구분한다. 각 구를 독립적으로 번역한 다음, 구문 정렬 함수를 사용해 구문별로 번역 순서를 다시 정한다. 신경 기계 번역 모델이 성공할 때까지 구문 기반 (그리고 위계적인) SMT 모델은 사실상 기계 번역의 표준이었으며, 구글 번역과 같은 많은 도구에서 사용되었다.

7.3 병렬 말뭉치를 가지고 일하기

여러분도 알고 있듯이 머신러닝의 가장 중요한 측면 중 하나는 양질의 데이터를 많이 처리한다는 점이다. 기계 번역 모델은 보통 병렬 말뭉치들을 사용해 훈련한다. 여기서 말뭉치란 (텍스트) 원어의 단어, 문장 등을 표적어의 단어, 문장 등에 매핑할 수 있도록 두 개의 언어로 제공되는 데이터셋을 말한다.

기계 번역에 관심이 있는 사람들에게 매우 유용한 자원은 오픈 패러렐 코퍼스(Open Parallel Corpus, OPUS, https://opus.nlpl.eu)다. OPUS(공개 병렬 말뭉치)에서는 많은 병렬 말뭉치를 제공한다. 여러분은 원어(source language)와 표적어(target language)를 선택할 수 있고, 다른 형태로 된 병렬 말뭉치 목록도 볼 수 있다. 각 병렬 말뭉치는 일반적으로 서로 다른 XML 형식으로 제공되거나 모세 프로젝트(www.statmt.org/moses)와 같은 전용 기계 번역 형식으로 제공된다. 때로는 단어 빈도가 있는 번역 사전도 이용할 수 있다.

이 맥락에서 번역 메모리 교환(TMX) 형식(https://en.wikipedia.org/wiki/Translation_Memory_eXchange)을 구문분석할 작은 도구를 설정해 보자. TMX 규격이 새로운 것은 아니지만, 기존의 많은 병렬 말뭉치들을 OPUS 프로젝트에서 TMX 형식으로 이용할 수 있으므로 첫 번째 신경 기계 번역 모델을 훈련할 때 TMX와 함께 작업하는 것이 유용하다.

TMX 파일 형식은 병렬 문장 1개당 1개 tu(tu는 XML 노드)를 사용한다. 각 tu 노드에는 두 개의 tuv 하위 요소가 있다. 하나는 원문과 다른 것이다.그리고 각 노드에는 실제 텍스트가 들어 있는 seg 노드가 있다.

다음은 영어에서 이탈리아어로 번역하기 위한 TMX 파일의 샘플이다.

```
<?xml version="1.0" encoding="UTF-8" ?>
<tmx version="1.4">
<header creationdate="Wed Jul 30 13:12:22 2014"
        srclang="en"
        adminlang="en" o-tmf="unknown"
        segtype="sentence"
        creationtool="Uplug"
        creationtoolversion="unknown"
        datatype="PlainText" />
    <body>
        ...
        <tu>
            <tuv xml:lang="en">
                <seg>
```

```
                    It contained a bookcase: I soon possessed myself of a volume.
                </seg>
            </tuv>
            <tuv xml:lang="it">
                <seg>
                    Vi era una biblioteca e io m'impossessai di un libro.
                </seg>
            </tuv>
        </tu>
        ...
    </body>
</tmx>
```

결국 여러분은 tuv와 seg라는 XML 노드의 내용을 얻는 데 관심이 있다. 여러분은 원문 텍스트와 표적문 텍스트를 함께 얻을 수 있는 곳에서 병렬 문장을 수집할 수 있기를 바랄 것이다. 이렇게 하려면 먼저 ParallelSentence 클래스를 생성하자.

목록 7.5 병렬 문장에 대한 클래스

```java
public class ParallelSentence {

    private final String source;
    private final String target;

    public ParallelSentence(String source, String target) {
        this.source = source;
        this.target = target;
    }

    public String getSource() {
        return source;
    }

    public String getTarget() {
        return target;
    }
}
```

다음으로 TMXParser 클래스를 작성해 TMX 파일들로부터 병렬 문장들의 Collection을 추출해 보자.

```
TMXParser tmxParser = new TMXParser(Paths.get("/path/to/it-en-file.tmx")
        .toFile(), "it", "en");
Collection<ParallelSentence> parse = tmxParser.parse();
for (ParallelSentence ps : parse) {
    String source = ps.getSource();
    String target = ps.getTarget();
    ...
}
```

TMXParser는 모든 tu, tuv 및 seg 노드 내부를 살펴보고 Collection을 구축한다.

```
public TMXParser(final File tmxFile, String
    sourceCode, String targetCode) {  ◁──┐  원어와 표적어를 지정하는 TMX
    ...                                      파일에 파서를 생성한다.
}

public Collection<ParallelSentence> parse() throws IOException,
        XMLStreamException {
    try (final InputStream stream = new
            FileInputStream(tmxFile)) {  ◁──┐  파일을 읽는다.
        final XMLEventReader reader = factory
            .createXMLEventReader(stream);  ◁──┐
        while (reader.hasNext()) {                XMLEventReader 생성: XML
            final XMLEvent event = reader.nextEvent();   요소를 읽을 때마다 이벤트를
            if (event.isStartElement() && event.asStartElement().getName()   실행하는 유틸리티 클래스
                .getLocalPart().equals("tu")) {  ◁──┐  tu 노드 차단
                parse(reader);  ◁──┐  tu 노드를 구문분석해 포함된
            }                         병렬 문장을 읽는다.
        }
    }
    return parallelSentenceCollection;
}
```

각 XML 이벤트 (노드, 특성 등)에 반복

여기서 XML 구문분석은 주요 초점이 아니기 때문에 ParallelSentence 추출 코드를 너무 깊이 파고들지 않을 것이다. 완벽을 기하기 위해 parseEvent 메서드의 중요한 부분을 제시하면 다음과 같다.

```
if (event.isEndElement() && event.asEndElement()
        .getName().getLocalPart().equals("tu")) {  ◁──┐  tu 요소를 닫는다.
    if (source != null && target != null) {              ParallelSentence가
        ParallelSentence sentence = new ParallelSentence(source, target);   준비되었다.
        parallelSentenceCollection.add(sentence);
    }
}
```

```
        return;
    }
    if (event.isStartElement()) {
        final StartElement element = event.asStartElement();
        final String elementName = element.getName().getLocalPart();
        switch (elementName) {
            case, "tuv": ◁──┤ tuv 요소에서 언어 코드를 읽는다.
                Iterator attributes = element.getAttributes();
                while(attributes.hasNext()) {
                    Attribute next = (Attribute) attributes.next();
                    code = next.getValue();
                }
                break;
            case "seg": ◁──┤ seg 요소에서 텍스트를 읽는다.
                if (sourceCode.equals(code)) {
                    source = reader.getElementText();
                } else if (targetCode.equals(code)) {
                    target = reader.getElementText();
                }
                break;
        }
    }
}
```

생성된 병렬 문장을 사용하여 여러분은 이전 절에서 설명한 통계적 모델이나 바로 이어서 나오는 신경 기계 번역 모델을 훈련시킬 수 있다.

7.4 신경 기계 번역

통계적 기계 번역과 병렬 말뭉치들에 대한 이 모든 배경지식을 통해 이제 여러분은 왜 신경망이 검색에 적용되는 기계 번역의 맥락에서 사용되는지를 배울 준비가 되었다. 전 세계의 난민이 각 국가의 필수 법률 문서에 관한 정보를 수집하도록 돕는 비영리 단체용 검색 엔진을 구축해야 하는 기술자를 생각해 보자. 이런 경우에 가능한 한 많은 언어 쌍(예: 스페인어에서 영어로, 스와힐리어에서 영어로, 영어에서 스페인어로 등)에 대한 기계 번역 모델이 필요하다. 앞에서 설명한 단어 기반 통계적 기계 번역 모델이나 구문 기반 통계적 기계 번역 모델과 같이 명시적 확률 추정을 기반으로 통계 모델을 훈련하는 데에는 이러한 접근 방식이 일반적으로 수행하는 수작업 분량 때문에 시간이 많이 걸린다. 예를 들어, 단어 정렬이 필요한 경우에 각 언어 쌍별로 작업을 많이 해야 한다.

첫 번째 신경 기계 번역 모델이 도입되었을 때 가장 흥미로운 특징 중 하나는 많은 조율이 필요하지 않다는 점이었다. 일리야 서츠케버(Ilya Sutskever)가 신경 기계 번역용 인코더-디코더 아키텍처를 바탕으로 공동저자들과 함께 이룬 작업을 제시했을 때[44] 그는 "우리는 최대의 결과를 위해 최소한의 혁신을 사용한다"[45]라고 했는데 그것이 이 유형의 모델에서 가장 좋은 특성 중 하나임이 밝혀졌다.

이 접근 방식은 큰 벡터로 된 출력을 내는 LSTM(심층 장단기 기억) 망을 사용하며, 이 망은 3장에서 말한 **생각 벡터**(thought vector)로서 그 시퀀스(및 생각 벡터)를, 변환된 시퀀스를 생성하는 또 다른 디코더 LSTM에 공급한다. 시간이 지남에 따라 신경 기계 번역 모델의 다양한 '조미료'가 제안되었지만, 인코더-디코더 망을 사용한다는 핵심 아이디어가 이정표였다. 이것은 기계 번역 작업에서 통계적 기계 번역 모델을 능가하는 신경망을 완전한 기반으로 삼은 최초의 모델이었다.

이러한 모델은 기계 번역뿐만 아니라 다른 영역의 시퀀스에 시퀀스를 유연하게 대응시킬 수 있다. 예를 들어, seq2seq라고 하는 인코더-디코더 모델을 사용하여 3장에서 쿼리 확장을 수행하고 6장에서 연관 내용을 검색하기 위해 벡터를 생각했다. 이제 우리는 그러한 모델들이 어떻게 작동하는지 그리고 어떻게 그 모델들 사이를 오가는지 좀 더 깊이 연구할 것이다.

7.4.1 인코더-디코더 모델

인코더 LSTM은 추상적인 수준에서 원문 텍스트의 시퀀스를 고정 길이 벡터인 생각 벡터로 읽고 인코딩한다. 그 후 디코더 LSTM은 인코딩된 벡터로부터 원문의 번역된 버전을 출력한다. 인코더-디코더 시스템은 원문이 주어지면 정확하게 번역해 낼 확률을 극대화하도록 훈련된다. 그래서 이러한 인코더-디코더 망도 그 밖의 다양한 딥러닝 기반 모델과 마찬가지로 어느 정도까지는 통계적 모델이라고 할 수 있다! '전통적인' 통계적 기계 번역과의 차이점은 신경 기계 번역 모델이 신경망을 통해 생성된 번역 정확도를 최대화하는 방법을 학습하고, 단대단(end-to-end) 방식으로 수행한다는 점이다. 예를 들어, 단어 정렬을 위한 전용 도구는 필요하지 않다. 인코더-디코더 망은 방대한 원문/표적문(즉, 원문/목표문) 쌍만 모으면 된다.

인코더-디코더 모델의 주요 특징은 다음과 같다.

---

44 〈Sequence to Sequence Learning with Neural Networks〉(Ilya Sutskever, Oriol Vinyals, and Quoc V. Le, September 10, 2014) https://arxiv.org/abs/1409.3215

45 〈NIPS: Oral Session 4 - Ilya Sutskever〉(Microsoft Research, August 18, 2016) https://www.youtube.com/watch?v=-uyXE7dY5H0

- 이 모델은 쉽게 설정하고 이해할 수 있어서 직관적이다.

- 길이가 달라질 수 있는 입력 시퀀스와 출력 시퀀스를 처리할 수 있다.

- 다른 방법으로 사용될 수 있는 입력 시퀀스 장식을 생산한다.

- 다양한 영역(domain)의 seq2seq 매핑 작업에 사용될 수 있다.

- 방금 설명했듯이 이것들은 단대단(end-to-end) 도구다.

그림 7.4에 표시된 그래프를 분해해 모델의 각 부분에 무엇이 있는지, 각 구성요소가 어떻게 함께 작동하는지 더 잘 이해해 보자. 인코더는 재귀 신경망(RNN)으로 이루어져 있으며, 보통은 LSTM 또는 게이트 반복 장치(GRU[46])와 같은 그 밖의 대안들도 있지만, 여기서는 이런 것들까지 논의 대상으로 삼지는 않으려 한다. 순방향 망과 RNN의 주된 차이점은 후자가 입력 계층의 크기를 고정시키면서 입력의 무한 시퀀스를 쉽게 처리할 수 있도록 하는 재귀적인 계층을 가지고 있다는 것을 기억하라. 인코더 RNN은 보통 깊어서 은닉 재귀 계층을 두 개 이상 사용한다. 3장에서 RNN을 소개할 때 보았듯이 많은 훈련 데이터를 제공해도 여전히 번역 품질이 나쁘다면 은닉 계층을 더 추가해 보면 된다. 일반적으로 수십 기가바이트 크기이고, 순서대로 정렬된

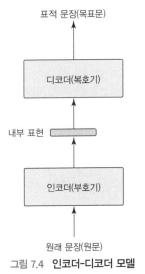

표적 문장(목표문)

디코더(복호기)

내부 표현

인코더(부호기)

원래 문장(원문)

그림 7.4 **인코더-디코더 모델**

데이터셋을 훈련할 때에는 2~5개의 재귀 계층이면 된다. 인코더 망의 출력은 생각 벡터로서 인코더 망의 마지막 은닉 계층의 마지막 시간대(time step)에 대응하는 것이다. 예를 들어, 인코더의 은닉 계층이 네 개라면 네 번째 계층의 마지막 시간대가 생각 벡터를 나타낸다는 말이다.

간단히 생각해 볼 수 있게 이탈리아 신분증을 가지고 영국에 입국하는 일과 관련된 정보를 찾는 이탈리아 사용자가 단어 네 개로 쓴 문장을 번역하는 경우를 생각해 보자. 원문은 'carta id per gb'와 같은 꼴일 수 있다. 인코더 망은 각 단계마다 문장의 한 단어를 제공한다. 네 차례에 걸쳐 시간대가 지난 후에 인코더 망은 그림 7.5와 같이 입력 문장에 있는 네 개의 단어 모두를 공급받게 된다.

---

46 〈Learning Phrase Representations Using RNN Encoder-Decoder for Statistical Machine Translation〉(Kyunghyun Cho et al., June 3, 2014.) https://arxiv.org/abs/1406.1078

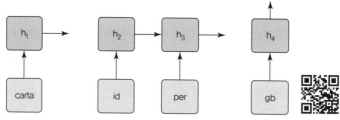

그림 7.5 은닉 계층이 네 개인 인코더 망

여러분이 2장에서 word2vec에 관해 배웠을 때 신경망에서 사용하기 위해 단어를 원핫인코딩 벡터로 변환하는 것을 보았다. 단어 매장은 word2vec 알고리즘의 출력이었다. 인코더 망은 **매장 계층**(embedding layer, 또는 '임베딩 계층')을 사용해 비슷한 일을 한다. 입력 단어를 원핫인코딩이 된 벡터로 변환하고, 망의 입력 계층은 원문 모음에서 단어의 단어 크기와 동일한 차원을 갖는다. **gb**와 같은 특정 단어에 대한 원핫인코딩 벡터는 해당 단어에 할당된 벡터 색인이 1이고, 나머지 모든 위치에는 0이 있는 벡터임을 기억하자. 재귀 계층에 도달하기 전에 원핫인코딩 벡터는 입력 계층보다 차원이 더 낮은 계층의 단어 매장으로 변형된다. 이 단어 매장을 담게 되는 계층이 바로 그림에 나오는 매장 계층이며, 출력은 word2vec을 사용해 얻은 단어와 유사한 단어의 벡터 표현(매장)이다.

인코더 망 계층들을 자세히 보면 그림 7.6과 비슷한 스택이 보인다. 이 인코더 망의 한 부분인 입력 계층은 10개의 뉴런으로 구성되는데, 이는 원어에 10개의 단어만 포함되어 있음을 의미한다. 현업용이라면 입력 계층이 수만 개의 뉴런으로 이뤄져 있을 수 있다. 매장 계층은 입력 단어의 크기를 줄이고, 값이 0들이나 1들이 아니라 실제 값인 벡터를 생성한다. 그런 다음에 이 매장 계층이 출력한 벡터가 재귀 계층으로 전달된다.

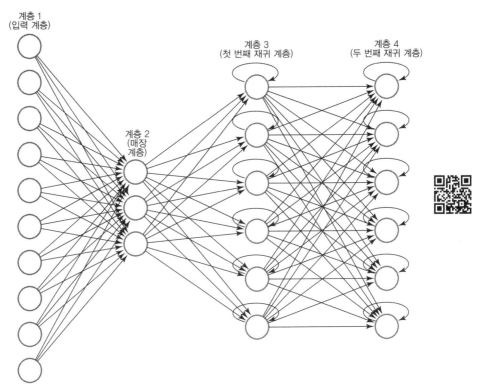

그림 7.6 **10개 단어들만 수록한 사전을 사용하는 경우에 쓸만한 인코더 망 계층**
(두 번째 은닉 재귀 계층까지만 나타냄)

입력 시퀀스에서 마지막 단어를 처리한 후, 특별한 토큰(예: 문장의 끝을 의미하는 ⟨EOS⟩)을 망에 전달해 입력이 완료되고 디코딩이 시작되어야 한다는 신호를 보낸다. 따라서 ⟨EOS⟩ 토큰이 수신될 때까지 디코딩이 시작되지 않기 때문에 가변 길이 입력 시퀀스를 다루기가 더 쉬워진다.

디코딩 부분은 인코딩 부분을 반영한다. 유일한 차이점은 디코더(그림 7.7 참고)가 각 단계에서 고정 길이 벡터와 하나의 원천 단어를 모두 수신한다는 점이다.

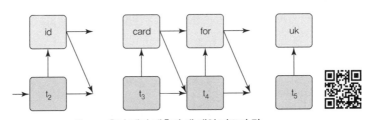

그림 7.7 **은닉 재귀 계층이 네 개인 디코더 망**

디코더에는 매장 계층이 사용되지 않는다. 디코더 망의 출력 계층에서의 확률값은 각 시간대에서 사전으로부터 단어를 표본추출하는 데 사용된다. 이제 DL4J가 작동 중인 LSTM을 살펴보자.

7.4.2 DL4J에서 기계 번역을 하기 위한 인코더-디코더

DL4J를 사용하면 **계산 그래프(computational graph)**를 통해 신경망의 아키텍처를 선언할 수 있다. 이것은 딥러닝 프레임워크에서 공통된 패러다임이다. 유사한 패턴이 텐서플로, 케라스 등과 같은 다른 인기 있는 딥러닝 도구에서도 사용된다. 신경망에 대한 계산 그래프로, 어떤 계층이 존재하고 어떻게 서로 연결되어 있는지를 선언할 수 있다.

앞 절에서 정의한 인코더 망 계층을 감안해 보자. 입력 계층, 매장 계층 및 두 개의 재귀(LSTM) 계층이 있다(그림 7.8의 DL4J UI에 의해 시각화됨). 인코더 망 계산 그래프는 다음과 같다.

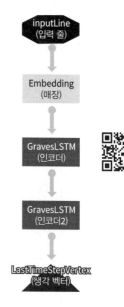

그림 7.8 **인코더 계층**

```
ComputationGraphConfiguration.GraphBuilder graphBuilder =
        builder.graphBuilder()
    ...
    .addInputs("inputLine", ...)
    .setInputTypes(InputType.
        recurrent(dict.size()), ...)  ◁─┤ RNN에 대한 입력 유형을 지정한다.
    .addLayer("embeddingEncoder",
        new EmbeddingLayer.Builder()  ◁─┤ 매장 계층을 생성한다.
            .nIn(dict.size())  ◁─┐
            .nOut(EMBEDDING_WIDTH)     │ 매장 계층은 단어 사전의 크기와
            .build(),                  │ 같은 다수의 입력을 예상한다.
        "inputLine"  ◁─┤ 매장 계층 입력
    .addLayer("encoder",  ◁─┤ 첫 번째 인코더 계층을 추가한다.
        new GravesLSTM.Builder()  ◁─┤ 인코더의 첫 번째 계층은 LSTM 계층이다.
            .nIn(EMBEDDING_WIDTH)
            .nOut(HIDDEN_LAYER_WIDTH)
            .activation(Activation.TANH)  ◁─┤ LSTM 계층에서 tanh를 사용한다.
            .build(),
        "embeddingEncoder")  ◁─
    .addLayer("encoder2",  ◁─
        new GravesLSTM.Builder()
            .nIn(HIDDEN_LAYER_WIDTH)
            .nOut(HIDDEN_LAYER_WIDTH)
            .activation(Activation.TANH)
            .build(),
        "encoder");  ◁─
    ...
```

출력 매장 벡터의 폭 (→ .nOut(EMBEDDING_WIDTH))

인코더의 두 번째 계층을 추가한다(다른 LSTM 계층).

인코더 계층은 embeddingEncoder 계층에서 입력을 취한다.

encoder2 계층은 인코더 계층에서 입력을 취한다.

디코더 부분은 두 개의 LSTM 계층과 출력 계층을 포함한다(그림 7.9 참고). 번역된 단어는 출력 계층의 소프트맥스 함수에 의해 생성된 출력값에서 표본추출된다.

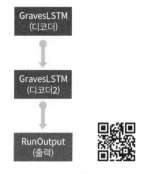

그림 7.9 **디코더 계층**

```
...
.addLayer("decoder",
    new GravesLSTM.Builder()            ◁──┐
        .nIn(dict.size() + HIDDEN_LAYER_WIDTH)      디코더 재귀
        .nOut(HIDDEN_LAYER_WIDTH)                    계층은 또한
        .activation(Activation.TANH)                LSTM에
        .build(),                                   기초한다.
    "merge")
.addLayer("decoder2",
    new GravesLSTM.Builder()            ◁──┘
        .nIn(HIDDEN_LAYER_WIDTH)
        .nOut(HIDDEN_LAYER_WIDTH)
        .activation(Activation.TANH)
        .build(),
    "decoder")
.addLayer("output",
    new RnnOutputLayer.Builder()   ◁──┤  일반적인 RNN 출력 계층
        .nIn(HIDDEN_LAYER_WIDTH)
        .nOut(dict.size())
        .activation(Activation.SOFTMAX)   ◁──  출력은 소프트맥스 활성화에 의해
        .lossFunction(LossFunctions.           생성되는 확률분포다.
            LossFunction.MCXENT)   ◁──  사용할 비용 함수는 다중 계급
        .build(),                        교차 엔트로피다.
    "decoder2")
.setOutputs("output");
```

이 시점에서 작업이 완료되었다고 생각할 수 있지만, 인코더와 디코더를 연결하는 접착제가 여전히 누락되었다. 이는 다음과 같이 구성된다.

- 올바른 번역 단어를 생성하기 위해 디코더가 사용하는 원천 단어의 분산 표현을 캡처하는 생각 벡터 계층
- 디코더가 생성하는 단어를 추적하기 위해 사용하는 측면 입력

신경망의 디코딩 측은 각 시간대에서 생각 벡터와 생성된 출력을 모두 사용하기 때문에 그래프는 예상보다 약간 더 복잡해 보인다. 디코더 망은 전용 입력에서 특수 단어(예: **go**)를 수신하자마자 번역된 단어를 생성하기 시작한다. 그 시간대에서 디코더는 인코더에 의해 생성된 생각 벡터와 이 특수 단어의 값을 모두 가져오고, 첫 번째 디코딩된 단어를 생성한다. 다음 시간대에서는 방금 생성된 디코딩된 단어를 생각 벡터 값과 함께 새로운 입력으로

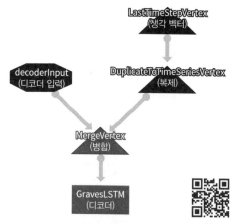

그림 7.10 **계층 연결**

사용하여 디코딩을 중지하는 특별한 단어(예: EOS)를 생성할 때까지 후속 단어 등을 생성한다.

요약하면 생각 벡터 계층은 인코더 망의 최종 재귀 계층(LSTM 계층)의 마지막 시간대에 공급되며, 그림 7.10에 나온 것처럼 각 디코딩 시간대에서 단어와 함께 디코더에 대한 입력으로 사용된다. 완전한 모델은 그림 7.11과 같다.

그림 7.10에 표시된 인코더와 디코더 사이의 연결은 다음 코드에 의해 구현된다.

```
.addVertex("thoughtVector", new LastTimeStepVertex(
    "inputLine"), "encoder2")
```
인코더 출력의 마지막 단계만 생각 벡터에 기록된다.

```
.addVertex("dup", new DuplicateToTimeSeriesVertex(
    "decoderInput"), "thoughtVector")
```
생각 벡터의 값으로 초기화된 디코더에 대한 새 시계열 입력을 생성한다.

```
.addVertex("merge", new MergeVertex(), "decoderInput"
    , "dup")
```
생각 벡터와 디코더 측 입력으로부터 병합된 입력을 수신할 디코더를 준비한다.

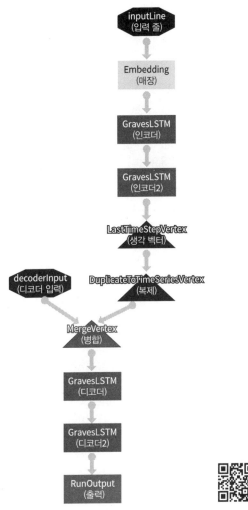

그림 7.11 인코더 측과 디코더 측에 각기 두 개의 LSTM 계층을 갖는 인코더-디코더 모델

이 계산 그래프를 구축하면 병렬 말뭉치로 망을 훈련시킬 수 있다. 이를 위해 병렬 말뭉치를 처리하는 ParallelCorpusProcessor(예: OPUS 프로젝트에서 다운로드한 TMX 파일)를 구축하자. 이 프로세서는 원문과 목표문을 추출하고 단어 사전을 작성한다. 그런 다음 인코더-디코더 모델 훈련에 필요한 입력 및 출력 시퀀스를 제공하는 데 사용한다.

```
File tmxFile = new File("/path/to/file.tmx");  ◁──┤ 병렬 말뭉치가 들어 있는 TMX 파일
ParallelCorpusProcessor corpusProcessor = new
    ParallelCorpusProcessor(tmxFile, "it", "en");  ◁─────
corpusProcessor.process();  ◁──┤ 말뭉치를 처리한다.
Map<String, Double> dictionary =
```

TMX 파일을 구문분석해 언어 코드(예: 원문의 경우에 'it' 목표문의 경우에 'en' 등)를 기준으로 원문과 목표문을 추출한다.

```
      corpusProcessor.getDict();  ◁─┤ 말뭉치 사전을 검색한다.
  Collection<ParallelSentence> sentences =
      corpusProcessor.getSentences();  ◁─┤ 병렬 문장을 검색한다.
```

사전이 이제 신경망을 설정하는 데 사용되는데 이는 사전의 크기로 입력 개수를 정의하기 때
문이다(원핫인코딩 처리된 벡터의 경우). 이 경우 사전은 키가 단어이고 값이 매장 계층에 공급될
때 각 단어를 식별하는 데 사용되는 숫자인 맵이다. 문장과 사전은 병렬 문장들만큼 반복하
는 데 쓰이는 반복자를 만드는 데 필요하다. 이렇게 해서 만들어진 **DataSetIterator**는 병렬 말
뭉치들에 걸쳐서 반복하여 서로 다른 에포크 횟수만큼 망을 훈련하는 데 쓰인다(훈련의 한 **에포
크**는 훈련 집합의 모든 사용 가능한 훈련 사례에 대한 전체 훈련 과정).

```
ComputationalGraph graph = createGraph(dictionary.
    getSize());  ◁─┤ 계산 그래프를 사용해 망을 구축한다.

ParallelCorpusIterator parallelCorpusIterator = new
    ParallelCorpusIterator(corpusProcessor);  ◁─┤ 병렬 말뭉치를 통해 반복자를 구축한다.
for (int epoch = 0; epoch < EPOCHS; epoch++) {
    while (parallelCorpusIterator.hasNext()) {  ◁─┤ 말뭉치에 걸쳐 반복 처리한다.
        MultiDataSet multiDataSet = parallelCorpusIterator
            .next();  ◁─┤ 일련의 입력 시퀀스 및 출력 시퀀스를 추출한다.
        graph.fit(multiDataSet);  ◁─┤ 현재 배치로 망을 훈련한다.
    }
}
```

그 망은 이제 이탈리아어 시퀀스에서 영어 시퀀스를 생성하는 법을 배우기 시작한다. 그림
7.12는 망의 오차가 감소하는 것을 보여준다.

망에 의해 수행되는 번역은 인코더 망과 디코더 망을 통해 입력 순서에 있는 모든 단어들에 대
한 순방향 전달(feed-forward pass, 또는 전진공급)로 구성된다. 인코더 망은 TranslatorTool API
를 구현하고, 출력 메서드는 신경망에서 순방향 전달을 수행한다. 메서드는 번역된 버전의 원
문을 제공한다.

```
@Override
public Collection<Translation> translate(String text) {
    double score = 0d;
    String string = Joiner.on(' ').join(output(text, score));
    Translation translation = new Translation(string, score);
    return Collections.singletonList(translation);
}
```

output 메서드는 텍스트 시퀀스를 벡터로 변환한 다음 인코더 망과 디코더 망을 따라 전달한다. 텍스트 벡터는 ParallelCorpusProcessor에 의해 생성된 단어 색인을 사용해 망으로 공급된다. 이에 따라 여러분은 **String**을 List<Double>로 변환하게 되는데 이것은 원문 시퀀스의 각 토큰에 해당하는 정렬된 단어 색인 목록이다.

```
Collection<String> tokens = corpusProcessor.tokenizeLine(text);
List<Double> rowIn = corpusProcessor.wordsToIndexes(tokens);
```

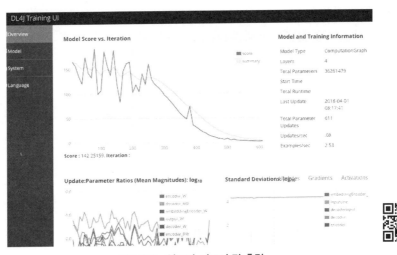

그림 7.12 인코더-디코더 망 훈련

이제 실제 벡터를 인코더(input 벡터)와 디코더(decode 벡터) 모두에 대한 입력으로 사용하도록 준비하고, 인코더와 디코더 망에 대해 별도의 순방향 전달을 수행한다. 인코더의 순방향 전달 과정은 다음과 같다.

```
net.rnnClearPreviousState();
Collections.reverse(rowIn);
Double[] array = rowIn.toArray(new Double[0]);
INDArray input = Nd4j.create(ArrayUtils.toPrimitive(array),
    new int[] {1, 1, rowIn.size()});
int size = corpusProcessor.getDict().size();
double[] decodeArr = new double[size];
decodeArr[2] = 1;
INDArray decode = Nd4j.create(decodeArr, new int[] {1, size, 1});
net.feedForward(new INDArray[] {input, decode}, false, false);
```

디코더의 순방향 전달 과정은 인코더 전달 **그리고** 원문 시퀀스 토큰 벡터에 의해 생성된 생각 벡터를 사용할 것으로 예상되기 때문에 약간 더 복잡하다. 따라서 각 단계에서 생각 벡터와 원문 토큰 벡터를 감안해 디코더는 번역을 수행한다.

```
Collection<String> result = new LinkedList<>();
GravesLSTM decoder = (GravesLSTM) net.getLayer("decoder");
Layer output = net.getLayer("output");
GraphVertex mergeVertex = net.getVertex("merge");
INDArray thoughtVector = mergeVertex.getInputs()[1];
for (int row = 0; row < rowIn.size(); row++) {
    mergeVertex.setInputs(decode, thoughtVector);
    INDArray merged = mergeVertex.doForward(false);
    INDArray activateDec = decoder.rnnTimeStep(merged);
    INDArray out = output.activate(activateDec, false);
    double idx = sampleFrom(output);
    result.add(corpusProcessor.getRevDict().get(idx));
    double[] newDecodeArr = new double[size];
    newDecodeArr[idx] = 1;
    decode = Nd4j.create(newDecodeArr, new int[] {1, size, 1});
}
return result;
```

마침내 인코더-디코더 망을 사용하여 쿼리 번역을 시작할 수 있도록 모든 것을 설정하였다(실제에서는 검색 워크플로 외부에서 훈련 단계를 수행하자). 훈련이 완료되면 모델은 디스크에 유지되고 이번 장의 시작 부분에 정의된 쿼리 파서에 의해 적재된다.

```
ComputationGraph net ...
File networkFile = new File("/path/to/file2save");
ModelSerializer.writeModel(net, networkFile, true);
```

쿼리 파서는 이탈리아어 문장에 대한 인코더-디코더 망(및 언어 검출기 도구)을 사용해 생성된다.

```
File modelFile = new File("/path/to/file2save");
ComputationGraph net = ModelSerializer.restoreComputationGraph(modelFile);
net.init();
TranslatorTool mtNetwork = new MTNetwork(modelFile);

Map<String, Collection<TranslatorTool>> mappings = new HashMap<>();
mappings.put("ita", Collections.singleton(mtNetwork));
LanguageDetector languageDetector = new LanguageDetectorME(new
    LanguageDetectorModel(new FileInputStream("/path/to/langdetect.bin")));
MTQueryParser MTQueryParser = new MTQueryParser("text",
    new StandardAnalyzer(), languageDetector, mappings);
```

쿼리 파서는 내부 로깅을 통해 들어오는 쿼리를 변환하는 방법을 알 수 있게 한다. 이탈리아 사람인 사용자가 영국에서 자신의 신분증이 유효한지 여부를 알고 싶어한다고 가정하자. 이탈리아어로 작성된 쿼리는 인코더-디코더 망을 사용하여 다음과 같이 영어로 번역된다.

```
> q: validità della carta d'identità in UK
> detected language 'ita' for query 'validità della carta d'identità in UK'
> found 1 translation
> t: identity card validity in the UK
> 'validità della carta d'identità in UK' was parsed as:
  '(text:validità text:della text:carta text:identità text:in text:UK)'
  OR
  '(text:identity text:card text:validity text:in text:the text:UK)'
```

이 코드는 LSTM 망을 사용하는 인코더 디코더 모델을 기반으로 한 기계 번역용 단대단 솔루션을 마무리한다. 많은 기계 번역 프로덕션 시스템은 그러한 모델들이나 익스텐션(확장 기능)을 사용한다. 신경 기계 번역 사용의 주요 이점 중 하나는 충분한 훈련 데이터를 감안할 때 일반적으로 정확한 번역이 가능하다는 것이다. 그러나 이러한 모델은 훈련할 때 상당한 계산 자원이 필요하다. 다음 절에서는 단어 매장이나 문서 매장(word2vec, 단락 벡터 등)을 사용하는 기계 번역 프로그램을 구현하는 다른 방법을 살펴보겠다. 이번 절에서 구현된 것과 같은 모델과 비교할 때 동일한 수준의 정확도를 달성하지 못할 수도 있지만, 계산 자원이 훨씬 덜 필요하므로 좋은 절충안이 될 수 있다.

7.5 여러 언어를 위한 단어 매장 및 문서 매장

이전 장에서는 단어 매장(단어의 의미를 나타내는 조밀 벡터), 특히 word2vec 모델을 사용하여 색인을 생성할 문서의 텍스트를 풍부하게 하는 동의어를 생성하고, 검색 결과의 연관도를 더 잘 포착하는 순위지정 함수를 정의했다. 6장에서는 텍스트 시퀀스의 조밀 벡터(문단이나 문장과 같은 입력 문서 또는 일부)를 학습하는 단락 벡터 알고리즘을 보고, 이를 사용하여 유사한 내용을 추천하고 다른(예: 더 강력한) 순위 기능을 생성했다. 이제 여러분은 텍스트 번역 작업에 적용되는 각 신경망 알고리즘을 보게 될 것이다.

7.5.1 선형 사영 1개 국어 사용 매장

word2vec 모델에 의해 생성된 단어 벡터의 주요 측면 중 하나는 그러한 벡터가 벡터 공간에 점으로 표시될 때 유사한 의미를 가진 단어들이 서로 가깝게 배치된다는 것이다. word2vec을 소개한 논문이 발표된 직후 논문을 발표한 연구자들은 같은 데이터에서 나왔으나 번역된 단어 매장은 어떤 식으로 이뤄져 나오게 될지 궁금했다. 영어 텍스트로 만든 단어 벡터와, 동일한 텍스트를 스페인어로 쓴 텍스트를 가지고 만든 단어 벡터 사이에 어떤 관계가 있을까? 그들은 언어가 달라도 같은 단어 사이에 있는 관계에 기하학적 유사도가 상당히 있다는 점을 발견했다. 예를 들어, 그림 7.13에서 볼 수 있듯이 각 단어 벡터를 그려 본 경우에 영어와 스페인어로 된 숫자 분포와 동물 분포가 유사하다.

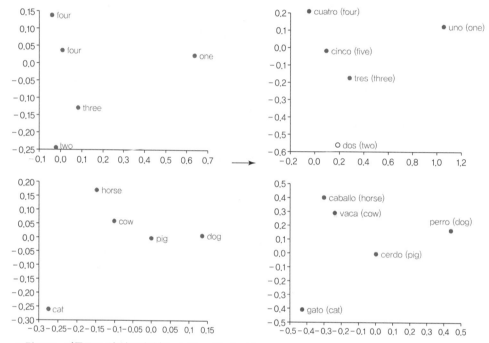

그림 7.13 미콜로프 외 연구진의 'Exploiting Similarities among Languages for Machine Translation (기계 번역 언어 간 유사도 이용)' 논문에 나오는 영어 매장과 스페인어 매장

이러한 시각적, 기하학적 유사도는 영어 매장 공간에 있는 단어 벡터를 스페인어 매장 공간에 있는 단어 벡터로 변환할 수 있는 함수가 단어 번역에 적합한 후보임을 암시했다. 그러한 함수는 원문 벡터(영어 단어의 경우)에 특정 **병진 벡터(translation vector)**[47]를 곱해 원문 단어를 표적 단어(스페인어)로 사영하기에 충분하므로 **선형 사영(linear projection, 또는 선형 투영)**이라고 한다. 2개 차원으로 된 작은 벡터가 있다고 가정해 보자.

---

47 [옮긴이] '이동 벡터'라고도 부른다. '평행이동 벡터'라고 생각하면 된다. 원래 벡터를 기준으로 보았을 때 벡터의 모든 원소가 벡터 공간에서 그대로 평행이동하듯이 움직이게 하는 함수 또는 벡터 그 자체를 말한다.

〈0.1, 0.2〉는 영어 텍스트의 word2vec 모델에서 나온 영어 단어 cat에 대한 것이다(실제로는 이런 일은 결코 일어나지 않을 것이다. 단어 매장을 위한 실제 차원의 차수는 대개 수백 개에서 수천 개에 이른다). 스페인어 매장 공간에 있는 gato라는 단어의 해당 벡터 〈0.07, 0.22〉에서 cat의 원문 벡터에 근사하게 될 변환 행렬을 배울 수 있다. 변환 행렬(transformation matrix)은 가중치에 입력 벡터를 곱하고 사영된(투영된) 벡터를 출력한다.

이것을 좀 더 실용적으로 만들기 위해 인코더-디코더에 사용되는 것과 동일한 영어-이탈리아어 병렬 말뭉치를 사용해 DL4J에서 설정해 보자. 여러분은 병렬 말뭉치를 얻을 것이고, 두 개의 독립된 word2vec 모델을 만들 것이다. 하나는 원어를 위한 것이고, 다른 하나는 표적어를 위한 것이다.

목록 7.7 **독립 word2vec 모델**

```
Collection<ParallelSentence> parallelSentences = new
    TMXParser(tmxFile, source, target).parse();  ⟵ 병렬 말뭉치 파일을 구문분석한다.

Collection<String> sources = new LinkedList<>();   원문과 표적문(즉, 목표문)을
Collection<String> targets = new LinkedList<>();   두 개의 별도 모음집으로 작성한다.
for (ParallelSentence sentence : parallelSentences) {
    sources.add(sentence.getSource());
    targets.add(sentence.getTarget());
}

int layerSize = 100;                                      word2vec 모델 두 개를
Word2Vec sourceWord2Vec = new Word2Vec.Builder()  ⟵    훈련: 원문에서 한 개,
        .iterate(new CollectionSentenceIterator(sources))  표적문에서 한 개
        .tokenizerFactory(new DefaultTokenizerFactory())
        .layerSize(layerSize)  ⟵           word2vec 모델의 은닉 계층의
        .build();                          크기와 동일한 매장 차원은 두
sourceWord2Vec.fit();                      모델에서 일관성이 있어야 한다.
Word2Vec targetWord2vec = new Word2Vec.Builder()         word2vec 모델 두 개를
        .iterate(new CollectionSentenceIterator(targets))  훈련: 원문에서 한 개,
        .tokenizerFactory(new DefaultTokenizerFactory())   표적문에서 한 개
        .layerSize(layerSize)  ⟵           word2vec 모델의 은닉 계층의
        .build();                          크기와 동일한 매장 차원은 두
targetWord2vec.fit();                      모델에서 일관성이 있어야 한다.
```

이런 경우에 단어 번역에 대한 추가 정보도 필요하며, 단순히 원어 및 표적어 텍스트만 필요한 것이 아니다. 여러분은 병렬 말뭉치에서 각 영어 단어의 번역에 해당하는 것이 어떤 이탈리아어 단어인지 말할 수 있어야 한다. 이 정보는 사전(cat = gato와 같은 정보 포함) 또는 각 병렬 문장에서 원어 및 표적어에 대한 위치 정보를 사용할 수 있는 단어 정렬 말뭉치에서 얻을 수 있다. OPUS 포털에서는 한 줄에 한 단어씩 번역된 사전 파일을 쉽게 찾을 수 있다.

```
...
Transferring trasferimento
Transformation Trasformazione
Transient transitori
...
```

다음 코드 줄로 사전을 구문분석할 수 있다.

```
List<String> strings = FileUtils.readLines(dictionaryFile,
    Charset.forName("utf-8"));
int dictionaryLength = strings.size() - 1;
```

이 시점에서 여러분은 영어 문장과 이탈리아어 문장 모두를 위한 단어 매장을 배웠다. 다음 단계는 번역 행렬을 만드는 것이다. 이를 위해서는 영어용 단어 매장과 이탈리아어용 단어 매장을 두 가지 개별 행렬에 넣어야 한다. 각 행렬은 각 단어에 대한 행을 포함하며, 각 줄은 주어진 단어에 대한 매장으로 구성된다. 이 행렬들을 통해 여러분은 사영 행렬을 배우게 된다.

목록 7.8 각 word2vec 모델의 매장들을 별도의 행렬에 두기

```
INDArray sourceVectors = Nd4j.zeros(dictionaryLength, layerSize);
INDArray targetVectors = Nd4j.zeros(dictionaryLength, layerSize);
int count = 0;
for (String line : strings) {
    String[] pair = line.split(" );
    String sourceWord = pair[0];
    String targetWord = pair[1];
    if (sourceWord2Vec.hasWord(sourceWord) &&
            targetWord2Vec.hasWord(targetWord)) {
        sourceVectors.putRow(count, sourceWord2Vec
            .getWordVectorMatrix(sourceWord));
        targetVectors.putRow(count, targetWord2Vec
            .getWordVectorMatrix(targetWord));
        count++;
    }
}
```

두 행렬을 구성했다면, 다양한 메서드를 사용해 사영 행렬(projection matrix)을 학습시킬 수 있다. 목표는 변환 행렬을 곱한 각 표적 단어 벡터와 해당 원문 단어 벡터 사이의 거리를 최소화하는 것이다. 이 예에서는 **정규 방정식(normal equation)**이라고 하는 선형 회귀 알고리즘을 사용한다. 자세한 내용은 생략할 것이다. 중요한 점은 이 접근법이 최상의 변환 결과를 제공하는 사영 행렬에서 값의 조합을 찾는다는 것이다.

목록 7.9 **사영 행렬 찾기**

```
INDArray pseudoInverseSourceMatrix = InvertMatrix.pinvert(
    sourceVectors, false); ◁─┤ 원어 벡터 행렬을 뒤집는다.
INDArray projectionMatrix = pseudoInverseSourceMatrix.mmul(
    targetVectors).transpose(); ◁─┤ 번역 행렬을 계산한다.
```

이로써 훈련 단계가 끝난다. 이 모든 것이 이제 LinearProjectionMTEmbeddings라는 TranslatorTool에 캡슐화되었다. 훈련 단계들을 생성기 또는 전용 메서드(예: LinearProjectionMTEmbeddings#train)에서 수행할 수 있다.

이때부터 사영 행렬과 함께 두 word2vec 모델을 사용해 단어를 변환(즉, 번역)할 수 있다. 각 원문 단어에 대해서, 해당 단어에 대한 단어 매장을 확인한 다음, 해당 벡터에 사영 행렬을 곱하자. 그러한 후보 벡터는 표적 단어 벡터의 근사치를 나타낸다. 마지막으로 표적어 매장 공간에서 후보 벡터의 최근접 이웃을 찾는다. 결과 벡터와 연결되는 단어야말로 여러분이 알고 싶어하는 번역어다.

목록 7.10 **원문 단어를 표적 단어로 디코딩하는 중**

```
public List<Translation> decodeWord(int n, String sourceWord) {
    if (sourceWord2Vec.hasWord(sourceWord)) { ◁── 원어의 word2vec 모델에 원문
        INDArray sourceWordVector = sourceWord2Vec        단어에 대한 단어 벡터가 있는지를
          ┌─> .getWordVectorMatrix(sourceWord);            확인한다.
    단어 매장을
    검색한다.  INDArray targetVector = sourceWordVector
            .mmul(projectionMatrix.transpose()); ◁──
        Collection<String> strings = targetWord2Vec    사영 행렬을 기준으로
          ┌─> .wordsNearest(targetVector, n);           원어 벡터를 곱한다.
    최근접
    이웃 단어를  List<Translation> translations = new ArrayList<>(strings.size());
    찾아낸다.  for (String s : strings) {
            Translation t = new Translation(s,
                targetWord2Vec.similarity(s,
                sourceWord)); ◁──
            translations.add(t);
            log.info("added translation {} for {}", t, sourceWord);
        }
        return translations;                    원문 단어와 표적 단어 사이의 거리를
    } else {                              기준으로 한 점수를 포함해 최종 결과에
        return Collections.emptyList();                       번역을 추가한다.
    }
}
```

입력 텍스트 시퀀스에서 토큰을 추출하고, 각 원문 단어에 decodeWord 메서드를 적용해 더 긴 텍스트 시퀀스를 대상으로 단어별 번역을 수행할 수 있다.

목록 7.11 LinearProjectionMTEmbeddings을 사용한 텍스트 번역

```
public Collection<Translation> translate(String text) {
    StringBuilder stringBuilder = new StringBuilder();
    double score = 0;
    List<String> tokens = tokenizerFactory.create(
        text).getTokens(); ⟵─┤ 입력 텍스트를 토큰으로 분할(단어)한다.
    for (String t : tokens) {
        if (stringBuilder.length() > 0) {
            stringBuilder.append(' ');
        }
        List<Translation> translations = decodeWord(    한 번에 한 단어씩 번역하고,
            1, t); ⟵─────                               정확하게 한 번역을 취한다.
        Translation translation = translations.get(0);
        score += translation.getScore(); ⟵─┤ 번역 점수를 누산한다.
        stringBuilder.append(translation); ⟵─┤ StringBuilder에서 번역된 단어를 누산한다.
    }
    String string = stringBuilder.toString();
    Translation translation = new Translation(string,
        score / (double) tokens.size()); ⟵────  번역된 텍스트와 점수를 사용해
    log.info("{} translated into {}", text, translation);  결과 번역을 생성한다.
    return Collections.singletonList(translation);
}
```

드디어 여러분은 시험 삼아 번역을 할 준비가 되었다.

목록 7.12 LinearProjectionMTEmbeddings 테스트

```
String[] ts = new String[]{"disease", "cure",
    "current", "latest", "day", "delivery", "destroy",
    "design", "enoxacine", "other", "validity",       입력 단어들과 입력
    "other ingredients", "absorption profile",        문장들을 테스트한다.
    "container must not be refilled"}; ⟵────
File tmxFile = new File("en-it_emea.tmx"); ⟵─┤ 병렬 말뭉치 파일
File dictionaryFile = new File("en-it_emea.dic"); ⟵─┤ 병렬 사전 파일
LinearProjectionMTEmbeddings lpe = new
    LinearProjectionMTEmbeddings(tmxFile,
    dictionaryFile, "en", "it"); ⟵──   LinearProjectionMTEmbeddings에 대한
                                       모델들과 사영 행렬을 훈련한다.
for (String t : ts) {
    Collection<TranslatorTool.Translation> translations =
        linearProjectionMTEmbeddings.transalate(t); ⟵──
    System.out.println(t + " -> " + translations);     각 입력 텍스트에 대해
}                                                      최상위 번역을 반환한다.
```

특히 단일 단어를 번역할 때 좋은 결과를 기대할 수 있다. 이 접근법은 주변 단어를 사용하지 않고 각 번역을 따로따로 수행하므로 개선할 여지가 있다. 다음 출력물에서 필자는 이탈리아

어를 모르는 독자들을 돕기 위해 각 번역물(점 괄호)에 정확도 태그를 수동으로 추가했다.

```
disease -> malattia <PERFECT>
cure -> curativa <AVERAGE>
current -> stanti <BAD>
day -> giorno <PERFECT>
destroy -> distruggere <PERFECT>
design -> disegno <PERFECT>
enoxacine -> tioridazina <BAD>
other -> altri <PERFECT>
validity -> affinare <BAD>
other ingredients -> altri eccipienti <PERFECT>
absorption profile -> assorbimento profilo <GOOD>
container must not be refilled -> sterile deve non essere usarla <BAD>
```

출력은 완벽하지는 않지만 괜찮다. 제대로 훈련된 인코더-디코더 모델이 이것보다 더 잘 작동하기를 기대하겠지만, 일반적으로 선형 사영 기계 번역 매장으로 구성할 때는 필요한 시간 자원량이나 계산 자원량이 훨씬 더 낮아서 저자원 시스템으로 작업하는 사람들은 타협을 기꺼이 받아들일 수 있다. 또한, word2vec 모델은 다른 맥락에서 재사용될 수 있다. 예를 들어, 기계 번역에 이러한 사영 매장을 사용해 검색을 더욱 효과적으로 할 수 있으며, word2vec 모델을 순위지정이나 동의어 확장에도 사용할 수 있다. 쿼리 확장에 사용한 것과 같은 언어 검출 도구를 사용해 검색 시 사용할 word2vc 모델을 선택할 수 있다.

요약

- 기계 번역은 검색이라고 하는 맥락에서 다양한 언어를 사용하는 사용자들의 사용자 경험을 높여 주려고 할 때 유용할 수 있다.
- 통계 모델로도 좋은 번역 정확도를 얻을 수 있지만, 각 언어에 필요한 쌍을 조율하는 분량이 결코 적지 않다.
- 신경 기계 번역 모델은 텍스트의 시퀀스를 덜 명확하게 하지만, 다른 언어로 번역하는 방법을 더 잘 학습할 수 있다.

8

내용 기반 이미지 검색

이번 장에서 다루는 내용

- 이미지의 내용을 기반으로 이미지 검색하기
- 합성곱 신경망으로 일하기
- 사례 중심 쿼리를 사용해 비슷한 이미지 검색하기

전통적으로 대부분의 사용자는 텍스트로 쿼리를 작성할 뿐만 아니라 텍스트로 된 결과를 소비(읽기)하기 위해 검색 엔진을 사용한다. 그런 이유로 이 책의 대부분은 사용자들이 신경망의 도움을 받아 텍스트 문서를 검색하는 방법을 보여주는 데 초점을 맞추고 있다. 지금까지 여러분은 다음과 같은 일을 어떻게 해야 하는지를 보아 왔다.

- word2vec을 사용해 검색 엔진이 수집한 데이터를 가지고 동의어를 생성해 사용자가 놓칠 수 있는 문서를 쉽게 찾을 수 있도록 한다.

- 재귀 신경망(RNN)을 사용해 드러나지 않게 검색 쿼리를 확장함으로써 사용자가 굳이 모든 쿼리를 검색 엔진에 요청하지 않아도 되게 하고, 더 많은 방법으로 쿼리를 표현할 수 있는 기능을 제공한다.

- 단어 매장과 문서 매장을 사용해 텍스트 검색 결과의 순위를 지정하여 최종 사용자에게 연관도가 더 큰 검색 결과를 제공한다.

- seq2seq 모델로 텍스트 쿼리를 번역함으로써 다중 언어 텍스트를 바탕으로 검색 엔진이 작동하는 방식을 개선하고, 서로 다른 언어로 말하는 사용자에게 더 나은 서비스를 제공한다.

그러나 사용자들은 검색 엔진이 '더 똑똑해지고', 텍스트로 작성한 쿼리 이상의 것을 처리할 수 있기를 기대하고 있다. 사용자들은 스마트폰에 내장된 마이크를 사용해 음성으로 웹을 검색한다거나 텍스트 문서뿐만 아니라 관련 이미지와 비디오 및 기타 포맷을 반환하기를 원한다. 웹 검색 외에도 텍스트뿐만 아니라 이미지와 비디오를 색인화하는 것이 다른 유형의 검색 엔진의 표준이 되고 있다. 예를 들어, 신문 웹사이트에는 텍스트로 된 기사만 있는 것이 아니다. 신문의 홈페이지에는 텍스트 외에 멀티미디어 콘텐츠도 들어 있다. 따라서 이 웹사이트들을 위한 검색 엔진은 텍스트뿐만 아니라 이미지와 비디오를 색인화해야 한다.

한동안 데이터베이스는 **메타데이터**(metadata), 즉 이미지에 부착된 설명 정보(예: 제목이나 내용에 대한 설명 등)를 사용하여 이미지를 색인화했다. 기존의 정보 검색 기법 및 이 책에서 설명한 새로운 접근법은 메타데이터 태그를 사용해 사용자가 찾고 있는 사진을 찾도록 돕는다. 그러나 색인해야 할 모든 이미지에 관한 설명과 태그를 수작업으로 다루며 입력하기에는 시간이 오래 걸려 지루할 뿐만 아니라 주관적인 오류가 발생하기 쉽다. 한 인덱서(indexer, 또는 색인화기)의 안락의자가 결국에는 다른 인덱서의 안락의자일 수 있다. 수작업 없이 그대로 이미지를 색인화해서 검색이 가능하도록 만들면 좋지 않을까?

이번 장에서는 이미지 검색 기능이 있는 검색 엔진을 구성하여 사용자가 내용을 설명하는 텍스트가 아닌, 내용 그 자체를 사용해 이미지를 검색할 수 있도록 하는 방법을 알아본다. 이런 종류의 이미지 검색을 구축하기 위해 우리는 심층 신경망의 특별한 유형인 합성곱 신경망을 사용할 것이다.

이미지 검색 엔진은 이미지의 특징들을 색인화해 작동한다. 우리가 머신러닝에 관해 이야기할 때 **특징**(feature)은 특정 작업을 해결하기 위해 우리가 파악하고자 하는 의미적으로 관련되는 데이터를 나타낸다. 더 구체적으로 말하자면 이미지를 다룰 때 이미지 특징이란 특정 이미지 지점이나 영역(예: 고대비 영역, 모양, 윤곽선 등)으로 나타낼 수 있다. 나는 이미지로부터 중요한 의미를 추출해 내는 전통적인 방법부터 다뤄 보고자 한다. 우리는 이미지에서 특징들을 추출하는 도전에 대한 지침으로 이 기술들을 사용할 수 있기 때문이다. 추출된 특징들을 사용해 이미지를 비교하고, 쿼리를 만들고 응답하며 검색 엔진이 수행해야 하는 다른 작업을 수행할 수 있기 때문에 이 단계는 핵심 단계다.

그런 다음 수작업은 줄이고 수제 특징 추출기를 사용하지 않아도 되는 심층 신경망을 이용해 이미지 특징을 추출할 수 있는 다르고 더 나은 방법을 보여 주겠다. 마지막으로, 추출된 특징을 검색 엔진에 통합하는 방법과 동시에 이러한 유형의 이미지 검색을 관리하는 데 필요한 시간과 공간을 바탕으로 성능을 감안하는 방법을 살펴보기로 한다.

> **N O T E** 이번 장에서는 비디오보다 다루기 쉬운 이미지를 가지고 설명한다. 비디오는 기본적으로 오디오 비트가 부착된 이미지의 시퀀스여서 여러분은 이미지 검색 시나리오뿐만 아니라 비디오 검색 시나리오에도 이번 장의 접근법을 확실히 적용할 수 있다.

8.1 이미지 내용과 검색

1장에서 나는 딥러닝의 가장 유망한 측면 중 하나인 표현 학습을 간단히 소개하였다. **표현 학습**(representation learning)이란 입력 데이터(예: 이미지)를 취해 프로그램이 특정 문제를 쉽게 해결할 수 있도록 하는 특징(이미지에 표시되는 물체 인식, 두 이미지가 얼마나 유사한지 등)을 자동으로 추출하는 작업을 말한다. 특정 이미지를 잘 표현하려면 표현력이 있어야 한다. 즉, 이미지의 다양한 측면(물체, 빛, 노출 등)에 관한 정보를 이상적으로 제공하면서도 단일 측면을 쉽게 비교할 수 있어야 한다(예를 들면, 이런 식으로 학습된 표현을 비교하여 두 개의 이미지에 나비가 포함되어 있는지 확인해 볼 수 있다). 심층 신경망을 이용하여 이미지 표현을 높은 수준으로(더 추상적으로) 배우는 일은 일반적으로 그림 8.1에 나타난 간단한 흐름을 따르며, 여기서 픽셀은 윤곽선으로, 윤곽선은 모양으로, 모양은 물체로 변환된다.

그림 8.1 **점진적으로 이미지를 추상화하는 방법 학습**

컴퓨터의 하드 디스크에 저장된 이미지를 고려하여 2진 표현이 그 내용에 대해 무엇을 알려주는지 살펴보자. 텍스트 파일처럼 이미지 파일을 빠르게 열고 이미지가 표시되는 것을 즉시 인식할 수 있는가? 정답은 '아니다'다. 예를 들어, 리눅스의 cat 명령을 사용해 이미지 파일의 원래 내용을 보면 무슨 내용인지를 전혀 알 수 없다.

```
$ cat butterfly.jpg
????m,ExifII*
        ???(2?;??i?h%??*?1HH2018:07:01
    08:37:38&??6??>"?'??0?2???0230?F?Z??
```

```
n?v?
~? ?
??|?
?)2?*4?5.*5?9??59?0100??p????)??)??)?????0?1?
```

이미지 파일을 적절한 프로그램으로 열었을 때만 나비를 볼 수 있다. 여러분은 이미지를 '보기' 위해 도구를 사용할 수 있지만, 컴퓨터는 이미지가 무엇을 포함하고 있는지를 자동으로 인식하거나 그것이 늙은 부인의 사진인지 아니면 풍경 속의 야생 동물인지 또는 그 밖의 어떤 것인지를 말해 줄 수 없다. 2진 형식에 맞춘 내용으로 표현된 이미지는 그 안에 나비가 있다는 것을 알려주기에는 좋지 않다.

그러나 딥러닝을 적절히 사용하면 이미지 내용을 자세히 알 수 있는 표현을 학습하게 하는 데 도움을 **줄 수** 있다. 이런 경우에 심층 신경망이 그 이미지에 나비가 그려져 있다는 것을 말해 줄 수 있을 것이다. 딥러닝 알고리즘은 일반적으로 깊게 쌓인 각 계층에서 더 많은 정보를 학습함으로써 이를 달성한다. 예를 들어, 첫 번째 계층에서는 윤곽선을 배우고, 이어지는 계층들에서는 모양을 배우고, 마지막 계층에서는 나비나 무언가의 일부가 되는 물체라는 점을 학습하여 이미지에 포함된 내용을 알 수 있다. 또한, 모든 계층에서 나온 이 정보는 각 이미지를 조밀한 벡터 표현으로 인코딩하는 경우가 많다. 이번 장의 뒷부분에서 우리는 이 과정을 간단히 개관해 볼 것이다. 그리고 여러분은 마침내 이미지 표현을 배울 수 있는 심층 신경망을 만나게 될 것이다.

인터넷에서 사용할 수 있는 이미지(물론, 저작권이 없는 것)를 사용해 엽서를 만들려 한 적이 있다면 특정 관심 주제와 관련된 이미지를 검색할 때 문제가 발생한 적이 있을 것이다. 예를 들어, 여러분이 조카들을 위해 모형 자동차를 샀고, 여러분이 쓸 수 있는 카드의 엽서를 인쇄해서 아이들에게 보내기를 바란다고 하자. 검색 엔진에서 구글 이미지나 어도비 스탁(Adobe Stock)을 검색해 쿼리 상자에 '스포츠카'와 같은 이미지를 입력하자. 이런 과정에서 사용자가 특정 물체나 특정 특징이 포함된 이미지를 찾는다는 점을 꼭 이해해야 한다. 예를 들어, 여러분은 '빨간 스포츠카'나 '빈티지 스포츠카'를 원할 수도 있다. 이미지 검색 엔진은 입력 쿼리로 사용할 사진을 올린다거나 촬영하는 **사례에 의한 쿼리**(query by example, QBE)라는[48] 메커니즘을 사용하는 경우가 많다. 그러면 검색 엔진은 입력된 것과 비슷한 이미지를 반환한다.

---

48 옮긴이 '사례에 의한 쿼리'는 이해를 돕기 위해 번역한 용어이고, 거의 그냥 QBE라고 부른다.

실행 중인 쿼리를 잠시 보류하고 이 QBE 프로세스가 어떻게 작동하는지 살펴보자. 우리는 디지털 카메라나 그래픽 앱이 어떻게 사진을 만들어 저장하는지부터 생각해 볼 것이다. 카메라로 사진을 찍으면 파일이 2진 데이터(0과 1로 구성된 데이터)가 포함된 곳에 저장된다. 컴퓨터에 저장되어 있는 이 이미지를 일정한 폭과 높이를 가진 격자로 생각할 수 있는데 여기서 격자를 이루는 각 칸을 **픽셀**(pixel)이라고 부르며, 각 픽셀에는 일정한 색이 있다. 색이 있는 픽셀은 다양한 방법으로 표현할 수 있으며, 색상을 묘사하기 위해 여러 가지 컬러 모델을 사용한다. 단순하게 살펴볼 수 있도록 우리는 가장 일반적인 방법인 **RGB**(빨간색, 초록색, 파란색)를 선택할 것이다. 이 방법에서 각 색은 약간의 빨강, 초록, 파랑의 혼합으로 만들어진다. 그 세 가지 색깔은 각기 0부터 255까지의 값의 범위를 가지며, 각 조합에 사용될 빨강, 초록, 파랑의 양을 나타낸다(빨간색 **하나만** 있는 것은 아니다). 그런 다음 각 값은 8개의 2진수 값($2^8 = 256$)으로 나타낼 수 있으며, 따라서 0부터 255까지의 가능한 모든 범위를 포함한다. 그래서 RGB 이미지에는 색을 나타내는 2진수 값으로 만들어진 픽셀을 가진 격자가 있게 된다.[49] 예를 들어, **빨간색**은 R:255, G:0, B:0, **파란색**은 R:0, G:0, B:255 등이다.

이 점을 염두에 두고, 우리의 의문을 풀자. 이미지가 단지 비트의 연속일 뿐인데 어떻게 '스포츠카'에 대한 쿼리에 일치시킬 수 있는가? 다음 절에서는 쿼리와 이미지가 일치하도록 몇 가지 다른 방법을 볼 수 있으며, 원하는 특정 스포츠카를 찾기 위한 몇 가지 기술을 배울 수 있을 것이다.

8.2 되돌아보기: 텍스트 기반 이미지 검색

사용자는 자연스럽게 RGB 값보다는 어떤 물체(스포츠카처럼)가 들어 있는지를 기준으로 이미지를 생각하는 경향이 있다. 그러나 모양과 색상은 사용자가 찾고 있는 것처럼 이미지 내용이 빨간 스포츠카이든 포뮬러원에 쓰이는 스포츠카이든 아니면 다른 종류의 것이든 정보의 필요를 규정하는 데 더 좋다.

텍스트 쿼리를 2진 이미지에 일치하게 하는 문제를 쉽게 만들기 위한, 덜 똑똑하지만 더 일반적인 접근 방식은 색인화하는 동안에 이미지에 메타데이터를 추가하는 것이다. 여러분은 이미지를 색인화하고 있지만, 각 이미지에는 관련된 텍스트 캡션이나 설명이 있다. 이렇게 하면 텍

---

49 실제로 이미지를 그 밖의 다양한 형식과 색 구성표로 나타낼 수 있지만, 핵심 문제는 이미지가 보통 평범한 2진수로 저장되며, 내용에 관해서는 아무것도 말하지 않는 메타데이터가 들어 있기도 한다는 점이다.

스트 쿼리를 사용해 일반적인 검색을 수행할 수 있으며, 검색은 쿼리와 일치하는 메타데이터 텍스트가 연결된 이미지를 반환한다. 개념적으로 검색 결과가 문서 제목이나 발췌문 대신에 이미지라는 점을 제외하면 이것은 일반적인 전체 텍스트 검색과 크게 다르지 않다.

스포츠카 쿼리를 사용하여 그 쿼리와 일치할 수 있는 네 개의 이미지가 있다고 가정하자. 색 인화를 하는 동안에 이미지 데이터와 각 이미지를 설명하는 작은 캡션을 모두 수집할 수 있다. 그림 8.2를 참조하자. 이미지 데이터는 최종 사용자에게 실제 이미지 내용을 반환하는 데 사용되며(검색 결과 목록에서), 이미지의 텍스트 설명은 쿼리 및 이미지와 일치하도록 색인화된다(다음 절의 그림 8.3 참고).

그림 8.2 **수작업으로 포착한 스포츠카 이미지**

'sports car'를 검색하면 검색 엔진은 그림 8.2에 나온 모든 이미지를 반환한다. 'black sports car'를 검색하면 두 가지만 결과 목록에 나온다(쿼리에 큰따옴표를 사용하면 'black', 'sports', 'car'라는 한 개의 단어에 일치하는 것이 아니라 'black sports car'라는 구(phrase) 전체에 일치한다는 점을 기억하자).

이 접근법이 루씬에서는 직접적인 방식으로 행해질 수 있다. 여러분은 이미지를 2진 형식 그대로 저장하지만, 이미지에 대한 설명 한 개를 수작업으로 입력해 색인 처리한다(이 설명 내용 자체는 검색 결과로 표시되지 않을 것이다).

```
byte[] bytes = ...  ◁─┤ 이미지 내용을 byte[]로 획득한다.
String description = ...  ◁─┤ 이미지 서술을 문자열로 작성한다.
Document doc = new Document();

doc.add(new StoredField("binary", bytes));  ◁─┤ 이미지 2진 내용을 저장된 필드로 추가한다.

doc.add(new TextField("description", description, Field.Store.NO));  ◁─┐ 이미지 서술을 텍스트
                                                                      │ 필드로 추가한다.
writer.addDocument(doc);  ◁─┤ 이미지 문서를 색인화한다.


writer.commit();  ◁─┤ 이미지 변경 내용을 커밋한다.
```

검색 시 간단한 텍스트 쿼리를 사용할 수 있다.

```
DirectoryReader reader = DirectoryReader
    .open(writer);  ◁─┐ 이미지를 담고 있는 색인을 사용하기 위해
                      │ IndexReader를 연다.
IndexSearcher searcher = new
    IndexSearcher(reader);  ◁─┐ 쿼리를 실행할 IndexSearcher를
                              │ 만든다.
TopDocs topDocs = searcher.search(new PhraseQuery(
    "description", "black", "sports", "car"), 3);  ◁─┐ 캡션 필드에 'black sports car'
for (ScoreDoc sd : topDocs.scoreDocs) {              │ 쿼리를 실행한다.
    Document document = reader.document(sd.doc);  ◁─┐ 일치하는
                                                    │ 각 문서를 가져온다.
    IndexableField binary = document.getField(
        "binary");  ◁─┤ '2진' 필드를 검색한다.

    BytesRef imageBinary = binary.binaryValue();  ◁─┐ 실제 이미지를 2진수로 검색하고
    ...                                             │ 이 이미지로 작업한다.
}
```

이 접근법은 이미지 개수가 적을 때에도 효과가 있다. 그러나 이미지 개수가 수백만 개에서 수십억 개에 이르는 문서들이 한 데이터셋에 담겨 있는 일은 무척 흔하다. 엽서를 만드는 작은 온라인 상점에도 아마 수백 개에서 수천 개에 이르는 이미지가 있을 것이다. 많은 경우에 사람들에게 각 이미지를 보고 좋은 서술적 텍스트를 생각해 내는 (아주 유쾌한) 일을 맡으라고 하기가 불가능하다. 그리고 때때로 그러한 텍스트는 모든 검색 사례에 충분하지 않다(프로덕션 시스템에서는 '왜 검정색 스포츠카를 찾으려고 해도 형광빛이 나는 검정색 스포츠카가 검색되지 않는 겁니까? 해당 쿼리와 일치할 수 있게 설명 내용을 바꿔 보세요'라는 식의 문제가 발생하는 경우가 흔하다). 요약하면 이 접근 방식은 확장되지 않으며, 설명의 품질만 좋다. 설명이 부실하면 검색 결과와 무관하게 된다.

8.3 이미지 이해하기

필자가 말했듯이 이미지는 다양한 방법으로 묘사될 수 있으며, 가장 흔한 묘사 방법은 이미지 안에 들어 있는 사람, 물체, 동물 그리고 그 밖의 알아볼 수 있는 물체들을 명시하는 것이다. 예를 들어, '이것은 어떤 사람을 나타낸 사진이다'라는 식으로 이미지를 묘사할 수 있다. 덧붙여 '이 이미지는 키가 큰 남자를 보여준다'와 같은 서술적인 세부 사항을 말할 수 있다. 그러나 그림 8.3에서 볼 수 있듯이 그런 식으로 이미지를 간략하게만 서술하게 되면 모호해지기 쉽다. 모호성(ambiguity, 또는 다의성 또는 중의성)은 하나의 물체나 실체를 여러 가지 다른 방법으로 설명할 수 있다는 단순한 사실에서 비롯된다.

그림 8.3 '키 큰 남자'로 묘사되는 일부 이미지

그림 8.3에서 세 개의 이미지는 모두 문자 쿼리로 사용될 수 있는 '키 큰 남자'의 설명에 꼭 들어맞는다. 그러나 중간에 있는 이미지는 다른 것과는 다르다. 그렇다. 키 큰 남자의 사진이지만 휴스턴 로케츠 NBA 농구팀의 선수 사진이기도 하다. 그래서 'basketball player(농구 선수)', 'houston rockets player(휴스턴 로케츠 소속 선수)', 'basketball player wearing a 35 numbered jersey(35번이 적힌 유니폼을 입고 있는 농구 선수)'를 포함한 다른 문구들도 그 이미지를 묘사한다. 짧은 메타태그(metatag)를 쓰는 일을 맡은 사람이 이미지를 묘사할 수 있는 방법을 모두 생각해 내기는 불가능하다.

같은 맥락에서 'basketball player wearing a 35 numbered jersey'와 같은 설명은 그림 8.3의 중심 이미지뿐만 아니라 완전히 다른 선수들과 팀들로 이루어진 그림 8.4의 이미지에도 완벽하게 맞을 것이다. 이런 경우에 사용자는 두 가지 모두 설명 메타태그가 동일하고 검색 결과에 나타나더라도 한 종류의 이미지를 찾고 완전히 다른 종류의 이미지를 얻을 수 있다.

그림 8.4 'basketball player wearing a 35 numbered jersey'로 묘사되는 일부 이미지

이러한 간단한 예들은 하나의 실체(개인, 동물, 물체 등)를 여러 가지 다른 방법으로 설명할 수 있기 때문에 텍스트가 극도로 불일치하기 쉽다는 것을 가르쳐 준다. 따라서 검색 결과의 품질은 다음에 의존한다.

- 사용자가 쿼리를 정의하는 방법
- 문서가 작성된 방식

여러분은 이미 검색의 맥락에서 그러한 문제들을 보았다. 그것이 우리가 동의어, 쿼리 확장 등을 사용하는 이유 중 하나다. 검색 엔진은 쿼리와 색인화된 문서를 향상시킬 수 있을 만큼 충분히 똑똑해야 한다.

이에 반해서 이미지를 시각적으로 묘사한다면 일반적으로 이런 종류의 모호함에 영향을 덜 받는다. 'tall man(키 큰 남자)'으로 묘사된 첫 번째 이미지를 가지고 그림 8.5와 같이 시각적으로 비슷한 이미지를 발견한다고 상상해 보자.

그림 8.5 일부 시각적으로 비슷한 이미지

입력 이미지는 텍스트로 설명할 수 있는 다른 방법에 관계없이 이미지에 있는 것을 더 잘 정의할 수 있다. 동시에 이미지가 입력된 이미지와 비슷하지 **않은지** 말하기가 쉽다. 예를 들어, 그림 8.3의 농구 선수 이미지는 남자가 입고 있는 옷의 색깔과 종류 면에서 그림 8.5의 이미지와 분명히 다르다.

사례에 의한 쿼리(querying by example)라고도 부르는 방식으로 검색하는 일, 즉 텍스트 대신 샘플 이미지를 입력 쿼리로 사용하는 일은 시스템이 텍스트 형식의 메타데이터로 각 이미지를 설명하는 대신에 이미지에서 직접 의미 있는 정보를 뽑아냄으로써 정확하게 검색할 수 있게 하는 이미지 검색 플랫폼에서 매우 흔하다. 이런 경우에 사용자는 자신이 질문하고자 하는 의도를 시각적인 쿼리(예: 이미지)로 표현하면 된다. 텍스트 쿼리와 마찬가지로 쿼리 품질은 결과의 연관도에 영향을 미친다. 텍스트 측면에서 잠시 생각하는 것이 도움이 될 수 있다. 쿼리 'red car'는 빨간색인 한 장난감 자동차에서 포뮬러원 경주용 자동차에 이르는 결과를 반환할 수 있다. 그 대신에 쿼리가 'red sports car'나 'Formula 1 red race car'라면 가능한 결과의 범위는 덜 넓고 모호해질 것이다. 시각적 쿼리 및 검색 결과에도 이런 원리가 동일하게 적용된다. 즉, 정확하게 조회하려고 할수록(다시 말해서 필요한 정보에 대한 시각적 설명의 품질을 높일수록) 검색 결과가 좋아진다. 이미지의 경우에 차이를 만드는 데 가장 중요한 것은 사용자가 '좋은' 쿼리를 작성할 수 있는 능력이 아니라 색인화할 정보를 추출하고 이미지를 검색하는 알고리즘이다.

예를 들어, 물체와 그 특징(색상, 빛, 모양 등)을 이미지에서 파악하는 작업은 이 영역의 도전 과제 중 하나다.

이제 몇 가지 알고리즘을 통해 중요한 결과를 반환하는 쿼리를 실행할 수 있는 방식으로 정보를 추출하고 표현하기 위해 필요한 모든 부분을 확보했다.

8.3.1 이미지 표현

이 시점에서 가장 큰 어려움은 어떻게 하면 비슷한 이미지를 찾을 수 있게 이미지를 묘사할 수 있는가다. 예를 들어, 여러분이 선물에 끼워 둘 엽서를 쓰고 싶어한다고 하자. 선물을 사진으로 찍어 해당 사진을 쿼리로 삼아 검색 엔진에서 검색할 수 있다면 좋을 것이다. 이렇게 한다면 선물을 받을 사람은 엽서만 보고도 선물 상자 안에 무엇이 들어 있는지를 알아차릴 수 있을 것이다.

이미지가 픽셀로 이루어져 있기는 해도 단순히 픽셀을 비교하기는 불가능하다. 픽셀 값만으로는 이미지의 내용에 대한 충분한 정보를 제공하지 못한다. 한 가지 문제는 픽셀이 이미지의 아주 작은 부분만을 나타내며, 그 맥락에 대한 정보를 제공하지 않는다는 것이다. 빨간 픽셀은 빨간 사과나 빨간 차의 일부분일 수 있다. 픽셀만 보고 색깔이 어떤 물체에서 비롯되었는지를 결정할 방법이 없다. 픽셀만으로 이미지에 대한 유용한 전역 정보를 제공했다고 해도 최근에 많이 쓰이는 대형 고품질 이미지에 수백만 개의 픽셀이 포함될 수 있기 때문에 픽셀별로 비교하는 일은 그다지 효율적인 계산 방식이 아니다. 또한, 동일한 조건(빛, 노출 등)에서 동일한 카메라로 찍은 동일한 물체의 사진 두 장이라도 약간 다른 두 각도에서 촬영하면 픽셀 단위로 매우 다른 2진 이미지를 생성할 수 있다.

이런 경우에 여러분은 집에 있을 때 조명 조건과 사진을 촬영하는 정확한 각도에 신경 쓰지 않은 채로 선물(빨간색 모델 스포츠카)을 찍고 싶어할 것이다. 예를 들어, 여러분은 그림 8.6과 같은 사진을 찍을 수 있다.

그리고 여러분은 이미지 검색 엔진이 실제 빨간 스포츠카의 멋진 사진을 돌려주길 바라며, 가급적 그림 8.7과 같은 동일한 자동차 모델을 돌려주길 바란다.

그림 8.6 선물로 주고 싶은 빨간 장난감 스포츠카

그림 8.7 장난감 사진을 바탕으로 검색 엔진에 의해 검색된 것과 같은 빨간색 스포츠카 사진

검색 가능한 이미지를 만들 수 있게 부족한 정보를 제공하는 픽셀의 문제를 극복하기 위해 가장 널리 사용되는 기법은 픽셀에서 **시각적 특징**을 추출하고 '그냥' 픽셀 대신에 그 특징들을 색인화하는 것이다. 이러한 시각적 특징은 이미지의 내용을 찾는 데 사용할 수 있는 정보를 제공할 것을 약속한다. 특징들은 보통 숫자 집합이나 벡터 집합으로 표현된다.

> **NOTE** 다음 절에서 몇 가지 특징 추출 기법을 살펴볼 때 이 기법이 무엇을 의미하는지 볼 수 있다. 특징 추출이 비신경망 기반 방법으로 작동하는 방식을 이해하면 전달 가능한 어의(semantics) 유형과 딥러닝 기법에 의해 추출된 특징이 얼마나 다른(인간적으로 읽을 수 없는)지를 알아차리는 기초 능력을 기를 수 있다. 이번 장에서 나중에 알게 되겠지만, 특징 추출에 필요한 만큼 알고리즘을 정확하게 설계하는 데 기울이는 노력보다 딥러닝 기법에 기울이는 공학적 노력의 양이 훨씬 더 적다. 또한, 중요한 것은 이 책을 쓰는 시점에서 보면 딥러닝 기반 특징 추출이 모든 수작업 방식 특징 추출 알고리즘을 능가한다는 사실이다.

검색 엔진은 QBE 시나리오에서 비슷한 이미지를 찾기 위해 그러한 특징들을 사용할 수 있어야 한다. 검색 엔진은 색인화 시간에는 이미지에서 특징을 추출하고, 쿼리 시간에는 사례가 되는 쿼리 이미지에서 특징을 추출한다. 따라서 특징 추출은 이미지에 무엇이 있는지 이해하는 데 중요하지만, 다른 중요한 측면은 다른 이미지의 특징을 효율적으로 비교하는 방법이다. 특징 색인화 기법은 이러한 역색인을 저장하는 데 필요한 디스크 공간량에 영향을 미친다. 검색 시 이미지를 효율적으로 검색하려면 특징을 빠르게 검색하는 알고리즘이 필요하다.

시각적 특징의 유형은 서로 다를 수 있다.

- 시각적 특징으로는 이미지 전체에서 사용되는 색상, 식별된 질감(texture) 또는 RGB 및 기타 색상 모델(CMYK, HSV 등)에 대한 전체 값 또는 평균 값과 같은 **전역 특징(global features)**을 참조할 수 있다.
- 시각적 특징으로는 (이미지의 일부에서 추출한) 윤곽선, 모서리 또는 이미지 셀의 다른 흥미로운 핵심 지점과 같은 **국소 특징(local features)**을 참조할 수 있다. 여기에 쓸 수 있는 방법으로는 척도 불변 특징 변환(scale-invariant feature, transform, SIFT, 또는 '척도 무관 특징 변환'), 가속 로버스트 특징(speeded-up robust features, SURF), 가우스 차분(difference of Gaussians, DoG) 등이 있으며, 이에 대해서는 이번 장의 나중 부분에서 다룬다.
- 시각적 특징으로는 심층 신경망 사용 덕분에 인간의 인식 과정에 가까운 의미적 추상화로서 끝까지 학습할 수 있다.

각 알고리즘이 휴리스틱스에 근거해 목적에 맞게 설계되고 조정되었기 때문에 처음의 두 유형을 **수작업(handcrafted)** 특징이라고 부르는 경우가 많다. 반면에, 이미지 표현용으로 쓸 다양한 딥러닝 기반 모델들은 이미지 픽셀(신경망에 입력)을 망 계층에 공급하고, 이미지 분류(망 출력 계급)를 학습한다. 훈련 중에 신경망이 특징을 자동으로 **학습한다는 말이다**(이게 세 번째 특징 유형이다).

일단은 국소 수작업 특징 및 전역 수작업 특징을 모두 추출하는 몇 가지 방법부터 살펴보자. 그런 다음 우리는 이미지를 위한 딥러닝 기반 특징 학습에 초점을 맞출 것이다.

8.3.2 특징 추출

많은 카메라들에서는 사진을 찍고 나서 바로 사진을 확인할 수 있다. 또한, 세 가지 RGB 채널(빨간색, 초록색, 파란색)은 각기 그림에 포함된 색상 분량에 대한 정보를 제공한다. 그림 8.8에 나타난 나비의 사진을 예로 들어 보자. 나비 사진을 찍기 위해 사용된 카메라는 그림 8.9와 같이 색상 히스토그램을 제공한다.

색상 히스토그램은 픽셀 중에서 세 가지 색상 채널의 가능한 값(예: 0 ~ 255)의 분포를 나타낸 것이다. 예를 들어, 특정 픽셀의 빨간색 채널 값이 4이고 다른 픽셀의 값이 동일한 경우 해당 이미지에 대한 빨간색 채널의 색상 히스토그램은 값 4에 대한 크기가 2가 된다(2픽셀은 빨간색 채널 값이 4다). 이 프로세스는 특정 이미지의 모든 채널과 픽셀에 적용되며, 그림 8.9에 표시된 것과 같은 세 개의 빨간색, 초록색 및 파란색 그래프를 생성한다. 색상 히스토그램은 이미지를 설명하는 데 사용할 수 있는 매우 간단하고 직관적인 전체적 특징의 예다. 다음으로는 전역 특징 추출기 및 국소 특징 추출기를 살펴보도록 하겠다.

그림 8.8 나비 사진

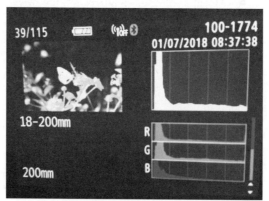

그림 8.9 나비 사진의 색상 히스토그램

전역 특징

캡션이나 설명을 수동으로 태그해 이미지를 색인화하는 대신에 그림처럼 추출된 특징이 포함된 이미지 바이너리를 색인화할 수 있다. 이를 위해 오픈 소스 라이브러리인 루씬의 **Image Retrieval**(LIRE, GNU GPL 2 라이선스로 라이선스됨)을 사용해 이미지에서 색상 히스토그램을 추출할 수 있다. LIRE는 이미지 작업을 위한 유용한 도구들을 많이 제공하며, 이것은 루씬 친화적이다(작성 당시에는 이미지 기능을 추출하기 위한 딥러닝 기반 방법을 아직 지원하지 않는다). 다음은 그 예다.

```
File file = new File(imgPath);          이미지 파일
SimpleColorHistogram simpleColorHistogram = new SimpleColorHistogram();
                                         색상 히스토그램
                                         객체를 생성한다.
BufferedImage bufferedImage = ImageIO.read(file);
                                         파일로부터
                                         이미지를 읽어 온다.
simpleColorHistogram.extract(bufferedImage);
                                         이미지에서 색상
                                         히스토그램을 추출한다.
double[] features = simpleColorHistogram.getFeatureVector();
                                         색상 히스토그램 특징 벡터를
                                         이중 배열로 추출한다.
```

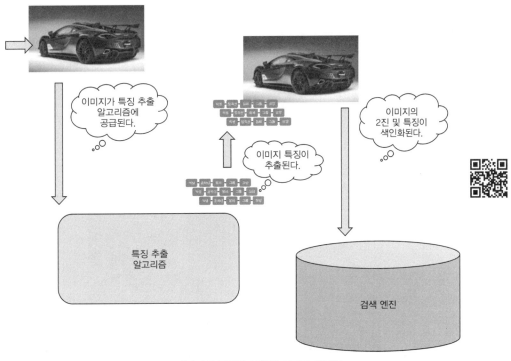

그림 8.10 **이미지의 특징을 사용해 이미지 색인화**

이러한 전역적인 이미지 표현은 사람이 해석을 할 수 있을 뿐만 아니라 성능면에서 대체로 효율적이라는 장점이 있다. 그러나 색상 히스토그램 이미지 표현이 이미지의 색상 분포(무제한 위치)에 묶여 있다는 사실을 잠시 생각해 보면(나비처럼) 같은 주제를 가진 두 개의 다른 이미지의 색 분포가 매우 다를 수 있음을 깨닫는 것은 어렵지 않다. 그림 8.8에 표시된 나비 이미지와 그림 8.11에 표시된 나비의 다른 이미지를 감안하자.

나비가 두 이미지에서 주요한 주제임에도 불구하고 이미지들의 색 체계는 서로 다르다. 그림 8.8의 주요 색상은 노란색과 초록색이다. 반면, 그림 8.11에서는 주요 색상이 빨강, 파랑, 노랑이다. 히스토그램에 기초한 이미지의 비교는 대부분 색상 분포에 기초한다. 이미지의 히스토그램이 사뭇 다르게 보이므로(그림 8.12 참고), 검색 엔진은 두 이미지가 비슷하다고 여기지 않을 것이다. 이 시점에서 여러분은 아직 검색을 실행하고 있지 않고, 히스토그램 기능을 분석하고 이 기능이 사용자에게 제공할 수 있는 정보를 이해하려고 시도하고 있다는 점에 유념하자.

색상 히스토그램 체계는 전체적 특징을 추출하기 위한 여러 가지 가능한 방법 중 하나일 뿐이지만, 일반적으로 이미지 세부 정보를 포착하기가 어렵다는 문제에 시달린다. 예를 들어, 첫 번째 나비 이미지는 나비를 포함하지 않는다. 꽃과 잎도 있다. 그러한 실체는 색상 히스토그램에 포착되지 않는다. 간략하게 말하면 그러한 히스토그램은 여러분에게 '어느 정도의 밝은 녹색, 또 다른 양의 노란색, 약간의 흰색, 약간의 검은색 등이 있다'라고 말한다. 전체적 특징이 잘 작동할 수 있는 한 가지 상황은 중복 이미지 감지인데 검색기는 현재와 정확히 동일하지는 않더라도 매우 비슷한 이미지를 찾고 있다.

그림 8.11 **나비의 또 다른 사진**

그림 8.12　**두 개의 나비 이미지의 히스토그램 비교**

사진의 배경 영역과 가운데 이미지를 구분하면 크게 도움이 된다. 우리는 나비를 찍은 사진 두 개의 표현 방식을 통해서 어떻게 해서든 나비가 있는 영역이 그 밖의 배경 부분보다 더 중요하다는 점을 이해했으면 한다.

국소 특징

전역 특징과 달리 국소 특징으로 이미지의 일부분을 더 정확하게 포착할 수 있다. 따라서 프로그램이 이미지에서 잠재적으로 흥미로운 물체(예: 나비)를 감지하도록 하려면 이미지를 더 작은 셀(방 모양으로 나눈 구획 중 한 부분)로 분할하는 일부터 해서 그 셀에서 관련 모양이나 물체를 찾는 것이 흔한 접근 방식이다. 그림 8.13에서 동일한 나비 그림을 사용하지만, 이제 더 작은 셀로 분할하는 방법을 살펴보자.

그림 8.13　**이미지를 작은 셀로 분할**

이미지가 더 작은 부분(예: 사각형)으로 분할되면 국소 특징을 추출하는 작업은 다음 두 단계로 구성된다.

1. 관심의 대상을 (물체가 아닌) 점(point)에 둔다.

2. 국부 영역과 관련하여 관심 대상인 각 점을 설명자(descriptor)로 인코딩함으로써 나중에 가서 관심 영역과 일치하게 하는 데 사용할 수 있다.

그러나 이런 맥락에서 **관심 대상**이란 무엇을 의미하는가? 객체가 포함된 이미지의 중앙 부위 또는 범위를 구분하는 점을 찾고 있는 경우 최종 목표는 여전히 비교 가능한 특징을 사용해 물체를 찾고 그것들을 표현하는 방법을 갖는 것이다. 나비가 들어 있는 두 개의 이미지를 볼 때 여러분은 이 정보를 둘 다에 전달하는 특징을 원한다. 각 이미지는 일반적으로 특징 벡터 (예: 코사인 거리)로 표시되므로 이미지 특징 벡터 사이의 거리(예: 코사인 거리)를 계산할 경우 동 일하거나 유사한 객체가 포함된 이미지에 근접해야 한다(거리 값이 낮아야 한다는 말이다).

국소 특징의 대표적인 예로는 윤곽선나 모서리와 같이 인간이 이해할 수 있는 시각 특징이 포 함된다. 그러나 실제로는 **SIFT**(scale-invariant feature transformation)와 **SURF**(speed-up robust features)와 같은 국소 특징 추출 기법을 사용한다.

SIFT

윤곽선을 찾아내는 일은 푸리에(Fourier) 변환이나 라플라스(Laplace) 변환 또는 가보(Gabor) 변환과 같은 수학적 도구를 사용해 해결할 수 있는 비교적 간단한 작업이다. SIFT와 SURF 알고리즘은 더 복잡하지만 더 강력하다. 예를 들어, SIFT를 사용하면 이미지에서 중요한 영역을 인식해 개체와 회전된 버전의 동일한 국소 특징을 생성할 수 있다. 즉, SIFT 기반 특징을 사용하면 동일한 회전 물체를 포함하는 이미지를 유사하게 인식할 수 있다.

이 책에서 SIFT에 중점을 두고 있지는 않으므로 세부 사항까지 자세히 설명하지 않겠다. 따라서 간략히만 언급하면 SIFT는 이미지에서 관심을 끄는 점들을 인식하기 위해 **가우스의 라플라스**(Laplacian of Gaussian)라는 **필터**를 사용한다는 점이다. 필터는 이미지에 적용된 마스크로 생각할 수 있다. 가우스의 라플라스 필터는 윤곽선 및 기타 주요 점이 강조된 이미지를 생성하며, 대부분의 다른 점은 더 이상 보이지 않는다. 필터는 이미지의 사전 처리 버전에 적용되므로 결과 이미지는 축척에 구애받지 않는 방식으로 표현된다. 그러한 필터를 적용한 후에는 흥미 있는 점마다의 방향성을 기록함으로써 방향성이 불변하게 되므로 다른 점들과 비교할 때마다 방향 성분이 각 계산이나 비교 작업에 통합된다. 마지막으로, 발견된 모든 국소 특징은 비교 가능한 단일 설명자/특징 벡터로 인코딩된다.

국소 특징은 이미지의 일부를 나타내는 것이다. 단일 이미지는 여러 가지 국소 특징과 연관되어 있다. 그러나 다음과 같은 작업을 수행하려면 이미지를 하나만 표시해야 한다.

- 최종 이미지 표현에는 모든 흥미로운 국소 점에 대한 정보가 포함되어 있다.
- 쿼리 시간에 효율을 비교해 볼 수 있다(하나의 특징 벡터 대 많은 특징 벡터).

이를 위해 국소 특징을 단일 표현(특징 벡터)으로 통합해야 한다. 일반적인 접근 방식은 **시각 단어 주머니**(bag-of-visual-word, BOVW) 모델을 사용하여 국소 특징들을 집계하는 것이다. 여러분은 이 책의 앞부분에 나온 단어 주머니 모델을 떠올릴 수 있을 것이다. 그러한 모델에서 문서는 기존의 모든 문서에서 단어 수와 같은 크기의 벡터로 표현된다. 벡터의 각 위치는 특정 단어에 연결된다. 값이 1(또는 0보다 큰 값: 예를 들어 용어빈도-역문서빈도[TF-IDF])이면 관련 문서는 해당 단어를 포함하며, 그렇지 않으면 값이 0이다.

표 8.1에 표시된 5장의 일부 문서에 대한 단어 주머니 표현 샘플을 다시 떠올려 보자.

표 8.1 **단어 주머니 표현**

Terms	bernhard	bio	dive	hypothesis	in	influence	into	life	mathematical	riemann
doc1	1.28	0.0	0.0	0.0	0.0	0.0	0.0	1.0	0.0	1.28
doc2	1.0	1.0	0.0	0.0	1.0	1.0	0.0	0.0	0.0	0.0

BOVW 모델에서 이미지에 해당 위치에 해당하는 국소 특징이 있는 경우에 벡터의 각 값은 0보다 크다. 그래서 텍스트인 경우에서 'bernhard'나 'bio'라는 단어 대신에 BOVW 모델은 'local-feature1(국소 특징 1)', 'local-feature2(국소 특징 2)' 등을 가지게 될 것이다. 각 이미지는 동일한 원리에 따라 표시되지만, 단어 대신 군집화된 국소 특징을 사용한다. 표 8.2를 참고하자.

표 8.2 **시각화 단어 주머니 표현**

Features	local-feature1	local-feature2	local-feature3	local-feature4	local-feature5
image1	0.3	0.0	0.0	0.4	0.0
image2	0.5	0.7	0.0	0.8	1.0

SIFT와 같은 국소 특징 추출기를 사용하면 각 이미지에는 이미지 품질, 이미지 크기 및 기타 요인에 따라 달라질 수 있는 여러 설명자가 함께 제공된다.

BOVW 모델은 고정된 수의 국소 특징을 식별하기 위한 추가 전처리 단계를 포함한다. 이미지의 데이터셋에 대해 SIFT는 각 이미지의 국소 특징을 추출하지만, 일부는 수십 개, 일부는 수백 개의 특징을 가지고 있다고 가정하자. 국소 특징의 공유 어휘를 만들기 위해 모든 국소 특징을 함께 수집하고, 그 위에 k 평균과 같은 군집화 알고리즘을 수행하여 n개의 중심점을 추출한다. 중심은 BOVW 모델의 단어다.

어두운 밤에 맑은 하늘을 보면 여러 가지 별들을 볼 수 있을 것이다. 각 별을 집적점(cluster point, 또는 쌓인 점), 즉 국소 특징으로 간주할 수 있다. 이제 하늘에서 가장 밝은 별들이 그들 근처에 더 많은 별들을 가지고 있다고 상상해 보자(실제로 별의 밝기는 거리, 크기, 나이, 방사능 그리고 다른 요인에 따라 달라진다). 이러한 조건하에서 가장 밝은 별은 군집 중심이다. 이 중심점을 사용해 모든 점을 근사치로 나타낼 수 있다. 따라서 수십억 개의 별(지역적 특징) 대신 여러분은 단지 수백 개의 별, 즉 동그라미 모양의 중심부만을 감안하게 될 것이다. 군집화 알고리즘은 그렇게 한다(그림 8.14 참고).

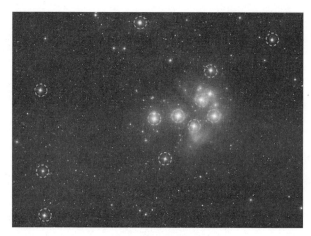

그림 8.14 별, 성단 및 중심부

이제 LIRE를 사용해 BOVW 모델을 사용하는 이미지 특징 벡터를 생성할 수 있다. 먼저 SIFT를 사용해 국소 특징을 추출하고, k 평균과 같은 군집화 알고리즘을 사용해 시각적 단어들로 이뤄진 어휘집을 생성하자.

```
for (String imgPath : imgPaths) {  ◁─┤ 모든 이미지를 대상으로 이 과정을 반복한다.
    File file = new File(imgPath);
    SiftExtractor siftExtractor = new
        SiftExtractor();  ◁─┤ 국소 특징 추출기를 생성한다.
```

```
BufferedImage bufferedImage = ImageIO
    .read(file); <——| 이미지의 내용을 읽는다.
                                                          주어진 이미지에서 SIFT
                                                          알고리즘을 수행한다.
siftExtractor.extract(bufferedImage); <—

List<LocalFeature> localFeatures = siftExtractor
    .getFeatures(); <——| 모든 SIFT 국소 특징들을 추출한다.

for (LocalFeature lf : localFeatures) {
    kMeans.addFeature(lf.getFeatureVector()); <—        현재 이미지의 모든 SIFT 특징을
}                                                       군집화의 점들로 추가한다.
}
for (int k = 0; k < 15; k++) {          사전 정의된 수에 해당하는 단계를
    kMeans.clusteringStep(); <—         거치며, k 평균 군집화를 수행한다.
}
Cluster[] clusters = kMeans.getClusters(); <——| 생성된 군집을 추출한다.
```

이 코드는 모든 시각적 단어를 고정된 수의 군집으로 계산한다. 시각적 어휘를 배치한 상태에서 각 이미지의 국소 특징을 군집 중심과 비교해 각 시각적 단어의 최종 값을 계산한다. 이 작업은 SIFT 특징들과 군집 중심들(cluster centroids) 사이의 유클리드 거리를 계산하는 BOVW 모델에 의해 수행된다.

```
for (String imgPath : imgPaths) { <——| 모든 이미지를 대상으로 이 과정을 반복한다.
    File file = new File(imgPath);
    SiftExtractor siftExtractor = new SiftExtractor();
    BufferedImage bufferedImage = ImageIO.read(file);       SIFT 국소 특징을 다시 추출한다.
    siftExtractor.extract(bufferedImage);                   SIFT 특징은 두 번 계산하지
    List<LocalFeature> localFeatures = siftExtractor        않도록 지도에서 이미지당
        .getFeatures(); <—                                  일시적으로 캐싱할 수 있다.
    BOVW bovw = new BOVW(); <——| BOVW 사례를 작성한다.
    bovw.createVectorRepresentation(localFeatures
        , clusters); <—
    double[] featureVector = bovw                           국소 SIFT 특징과 중심점이
        .getVectorRepresentation(); <——| 특징 벡터를 추출한다.   지정된 현재 이미지에 대한 단일
}                                                           벡터 표현을 계산한다.
```

이 코드는 이미지 검색에서 사용할 수 있는 각 이미지에 대한 단일 특징 벡터 표현을 제공한다.

이 예제 코드에서, 전역 특징 추출은 단순한 색상 히스토그램 추출기를 사용하며, 국소 특징 추출은 BOVW와 함께 SIFT를 사용한다. 이러한 알고리즘은 명시적 특징 추출을 수행하는

데 사용할 수 있는 몇 가지 알고리즘에 불과하다. 예를 들어, 전역 특징 추출의 경우 대안은 퍼지 색상 접근법(fuzzy-color approach)을 포함하며, 이는 좀 더 유연하다. 국소 특징 추출의 경우에 SURF(앞서 말함)는 SIFT의 변형으로서 속도가 더 견고하고 대개 더 좋다.

색상 히스토그램 특징 추출기의 주요 장점은 단순성과 직관성이다. SIFT, SURF 및 기타 국소 특징 추출기의 주요 장점은 척도 불변(scale-invariant) 방식과 회전 불변(rotation-invariant) 방식을 사용함으로써 이미지 중에 작은 부분에서도 물체를 잘 식별해 낸다는 점이다. 실제로 프로덕션 시스템을 만들려면 전체 시스템을 작동시키는 데 필요한 정확도, 속도, 공학적 노력 및 유지 보수 측면에서 최상의 보증을 제공하는 접근법이 필요하다. 일단 이미지를 나타내는 고정된 차원의 특징 벡터가 있다면 색인화 및 검색 전략은 이번 장의 뒷부분에서 보듯이 속도 면에서 가장 큰 차이를 만든다. 공학적 노력, 유지 보수 및 정확도와 관련하여 지금까지 논의된 전역 특징 추출기와 국소 특징 추출기의 단점들이 딥러닝 아키텍처에 의해 극복되었다. 특징들이 수동으로 추출되는 것이 아니라 심층 신경망을 통해 학습된다는 점이 핵심이다.

다음 절에서는 픽셀에서부터 특징 벡터에 이르기까지의 다양한 특징을 간단한 단대단(end-to-end) 학습 과정을 통해서 어떤 식으로 추출할 수 있게 되는지를 살펴보자. 그러한 딥러닝 생성 특징은 일반적으로 시각적 물체의 의미를 더 잘 이해할 수 있게 해준다.

8.4 이미지 표현을 위한 딥러닝

이번 장에서 우리는 지금까지 이미지에서 특징을 추출했다. 데이터 표현을 학습함으로 인해서 최근 몇 년 동안에 딥러닝이 크게 성공할 수 있었다. 컴퓨터 비전은 딥러닝이 이전의 최첨단 접근법을 능가한 첫 번째 분야였으며, 컴퓨터 비전에서는 컴퓨터가 이미지나 비디오에서 물체를 인식하는 작업을 담당한다. 컴퓨터 비전 기술은 사람 눈의 망막을 인식하는 일이나 도로교통법 위반 행위를 식별하는 행위나 광학 문자를 인식하는 일 등의 다양한 응용 분야에서 사용할 수 있다. 이 기술이 성공하면서 딥러닝 연구자나 기술자가 자율 주행 자동차처럼 점점 더 어려운 작업에 도전해 볼 수 있게 되었다.

이미지에 적용된 딥러닝의 유명한 결과물로는 손으로 쓴 숫자와 기계로 인쇄된 숫자를 인식할 수 있는 신경망인 LeNet(https://yann.lecun.com/exdb/lenet),

엔틀부처   아펜젤러

그림 8.15   AlexNet에 의해 분류된 개 이미지

이미지에서 물체를 인식할 수 있는 신경망인 AlexNet(https://mng.bz/6j4y) 등이 있다. AlexNet은 매우 세분화된 1,000개의 범주 중에서 특정 이미지를 분류(범주를 할당)할 수 있었기 때문에 이미지 검색 시나리오에서 특히 흥미롭다. 예를 들어, 그림 8.15와 같이 종이 매우 유사한 개들을 구별할 수 있다.

LeNet과 AlexNet은 모두 **합성곱 신경망**(convolutional neural network, CNN) 또는 줄여서 **합성망** (ConvNet)이라고 부르는 특별한 종류의 순방향 (인공) 신경망을 사용한다. 최근 몇 년 동안에 CNN은 이미지와 비디오뿐만 아니라 사운드와 텍스트에도 적용되어 왔다. 그것들은 매우 유연하고 다양한 작업에 사용될 수 있다.

이번 장의 시작 부분에서 딥러닝을 사용하여 점점 더 추상적인 구조를 이미지에서 찾을 수 있다고 말했다. 연구원들은 CNN이 훈련 기간 동안에 이런 행동을 하는 것을 발견했다. 계층 수가 늘어남에 따라 입력에 더 가까운 계층은 윤곽선(edges)이나 모서리(corners)와 같은 기본 특징들을 학습하는 반면, 심층 신경망의 끝 쪽에 놓인 계층들은 모양(shapes)이나 물체(obejcts)를 나타내는 특징들을 학습한다. 앞으로 여러분은 CNN의 구조와 CNN을 훈련하고 설정하는 방법 그리고 마지막으로 이미지 검색을 위한 특징들을 추출하는 방법을 배우게 될 것이다(그림 8.16 참고).

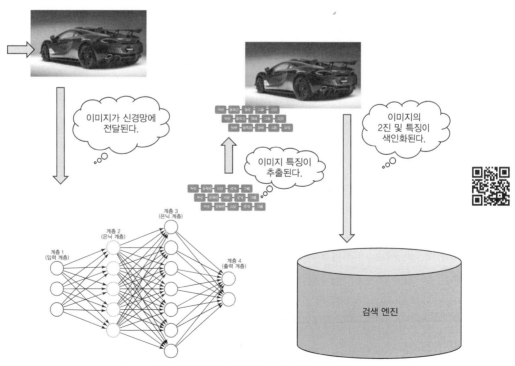

그림 8.16 **신경망이 추출한 특징들을 사용해 이미지 색인화**

8.4.1 CNN

인공 신경망과 인간의 뇌의 작용 간에는, 이 두 가지 신경망의 이름에도 불구하고, 서로 어떤 관련이 있는지 분명하지 않다. 대부분의 일반적인 인공 신경망 아키텍처에는 고정된 구조가 있다. 즉, 인공 신경망의 뉴런은 완전히 연결되어 있는 반면, 뇌의 신경세포는 그렇게 고정된(그리고 단순한) 구조를 가지고 있지 않다. CNN(convolutional neural networks, '합성곱 신경망')은 원래 인간의 뇌에 있는 시각적 피질이 어떻게 작용하는지로부터 영감을 얻어 만든 것인데, 여기에 쓰이는 세포는 이미지의 특정 부분을 처리한 다음에 정교한 흐름을 따라 정보를 다른 세포로 전달하는 방식으로, 이는 여러분이 CNN에서 보게 될 내용과 같다. CNN이 다른 유형의 신경망과 관련하여 작동하는 방법의 근본적인 차이점은 **평탄한 신호** 입력(예: 조밀 벡터나 원핫인코딩 벡터)을 처리하지 않는다는 것이다.

이미지에 대한 색상 히스토그램을 만들 때 필자는 이미지가 일반적으로 RGB를 사용하여 표현된다고 말했다. 하나의 픽셀은 빨강, 초록, 파랑 채널의 세 가지 다른 값으로 설명된다. 여러 픽셀을 가진 전체 이미지로 확장하면 각각 Y 행과 X 열이 있는 세 개의 RGB 성분에 대해 세 개의 서로 다른 행렬로 구성된 너비 X와 높이 Y의 이미지를 나타낼 수 있을 것이다. 예를 들어, 3×3 픽셀로 된 이미지는 각각 9개의 값을 가진 세 개의 행렬을 가질 것이다. R: 31, G: 39 및 B: 201의 RGB 코드는 그림 8.17(전자책에서 볼 수 있음)에 표시된 색을 생성한다.

3×3 이미지의 두 번째 행의 첫 번째 원소에 그러한 값을 배치하는 경우 RGB 행렬은 표 8.3~8.5에 표시된 것처럼 보일 수 있다(강조 처리한 값은 그림 8.17의 픽셀을 나타낸다).

R 31
G 39
B 201

그림 8.17
샘플 RGB 픽셀 값

표 8.3 **빨간색 채널**

0	4	0
31	8	3
1	12	39

표 8.4 **파란색 채널**

10	40	31
39	0	0
87	101	18

표 8.5 **초록색 채널**

37	46	1
201	8	53
0	0	10

단어들이나 문자 벡터들로 이뤄진 단일 행렬 대신에, 신경망은 각 입력 이미지의 색상 채널별로 행렬을 처리해야 하므로 총 3개 행렬을 처리하게 된다. 이것은 여러분이 합성곱 순방향 방식 완전 연결 신경망을 가지고 이미지를 다룰 때 심각한 성능 문제를 야기한다. 크기가 100×100인 매우 작은 이미지는 첫 번째 계층에만 $100 \times 100 \times 3 = 30,000$개의 학습 가능한 가중치가 필요할 것이다. 중간 크기 이미지($1,024 \times 768$)인 경우에 첫 번째 계층은 200만 개 이상의 파라미터가 필요하다!($1,024 \times 768 \times 3 = 2,359,296$이다)

CNN은 대규모 입력 내용을 처리해야 하는 문제를 입력 내용에 대한 훈련으로 해결함으로써 계층이나 뉴런 간 연결 선의 개수를 줄인 설계, 즉 경량 설계를 가능하게 한다. 연결이 적을수록 망에서 학습해야 할 가중치 개수가 줄어든다. 그리고 가중치 개수가 적을수록 학습이 계산적으로 덜 복잡해지고 더 빨라진다. 이 유형의 계층에 있는 모든 뉴런이 항상 이전 계층의 뉴런에 연결되는 것은 아니다. 이러한 뉴런은 연결 가능한 입력 행렬의 국소적 영역을 정의하는 특정 구성 가능 크기의 **감수 영역**(receptive field, 즉 '**수용 영역**' 또는 '**수용 필드**')이 있다. 따라서 일부 뉴런은 전체 입력 영역에 연결되어 있지 않으므로 가중치가 붙어 있지 않다. 그러한 계층들은 **합성곱 계층**(convolutional layers, 또는 '**합성곱 층**')이라고 불리며, **풀링 계층**(pooling layers, 즉 '**풀링 층**' 또는 '**병합 계층**' 또는 '**합동 계층**')과 마찬가지로 CNN의 주요 빌딩 블록이다(그림 8.18 참고).

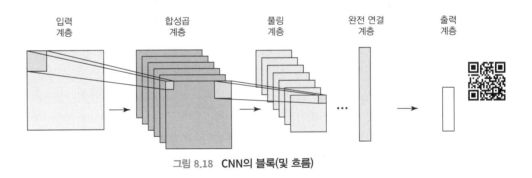

그림 8.18 CNN의 블록(및 흐름)

SIFT 특징 추출기를 간략히 소개하면서 나는 이미지에서 흥미로운 점을 식별하는 가우스의 라플라스(LoG) 필터에 관해 말한 적이 있다. 합성곱 계층이 동일한 역할을 맡지만, 고정형인 LoG 필터와 대조적으로 망 훈련 단계 동안에 합성곱 필터를 학습해 훈련 집합의 이미지에 가장 잘 적응한다(그림 8.19 참고).

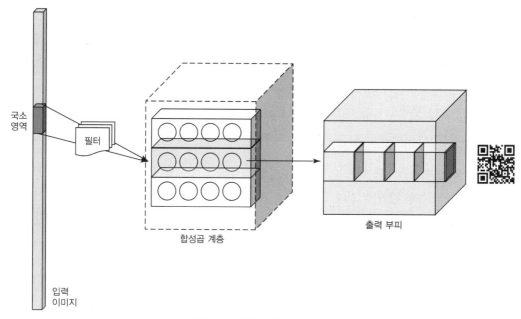

그림 8.19 **합성곱 계층**

합성곱 계층에는 구성 가능 깊이(configurable depth)와(그림 8.19의 경우에 이 깊이가 4임), 많은 필터가 있고 그 밖에도 구성 가능 하이퍼파라미터가 여러 개 있다. 계층의 필터는 훈련 중 역전파를 통해 망이 학습하는 파라미터(가중치)를 포함한다. 각 필터는 현재 '보고 있는' 입력 픽셀을 변경하는 전체 이미지 위의 작은 창이라고 생각할 수 있다. 필터는 모든 입력 값에 적용되도록 전체 이미지 위로 미끄러지듯이 움직이게 된다. 이렇게 미끄지듯이 움직이며 필터 처리를 하는 방식 때문에 이런 유형의 계층(및 망에)에 합성곱 연산이란 이름이 붙은 것이다.

크기가 5×5인 필터에 있는 가중치들의 개수가 25이므로 이 필터는 한 번에 25개 픽셀을 보는 셈이다. 수학적으로 말하면 필터는 픽셀의 25개 값과 필터의 25개 가중치 사이의 점곱을 계산한다. 어떤 합성곱 계층이 $100 \times 100 \times 3$ 크기에 해당하는 입력 이미지를 받아들인다고 해보자. 참고로, 입력 이미지의 차원이 세 개여서 **입력 부피**(input volume, 또는 '**입력 볼륨**')라고도 한다. 이 계층에 10개 필터가 있다면 출력의 체적은 $100 \times 100 \times 10$에 해당하는 값들로 이뤄지게 된다. 생성된 10개의 100×100 크기 행렬(필터당 한 개)을 **활성 지도**(activation maps, 또는 '**활성맵**')라고 한다.

필터가 입력값 위로 미끄러지듯이 이동할 때는 한 번에 1개 값만큼(즉, 1개 픽셀만큼) 이동한다. 그러나 때때로 필터를 한 번에 두세 개의 값(예: 너비 축)만큼 미끄러뜨려 생성되는 출력 수를 줄일 수 있다. 이동 크기에 대한 이 파라미터를 일반적으로 보폭(stride)이라고 한다. 한 번에 하나의 값만큼 매끄럽게 이동하는 경우에 stride = 1인 셈이고, 두 값만큼 띄엄띄엄 이동하는 경우에 stride = 2인 셈이고, 나머지 경우도 이런 식이다.

CNN은 또한 학습해야 할 가중치의 수를 조절하는 방법을 채택함으로써 입력량이 많은 훈련의 연산 부담을 줄인다. 그림 8.19의 모든 뉴런이 일정한 깊이(예: depth = 2)를 가지고 있다고 상상해 보자. 그러면 뉴런들은 같은 가중치를 공유할 것이다. 이 기술을 **파라미터 공유** (parameter sharing)라고 한다.

결국 합성곱 계층과 정상적인 완전 연결 신경망 계층 사이의 일차적인 차이점은, 합성곱 뉴런은 입력의 국소 부위에만 연결되어 있고, 합성곱 계층에 있는 일부 뉴런들이 파라미터를 공유한다는 점이다.

풀링 계층

풀링 계층은 입력 부피를 축소하는 역할을 맡는다. 즉, 가장 중요한 정보를 유지하려고 하면서도 입력 크기는 줄인다는 말이다. 이는 연속 계층(예를 들어, 다른 합성곱 계층)에 대해 학습해야 할 파라미터의 수와 계산 복잡성을 감소시키는 장점이 있다. 풀링 계층은 학습할 가중치와 관련이 없으며, 선택한 기능에 따라 입력 부피의 일부를 보고 하나 이상의 값을 추출한다. 흔히 쓰는 함수는 max(최대)와 average(평균)다.[50]

합성곱 계층처럼 풀링 계층은 구성 가능한 감수 영역(receptive field)[51] 크기와 보폭을 가지고 있다. 예를 들어, 감수 영역 크기가 2이고 max 함수의 stride가 2인 풀링 계층은 입력 부피에서 네 개의 값을 가져오고, 이러한 입력 값에서 최댓값을 출력한다.

CNN 훈련

여러분은 CNN의 주요 빌딩 블록을 배웠다. 이들을 한데 모아 실제 CNN을 만들어 이런 망이 어떻게 훈련되는지를 살펴보자. 주요 목표는 의미적으로 비슷한 이미지의 개념을 포착하는 특징 벡터를 추출하는 것이다.

---

50 옮긴이 풀링(pooling)은 원래 수학 용어로 '병합'에 해당한다. 통계학에서는 '병합'이나 '합동' 등으로 다양하게 부른다. 따라서 max pooling은 수학에서 다루는 '최대 병합' 연산이고, average pooling은 수학에서 다루는 '평균 병합' 연산이다. 컴퓨터과학 분야에서는 이를 각기 '최대 풀링(또는 맥스 풀링)'과 '평균 풀링'이라고 부르고 있으나, 컨볼루션을 합성곱이라고 점차 불리는 것처럼 언젠가는 풀링도 병합이라고 부르게 되기를 바란다.

51 옮긴이 원래 의학/뇌과학 용어에서 차용한 것으로 보인다. 인공지능 분야에서는 '수용 영역'이라거나 '수용 필드'라고도 번역해 부르고 있다.

전형적인 CNN 아키텍처는 대개 하나 이상의 (또는 그 이상의) 복잡한 계층을 포함하고, 다음과 같은 것들이 뒤따른다.

- 이미지에 대한 특징 벡터를 고정할 수 있도록 조밀하고 완전하게 연결된 계층
- 이미지에 태그를 지정할 수 있는 각 계급(class)에 대한 계급 점수가 포함된 출력 계층

CNN은 대개 이미지 입력과 이미지가 속한 계급 집합인 훈련 사례를 사용해 지도 방식으로 훈련된다.

컴퓨터 비전 연구에 많이 사용되고 있고 널리 알려진 데이터셋을 살펴보자. CIFAR 데이터셋 (www.cs.toronto.edu/~kriz/cifar.html)에는 10개 범주로 레이블이 지정된 수천 개의 이미지가 포함되어 있다(그림 8.20 참고). CIFAR 데이터셋의 이미지는 크기가 각기 32×32 픽셀로 된 컬러 이미지들(크기가 아주 작은 이미지들)이다. 따라서 첫 번째 계층은 32×32×3 = 3,072개에 해당하는 값을 입력 내용으로 받아들인다.

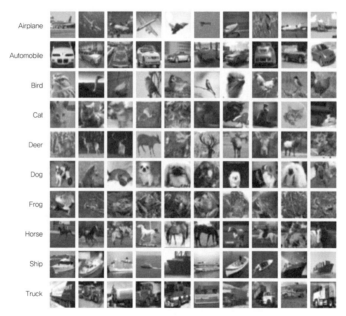

그림 8.20 **CIFAR 데이터셋에서 가져온 일부 사례**

두 개의 합성곱 + 풀링 계층, 한 개의 조밀 계층과 한 개의 출력 계층으로 간단한 CNN을 만들어 보자. 그림 8.21을 참조하자. 망이 입력 이미지가 10개 범주 중 하나에 속할 가능성에 대한 평가를 내릴 것으로 예상한다. 그림 8.22는 일부 예시 출력을 보여준다(이미지는 https://cs.stanford.edu/people/karpathy/convnetjs/demo/cifar10.html에서 ConvNetJS CIFAR-10 데모를 사용해 생성되었다).

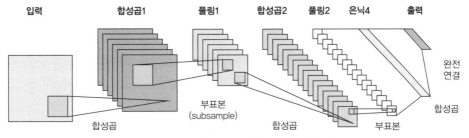

입력　　합성곱1　　풀링1　　합성곱2　풀링2　은닉4　　출력

합성곱　　부표본
(subsample)　　합성곱　　부표본

완전
연결

합성곱

그림 8.21 **합성곱 계층 + 풀링 계층으로 이뤄진 단순 CNN**

그림 8.22 **CIFAR 데이터셋을 사용하여 CNN을 테스트해 본 결과**

보다시피 CNN.훈련 중에는 특징 공학을 수행할 필요가 없다. 특징 벡터는 최종 조밀 계층에서 단대단 방식으로 배출될 수 있다. 여러분은 레이블이 있는 많은 이미지들이 필요하다!

이 아키텍처는 CNN의 간단한 사례를 보여 주는 것이다. 그 밖의 아키텍처들의 경우에는 기본 설계와 하이퍼파라미터들이 다를 수 있다. 예를 들어, 복잡한 계층을 더 많이 추가하면 정확도가 높아지는 것으로 나타났다. 감수 영역 크기나 합성곱 계층의 깊이 또는 풀링 연산(최대 풀링, 평균 풀링 등) 등은 모두 정확도를 높이기 위해 조정할 수 있는 강력한 측면이다.

DL4J를 사용한 CNN 구성

이전 절에 나온 CNN을 Deeplearning4j에서 쉽게 구현할 수 있다. DL4J는 CIFAR 데이터셋을 반복하고 훈련하는 유틸리티 클래스와 함께 제공되므로 CNN을 훈련하는 데 이 클래스를 사용해 보자.

목록 8.1 **DL4J에서 CIFA를 위한 CNN 설정**

```
int height = 32;  ⟵┤ 입력 이미지의 높이

int width = 32;  ⟵┤ 입력 이미지의 폭

int channels = 3;  ⟵┤ 사용할 이미지 채널 수

int numSamples = 50000;  ⟵┤ CIFAR 데이터셋에서 배출할 훈련 사례 수
```

```
int batchSize = 100; ←── 미니배치의 크기

int epochs = 10; ←── 망을 훈련하는 데 필요한 에포크 수

MultiLayerNetwork model = getSimpleCifarCNN(); ←── 망 아키텍처를 설정한다.
CifarDataSetIterator dsi = new CifarDataSetIterator(
    batchSize, numSamples, new int[] {height, width,
    channels}, false, true); ←──┐ CIFAR 데이터셋을 대상으로 하는
                                 └ 반복자를 생성한다.
for (int i = 0; i < epochs; ++i) {
    model.fit(dsi); ←── 망을 훈련한다.
}
cf.saveModel(model, "simpleCifarModel.json"); ←── 나중에 사용할 수 있게 모델을 저장한다.
```

모델 아키텍처는 getSimpleCifarCNNmethod에 의해 정의되며, 목록 8.2와 그림 8.23에 나타나 있다.

목록 8.2 **CNN 구성**

```
public MultiLayerNetwork getSimpleCifarCNN() {
    MultiLayerConfiguration conf = new NeuralNetConfiguration.Builder()
        .list()
        .layer(0, new ConvolutionLayer.Builder( new int[]{4, 4},
            new int[]{1, 1},
            new int[]{0, 0}).name("cnn1")
            .convolutionMode(ConvolutionMode.Same) ←── 첫 번째 합성곱 계층
            .nIn(3).nOut(64).weightInit(WeightInit.XAVIER_UNIFORM).activation(
             Activation.RELU)

        .layer(1, new SubsamplingLayer.Builder(
            PoolingType.MAX, new int[]{2,2})
            .name("maxpool1").build()) ←── 첫 번째 풀링 계층

        .layer(2, new ConvolutionLayer.Builder(
            new int[]{4,4}, new int[] {1,1},
            new int[]{0,0}).name("cnn2")
            .convolutionMode(ConvolutionMode.Same) ←── 두 번째 합성곱 계층
            .nOut(96).weightInit(WeightInit.XAVIER_UNIFORM)
            .activation(Activation.RELU).build())

        .layer(3, new SubsamplingLayer.Builder(
            PoolingType.MAX, new int[]{2,2}).name(
            "maxpool2").build()) ←── 두 번째 풀링 계층

        .layer(4, new DenseLayer.Builder().name(
            "ffn1").nOut(1024).build()) ←──┐ 조밀 계층(여기서 출력 계층
                                           └ 특징을 추출할 수 있다)
```

```
    .layer(5, new OutputLayer.Builder(LossFunctions
        .LossFunction.NEGATIVELOGLIKELIHOOD) <--| 출력 계층

        .name("output").nOut(numLabels).activation(Activation.SOFTMAX).build())
        .backprop(true).pretrain(false)
        .setInputType(InputType.convolutional(height, width, channels))
        .build();

    MultiLayerNetwork model = new MultiLayerNetwork(conf);
    model.init();
    return model;
}
```

CNN이 훈련을 마치면 여러분은 망 출력을 사용할 준비가 된다.

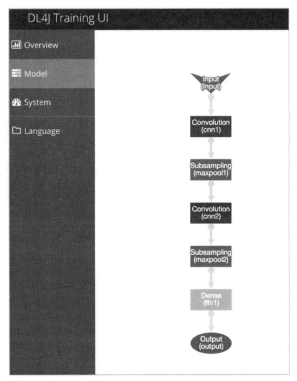

그림 8.23 **DL4J UI로부터 나온 결과 모델**[52]

---

52 이 인터페이스 각 용어의 의미는 이렇다. Input → 입력, Convolution → 합성곱, Subsampling → 부차 표본추출, Dense → 조밀,
Output → 출력

색상 히스토그램 또는 BOVW 모델을 다시 생각해 보자. 여러분은 이것들을 사용해 각 이미지에 대한 특징 벡터를 얻었다. CNN은 그것보다 더 많은 것을 제공한다. 출력 계층 가까이에 있는 조밀 계층에는 이미지를 비교하는 데 사용할 수 있는 특징 벡터가 포함되어 있고, 새로운 이미지에 태그를 붙일 수 있는 훈련된 CNN도 있다.

훈련이 끝난 뒤 각 이미지를 학습한 특징 벡터를 합성곱 신경망에 의해 색인화되게 하려면 이미지 데이터셋을 통해 다시 반복하고, 각 이미지를 가지고 순방향 연산을 수행하고, CNN이 생성한 특징 벡터를 추출해야 한다.

목록 8.3 특징 벡터 추출

```
DataSetIterator iterator = ...          처리할 이미지를 대상으로
                                        삼는 반복자를 획득한다.
while (iterator.hasNext()) {          데이터셋을 반복해서 처리한다.

    DataSet batch = iterator.next(batchSize);      각 배치를 대상으로 반복 처리한다.
    for (int k = 0; k < batchSize; k++) {

        DataSet dataSet = batch.get(k);        현재 배치에서 각 이미지를
                                               반복 처리한다.
        List<INDArray> activations = model.
            feedForward(dataSet.getFeatureMatrix(),
                false);                         현재 이미지(입력용 픽셀)를
                                                사용해 훈련 없이 순방향
                                                전달을 수행한다.
        INDArray imageRepresentation = activations
            .get(activations.size() - 2);       최종 출력 계층 이전에 조밀
                                                계층에 저장된 이미지 표현을
                                                추출한다.
        INDArray classification = activations.get(
            activations.size() - 1);            현재 이미지의 분류
        ...                                     점수를 추출한다.
    }           이미지 특징-벡터 표현을
}               처리(또는 저장)한다.
```

이제 CNN에서 추출한 특징 벡터를 효율적으로 색인화하고 검색할 수 있는 방법을 배울 준비가 되었다(이는 일반적으로 모든 특징 벡터에 해당됨).

8.4.2 이미지 검색

이번 장 초반에 나오는 예제로 돌아가 보자. 거기서 스마트폰 카메라로 찍은 사진을 보면 선물과 함께 카드로 사용할 전문 사진을 찾고자 한다. 다음을 수행해야 한다.

1. 입력 이미지를 CNN에 전달한다.

2. 생성된 특징 벡터를 추출한다.

3. 특징 벡터를 사용해 검색 엔진에서 비슷한 이미지를 찾기 위한 쿼리를 만든다.

여러분은 이전 절에서 처음 두 단계를 수행하는 방법을 보았다. 이번 절에서는 쿼리를 효율적으로 수행하는 방법을 배우게 된다.

쿼리를 수행하는 분명한 방법은 입력 이미지의 특징 벡터와 검색 엔진에 저장된 모든 이미지의 특징 벡터를 비교하는 것이다. 이전 절과 같은 CNN의 특징 벡터를 추출해 그래프에 표시한다고 상상해 보자. 이 점들이 서로 가까이 있다면 점으로 표현된 이미지들이 서로 비슷하다는 점을 나타낸다. 이것은 우리가 단어와 문서 매장들에 적용했던 것과 같은 방식으로 생각한다는 뜻이다. 따라서 입력 이미지의 특징 벡터와 다른 모든 이미지의 특징 벡터 사이의 거리를 계산할 수 있는데, 예를 들면 가장 먼 특징 벡터가 있는 상위 10개의 이미지를 반환할 수 있다. 컴퓨터적 관점에서 볼 때 쿼리 수행 시간은 검색 엔진의 이미지 수에 따라 선형적으로 증가하기 때문에 이 접근법은 확장되지 않을 것이다. 실무에서는 그런 최근접 이웃 알고리즘으로 때때로 근사치를 구하기도 한다. 이로 인해 더 잘 수행되기는 하지만 정확도가 희생된다. 이와 같이 최근접 이웃을 근사적으로 검색하는 알고리즘은 입력 이미지와 관련해 정확한 최근접 항목을 반환하지 않을 수 있지만, 훨씬 더 빨리 가까운 이웃을 반환할 것이다.

루씬에서는 근사 최근접 이웃 함수를 제공하는 (실험적) FloatPointNearestNeighbor 클래스를 사용하거나 LSH(Locality-Sensitive Hashing)를 사용하여 근사 최근접 이웃 검색을 구현할 수 있다. FloatPointNearestNeighbor는 찾기 시간에 비용이 더 들며, 색인에 발을 디딜 공간이 없다. LSH는 특징 벡터 이상을 저장해야 하지만, 찾기 시간이 더 빠르기 때문에 색인 크기를 증가시킨다. 우리는 FloatPointNearestNeighbor 클래스를 사용하는 것부터 시작해서 LSH를 살펴보겠다.

FLOATPOINTNEARESTNEIGHBOR 사용

FloatPointNearestNeighbor를 사용하려면 CNN 특징 벡터들을 추출해 루씬에서 점으로 색인해야 한다. 최근 루씬 버전은 k-d 트리 알고리즘(https://en.wikipedia.org/wiki/K-d_tree)을 기반으로 n차원 점(벡터를 보는 또 다른 방법)을 지원한다. 그래서 CNN에서 추출한 특징 벡터는 FloatPoint라는 전용 필드 형식을 사용해 색인화한 것이다.

목록 8.4 **특징 벡터를 점으로 색인화**

```
List<INDArray> activations = cnnModel.feedForward(currentImage, false);
INDArray imageRepresentation = activations
    .get(activations.size() - 2);          CNN에 의해 생성된 특징 벡터를
                                           획득한다.
float[] aFloat = imageRepresentation.data()
    .asFloat();          특징 벡터를 부동소수점수(float) 배열로 변환한다.
doc.add(new FloatPoint("features", floats));
                                           특징 벡터를 루씬
                                           FloatPoint로 색인화한다.
```

불행하게도 루씬 7을 기준으로 FloatPoints는 차원이 최대 8개인 점을 색인화할 수 있다. 특징 벡터의 차원은 대개 FloatPoint의 차원보다 훨씬 크다. 예를 들어, CIFAR용 CNN은 차원이 1,024인 특징 벡터를 생성한다. FloatPoint를 1,024개에서 최대 8개까지 인스턴스화하는 데 사용되는 float[]를 줄여야 한다.

여러분은 가장 중요한 정보를 유지하면서 벡터의 차원 수를 줄이려고 할 수 있다. 이 기법을 **차원성 축소(dimensionality reduction)**라고도 한다. 다양한 차원성 축소 알고리즘이 있으므로 우리는 다른 시나리오에서도 재사용할 수 있는 알고리즘을 살펴보려 한다.

흔히 쓰는 차원성 축소 알고리즘은 **주성분 분석(principal component analysis, PCA)**이다. 이름에서 알 수 있듯이 PCA는 특징 벡터 집합에서 가장 중요한 특징만을 식별하고 그 밖의 특징들을 버린다. CNN에서 추출한 특징 벡터들에는 각기 1,024개의 값이 있다. 여러분은 PCA를 사용하여 각 특징 벡터의 1,024개 값을 최대 8개의 서로 다른 값으로 병합(merge)하려고 한다. PCA를 사용하면 1,024개의 좌표가 있는 그래프의 점/벡터를 8개의 좌표가 있는 그래프의 점/벡터로 변환할 수 있다.

직관적으로 생각해 볼 때, PCA 알고리즘은 각 벡터의 각 특징의 값을 통해 값이 가장 많이 다른 특징을 찾는다. 이러한 특징이 가장 중요하다. PCA는 다른 PCA를 폐기하는 것이 아니라 정보를 잃지 않기 위해 그것들로부터 새로운 특징을 구축한다. 분산이 가장 높은 특징은 새 특징을 작성할 때 더 많은 가중치를 갖는다. PCA는 CNN에서 추출한 1,024 크기의 특징 벡터를 8개의 새로운 특징으로 결합하여 각 특징 벡터를 루씬의 점으로 색인화할 수 있다.

PCA는 여러 가지 방법으로 구현될 수 있다. 벡터를 다루기 때문에 큰 행렬에 그것들을 함께 쌓을 수 있고, 음이 아닌 행렬 인수분해(non-negative matrix factorization), 절단 특잇값 분해(truncated singular value decomposition) 등과 같은 행렬 인수분해 알고리즘을 사용할 수 있다. 특징 벡터 색인화를 위해, 그러한 PCA 알고리즘이 어떻게 작동하는지에 관한 자세한 내용은 다루지 않을 것이다. 그것들은 이 책의 범위를 벗어났기 때문이다. DL4J는 PCA를 구현할 수 있

는 도구를 제공하므로 대신 사용할 것이다.

CIFAR에는 각기 1,024개의 차원이 있는 약 50,000개의 이미지가 있으므로 여러분은 50,000개의 행(특징 벡터 수)과 1,024개의 열(특징 벡터 치수)을 가진 거대한 행렬을 지닌 셈이 된다. 여러분은 이 행렬을 50,000×8 행렬로 줄이고 싶을 것이다.

목록 8.5 **이미지 특징-벡터 행렬 작성**

```
CifarDataSetIterator iterator ...
INDArray weights = Nd4j.zeros(50000, 1024);  ◁─┤ 가중치 행렬을 생성한다.
while (iterator.hasNext()) {
    DataSet batch = iterator.next(batchSize);  ◁─┐ 전체(CIFAR) 데이터셋을 대상으로
    for (int k = 0; k < batchSize; k++) {           삼아 반복해서 처리한다.
        DataSet dataSet = batch.get(k);
        List<INDArray> activations = model
            .feedForward(dataSet.getFeatureMatrix(),
                false);  ◁─┤ CNN에서 순방향 전달을 수행한다.
        INDArray imageRepresentation = activations
            .get(activations.size() - 2);  ◁─┐ 조밀 계층으로부터 특징
        float[] aFloat = imageRepresentation.data().asFloat();     벡터를 추출한다.
        weights.putRow(idx, Nd4j.create(aFloat));  ◁─┐ 특징 벡터를 가중치
    }                                                     행렬에 저장한다.
}
```

전체 특징 벡터 행렬이 구축된 상태에서 PCA를 실행하고 루씬에서 FloatPoint들로 색인화될 수 있을 정도로 작은 벡터를 얻을 수 있다. 이 행렬이 너무 크기 때문에 PCA가 완료되는데 시간이 걸릴 수 있다는 점에 유의하자.

목록 8.6 **벡터 차원을 8로 축소하기**

```
int d = 8;  ◁─┤ 표적 벡터 크기
INDArray reduced = PCA.pca(weights, d, true);  ◁─┤ 가중치 행렬에서 PCA를 수행한다.
```

이 방법은 잘 작동하지만 〈Simple and Effective Dimensionality Reduction for Word Embeddings(단어 매장을 위한 간단하고 효율적인 차원성 축소)〉[53]라는 논문에서 단어 매장을 압축하는 기술을 빌려서 품질이 더 작은 특징 벡터를 더 많이 생성하고 이미지 벡터에도 사용할 수 있다. 이 기법은 PCA와 후처리 알고리즘의 조합을 바탕으로 매장의 어떤 특징이 다른 기능보다 '강함'을 강조한다. 더 강력한 매장을 위한 후처리 알고리즘은 〈All-but-the-Top: Simple

---

53 (Vikas Raunak) https://arxiv.org/abs/1708.03629

and Effective Postprocessing for Word Representa-tions(모두를 대표하는 단순하고 효과적인 후처리)》라는 논문에 설명되어 있다.[54] 여러분은 다음과 같이 DL4J에서 후처리를 구현할 수 있다.

목록 8.7 강력한 장식을 위한 후처리

```
private INDArray postProcess(INDArray weights, int d) {
    INDArray meanWeights = weights.sub(weights.meanNumber());  ◁── 가중치 행렬의 각 매장에서
                                                                    평균값을 제거한다.
    INDArray pca = PCA.pca(meanWeights, d, true);  ◁──────┐ 결과로 나온 가중치
                                                            행렬에서 PCA를 수행한다.
    for (int j = 0; j < weights.rows(); j++) {  ◁──┐
        INDArray v = meanWeights.getRow(j);         각 벡터의 특정
                                                    값을 강조한다.
        for (int s = 0; s < d; s++) {
            INDArray u = pca.getColumn(s);
            INDArray mul = u.mmul(v).transpose().mmul(u);
            v.subi(mul.transpose());  ◁──┐ 각 벡터의 기본 성분
        }                                  값을 추출한다.
    }
    return weights;  ◁── 수정된 가중치 행렬을 반환한다.
}
```

이 수정된 버전의 매장 차원성 축소 알고리즘은 가중치 행렬에서 후처리를 수행하고, PCA에 이어 감소된 가중치 행렬에서 후처리를 수행한다.

목록 8.8 매장 후처리를 통한 차원성 축소

```
int d = 8;
INDArray x = postProcess(weights, d);  ◁── 원래의 특징 벡터 값을 후처리한다.

INDArray pcaX = PCA.pca(x, d, true);  ◁── PCA를 수행하여 8차원 특징 벡터를 가져온다.

INDArray reduced = postProcess(pcaX, d);  ◁── 축소된 특징 벡터 값을 후처리한다.
```

이제 가중치 행렬을 반복해 각 행을 루씬에서 FloatPoint로 색인할 수 있다.

목록 8.9 특징 벡터 색인화

```
IndexWriter writer = new IndexWriter(directory, config);  ◁── IndexWriter를 생성한다.

for (int k = 0; k < reduced.rows(); k++) {  ◁────┐ 축소된 가중치 행렬의
    Document doc = new Document();              행을 반복한다.
    doc.add(new FloatPoint("features", reduced.getRow(k)
        .toFloatVector()));  ◁── 벡터를 FloatPoint로 색인한다.
```

---

54 (Jiaqi Mu, Suma Bhat and Pramod Viswanath) https://arxiv.org/abs/1702.01417

```
        doc.add(new TextField("label", label, Field.Store.YES));   ←──  현재 벡터와 관련된
                                                                         레이블을 색인한다.
        writer.addDocument(doc);   ←──┤ 문서를 색인한다.
}
writer.commit();   ←──┤ 변경 사항을 커밋한다.
```

이제 특징 벡터를 사용해 색인화된 이미지를 예제 이미지로 쿼리하고 검색 엔진에서 가장 비
슷한 이미지를 찾을 수 있다. 그래서 몇 가지 테스트를 실행하기 위해서 무작위로 색인된 이미
지를 얻어서 특징 벡터를 추출한 다음, FloatPointNearestNeighbor 클래스를 사용하여 검
색을 수행하면 된다.

목록 8.10 **최근접 이웃 검색**

```
int rowId = random.nextInt(reader.numDocs());           임의로 생성된 ID와 연결된
Document document = reader.document(rowId);   ←──┤     문서를 가져온다.
TopFieldDocs docs = FloatPointNearestNeighbor.nearest(searcher,
    "features", 3, reduced.getRow(rowId).toFloatVector());   ←──┐
ScoreDoc[] scoreDocs = docs.scoreDocs;                              입력 이미지 기능을
System.out.println("query image of a : " + document.get("label"));  추출하고 상위 세 개 결과를
for (ScoreDoc sd : scoreDocs) {   ←──┤ 검색 결과를 대상으로 반복해서 처리한다.  반환하는 최근접 이웃
    System.out.println("-->" + sd.doc + " : " +                     검색을 수행한다.
    reader.document(sd.doc).getField("label").stringValue());
}
```

예를 들어, 여러분은 개 이미지의 최근접 이웃도 개라고 레이블을 붙이기를 기대한다. 몇 가
지 출력을 보기로 들면 이렇다.

```
query image of a : dog
--> 67 : dog
--> 644 : dog
--> 101 : cat

query image of a : automobile
--> 2 : automobile
--> 578 : automobile
--> 311 : truck

query image of a : deer
--> 124 : deer
--> 713 : dog
--> 838 : deer

query image of a : airplane
--> 412 : airplane
```

```
--> 370 : airplane
--> 239 : ship

query image of a : cat
--> 16 : cat
--> 854 : cat
--> 71 : cat
```

여러분은 특징 추출부터 색인화, 마지막으로 이미지 검색까지 흐름을 다 따랐다. 필자는 여러분이 **국소성 민감 해싱**(locality-sensitive hashing, 또는 '지역 의존 해싱')이라는 알고리즘을 채택함으로써 검색 성능을 향상시킬 수 있다고 말했다. 다음 절에서는 이 알고리즘을 도입해 루씬에서 있음직한 한 가지 구현을 살펴본다.

8.4.3 국소성 민감 해싱

k 최근접 이웃(k-nearst neighbor)[55] 알고리즘의 가장 간단하면서도 있음직한 구현은 검색 엔진의 모든 기존 이미지를 통과하고 입력 이미지 특징 벡터를 각 색인 이미지 특징 벡터와 비교하며 k 최근접 이웃을 유지한다. 이 이웃들은 입력에 최근접인 이웃이다. 즉, 검색 결과다. 이 구현은 우리가 이전 절에서 구현해 본 것이다.

이전에 별과 군집을 비교한 예제(그림 8.14 등)를 다시 마음속에 떠올려 본다면, 그래프에 이미지 특징 벡터를 표시하고 군집화 알고리즘을 적용하면 군집과 중심점이 나온다는 점을 알 수 있을 것이다. 각 이미지는 어느 한 군집에 속하게 되고, 각 군집에는 중심(centroid)이 한 개 있으며, 이게 군집의 가운데인 것이다. 입력 이미지 특징 벡터를 모든 이미지의 모든 벡터와 비교하는 대신 여러분은 그것들을 중심점의 특징 벡터들과만 비교할 수 있다. 군집 수는 보통 점 수(벡터)보다 훨씬 적기 때문에 비교 속도가 빨라진다. 최근접 군집을 찾으면 여기서 일단 멈춰 이 군집에 속한 모든 벡터를 최근접 이웃으로 삼을 것인지, 아니면 최근접 군집에 속하는 다른 특징 벡터에 대해 두 번째 최근접 주변 검색을 수행할 것인지를 결정할 수 있다.

이 기본 아이디어는 여러 가지 방법으로 구현될 수 있다. 물론, 특징 벡터를 통해 k 평균 군집화 알고리즘을 실행하고, 특수한 레이블(예를 들어, 중심만 가지는 전용 필드 추가)로 중심을 색인해 검색 중에 중심을 가져오는 초기 쿼리를 수행할 수 있다. 중심을 사용할 수 있는 경우 정

---

55 [옮긴이] 여기서 k는 1, 2, ... 등의 숫자를 나타낸다. 즉, 첫 번째로 제일 가까운 이웃, 두 번째로 제일 가까운 이웃 등을 나타낼 때 쓰는 숫자다. 통계학(그리고 수리통계 기반 데이터 과학과 머신러닝 기법)에서 쓰는 알고리즘이다.

확하게 근접인 이웃이나 대략적으로 근접인 이웃(즉, 첫 번째로 찾아낸 중심보다 더 가깝고 최근접인 군집 점들)을 찾는 알고리즘을 한두 개 실행해 볼 수 있을 것이다.

이것의 한 가지 문제는 군집이 유지되어야 할 뿐만 아니라 최신 상태여야 한다는 점이다. 새로운 이미지가 색인화됨에 따라 군집이 변경되고, 결과적으로 중심이 변경될 수 있다. 이 경우에 군집화 알고리즘을 여러 번 실행해야 할 수 있다. 소형 벡터를 색인화하는 데 필요한 차원성 축소 알고리즘에도 동일하게 적용된다.

더 경량이면서도 오히려 좋은 접근법은 해시 함수와 해시 테이블을 사용해 근접한 중복 내용을 찾는 것이다. 해시 함수는 결정론적 함수가 항상 입력을 동일한 출력으로 변환할 수 있는 한 가지 방법이다(출력값에서 입력값을 복구할 수 없음). 이 작업에 해시 함수를 선택하는 이유는 근접한 중복 내용을 탐지하는 데 매우 능숙하기 때문이다. 두 값이 동일한 출력을 생성하면 **해시 충돌**(hash collision)을 일으킨다. 여러 가지 다른 입력에 해시 함수가 적용되어 그 입력을 신속하게 검색하고자 할 때 해시 테이블에서 수집할 수 있다. 해시 테이블의 좋은 점은 해시를 통해 항목을 검색할 수 있다는 것이다. 모든 항목을 스크롤하여 찾아야 하는 대신 해시 함수는 해시 테이블의 위치를 알려준다.

LSH에서 입력 이미지 특징 벡터는 유사한 항목이 동일한 **버킷**(buckets), 즉 해시 테이블에 매핑되도록 여러 다른 해시 함수를 거치게 된다. 내부적으로 LSH의 목적은 유사한 두 항목에 대한 해시 충돌 확률을 최대화하는 것이다. 입력 이미지가 LSH에 입력되면 여러 해시 함수를 통해 특징 벡터를 전달하며, 입력 이미지 특징 벡터가 끝나는 버킷은 입력 이미지와 비교해야 할 이미지를 말한다. 이 작업은 보통 빠른 해싱 기능만큼 빠르다. 또한, 특별한 유형의 해시 함수를 사용함으로써 대체로 비슷한 입력을 동일한 버킷에 매핑할 수 있다.

루씬에서는 전용 Analyzer를 생성해 이 접근 방식을 구현한다. 여러분이 구축할 LSHAnalyzer는 일반 텍스트처럼 색인에 저장된 해시 값이나 버킷을 생성하기 위한 몇 가지 단계를 수행한다. 따라서 FloatPoint 필드를 사용해 특징 벡터를 벡터 공간의 점으로 사용할 수 있지만, LSH에 대한 루씬의 텍스트 기능도 사용할 수 있다. LSH에서 생성된 해시 값을 일반 토큰으로 저장하자.

LSH 알고리즘은 특징 벡터 부분뿐만 아니라 전체 특징 벡터에 대한 해시를 생성한다. 이것은 일치하는 확률을 극대화하기 위해 행해진다. 먼저 특징 벡터를 토큰화하고 각 특징을 그 위치로 추출한다. 예를 들어, 특징 벡터 <0.1, 0.2, 0.3, 0.4, 0.5>에서 0.1(위치 0), 0.2(위치 1),

0.3(위치 2), 0.4(위치 3), 0.5(위치 4)의 토큰을 얻을 수 있다. 토큰 텍스트에 적용되는 해시 함수가 각 토큰의 위치에 따라 계산되도록 토큰 텍스트에 각 토큰의 위치를 통합할 수 있다. 전체 특징 벡터도 보관한다.

그런 다음 각 개별 토큰의 엔그램을 생성하자. 전체 벡터나 단일 특징의 해시를 만드는 것이 아니라 전체 벡터와 그 일부분을 만드는 것이다. 예를 들어, 특징 벡터 <0.1, 0.2, 0.3, 0.3, 0.4, 0.4_0.5>의 바이그램은 0.1_0.2, 0.2_0.3, 0.3_0.4, 0.4_0.5이다.

마지막으로, LSH를 루씬의 내장 MinHashfilter를 사용해 적용하자. MinHashfilter는 용어에 여러 해시 함수를 적용해 해당 해시 값을 생성한다.

목록 8.11 **LSHAnalyzer 클래스**

```
public class LSHAnalyzer extends Analyzer {
...
    @Override
    protected TokenStreamComponents createComponents(String fieldName) {
        Tokenizer source = new FeatureVectorsTokenizer();        ◁─── 특징 벡터 내 특징들을 토큰화한다.
        TokenFilter featurePos = new FeaturePositionTokenFilter(source);  ◁───
        ShingleFilter shingleFilter = new ShingleFilter                    위치 정보를 각 토큰
            (featurePos, min, max);        ◁─── 특징 엔그램을 작성한다.    엔그램에 첨부한다.
            shingleFilter.setTokenSeparator(" ");
        shingleFilter.setOutputUnigrams(false);
        shingleFilter.setOutputUnigramsIfNoShingles(false);
        TokenStream filter = new MinHashFilter(shingleFilter, hashCount,
            bucketCount, hashSetSize, bucketCount > 1);    ◁─── LSH 필터를 적용한다.
        return new TokenStreamComponents(source, filter);
    }
...
}
```

LSH를 사용하려면 특징 벡터를 색인화하는 필드에 대해 색인 시간과 찾기 시간에 모두 이 분석기를 사용해야 한다. LSH를 사용하면 이전 절에서와 같이 특징 벡터를 줄일 필요가 없다. 특징 벡터는 그대로 유지될 수 있고(예: 1,024개 값), LSHAnalyzer에 전달되어 특징 벡터 해시 값을 생성할 수 있다.

앞에서 여러분이 했듯이 해시 값들에 대해 호스트 역할을 할 필드로 사용할 수 있게 **LSHAnalyzer**를 구성하자.

목록 8.12 'lsh' 필드에 대한 LSHAnalyzer 구성

```
Map<String, Analyzer> mappings = new HashMap<>();  ◁─────  필드별 분석기를 포함할
                                                            맵을 생성한다.

mappings.put("lsh", new LSHAnalyzer());  ◁──────────────  문서에 'lsh'라는
                                                          필드가 있을 때마다
Analyzer perFieldAnalyzer = new PerFieldAnalyzerWrapper(new  LSHAnalyzer를 사용한다.
    WhitespaceAnalyzer(), mappings);  ◁───┤  필드별 분석기를 생성한다.

IndexWriterConfig config = new IndexWriterConfig(perFieldAnalyzer);  ◁───  정의된 Analyzer를 사용해
                                                                          색인화 구성을 생성한다.
IndexWriter writer = new IndexWriter(directory, config);  ◁───  루씬 문서를 색인화할
                                                                IndexWriter를 생성한다.
```

색인화 구성을 설정한 후에는 특징 벡터 색인화로 나아갈 수 있다. 각 행에 1,024개의 열 (특징 값)이 있는 행렬(예: weights)에서 각 이미지에 대한 특징 벡터를 추출했다고 가정하면 LSHAnalyzer에서 처리하는 **lsh**라는 필드에서 각 행을 색인화할 수 있다.

목록 8.13 LSH 필드의 색인 특징 벡터들

```
int k = 0;
for (String sl : stringLabels) {  ◁───  이미지의 레이블로 이미지를 반복
    Document doc = new Document();        처리한다(예를 들면, CIFAR 데이터셋의
    float[] fv = weights.getRow(k).toFloatVector();  ◁───  가중치 행렬로부터 특징
                                                            벡터를 가져온다.
    String fvString = toString(fv);  ◁───  특징 벡터를 float[] 형식에서
                                            문자열 형식으로 전환한다.
    doc.add(new TextField("label", sl, Field.Store.YES));  ◁───  현재 이미지 레이블을 색인화한다.

    doc.add(new TextField("lsh", fvString, Field.Store.YES));  ◁───  현재 이미지 특징 벡터를
                                                                    'lsh' 필드 안에 색인화한다.
    writer.addDocument(doc);  ◁───  현재 문서를 색인화한다.
    k++;
}
writer.commit();  ◁───┤  디스크에 변경사항을 저장해 유지한다.
```

LSH를 사용해 비슷한 이미지를 쿼리하려면 조회 이미지의 특징 벡터를 검색하고 토큰 해시를 추출한 다음, 이러한 해시를 사용해 단순 텍스트 조회를 실행하자.

목록 8.14 LSHAnalyzer를 사용한 쿼리

```
String fvString = reader.document(docId).get("lsh");  ◁───  쿼리 이미지 특징-벡터
                                                            문자열을 입수한다.
Analyzer analyzer = new LSHAnalyzer();  ◁───┤  LSHAnalyzer를 생성한다.

Collection<String> tokens = getTokens(analyzer, "lsh", fvString);  ◁───  LSHAnalyzer를
                                                                        사용해 특징
                                                                        벡터의 토큰 해시를
                                                                        가져온다.
```

```
BooleanQuery.Builder booleanQuery = new BooleanQuery.Builder();  ◁── 부울 쿼리를 생성한다.

for (String token : tokens) {
    booleanQuery.add(new ConstantScoreQuery(new TermQuery(new Term(
    fieldName, token))), BooleanClause.Occur.SHOULD);  ◁──
}                                                              각 토큰 해시에 대하여 용어 쿼리를
Query lshQuery = booleanQuery.build();  ◁── 쿼리 생성을 완료한다.   생성한다(상수 점수를 사용해).

TopDocs topDocs = searcher.search(lshQuery, 3);  ◁──
                                                     LSH 쿼리를 실행하고 세 가지
                                                     상위 결과를 취한다.
```

LSH를 사용하면 일반적으로 LSHAnalyzer에서 생성한 특징 벡터 용어가 차지하는 색인 공간이 더 많은 비용으로 최근접 이웃 검색을 사용해 쿼리를 수행함으로써 유사한 후보를 더 빨리 얻을 수 있다. LSH의 속도 편익은 색인 내 이미지 수가 매우 많을 때 특히 명확하다. 또한, 특징 벡터 차원을 작은 값(예: 이전 절에서와 같이 8)으로 줄이면 때때로 계산 비용이 아주 많이 들 수 있다. LSH는 특징 벡터들을 그런 식으로 전처리할 필요가 없으므로 쿼리 시간과 관계없이 그러한 시나리오에서 최근접 이웃보다 더 나은 선택이 될 수 있다.

8.5 레이블이 없는 이미지 다루기

이번 절에서는 레이블이 없는 이미지 집합을 가지고 있으며, 각 이미지에 적절한 계급(사슴, 자동차, 선박, 트랙 등)이 태그되어 있는 훈련 집합을 만들 수 없는 경우를 다룰 것이다.

이것은 여러분이 검색할 수 있는 여러분의 이미지 집합일 수 있다. 앞 절에서 보았듯이 각 이미지에 대한 벡터 표기가 있어야 그 내용을 바탕으로 검색할 수 있다. 그러나 이미지에 레이블이 없으면 이전 절에서 볼 수 있는 CNN 아키텍처를 활용하여 해당 특징 벡터들을 생성할 수 없다.

이 문제를 풀려면 입력 데이터 인코딩을 학습할 수 있는 일종의 신경망을 사용해야 하는데 일반적으로 원래 것보다 낮은 차원으로 시작해서 그것을 재구성하는 식이다. **오토인코더**(autoencoders, 또는 '자기부호기')라고 불리는 그러한 신경망은 일반적으로 **잠재 표현**(latent representation)이라고도 부르는 망의 한 부분이 고정된 크기의 벡터로 입력을 인코딩하고, 그 다음에 이 벡터가 다시 원래의 입력 데이터에서 변환되도록 만들어지는데, 이것은 표적 출력으로도 사용된다. 예를 들어, 이러한 오토인코더를 사용해 이미지 벡터를 8차원 벡터로 변환하여 루씬의 FloatPoint로 색인화할 수 있다. 입력 데이터를 원하는 차원(우리의 경우 8일 수 있음)을 가진 다른 벡터로 변환하는 오토인코더의 한 부분을 **인코더**(encoder, 또는 '부호기')라고

한다. 잠재 표현을 다시 원래의 데이터로 변환하는 망의 부분을 **디코더**(decoder, 또는 '**복호기**')라고 한다. 가장 흔히 볼 수 있는 인코더와 디코더의 구조는 그림 8.24의 오토인코더의 예에서 볼 수 있듯이 그저 거울에 비친 것과 같다.

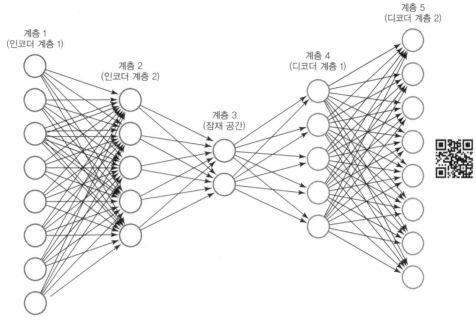

그림 8.24 **오토인코더(자기부호기)**

오토인코더의 변형은 아주 많다. 대형 이미지 벡터를 압축한 잠재 표현을 생성하는 경우 **변분 오토인코더**(variational auto encoder, VAE 또는 '**변분 자기부호기**')를 사용하자. 변분 오토인코더는 단위 가우스 분포를 따르는 잠재 표현을 생성한다.

레이블이 지정되지 않은 데이터로 오토인코더를 사용하기 위해 우리는 여전히 CIFAR 데이터셋을 사용하지만, 각 이미지에 부착된 계급을 사용해 망을 훈련하지는 않을 것이다. 대신에 훈련을 마친 후 검색 결과가 좋은지 여부를 평가하기 위해 그것들을 사용할 것이다. 그러나 이 방법의 중요한 부분은 이미지에 레이블이 없는 경우에도 이미지에 대해 특징 벡터와 같이 조밀한 벡터 표현을 생성할 수 있다는 것이다.

DL4J에서 크기가 8인 잠재 표현과 인코더 및 디코더를 모두 위하는 두 개의 은닉 계층으로 VAE를 구축해 보자. 첫 번째 은닉 계층은 256개의 뉴런을 가질 것이고, 두 번째 은닉 계층은 128개의 뉴런을 가질 것이다.

목록 8.15 **변수 자동 코드 구성**

```
int height = 32;
int width = 32;
int numSamples = 2000;

MultiLayerConfiguration conf = new NeuralNetConfiguration.Builder()
    .list()
    .layer(0, new VariationalAutoencoder.Builder()          VAE에 특화된 빌더
            .activation(Activation.SOFTSIGN)                클래스를 사용한다.
            .encoderLayerSizes(256, 128)
            .decoderLayerSizes(256, 128)
            .pzxActivationFunction(Activation.IDENTITY)      디코더의 각 은닉 계층의
            .reconstructionDistribution(                     크기를 정의한다.
                new BernoulliReconstructionDistribution(
                    Activation.SIGMOID.getActivationFunction()))
            .numSamples(numSamples)
            .nIn(height * width)          입력 데이터의 크기
            .nOut(8)          잠재 표현의 크기
            .build())
    .pretrain(true).backprop(false).build();

MultiLayerNetwork model = new MultiLayerNetwork(conf);
model.init();
```

인코더의 각 은닉 계층의 크기를 정의한다. → (encoderLayerSizes)

여러분은 CIFAR 이미지를 사용해 VAE를 훈련하기를 바라겠지만 이전 절에서 설명한 것처럼 이미지는 여러 채널로 구성되어 있다. CIFAR의 경우 각 이미지는 32×32인 3개 행렬과 연관되어 있다. 단일 채널을 사용하더라도 오토인코더는 행렬이 아닌 벡터를 예상한다. 이를 수정하려면 32×32 행렬을 크기가 1,024인 벡터로 다시 포맷해야 하는데 이 벡터는 다음 코드에 나와 있는 것처럼 **모양 변경(reshaping)** 작업에 의해 수행될 수 있다. 간단히 논의해 볼 수 있게 회색조(그레이스케일) CIFAR 이미지를 사용한다고 가정하고, 그래서 세 개 채널이 아닌 한 개 채널만 사용한다고 가정하자.

목록 8.16 **변분 오토인코더가 처리해 낼 수 있게 CIFAR 이미지들의 모양 변경하기**

```
int channels = 1;
int batchSize = 128;
CifarDataSetIterator dsi = new CifarDataSetIterator(
        batchSize, numSamples, new int[] {height, width,
        channels}, preProcessCifar, true);          CIFAR 데이터셋을 읽는다.

Collection<DataSet> reshapedData = new
    LinkedList<>();                                모양을 바꾼 데이터를 컬렉션에
while (dsi.hasNext()) {          이미지들을 반복해 처리한다.    저장해 VAE 훈련에 사용할 수
    DataSet batch = dsi.next(batchSize);                    있게 한다.
```

```
        for (int k = 0; k < batchSize; k++) {
            DataSet current = batch.get(k);
            DataSet dataSet = current.reshape(1, height *
                width);                                     ← 32 × 32에서 1로
            reshapedData.add(dataSet);  ←                     이미지 크기를 조정한다.
        }                                     모양을 바꾼 이미지를
    }                                          컬렉션에 추가한다.
dsi.reset();
```

일단 이미지가 다시 만들어지면 여러분은 훈련을 위해 그것들을 VAE에 주입할 수 있다.

목록 8.17 변분 오토인코더 미리 훈련하기

```
int epochs = 3;
DataSetIterator trainingSet = new              컬렉션을 DL4J의
    ListDataSetIterator<>(reshapedData);  ←     DataSetIterator로 변환한다.
model.pretrain(trainingSet, epochs);  ←      VAE를 여러 에포크에
                                              맞게 훈련한다.
```

훈련이 끝나자마자 마침내 각 이미지 잠재 표현을 루씬 색인으로 색인화할 수 있다. 더 간단하게 평가하기 원한다면 각 이미지의 레이블을 검색 엔진에 색인할 수도 있다. 이렇게 하면 조회 이미지의 레이블을 결과 이미지의 레이블과 비교할 수 있다.

목록 8.18 VAE에서 추출한 색인화 이미지 벡터들

```
VariationalAutoencoder vae = model.getLayer(0);  ←    이미지 벡터들을 추출할
                                                       VAE를 입수한다.
trainingSet.reset();
List<float[]> featureList = new LinkedList<>();
while (trainingSet.hasNext()) {  ←                 CIFAR 이미지들을
    DataSet batch = trainingSet.next(batchSize);    반복해서 처리한다.
    for (int k = 0; k < batchSize; k++) {
        DataSet dataSet = batch.get(k);
        INDArray labels = dataSet.getLabels();
        String label = cifarLabels.get(labels.argMax(1)
                .maxNumber().intValue());  ←
                                                  현재 이미지에 부착된
                                                  레이블을 가져온다.

        INDArray latentSpaceValues = vae.activate(dataSet
                .getFeatures(), false, LayerWorkspaceMgr
                .noWorkspaces());  ←
        float[] aFloat = latentSpaceValues.data().asFloat();  재구성한 현재 이미지를
        Document doc = new Document();                          입력으로 삼아 VAE가
        doc.add(new FloatPoint("features", aFloat));           순방향 전달을 수행하게
        doc.add(new TextField("label", label, Field.Store.YES)); 한다.
        writer.addDocument(doc);  ←
        featureList.add(aFloat);  ←             문서와 이 문서의 이미지 벡터와
    }                                            이 벡터의 레이블을 사용해 문서를
            각 이미지에 대해 추출한 특징들을       색인화한다.
            리스트에 저장해 나중에 쿼리할 때
              사용할 수 있게 한다.
```

```
    }
    writer.commit();
```

모든 이미지를 잠재된 표현과 레이블로 색인화하면 루씬의 FloatPointNeestNeighbor를 사용해 최근접 이웃을 검색할 수 있다. 각 쿼리 및 결과 이미지 데이터를 보지 않고 결과가 양호한지 확인하려면 조회와 결과 이미지가 동일한 레이블을 공유하는지 확인하자.

목록 8.19 이미지를 사용해 최근접 이웃 기법으로 쿼리하기

```
DirectoryReader reader = DirectoryReader.open(writer);
IndexSearcher searcher = new IndexSearcher(reader);

Random r = new Random();
for (int counter = 0; counter < 10; counter++) {
    int idx = r.nextInt(reader.numDocs() - 1);  ◁── 난수를 하나 선택한다.
    Document document = reader.document(idx);  ◁───┐
    TopFieldDocs docs = FloatPointNearestNeighbor   │ 난수를 문서 식별자로
        .nearest(searcher, "features", 2, featureList  │ 삼아 문서를 검색한다.
        .get(idx));  ◁──────────────────┐
    ScoreDoc[] scoreDocs = docs.scoreDocs;  │ 문서 식별자와 관련된 이미지 벡터를
    System.out.println("query image of a : " +  │ 사용해 최근접 이웃을 검색한다.
        document.get("label"));  ◁──┤ 쿼리 이미지의 레이블을 프린트한다.
    for (ScoreDoc sd : scoreDocs) {
        System.out.println("-->" + sd.doc +" : " +
            reader.document(sd.doc).getField("label")
            .stringValue());  ◁──┐
    }                              │ 결과 이미지 문서 식별자 및
    counter++;                     │ 레이블을 인쇄한다.
}
```

우리는 쿼리 및 결과 이미지가 대부분의 경우에 동일한 레이블을 공유하기를 기대한다. 다음 출력에서 확인할 수 있다.

```
query image of a : automobile
-->277 : automobile
-->1253 : automobile
query image of a : airplane
-->5250 : airplane
-->1750 : ship
query image of a : deer
-->7315 : deer
-->1261 : bird
query image of a : automobile
-->9983 : automobile
-->4239 : automobile
```

```
query image of a : airplane
-->6838 : airplane
-->4999 : airplane
```

예상대로 대부분의 결과는 쿼리와 레이블을 공유한다. 또한, 최근접 이웃 검색 대신에 이전 절에 설명된 국소성 민감 해싱 기법을 사용할 수 있다는 점에 유의하자.

요약

- 이미지와 같은 2진 형식 콘텐츠를 검색하려면 이미지 전체에서 비교할 수 있는 시각적 의미를 파악해 낼 수 있게 하는 표현을 학습해야 한다.

- 특징 추출에 대한 기존 기법은 한계가 있으며, 상당한 공학적 노력이 필요하다.

- 합성곱 신경망은 훈련되는 중에 이미지 표현 추상화(윤곽선, 모양, 물체)를 점진적으로 학습할 수 있기 때문에, 합성곱 신경망은 딥러닝이 최근에 인기를 얻게 한 핵심 요인 중의 하나가 되었다.

- CNN은 비슷한 이미지를 검색하는 데 사용될 수 있는 이미지에서 특징적인 벡터를 추출하는 데 사용될 수 있다.

- 특징 벡터에 기초한 이미지 검색을 위한 최근접 이웃 접근법에 대한 대안으로서 국소성 민감 해싱 기술이 사용될 수 있다.

- 오토인코더는 이미지에 레이블이 지정되지 않은 경우에 이미지 벡터를 추출하는 데 도움을 줄 수 있다.

CHAPTER

9

성능 엿보기

이번 장에서 다루는 내용

- 프로덕션에서 딥러닝 모델 설정
- 성능 및 구축 최적화
- 데이터 스트림과 연동할 수 있는 실제 신경 검색

앞의 8장을 읽고 난 후에 여러분은 딥러닝에 대해서 넓게 이해할 뿐만 아니라 딥러닝이 어떻게 검색을 향상시킬 수 있는지에 대해서도 넓게 이해했기를 바란다. 이때 사용자를 위한 성공적인 검색 엔진 시스템을 설정할 때 딥러닝을 최대한 활용할 준비가 되어 있어야 한다. 그러나그 과정에서 여러분은 이러한 아이디어를 실제 프로덕션 시스템에 적용하는 것을 궁금해 했을 것이다.

- 이러한 접근 방식은 프로덕션 시나리오에서 어떻게 실제로 적용되고 있는가?
- 이러한 딥러닝 알고리즘을 추가하면 시스템의 시간이나 공간이 크게 제약될까?
- 그 영향은 얼마나 크며, 어떤 부분이나 어떤 처리 과정(예: 검색 및 색인화)에 영향을 받는가?

이번 장에서는 이러한 현실적인 문제를 다루고 딥러닝과 신경망을 검색 엔진에 적용할 때 고려해야 할 사항을 설명하겠다. 검색 엔진과 신경망이 나란히 작동할 때 성능을 조금 살펴보고, 이러한 딥러닝 기법을 실제로 적용하기 위한 몇 가지 예시를 제안하는 데 중점을 두고자 한다.

앞의 장들에서는 딥러닝이 해결할 수 있는 몇 가지 다른 검색 문제들을 탐구했다. 동의어 확장(2장)을 한다거나 재귀 신경망을 사용해 쿼리를 확장(3장)하기 위해 word2vec 모델 애플리케이션을 적용하려고 한다면 여러분은 데이터가 신경망 안팎으로 그리고 검색 엔진 안팎으로 흐른다는 점을 다시 기억해 낼지도 모르겠다. 우리는 검색 엔진과 신경망을 실제 소프트웨어 아키텍처에서 두 개의 분리된 구성 요소로 간주할 수 있다. 정확한 출력을 예측하려면 신경망을 훈련해야 한다. 동시에 검색 엔진은 사용자가 검색할 수 있도록 데이터를 수집해야 한다. 딥러닝을 사용했을 때 더욱 효과적인 검색 결과를 도출하려면 우리는 효과적인 신경망이 필요하다. 이러한 요구 사항은 몇 가지 논리계산적 문제를 제기하는 다소 상충되는 요구 사항이다.

- 색인화하기 전에 훈련이 이루어져야 하는가?
- 아니면 색인화가 먼저 일어나야 하는가?
- 데이터 공급 작업을 결합할 수 있을까?
- 데이터 갱신을 어떻게 처리하는가?

신경망을 이용한 검색 엔진을 실무에 배치하려 할 때 고려할 사항들을 살펴보며, 이 질문들 중 몇 가지에 대해 대답하겠다.

9.1 성과 및 딥러닝의 약속

새로운 딥러닝 아키텍처는 점점 더 복잡한 과제를 해결하기 위해 지속적으로 발표된다. 우리는 이 책에서 그중 일부를 살펴보았다. 예를 들어, 텍스트를 생성하는 일(3, 4장), 한 언어에서 다른 언어로 텍스트를 번역하는 일(7장), 내용에 따라 이미지를 분류하고 표현하는 일(8장) 등이다. 전체 모델뿐만 아니라 새로운 유형의 활성 함수, 비용 함수, 역전파 알고리즘 최적화, 가중치 초기화 체계 등이 지속적으로 연구되며 출판되고 있다.

이 책에서 소개한 딥러닝 개념은 지금까지 나온 신경망 구조에 적용되었는데 (바라건대) 새로운 신경망 구조에도 적용될 것이다. 검색 엔진 인프라를 책임지고 있는 연구원이라면 특정 작업에 가장 적합하다고 입증된 접근 방식을 찾을 것이다. 이런 접근 방식을 **예술의 경지에 오른 방식**(state of the art, 또는 '**첨단 기법**')이라고도 부른다. 예를 들어, 기계 번역이나 이미지 검색에 대해 생각해 보면 이 책을 쓰는 시점에서 기계 번역에 대한 최신 기술은 주의 기제 기반 인코더-

디코더 망과 같은 시퀀스-투-시퀀스 모델로 표현된다.[56] 여러분이 그러한 최신 모델을 구현해 보고 싶어 할 텐데, 관련 연구 논문에서 볼 수 있는 모델과 같은 좋은 결과를 기대해 볼 수 있을 것이다. 그런 경우라면 논문에서 설명한 모델을 재현한 후에 여러분이 준비한 데이터와 인프라에서도 효과적으로 작동할 수 있게 하는 게 무엇보다 먼저 해볼 일이다. 그렇게 하려면 다음과 같이 해야 한다.

- 신경망은 정확한 결과를 제공해야 한다.

- 신경망은 빨리 결과를 제공해야 한다.

- 소프트웨어와 하드웨어는 시간과 공간의 측면에서 계산 부하에 적합해야 한다(그리고 훈련에 많은 비용이 든다는 점을 기억하자).

다음 절에서는 특정 과제를 해결하기 위해 신경망 모델을 구현하는 전체 과정을 살펴보고, 이러한 과제를 해결하기 위해 어떤 일반적 단계를 수행해야 하는지 살펴보겠다.

9.1.1 모델 설계로부터 모델 산출로

8장에서 여러분은 이미지를 분류하는, 복잡한 신경망이 작동하는 것을 보았다. 일단 훈련이 완료되었다면, 여러분은 검색 엔진을 사용해 색인화함으로써 검색할 수 있게 할 특징 벡터들을 추출해 내기 위해 망을 사용하게 된다. 그러나 우리는 신경망 분류의 정확도를 감안하지 않았다. 이제 검색 엔진과 함께 사용할 수 있는 좋은 신경망 모델을 구축하기 위한 정확도와 훈련 시간 및 예측 시간에 대한 몇 가지 수치를 추적해 보겠다. 8장에서 사용한 CIFAR 데이터셋으로 돌아가서 훈련 시간을 합리적으로 유지하면서 정확도를 높이기 위해 신경망 모델을 점진적으로 조정하는 방법을 살펴보자. 여러분의 프로젝트에서 그러는 것처럼 단계별로 살펴보겠다.

실무용 데이터라면 색인화 작업에는 비용이 많이 든다. CIFAR에 들어 있는 이미지가 수십만 개에 불과하지만, 많은 실무용 배포본에는 수십만 개에서 수백만 개 또는 수십억 개의 이미지나 문서를 색인화해야 한다. 이미지의 특징 벡터를 사용하여 1억 개의 이미지를 색인화하는 경우에 특징 벡터가 이미지 내용을 정확하게 반영하지 않는 경우라면 필요한 만큼 처리 과정이 반복되지 않을 것이므로 사용자 경험이 훌륭한 것이 되지 못한다. 따라서 여러분은 특징

---

56 〈Attention Is All You Need〉(Ashish Vaswani et al.) https://mng.bz/nQZK

벡터를 색인화하기 전에 일반적으로 몇 가지 실험과 평가를 수행해야 한다.

이미지를 분류할 때 좋은 결과를 얻은 최초의 CNN 기반 아키텍처 중 하나인 LeNet 아키텍처(https://yann.lecun.com/exdb/lenet)와 유사한 CNN부터 시작해 보자. 이것은 8장에서 설정한 방식과 비슷하며, 간단한 CNN이지만 합성곱 계층의 깊이, 감수 영역의 크기, 보폭 및 조밀 계층 차원에 대한 구성 파라미터가 약간 다르다(그림 9.1 참고).

이 모델에는 합성곱 계층의 두 시퀀스와 최대 풀링 계층 및 완전 연결 계층이 있다. 필터의 크기는 5×5이며, 첫 번째 합성곱 계층의 깊이는 28이고, 두 번째 합성곱 계층의 깊이는 10이다. 조밀 계층은 크기가 500이다. 최대 풀링 계층의 보폭은 2다.

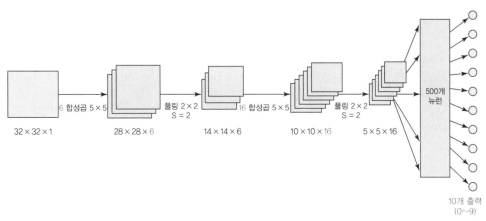

그림 9.1 LeNet 모델의 예

목록 9.1 LeNet 모델 유형

```
MultiLayerConfiguration conf = new NeuralNetConfiguration.Builder()
    .list()
    .layer(0, new ConvolutionLayer.Builder(new int[]{5, 5}, new int[]{1, 1}
        , new int[]{0, 0}).convolutionMode(ConvolutionMode.Same)
        .nIn(3).nOut(28).activation(Activation.RELU).build())
    .layer(1, new SubsamplingLayer.Builder(PoolingType.MAX,
        new int[]{2,2}).build())
    .layer(2, new ConvolutionLayer.Builder(new int[]{5,5}, new int[] {1,1},
        new int[] {0,0}).convolutionMode(ConvolutionMode.Same)
        .nOut(10).activation(Activation.RELU).build())
    .layer(3, new SubsamplingLayer.Builder(PoolingType.MAX,
        new int[]{2,2}).build())
    .layer(4, new DenseLayer.Builder().nOut(500).build())
    .layer(5, new OutputLayer.Builder(LossFunctions.LossFunction
        .NEGATIVELOGLIKELIHOOD)
```

```
        .nOut(numLabels).activation(Activation.SOFTMAX).build())
    .backprop(true)
    .pretrain(false)
    .setInputType(InputType.convolutional(height, width, channels))
    .build();
```

이 모델은 오래되었으므로 좋은 성능을 낼 것이라고 기대하지 않는 편이 좋지만, 이처럼 규모가 작은 모델로 일단 시작해 보면서 어디까지 나아갈 수 있는지를 확인해 보는 것도 바람직하다.

처음에는 CIFAR 데이터셋에서 2,000개 이상의 예제를 훈련해 모델 파라미터가 얼마나 우수한지에 대한 간단한 피드백을 얻어 보자. 모델이 너무 빠르게 발산한다면 피드백을 얻기 전까지 엄청나게 큰 훈련 집합을 적재하지 않아도 된다.

목록 9.2 CIFAR에서 2,000개 이상의 샘플 훈련

```
int height = 32;
int width = 32;
int channels = 3;        CIFAR 데이터셋의 임의
                         표본(random sample)⁵⁰을
int numSamples = 2000; ◄  2,000개만 사용하자.
int batchSize = 100;
boolean preProcessCifar = false;
CifarDataSetIterator dsi = new CifarDataSetIterator(batchSize, numSamples,
    new int[] {height, width, channels}, preProcessCifar, true);

MultiLayerNetwork model = new MultiLayerNetwork(conf);
model.init();
for (int i = 0; i < epochs; ++i) {
    model.fit(dsi);
}
```

모델 평가

신경망이 이미지를 분류하는 방법을 얼마나 잘 학습하는지 관찰할 수 있게 DL4J UI를 사용하여 훈련 과정을 관찰한다. 최선의 경우라면 점수가 0점을 향해 꾸준히 감소하겠지만, 그림 9.2와 같이, 0에 가까운 지점에 도달하지 않으면서 아주 천천히 감소한다. 점수는 각 입력 이미지의 클래스를 예측하려고 할 때 신경망이 커밋하는 오차량을 측정한 값임을 기억하자. 그래서 이 통계량들을 보고 신경망이 잘 수행되리라고 기대하지 않을 수 있다.

---

57 [옮긴이] 임의의 표본을 확률 표본, 랜덤 표본, 무작위 추출 표본, 마구잡이 표본, 막 표본 등으로 다양하게 부른다.

머신러닝 모델에 대한 예측의 정확도를 평가하기 위해, 훈련(훈련 집합)에 사용되는 데이터 모음(collection)과 모델의 품질 테스트(테스트 세트)에 사용할 데이터 모음을 분리하는 편이 항상 더 낫다. 훈련이 진행되는 동안에, 훈련 중인 모델이 훈련용 데이터에만 **지나치게 적합**(overfit, **과적합**)하게 되어 버리면, 조금은 색다른 데이터를 사용해 일반화를 해볼 수 없는 상황에서는, 훈련용 데이터에 대해서만 우수한 정확도를 보이게 될 것이기 때문에, 훈련할 때 쓰이지 않은 데이터를 테스트용 데이터로 삼아 모델을 시험해 봄으로써 모델이 데이터에 대해 얼마나 잘 작동하는지를 알아낼 수 있다.

그림 9.2　**LeNet 훈련**

다른 이미지 집합에 별도의 반복자를 만들어 DL4J 도구에 전달해 평가할 수 있게 한다.

목록 9.3　DL4J를 이용한 모델 평가

```
CifarDataSetIterator cifarEvaluationData = new
    CifarDataSetIterator(batchSize, 1000, new int[] {
    height, width, channels}, preProcessCifar, false); ⬅─┤ 테스트 집합 반복자 생성
Evaluation eval = new Evaluation(cifarEval
    .getLabels()); ⬅─┤ DL4J 평가 도구 인스턴스화

while(cifarEvaluationData.hasNext()) { ⬅─┤ 테스트 데이터셋을 대상으로
                                          반복 처리한다.

    DataSet testDS = cifarEvaluationData.next(
        batchSize); ⬅───── 다음 미니배치 데이터를
                           가져온다(이 경우에는 100개).

    INDArray output = model.output(testDS
        .getFeatureMatrix()); ⬅─┤ 현재 배치에 대한 예측을 수행한다.

    eval.eval(testDS.getLabels(), output); ⬅── 실제 출력 및 CIFAR 출력 레이블을
}                                             사용해 평가한다.
System.out.println(eval.stats()); ⬅──── 표준 출력에 대한 통계량을
                                        프린트한다.
```

평가 통계량으로는 정확도(accuracy), 정밀도(precision), 재현율(recall), **F1 점수**(F1 score) 및 혼동 행렬(confusion matrix)과 같은 계량(metric, 또는 측정기준)이 포함된다(F1 점수는 값이 0과 1 사이이고, 정밀도와 재현율을 고려하는 측정값이다).

```
========================Evaluation Metrics========================
 # of classes:     10
 Accuracy:         0.2310
 Precision:        0.2207
 Recall:           0.2255
 F1 Score:         0.2133
Precision, recall & F1: macro-averaged (equally weighted avg. of 10 classes)

========================Confusion Matrix========================
   0  1  2  3  4  5  6  7  8  9
\\------------------------------
  31  9  4 10  2  3  6  3 26  9 | 0 = airplane
   6 19  0  7  6  6  4  0 16 25 | 1 = automobile
  18  8  6 14  8  6 15  4 12  9 | 2 = bird
  11 14  1 28 14  5  8  6  3 13 | 3 = cat
   8  5  3 14 15  5 15  7  5 13 | 4 = deer
   9  5  5 21 18  8  8  1  3  8 | 5 = dog
   8  9  7 12 21  4 29  7  5 10 | 6 = frog
  11 11  8 13  8  4  6 10 11 20 | 7 = horse
  18  6  1  9  4  1  2  2 47 16 | 8 = ship
  12 12  2  8  6  3  2  3 23 38 | 9 = truck
```

혼동 행렬에서는 첫 번째 행의 계급인 airplane에 대해 31개의 표본이 정확하게 할당되었지만, 거의 동일한 수의 예측(26)이 비행기의 이미지를 위해 잘못된 계급인 ship을 할당받았음을 알 수 있다. 이상적으로 혼동 행렬은 오른쪽 대각선에 높은 값을 포함하고 다른 모든 곳에 낮은 값을 포함할 것이다.

numSamples 값을 5000으로 변경하고 훈련 및 평가를 다시 수행하면 더 나은 결과를 기대할 수 있다.

```
========================Evaluation Metrics========================
 # of classes:     10
 Accuracy:         0.3100
 Precision:        0.3017
 Recall:           0.3061
 F1 Score:         0.3010
Precision, recall & F1: macro-averaged (equally weighted avg. of 10 classes)

========================Confusion Matrix========================
   0 1 2 3 4 5 6 7 8 9
\\------------------------------
  38  2  6  3  5  1  1  9 25 13 | 0 = airplane
   4 34  3  2  4  4  6  4 14 14 | 1 = automobile
  15  4 12  7 15  9 16  8 10  4 | 2 = bird
   7  4  4 26 16 11 15 13  1  6 | 3 = cat
```

```
   4  2 10  9 24  7 13  5  8  8 | 4 = deer
   7  5  5 19  9 14 11  7  3  6 | 5 = dog
   3  8 10  9 22  5 40 12  1  2 | 6 = frog
   4  8  6 13 12  2  9 29  2 17 | 7 = horse
  17  5  2  8  4  2  0  4 51 13 | 8 = ship
   7 13  3  4  4  3  2 10 21 42 | 9 = truck
```

F1 점수는 9%(0.30 대 0.211)나 올라서 큰 진전을 보였지만, 30% 정도만 좋은 결과를 보이고 있는데 이는 프로덕션에 적합하지 않다.

신경망 훈련이 역전파 알고리즘을 사용한다는 점을 다시 기억해 내자(예: 재귀 신경망에 대한 시간을 통한 역전파와 같은 특정 아키텍처에 따라 변형이 있는 경우). 역전파 알고리즘은 전체 오차율이 감소하도록 가중치를 조정해 망이 저지른 예측 오차를 줄이는 것이 목표다. 어느 시점에는 알고리즘이 가능한 한 가장 낮은 오차를 가진 일련의 가중치(예: 서로 다른 계층의 뉴런 사이의 연결에 부착된 가중치)를 발견할 것이지만, 훈련에 사용된 데이터의 특징에 따라서는 오랜 시간이 걸릴 수 있다.

- **훈련 사례의 다양성(diversity in training examples)**: 어떤 글(텍스트)은 정중한 문체로 작성되는 한편, 그 밖의 어떤 글은 속된 말로 작성되는 경우도 있다. 그뿐만 아니라 어떤 사진(이미지)은 낮에 찍은 것이고 그 밖의 어떤 사진은 밤에 찍은 것일 수도 있다.
- **훈련 사례 속 잡음(noise in the training examples)**: 일부 텍스트에는 오타나 문법 오류가 있다. 또는 일부 이미지는 품질이 떨어지거나 워터마크나 그 밖의 잡음 종류가 들어 있어 훈련을 더욱 어렵게 한다.

좋은 가중치 집합에 수렴하는 신경망 훈련의 능력 또한 **학습 속도(learning rate)**와 같은 조정 파라미터에 크게 좌우된다. 이 점에 관해서 이미 말한 적이 있지만, 모델을 바로잡는 데 필요한 근본 측면이라는 점을 거듭 강조해 두는 것이 좋겠다. 학습 속도가 너무 빠르면 훈련에 실패하게 되고, 너무 느리면 좋은 가중치 집합으로 수렴하게 하는 데 너무 오랜 시간이 걸릴 것이다.

그림 9.3은 동일한 신경망의 훈련 손실이지만, 학습 속도는 서로 다르다. 두 학습 속도가 시간이 지남에 따라 동일한 가중치로 수렴된다는 것을 분명히 알 수 있다. 학습은 t0 시각에 시작한다. 여러분이 t1이나 t2에 훈련을 중단한다면 어떻게 될지를 생각해 보자. 반복을 얼마 하지 않은 채로(시각 t1 이전에) 훈련을 중단하면 빠른 학습 속도를 배제할 수 있다. 학습 속도가 줄어드는 대신에 손실이 늘기 때문이다. t2 시각에 훈련을 중단한다면 느린 학습 속도가 빠른 학

습 속도와 동일한 점수를 유지하거나 더 늘기 때문에 여러분은 느린 학습 속도를 버릴 것이다. 따라서 합리적인 파라미터를 설정함으로써 있음직한 아키텍처 몇 가지를 고안하고, 몇 가지 실험을 하는 것이 좋다.

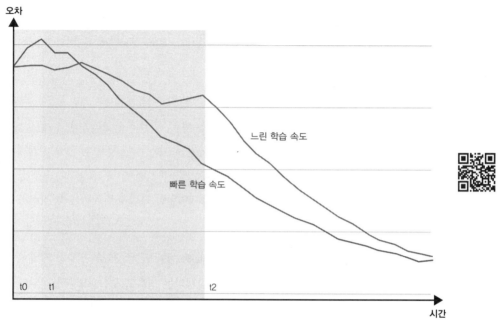

그림 9.3 **같은 신경망인데도 학습 속도가 다르면 훈련 손실도 달라진다**

DL4J의 Updater 구현에서 신경망에 대한 학습 속도를 설정할 수 있다.

목록 9.4 **학습 속도 설정**

```
MultiLayerConfiguration conf = new NeuralNetConfiguration.Builder()
    .updater(new Sgd(0.01)) ◁──┤ 학습 속도를 0.01로 설정한다.
    ...
    .build();
```

더 많은 가중치 추가

학습할 가중치를 더 많이 사용할수록 훈련하는 데 더 많은 시간과 자원이 필요해질 수 있다. 일반적인 실수는 계층을 추가하거나 계층의 크기를 가능한 한 많이 늘리는 것이다. 그러나 계층을 추가하면 망에 있는 가중치 개수가 사례 개수보다 훨씬 적은 경우처럼 그 밖의 많은 훈련 사례 개수에 충분할 만한 훈련 능력이 없을 때 도움이 될 수 있으며, 신경망이 좋은 가중치의 집합에 수렴하는 데 어려움을 겪고 있을 때(아마도 점수는 일정 값 이하로 내려가지 않을 것이다) 도움이 될 수 있다.

앞의 절에서 정의한 코드는 5,000개의 사례로 비교적 가벼운 CNN을 훈련시켰다. 합성곱 계층(각각 96개, 256개)을 더 깊게 만들면 어떻게 되는지 보자. 5,000개 사례에 대한 훈련 시간은 10분에서 1시간으로 증가하며, 평가 통계량은 다음과 같다.

```
======================Evaluation Metrics========================
 # of classes:      10
 Accuracy:          0.3011
 Precision:         0.3211
 Recall:            0.2843
 F1 Score:          0.3016
```

이 경우 망에 더 많은 능력을 추가할 가치가 없었다.

현장에서 심층 신경망을 다루려면 약간의 경험이 필요하지만, 그렇다고 해서 마법 같은 일은 아니다. 학습할 가중치의 수는 중요한 요인이다. 즉, 훈련 집합의 데이터 점 개수는 항상 가중치의 수보다 적어야 한다. 이 규칙을 따르지 않을 경우에 신경망이 과적합되거나 수렴하지 않게 되는 결과가 나올 수 있다.

데이터에 관해서 조금 생각해 보자. 여러분에게 크기가 32×32 픽셀인 작은 이미지가 있다고 해보자. CNN은 풀링 계층으로 하향 표본추출을 하면서 시간이 지남에 따라 복잡한 계층으로 특징들을 배운다. 아마도 초기 연결 계층에 몇 개의 가중치를 더 주지만, 풀링 계층에 1이 아닌 2라는 **보폭(stride)** 값을 주는 것이 도움이 될 것이다. 망을 훈련하면 더 짧은 시간에 약간 더 나은 결과를 얻을 수 있다.

```
======================Evaluation Metrics========================
 # of classes:      10
 Accuracy:          0.3170
 Precision:         0.3069
 Recall:            0.3297
 F1 Score:          0.3316
```

풀링 계층 변경에 힘입어 훈련은 7분이 아닌 5분 만에 끝나며, 결과 품질도 향상됐다. 이게 별것 아닌 것처럼 보일 수도 있지만, 전체 데이터셋을 훈련할 때 실질적인 차이를 만들 것이다.

더 많은 데이터를 사용해 훈련하기

지금까지 여러분은 CIFAR 데이터셋의 몇 가지 사례만 가지고 실험해 보았다. CNN 모델이 얼마나 잘 작동하는지 더 잘 이해하려면 더 많은 데이터로 모델을 훈련해 보아야 한다.

CIFAR에는 5만 개 이상의 이미지가 있으며, 데이터셋의 대부분을 훈련에 사용할 수 있는 방식으로 데이터셋을 분할해야 하지만, 많은 이미지를 사용해 평가를 수행할 수 있어야 한다.

전체 데이터셋을 사용하기 전에 운영 시나리오의 사용 가능한 하드웨어 및 요구 사항에 대한 훈련을 통해 소요되는 시간을 기록해 두는 것이 중요하다. 2,000개의 이미지를 가진 10개 에포크 훈련을 처음 반복하는 데 일반적인 노트북에서 3분이 걸렸고, 10개 에포크에 걸쳐 5,000개의 이미지를 훈련하는 데는 7분이 걸렸다. 이러한 시간은 신속한 피드백을 원하는 실험의 경우에 허용 가능한 시간이지만, 몇 에포크에 걸쳐 전체 데이터셋을 훈련하는 데는 몇 시간이 걸릴 수 있다. 무엇을 변경해야 하는지를 미리 알고 있다면 더 잘 사용할 수 있을 것이다.

이제 훈련용 이미지 5만 개, 평가용 이미지 1만 개 이상의 현재 설정을 실행해 보자. 훈련 종료 시 더 나은 평가 계량 결과와 더 낮은 점수가 기대된다.

```
==========================Evaluation Metrics==========================
 # of classes:     10
 Accuracy:         0.4263
 Precision:        0.4213
 Recall:           0.4263
 F1 Score:         0.4131
Precision, recall & F1: macro-averaged (equally weighted avg. of 10 classes)


==========================Confusion Matrix==========================
   0    1    2    3    4    5    6    7    8    9
\\------------------------------------------
 459   60   39   40   14   24   41   49  191   83  | 0 = airplane
  29  592    3   30    3   12   47   34   50  200  | 1 = automobile
  92   50  123   81  165   89  229   97   46   28  | 2 = bird
  19   34   40  247   48  200  216  103   19   74  | 3 = cat
  44   21   58   83  284   60  263  128   33   26  | 4 = deer
  11   22   69  189   63  337  158  100   29   22  | 5 = dog
   3   26   20   90   66   32  661   52    9   41  | 6 = frog
  24   38   27   86   72   69  107  494   18   65  | 7 = horse
 122   92   12   25    6   21   23   26  546  127  | 8 = ship
```

거의 모든 훈련 집합을 대상으로 훈련을 마친 후, 거의 세 시간 뒤에 (일반 노트북에서) 0.41이라는 F1 점수를 받았다. 여러분은 아직 그 모델의 정확도에도 만족할 수 없다. 이는 다시 말하면 모델의 오차가 59%까지 이를 수도 있다는 말이기 때문이다.

이 경우에 그림 9.4와 같이 손실 곡선을 보는 것이 유용하다. 곡선이 하향하고 있고 여러분이 더 많은 데이터를 가지고 있다면 계속 하향하게 될지도 모른다. 불행히도 이 경우에는 더 작은 테스트 집합을 사용하지 않는 한 그렇지 않다.

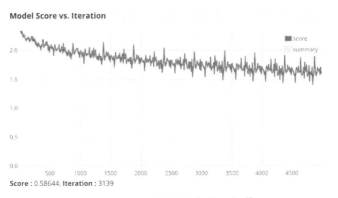

그림 9.4　CNN 전체 훈련 손실 그래프[58]

배치 크기 조정

그러한 곡선이 있을 때 한 가지 조사할 수 있는 것은 batch 파라미터에 잘못된 크기를 사용하고 있느냐 하는 것이다. **배치(batch, 즉 집단)** 또는 **미니배치(mini batch, 즉 소집단)**는 단일 배치 입력으로 결합해 신경망에 공급하는 훈련 예시 모음이다. 예를 들어, 한 번에 하나의 이미지를 공급하고, 따라서 한 번에 하나의 입력 체적(적층 행렬 집합)을 제공하는 대신 여러 개의 입력 체적을 함께 밀어 넣을 수 있다. 일반적으로 이렇게 하면 두 가지 결과가 나온다.

- 훈련이 더 빠르다.
- 훈련은 과적합하는 경향이 덜 하다.

58　이 그래프에 나오는 각 용어의 의미는 이렇다. Model Score vs. Iteration → 모델 점수 대 반복 회차, Score → 점수, summary → 합산, Iteration → 반복 회차

미니배치 파라미터를 1로 설정하면 특히 첫 번째 반복에서 현저하게 증가하거나 감소하는 곡선을 볼 수 있다. 반면, 너무 큰 미니배치를 가지고 있다면 망은 입력에서 거의 발생하지 않는 특정한 패턴과 특징에 대해 배우지 못할 수도 있다.

평탄한 손실 곡선은 데이터에 비해 너무 큰 배치 크기(100, 이 경우)와 관련이 있을 수 있다. 이와 같은 것이 차이를 만들 수 있는지 확인하려면 데이터셋의 작은 부분을 가지고 간략하게 테스트해 보면 좋다. 용기를 북돋아 주는 결과를 얻으면 나중에 데이터셋 전체를 사용해 훈련함으로써 설정 변경 사항을 입증할 수 있다. 그러면 배치 파라미터를 48로 설정하고, 5,000개의 예제를 훈련하고, 1,000개의 이미지에 대한 평가를 수행해 보자. 손실이 낮고 평활곡선을 예상할 수 있으며, 정확도가 향상되기를 희망할 수 있다.

```
=====================Evaluation Metrics=====================
 # of classes:    10
 Accuracy:        0.3274
 Precision:       0.3403
 Recall:          0.3324
 F1 Score:        0.3218
```

이 결과와 그림 9.5에서 볼 수 있듯이 배치 크기를 줄이는 데 도움이 되었다. 즉, 배치 크기를 100으로 설정한 경우보다 최솟값에 가까운 손실에 훨씬 더 빨리 도달했다. 그러나 훈련에는 시간이 더 걸렸다. 이전에는 7분이 걸렸는데 이번에는 9분이 걸렸다. 2분의 차이는 더 큰 규모로 나타날 수 있지만, 훈련 시간이 훨씬 더 나은 F1 점수로 결실을 맺는다면 받아들일 수 있다.

F1 점수는 0.30점에서 0.32점으로 향상됐다. 따라서 배치 크기를 줄이는 편이 좋다는 것을 전체 훈련을 통해 증명하면 될 것으로 보인다. 우리는 이와 같은 작은 훈련 집합의 F1 점수와 5만 개 이상의 이미지를 훈련할 때 도달한 F1 점수를 비교하지 않을 것이다. 이는 공정하지 않을 뿐만 아니라 노력하려는 마음을 좌절시킬 수 있기 때문이다. 하지만 크기가 더 작은 배치로 하면 더 잘할 수 있지 않을까? 배치 크기를 24로 설정하고 다음을 확인하자.

```
=====================Evaluation Metrics=====================
 # of classes:    10
 Accuracy:        0.3601
 Precision:       0.3512
 Recall:          0.3551
 F1 Score:        0.3340
```

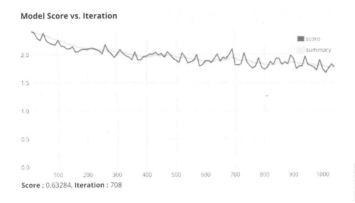

Score : 0.63284, Iteration : 708

그림 9.5 배치 크기가 48인 훈련

그림 9.6에서 볼 수 있듯이 곡선이 훨씬 더 선명하고, 손실은 배치가 48로 설정된 손실에 더 가깝다. F1 점수는 더 높지만, 훈련 시간은 9분이 아니라 13분이 걸렸다.

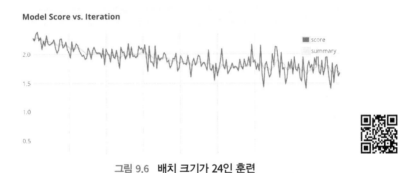

그림 9.6 배치 크기가 24인 훈련

평가하고 되풀이하기

이 시점에서 더 나은 수치를 얻기 위해 시간 자원과 계산 자원이라는 측면에서 더 많은 비용이 드는 훈련(예: 클라우드 서비스를 통한 프로덕션 훈련을 실행하는 경우에 더 많은 비용)을 감당할 수 있는지 여부를 결정해야 한다. 여러분이 생성한 다른 모델을 모델의 평가 계량 및 훈련 시간과 함께 저장해 여러분이 결정을 내려야 할 때 나중에 그것들을 선택할 수 있도록 하는 편이 더 좋다.

배치 크기가 작을수록 신경망은 더 다양한 입력을 더 잘 처리할 수 있어야 하지만, 곡선은 더 날카롭다. 5만 개의 사례가 있는 최신 모델을 랩톱에서 5시간 동안 훈련한 후에 다음과 같은 평가 결과를 얻었다.

```
========================Evaluation Metrics========================
 # of classes:    10
 Accuracy:        0.5301
 Precision:       0.5213
 Recall:          0.5095
 F1 Score:        0.5153
```

F1 점수는 0.41점 향상되어 그리 나쁘지 않은 0.51점에까지 도달했다. 그러나 이것은 여전히 최종 사용자들에게 배급할 만한 것은 아니다. 그러한 숫자로, 사용자들이 사슴의 이미지를 찾는다면 그들은 단지 5마리의 사슴만 얻을 수 있을 것이다. 남아 있는 이미지들은 고양이, 개, 심지어 트럭과 배를 보여줄 것이다!

더 깊은 합성곱 계층을 사용해 보았지만 도움이 되지 않았다. 여러분은 사용하는 데이터의 양에 따라 정확도가 향상되는 것을 보았을 것이다. 배치 크기는 프로토타이핑 단계에서도 정확하고, 더 나은 결과를 얻기 위해 중요한 파라미터임이 입증되었지만, 배치 크기의 변화는 훈련 시간에 영향을 미친다.

그러나 여전히 감안해야 할 몇 가지 요소가 있다.

- 에포크 횟수를 늘려 훈련한다.
- 가중치 및 편향치의 초기화를 점검한다.
- **정칙화**(regularization) 옵션을 살펴본다.
- 역전파 중에 신경망이 가중치를 갱신하는 방법을 변경한다. 참고로, 갱신 방법이란 **갱신자**(updater) 알고리즘을 말한다.
- 계층을 추가하는 것이 이 경우에 도움이 되는지 결정한다. 이 모든 선택지를 살펴본다.

에포크

이 예제에서는 현재 10개의 에포크를 사용하므로 신경망은 같은 입력 배치를 10번 보게 된다. 그 근거는 망이 입력들을 여러 번 '찾는' 경우에 더 높은 확률로 적절한 가중치를 얻을 수 있어야 한다는 점이다. 5, 10, 30과 같은 낮은 숫자는 망을 설계할 때 개발 단계에서 흔히 볼 수 있지만, 최종 모델을 훈련할 때 이 값을 변경할 수 있다. 에포크의 수를 늘려도 망이 썩 좋아지지 않는다면 망은 아마도 사용하는 데이터에 대한 현재의 설정으로는 더 해볼 만한 게 없을 것이다. 이런 경우라면 무언가 다른 것으로 바꾸는 게 필요하다.

이 경우에 에포크의 수를 10에서 20으로 변경하면 다음과 같은 결과를 얻을 수 있다.

```
========================Evaluation Metrics========================
 # of classes:    10
 Accuracy:        0.3700
 Precision:       0.3710
 Recall:          0.3646
 F1 Score:        0.3565
```

훈련에 28분이 걸렸다. 그림 9.7을 보라.

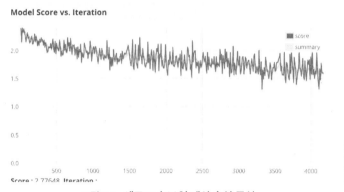

그림 9.7 에포크가 20일 때의 손실 곡선

가중치 초기화

입력을 하나라도 받기 전인 신경망을 생각해 보자. 모든 뉴런에는 활성 함수와 연결(연결선)이 있다. 망이 입력을 받기 시작하고 출력 오차를 역전파하면서 각 연결에 부착된 가중치를 변경하기 시작한다. 여러분이 신경망에 할 수 있는 놀라울 정도로 효과적인 변화는 그 가중치가 초기화되는 방법이다. 많은 연구에서 가중치 초기화가 훈련의 효과에 상당한 영향을 끼친다는 점을 보여 주었다.[59]

가중치를 초기화하기 위해 할 수 있는 간단한 일은 모두 0으로 설정하거나 무작위 숫자로 설정하는 것이다. 앞의 몇 개 장에서 여러분은 학습 알고리즘(역전파)이 어떻게 망의 가중치를 변

---

59 〈Understanding the Difficulty of Training Deep Feedforward Neural Networks, in Proceedings of the 13th International Conference on Artificial Intelligence and Statistics(AISTATS)〉(Xavier Glorot and Yoshua Bengio, 2010, Chia Laguna Resort, Sardinia, Italy) https://mng.bz/vNZM; 〈Delving Deep into Rectifiers: Surpassing Human-Level Performance on ImageNet Classification〉(Kaiming He et al.) https://arxiv.org/abs/ 1502.01852

경하는지 살펴보았다. 이 알고리즘을 시각적으로 오차 표면의 한 지점으로 이동시키는 것으로 생각할 수 있다(그림 9.8 참고). 그러한 표면의 점은 가중치들의 집합 한 개를 나타내며, 이 표면 중에서 높이가 가장 낮은 곳에 위치한 점은 있음직한 오차들 중에 가장 낮은 오차를 만들어 내는 가중치들을 나타낸다.

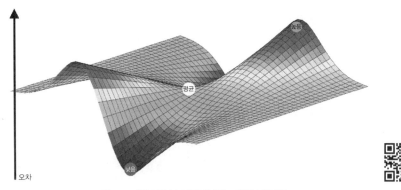

그림 9.8 **일부 관심 지점이 있는 오차 지표면**

이 그림에서 가장 높은 곳에 자리잡은 점은 큰 오차를 만들어 내는 가중치 집합을 나타내고, 가운데의 점은 평균 오차를 만들어 내는 가중치 집합을 나타내며, 가장 낮은 곳에 자리잡은 점은 있음직한 오차 중에서도 가장 낮은 오차를 만들어 내는 가중치 집합을 나타낸다. 역전파 알고리즘을 사용함으로써 망의 가중치 집합을 나타내는 점의 위치를 어떤 시작 지점에서 가장 낮은 곳에 자리잡은 점으로 옮길 수 있기를 바라는 것이다. 이제 가중치 초기화를 생각해 보자. 가중치 초기화는 최적의 가중치 집합을 찾을 때 알고리즘의 시작점을 설정하는 역할을 할 것이다. 가중치들을 모두 0으로 초기화한다면 망의 가중치 집합을 나타내는 점은 이 그림에 나타난 표면 중에서도 한가운데에 보이는 흰색 점이 될 가능성이 크다. 그리고 이 점의 위치는 나쁘지도 않고 좋지 않을 수도 있다. 망의 가중치들을 아무런 값으로나 초기화한다면 운이 좋다면 하한점 근처에 가중치 집합이 자리잡게 될 수도 있고(그렇지 않을 것 같다) 상단에 표시된 점처럼 그곳에서 멀리 떨어진 곳에 가중치 집합을 나타내는 점이 자리잡을 수도 있다. 이 출발 위치는 역전파 성능에 영향을 미치거나 최소한 역전파 과정을 더 길고 어렵게 만들 수 있다. 그러므로 신경망의 가중치들을 적절히 초기화하는 일이 훈련 성공에 중요한 요인이다.

일반적으로 사용되는 양호한 가중치 초기화를 **그자비에 초기화**(Xavier initialization)[60]라고 한다. 기본적으로 신경망의 가중치는 각 뉴런을 평균 0과 특정 분산을 갖는 분포에서 끌어내어 초기화한다. 초기 가중치는 특정 뉴런에 대한 외향적 연결을 가진 뉴런의 수에 따라 달라진다. DL4J에서 다음 코드를 사용해 특정 계층에서 이 값을 설정할 수 있다.

```
.layer(2, new ConvolutionLayer.Builder(new int[]{5,5}, new int[] {1,1}, new
    int[] {0,0})
    .convolutionMode(ConvolutionMode.Same)
    .nOut(10)
    .weightInit(WeightInit.XAVIER_UNIFORM)  ←——  주어진 계층의 가중치들을 그자비에
    .activation(Activation.RELU)                  분포(Xavier distribution)를 사용해
                                                  초기화한다.
```

정칙화

앞 내용에서 단일 배치의 입력 수가 감소했을 때 우리는 손실 곡선이 덜 매끄러워지는 것을 알아챘다. 이는 배치가 적으면 학습 알고리즘이 과적합되기 쉽기 때문이다(그림 9.9 참고).

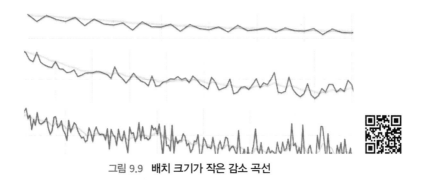

그림 9.9 **배치 크기가 작은 감소 곡선**

신경망 훈련 알고리즘에 정칙화 방법들을 도입하는 게 때로는 유용하다. 배치 크기가 작아서 정칙화가 효과를 발휘하는 것이겠지만, 일반적으로 이는 좋은 관행이다. 사용할 정칙화 분량은 사용 사례에 따라 달라진다.

```
MultiLayerConfiguration conf = new NeuralNetConfiguration.Builder()
    .gradientNormalization(GradientNormalization.RenormalizeL2PerLayer)
    .l1(1.0e-4d).l2(5.0e-4d)
```

---

60 이 기법을 Xavier Glorot 등이 제안했기 때문에 글로호 초기화(Glorot initialization)라고 부르기도 한다. 참고로 Xavier Glorot는 뮌헨 출신이어서 프랑스어를 구사하는 프랑스 원어민이므로 '그자비에 글로호'가 적절한 발음이지만, 영어권에서는 '액재비어 글로랏' 등으로 발음한다.

정칙화 및 가중치 초기화가 시행된 상태에서 5,000개의 이미지에 가지고 10 에포크에 걸쳐서 다시 훈련을 실시하자. 최종 결과는 다음과 같다.

```
========================Evaluation Metrics========================
# of classes:    10
Accuracy:        0.4454
Precision:       0.4602
Recall:          0.4417
F1 Score:        0.4438
```

훈련에 16분이 걸렸지만, 그림 9.10에서 볼 수 있듯이 손실은 이전 설정보다 훨씬 더 빠르고 더 낮은 값으로 줄어들고 있다. 예상대로 F1 점수는 훈련 사례가 상대적으로 적어서 높다.

더 많은 에포크에 대한 개선점을 발견했으므로 이전과 같이 20개로 늘려 보자.

```
========================Evaluation Metrics========================
# of classes:    10
Accuracy:        0.4435
Precision:       0.4624
Recall:          0.4395
F1 Score:        0.4411
```

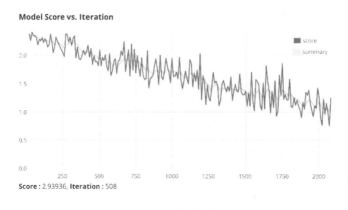

그림 9.10 **최적 조율**

훈련 시간이 19분으로 늘어나지만 곡선은 다소 비슷해 보이고, 놀랍게도 F1 점수는 변하지 않은 채로 남아 있다(그림 9.11 참고). 이에 대해 있음직한 이유로는 몇 가지가 있다. 첫째는 더 많은 데이터가 필요할 수 있다는 점이다.

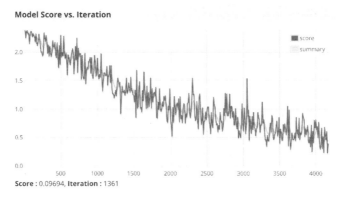

Score : 0.09694, Iteration : 1361

그림 9.11 **20 에포크에 대한 최적 조율**

5만 개 이미지의 전체 데이터셋을 사용해 마지막 설정의 정확도를 평가하자(그림 9.12 참고).

```
========================Evaluation Metrics========================
 # of classes:    10
 Accuracy:        0.5998
 Precision:       0.6213
 Recall:          0.5998
 F1 Score:        0.5933
```

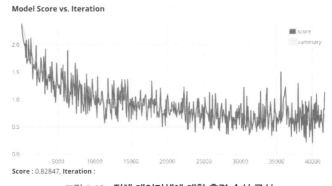

Score : 0.82847, Iteration :

그림 9.12 **전체 데이터셋에 대한 훈련 손실 곡선**

기대하는 수치에 언제나 쉽사리 이를 수 있는 건 아니므로 방금 설명한 과정을 여러 번 반복해야 할 수도 있다. 최신 연구 성과를 늘 살펴봄으로써 신경망의 다양한 측면에 더 나은 해결책이 존재하는지 알아내는 것이 좋다. 신경망 조율이 어느 정도 예술처럼 보일 수 있기 때문에 경험이 조율에 도움이 되겠지만, 효과적인 모델과 설정 내역을 고안하려면 학습에 필요한 수학과 역학을 알아야 한다.

9.2 색인과 뉴런이 협동하게 하기

우리는 단지 최고 정확도만을 얻기 위해서 심층 신경망을 설치하고 조정하기 위한 단대단 과정을 거쳤다. 우리는 또한 전체 망을 훈련하는 데 필요한 시간에 관해 간단히 언급했다. 이 두 가지 해결 방법만 쓴다면 문제는 절반만 해결된다. 우리의 목표는 검색의 맥락에서 딥러닝 모델을 사용해 최종 사용자에게 더욱 의미 있는 검색 결과를 제공하는 것이다. 그러므로 이제는 이러한 DL 모델을 검색 엔진과 함께 사용하고 갱신하는 방법에 관해 질문할 차례다.

색인화할 데이터에 완벽히 적합되게 미리 훈련해 둔 모델이 있다고 잠시 가정해 보자. 여러분은 텍스트 문서를 색인화한 다음에 어떤 사전 훈련 모델(예를 들면, 미리 훈련해 둔 seq2seq 모델)을 사용하여 검색 엔진이 순위지정 함수에 사용할 생각 벡터를 추출하려고 한다고 해보자. 이런 경우라면 문서 텍스트를 seq2seq 모델로 먼저 전송한 다음, 해당 생각 벡터를 추출하여 검색 엔진에 함께 색인화하는 문서 색인 파이프라인을 구축하는 것이 간단한 해결 방안이다. 그림 9.13에서 신경망과 검색 엔진의 작용과 책임이 상호간에 크게 작용하고 있음을 알 수 있다.

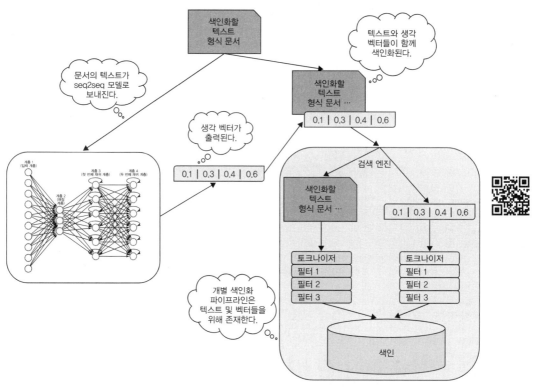

그림 9.13 **신경망 및 검색 엔진 간의 상호 작용과 색인화 시간**

검색 시간에 seq2seq 모델은 쿼리에서 생각 벡터를 추출하는 데 다시 사용된다(그림 9.14 참고). 그런 다음 순위지정 함수는 쿼리 및 문서에 대한 생각 벡터들(이전에 색인에 저장됨)을 사용해 점수 매기기를 수행한다.

이 그래프를 보면 모든 것이 합리적으로 보일지도 모른다. 그러나 신경망은 색인화와 검색 모두에 오버헤드(부하)를 도입할 수 있다.

- **신경망 예측 시간**(neural network prediction time): 신경망은 색인화 시간에 문서에 대한 생각 벡터를 추출하는 데 얼마나 걸리는가? 신경망이 찾기 시간 쿼리에 대한 생각 벡터를 추출하는 데 얼마나 걸리는가?

- **검색 엔진 색인 크기**(search engine index size): 생성된 매장들은 텍스트 문서에 사용되는 저장 공간 외에 얼마나 많은 공간을 사용하는가?

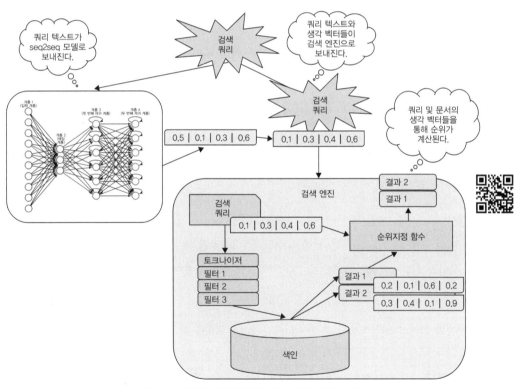

그림 9.14 **신경망 및 검색 엔진 상호 작용, 찾기 시간**

일반적으로 성능의 가장 중요한 측면은 쿼리/검색 단계다. 사용자는 몇 초 동안 기다려서라도 순위 함수로부터 더 나은 결과를 얻으려고 하지 않을 것이다. 대부분의 경우에 사용자들은 검색 상자의 이면에서 어떤 일이 벌어지는지를 결코 알지 못할 것이다. 그들은 검색 상자가 빠르고 신뢰할 수 있고 좋은 결과를 주기 바랄 뿐이다.

앞 절에서는 훈련 시간을 기록하면서 결과의 정확도를 다루었다. 여러분은 또한 입력에서 망 출력을 얻는 계층까지의 전체 순방향 전달을 계산하기 위해 망에서 걸리는 시간을 추적해야 한다.

인코더-디코더 망의 경우 망의 인코더 측의 순방향 전달에서는 생각 벡터만 추출하면 된다. 망의 디코더 쪽은 입력 텍스트와 대상 출력을 사용하여 훈련을 수행하려는 경우에만 사용된다(있는 경우).

색인화의 오버헤드도 감안해야 한다. 문서 집합을 수집하는 '정적' 시나리오에서는 문서 집합이 엄청나게 크더라도 오버헤드가 중요하지 않을 수 있다. 색인화가 한 번만 일어난다면 총 오버헤드를 1~2시간 동안에 수용할 수 있기 때문이다. 그러나 재색인화 또는 대량 동시 색인화가 문제될 수 있다. **재색인화(re-indexing)**란 검색 엔진에서 문서의 전체 모음을 처음부터 다시 색인화하는 것을 의미한다. 일반적으로 텍스트 분석 파이프라인의 구성이 변경되거나 더 많은 메타데이터를 추출하기 위해 문서 프로세서가 추가되어 수행된다.

예를 들어, 쿼리 확장 기능이 없는 루씬을 기반으로 한 간단한 검색 엔진을 보자. 색인화 시간에 word2vec 모델을 사용해 동의어를 확장하려면 기존의 모든 문서를 가져다가 다시 색인화해야 하므로 결과 역색인 또한 word2vec에서 추출한 단어/동의어를 포함시킬 수 있다. 색인이 클수록 재색인화 영향이 클 것이다.

병행성(concurrency, 또는 동시성)은 또 다른 측면이다. 즉, 신경망이 동시 입력에 대처할 수 있는가? 이는 구현 세부 사항이며, 모델을 구현하는 데 사용된 특정 기술에 따라 달라질 수 있지만, 색인화 시간(여러 병렬 색인화 과정)과 찾기 시간(여러 사용자가 동시에 검색)에서 모두 고려해야 한다.

매장들과 그리고 일반적으로 조밀 벡터들은 많은 차원을 가질 수 있다. 그것들을 효율적으로 저장하는 일은 공공연한 문제다. 실제 세계에서는 사용되는 검색 엔진 기술의 능력에 의해 선택이 제한될 수 있다. 예를 들어, 루씬에서 조밀 벡터는 다음 중 하나로 색인화할 수 있다.

- **2진수**: 모든 벡터는 한정되지 않은(unqualified) 2진수처럼 저장되며, 모든 매장 처리는 2진수를 가져올 때 이루어진다.

- **n차원 점**: 모든 벡터는 많은 차원의 점으로 저장된다(각 벡터 차원에 하나씩). 기본 기하학적 쿼리 및 최근접 이웃 쿼리가 수행될 수 있다. 현재 루씬은 최대 8차원 벡터를 색인할 수 있으므로 루씬에서 색인하려면 고차원 벡터(예: 100차원 단어 벡터)를 최대 8차원 벡터로 줄여야 할 것이다(우리가 8장에서 이미지 특징 벡터들에 대해 PCA를 했던 것처럼).

- **텍스트**: 처음에는 이상하게 들릴 수 있지만, 적절하게 설계한다면 벡터들을 색인화해서 마치 텍스트 단위 요소인 것처럼 검색할 수 있다.[61] Vespa(https://vespa.ai)와 아파치 Solr(https://lucene.apache.org/solr) 및 Elasticsearch(www.elastic.co/products/) 등의 검색 플랫폼과 같은 다른 라이브러리는 더 많거나 다른 옵션을 제공할 수 있다.

9.3 데이터 스트림 작업

이 책의 모든 예제에서는 정적 데이터셋을 사용한다. 정적 데이터셋을 사용하면 우리가 특정 데이터셋에 더 쉽게 집중할 수 있기 때문에 예제의 목적에 부합한다. 또한, 검색 엔진을 만들 때 색인화하려는 일련의 문서(텍스트 및/또는 이미지)로 시작하는 것이 일반적이다. 그러나 검색 엔진이 프로덕션에 들어가 사용되기 시작하면 아마도 새로운 문서들을 수집해야 할 것이다.

소셜 네트워크에서 인기 있는 게시물을 다양한 주제에 맞춰 검색할 수 있는 애플리케이션을 생각해 보자. 다운로드하거나 구매한 게시물 세트를 가지고 시작할 수 있지만, 인기 있는 게시물에 초점을 맞추기 때문에 시간이 흐르면서 추세가 변하므로 데이터를 계속 수집해야 한다. 소셜 네트워크 게시물보다는 뉴스에서 유사한 애플리케이션이 작동할 수 있다. 여러분은 NYT Annotated Corpus와 같은 뉴스 말뭉치를 다운로드할 수 있지만, 매일 애플리케이션은 사용자들이 그것들을 검색할 수 있도록 많은 새로운 기사들을 수집해야 한다.

요즘에는 들어오는 데이터 흐름을 처리하기 위해 **스트리밍 아키텍처**(streaming architecture)를 사용하는 것이 일반적이다. 스트리밍 아키텍처에서 데이터는 하나 이상의 출처에서 연속적으로 유입되며, 파이프라인에 쌓인 함수에 의해 변환된다. 데이터는 언제든지 변환, 집계 또는 삭제될 수 있으며, 마지막으로 **싱크**(sink)에 도달한다. 싱크란 데이터베이스나 검색 엔진 색인 등의 지속형 시스템과 같은 파이프라인의 마지막 단계를 말한다.

---

61 〈Semantic Vector Encoding and Similarity Search Using Fulltext Search Engines〉(Jan Rygl et al.) https://arxiv.org/pdf/1706.00957.pdf

앞의 예에서, 스트리밍 아키텍처는 소셜 네트워크의 게시물을 지속적으로 수집해 검색 엔진에 색인할 수 있다. 색인화된 데이터로 작업하는 또 다른 애플리케이션은 색인을 읽고, 검색 기능을 최종 사용자에게 노출시킬 수 있다. 그러나 신경망으로 작업하고 있으므로 사용하려는 신경망 모델을 훈련시켜야 한다.

예를 들어, 미리 정의된 각 주제 집합에서 가장 연관도가 높은 게시물을 지속적으로 찾을 수 있는 애플리케이션을 구축해 보자. 그림 9.15를 참조하자. 이를 위해 스트리밍 아키텍처를 사용해 다음 작업을 계속하자.

- 소셜 네트워크(트위터, 이 경우)에서 게시물을 수집한다.
- 문서 장식을 추출하기 위해 다양한 신경망 모델을 훈련시킨다.
- 루씬의 텍스트와 장식물을 색인화한다.
- 각 순위지정 모델이나 각 주제와 가장 관련 있는 게시물을 작성한다.

마지막으로 여러분은 서로 다른 순위지정 모델들 중 어떤 것이 더 유망한지 빠르게 평가할 것이다. 예를 들어, 그러한 애플리케이션은 프로덕션 애플리케이션에 가장 적합한 순위지정 모델을 선택하는 데 도움이 되는 사전 제작 단계에서 사용될 수 있다.

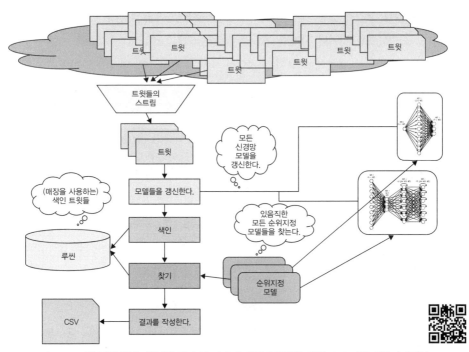

그림 9.15 지속적인 훈련, 색인화 및 소셜 미디어 게시물 검색을 위한 스트리밍 애플리케이션

스트리밍 아키텍처를 설정하려면 데이터 스트림을 통해 계산하기 위한 프레임워크 및 분산 처리 엔진인 아파치 플링크(Apache Flink, https://flinkpache.org)를 사용하자. 플링크 스트리밍 파이프라인은 다음을 수행할 것이다.

- 특정 키워드를 포함하는 트위터 소셜 네트워크(https://twitter.com)에서 스트림한다.
- 각 트윗의 텍스트, 언어, 사용자 등을 추출한다.
- 문단 벡터와 word2vec 평균 단어 매장의 두 가지 다른 모델을 사용해 문서 매장을 추출한다.
- 각 트윗에 루씬의 텍스트, 언어, 사용자 및 문서 매장을 색인화한다.
- 서로 다른 순위지정 모델(클래식 및 신경)을 사용하여 모든 색인화된 데이터에 대해 미리 정의된 쿼리를 실행한다.
- 이후 단계에서 분석할 수 있는 CSV 파일로 출력을 작성해 검색 결과의 품질을 평가한다.

출력 파일은 특정 주제에 대한 일련의 고정 쿼리와 관련해 다양한 순위지정 모델이 변화하는 데이터에 어떻게 반응했는지 알려줄 것이다. 이것은 순위지정 모델이 새로운 직책에 얼마나 잘 적응하는지에 대한 귀중한 정보를 제공할 것이다. 순위지정 모델이 데이터를 변경했음에도 불구하고 동일한 결과를 계속 제공한다면 추세 데이터를 파악하는 것을 목표로 하는 애플리케이션의 가장 좋은 선택 사항은 아닐 것이다.

먼저, 트위터에서 오는 데이터 스트림을 정의해 보자.

목록 9.5 Flink를 사용해 트위터 데이터 스트림 정의

```
final StreamExecutionEnvironment env =
    StreamExecutionEnvironment.getExecutionEnvironment();       Flink 실행 환경을 정의한다.

Properties props = new Properties();                            트위터 액세스를 위한
props.load(StreamingTweetIngestAndLearnApp.class.getResourceAsStream(   보안 자격 증명을
    "/twitter.properties"));                                    적재한다.
TwitterSource twitterSource = new TwitterSource(props);    트위터 데이터에 대한 새로운 Flink 소스 생성
String[] tags = {"neural search", "natural language processing", "lucene",
    "deep learning", "word embeddings", "manning"};
twitterSource.setCustomEndpointInitializer(new    FilterEndpoint(tags));

DataStream<Tweet> twitterStream = env.addSource(twitterSource)    트위터 데이터를 통해
    .flatMap(new TweetJsonConverter());        원시 텍스트를 트윗용 JSON    스트림을 생성한다.
                                               형식으로 변환해 착수한다.
```

트위터 소스에 주제별 필터를 추가한다.

트위터에서 게시물을 가져오는 데 사용할 주제를 정의한다(이러한 키워드가 포함된 트윗만 수집됨).

이 목록은 키워드/주제로 'neural search', 'natural language processing', 'lucene', 'deep learning', 'word embeddings', 'manning'을 포함하는 트윗을 수집하는 일에 착수하기 위해 필요한 구성을 수행한다.

그런 다음, 트윗에 사용할 일련의 기능을 정의하자. 성과에 대한 구현 세부 사항도 중점적으로 다룰 예정이다. 예를 들어, 새로운 트윗이 들어올 때마다 미리 정의된 쿼리를 실행하는 것이 말이 되는가? 아마도 채점에 영향을 미칠 수 있는 더 많은 데이터(예: 20개의 트윗)가 있을 때 이것을 하는 것이 더 나을 것이다. 이러한 이유로 20개의 트윗을 받은 경우에만 다음 함수에 데이터를 전달하는 **카운트 윈도우(count window)** 함수를 정의한다. 또한, 신경망 모델을 단 하나의 표본을 가지고 갱신하는 것은 좋지 않다. 대규모 훈련 배치를 사용하면 훈련 오차가 덜 변동하기 쉽다(학습 곡선이 부드러워진다).

목록 9.6 **스트리밍 데이터 관리**

```
Path outputPath = new Path("/path/to/data.csv");
OutputFormat<Tuple2<String, String>> format = new
    CsvOutputFormat<>(outputPath); ⟵┤ 출력 CSV 파일

DataStreamSink<Tuple2<String, String>> tweetSearchStream =
    twitterStream
        .countWindowAll(batchSize) ⟵┤ 스트리밍 데이터에 대한
                                       카운트 창을 정의한다.        모델들을 갱신하고, 특징을
        .apply(new ModelAndIndexUpdateFunction()) ⟵            추출하고, 색인을 갱신한다.
        .map(new MultiRetrieverFunction()) ⟵┤ 미리 정의된 쿼리를 실행한다.
        .map(new ResultTransformer()).countWindowAll(1) ⟵
        .apply(new TupleEvictorFunction())                    CSV 파일을 구성하는 데 적합한
        .writeUsingOutputFormat(format);                      방식으로 출력을 변환한다.
env.execute();
```

ModelAndIndexUpdateFunction은 신경망 모델을 갱신하고 루씬에서 문서를 색인화하는 역할을 한다. 이론적으로는 많은 작은 기능들로 나눌 수 있지만, 가독성을 위해서는 수집과 검색 과정을 두 가지 기능만으로 나누는 것이 더 쉽다. 이론적으로 원하는 만큼의 신경 순위지정 모델을 사용할 수 있다. 이 예에서는 word2vec과 단락 벡터를 각각 사용해 순위지정에 영향을 미친다.

각 트윗을 수집한 후 단락 벡터와 word2vec 모델은 두 개의 별도 매장을 생성하기 위해 사용된다. 벡터는 트윗 텍스트와 함께 색인화되며, 검색 시 ParagraphVectorsSimilarity 및 WordEmbeddingsSimilarity 클래스에서 사용된다.

```java
public class ModelAndIndexUpdateFunction implements AllWindowFunction<Tweet, Long,
        GlobalWindow> {

    @Override
    public void apply(GlobalWindow globalWindow, Iterable<Tweet> iterable,
        Collector<Long> collec     tor) throws Exception {
        ParagraphVectors paragraphVectors = Utils.fetchVectors();
        CustomWriter writer = new CustomWriter();
        for (Tweet tweet : iterable) {          ⟵  트윗의 현재 배치를 대상으로
            Document document = new Document();      반복 처리한다.
            document.add(new TextField("text", tweet.getText(),
                Field.Store.YES));  ⟵   현재 트윗 텍스트에 대한
                                        루씬 문서를 작성한다.
            INDArray paragraphVector =                          단락 벡터를 추론하고
                paragraphVectors.inferVector(tweet.getText());  ⟵  모델을 갱신한다.
            document.add(new BinaryDocValuesField(
                "pv", new BytesRef(paragraphVector.data().asBytes())));  ⟵  단락 벡터를
                                                                            색인화한다.
            INDArray averageWordVectors =
                averageWordVectors(word2Vec.getTokenizerFactory()
                .create(tweet.getText()).getTokens(), word2Vec.lookupTable());  ⟵
            document.add(new BinaryDocValuesField(
        평균 단어  ⟶  "wv", new BytesRef(averageWordVectors.data().asBytes())));
        벡터를                                         word2vec으로부터 문서 벡터를
        색인화한다. ...                                  추론하고 모델을 갱신한다.
            writer.addDocument(document);  ⟵—  문서를 색인화한다.
        }
        long commit = writer.commit();  ⟵—  모든 트윗을 루씬에 커밋(위임)한다.

        writer.close();  ⟵—  IndexWriter를 닫는다(자원을 해제한다).

        collector.collect(commit);  ⟵  커밋 식별자를 다음 차례 함수로
    }                                   전달한다(시간 경과에 따른 색인
}                                       변경 추적에 사용할 수 있음).
```

MultiRetrieverFunction에는 순위지정 함수가 다른 전체 색인을 고정 쿼리(예: 'deep learning search')를 실행할 수 있는 몇 가지 기본 루씬 검색 코드가 포함되어 있다. 먼저, 그것은 IndexSearchers를 설정하는 데 각기 서로 다른 루씬 Similarity를 사용한다.

목록 9.8 **IndexSearchers 설정**

IndexSearchers는 이 맵에 서로
다른 유사도를 가지고 있다.

```
Map<String, IndexSearcher> searchers = new HashMap<>();

IndexSearcher classic = new IndexSearcher(...);
classic.setSimilarity(new ClassicSimilarity());
searchers.put("classic", classic);

IndexSearcher bm25 = new IndexSearcher(...);
searchers.put("bm25", bm25);

IndexSearcher pv = new IndexSearcher(...);
pv.setSimilarity(new ParagraphVectorsSimilarity(
    paragraphVectors, fieldName));
searchers.put("document embedding ranking", pv);

IndexSearcher lmd = new IndexSearcher(...);
lmd.setSimilarity(new LMDirichletSimilarity());
searchers.put("language model dirichlet", lmd);

IndexSearcher wv = new IndexSearcher(...);
pv.setSimilarity(new WordEmbeddingsSimilarity(
    word2Vec, fieldName, WordEmbeddingsSimilarity.Smoothing.TF_IDF));
searchers.put("average word embedding ranking", wv);
```

ClassicSimilarity(TF-IDF)용
IndexSearcher를 생성한다.

IndexSearcher 내에
ClassicSimilarity를 설정한다.

IndexSearcher를 맵에 둔다.

BM25Similarity에
대한 IndexSearcher를
작성한다(루씬의 기본값).

ParagraphVectorsSimilarity에
대한 IndexSearcher를 작성한다.

LMDirichletSimilarity에 대한
IndexSearcher를 작성한다.

WordEmbeddings에 대한
IndexSearcher를 작성한다.

여러분은 순위지정(ranking) 모델을 얼마든지 추가할 수 있다. 다음으로, 사용 가능한 Index Searchers를 반복하고, 각 색인에 동일한 쿼리를 실행하자. 마지막으로, 결과가 CSV 파일에 기록된다.

MultiRetrieverFunction을 실행하는 동안 CSV 파일에 집계된 출력에는 각 순위지정 모델에 대한 줄이 포함된다. 각 행은 먼저 모델의 이름(일반, bm25, 평균 wv 순위, 단락 벡터 순위 등)을 포함하며, 그다음 쉼표와 해당 순위지정 모델로 반환된 첫 번째 검색 결과의 텍스트가 포함된다. 시간이 지남에 따라 여러분은 동일한 쿼리를 가지고 서로 다른 순위지정 모델별로 출력한 내용을 모두 포함하는 거대한 CSV 파일을 얻게 될 것이다.

두 번의 연속 실행 결과를 살펴보자(가독성을 좋게 하려고 수작업으로 <iteration-1>과 <iteration-2> 태그를 지정함).

```
...
...<iteration-1>
...
classic,Amazing what neural networks can do.
// Computational Protein Design with Deep Learning Neural Networks
language model dirichlet,Amazing what neural networks can do.
// Computational Protein Design with Deep Learning Neural Networks
bm25,Amazing what neural networks can do.
// Computational Protein Design with Deep Learning Neural Networks
average wv ranking,Amazing what neural networks can do.
// Computational Protein Design with Deep Learning Neural Networks
paragraph vectors ranking,Amazing what neural networks can do.
// Computational Protein Design with Deep Learning Neural Networks
...
...<iteration-2>
...
classic,Amazing what neural networks can do.
// Computational Protein Design with Deep Learning Neural Networks
language model dirichlet,Amazing what neural networks can do.
// Computational Protein Design with Deep Learning Neural Networks
bm25,Amazing what neural networks can do.
// Computational Protein Design with Deep Learning Neural Networks
average wv ranking,The Connection Between Text Mining and Deep Learning
paragraph vectors ranking,All-optical machine learning using diffractive
deep neural networks:
...
```

신경 순위지정 모델이 상위 검색 결과를 변경하지 않은 반면, 매장형 모델에 의존하는 모델들은 새로운 데이터에 즉시 적응했다. 이것은 신경 순위지정 모델이 유용할 수 있는 종류의 능력이다. 스트리밍 아키텍처는 많은 양의 데이터를 검색 엔진에 색인화하고 최상의 모델을 평가하며, 신경망과 검색 엔진이 가장 잘 작동하는 방식을 신중하게 조정한다.

요약

- 딥러닝 모델 교육이 늘 간단하기만 한 것은 아니다. 실제 시나리오에 대한 조율과 조정이 때때로 필요한다.

- 검색 엔진과 신경망은 때때로 색인 생성과 찾기 시간에 상호 작용하는 서로 다른 두 시스템이다. 응답 시간 측면에서 전반적인 사용자 경험을 유지하려면 성능을 모니터링해야 한다.

- 일반적인 스트리밍 시나리오와 마찬가지로 실제 구축은 최상의 검색 솔루션을 달성하기 위해 부하(load)와 동시성을 감안해야 하며, 품질을 평가해야 한다.

전망

우리는 더 나은 검색 도구를 제공하기 위해 심층 신경망을 똑똑한 조수로 채용하는 것이 가능한지를 궁금해 하면서 이 책을 시작했다. 여러 장을 거치는 동안 우리는 사용자들이 찾으려고 하는 것을 찾는 데 도움이 되도록 일반적인 검색 엔진의 몇 가지 측면에 딥러닝을 적용하는 방법을 다루었다.

우리는 이 책에서 다루는 주제와 알고리즘을 점점 더 복잡한 것을 향하게 했는데 이러는 동안에 여러분도 이와 같은 주제에 점점 더 관심을 갖게 되었기를 바란다. 이 책은 여러분이 즉시 사용할 수 있는 몇 가지 도구와 실용적인 조언을 주었다. 그러므로 바라건대 여러분이 더 잘할 수 있는 것과 아직 해결되지 않은 문제가 무엇인지를 볼 수 있도록 영감을 주었기 바란다. 필자가 이 책을 쓰고 있는 동안 검색과 관련된 몇 권의 도서를 포함해 많은 새로운 딥러닝 논문들이 출판되었다. 이러는 동안에 새로 나온 활성 함수들이 유용하다고 여겨지게 되었으며, 새로 나온 모델들은 유망한 결과를 보여 주었다. 그러므로 나는 여러분이 이 책에서 멈추지 말고 여러분과, 여러분이 만든 검색 엔진을 사용하는 사람들에게 필요한 것이 무엇인지 그리고 어떻게 하면 창의적으로 거기에 도달할 수 있는지를 계속 생각해 보기 바란다.

우리는 정보 검색에 딥러닝을 적용하는 일을 이제 막 건드려 보기 시작했다. 여러분은 신경 검색의 기초를 배웠고, 이제 스스로 더 배우고 할 준비가 되었다. 즐겨 보자!

찾아보기